"十二五"国家重点图书出版规划项目
交通运输建设科技丛书·公路基础设施建设与养护

钢桥面浇注式沥青混凝土铺装技术

陈仕周　闫东波　等　著
邓学钧　主审

人民交通出版社股份有限公司
China Communications Press Co.,Ltd.

内 容 提 要

本书以浇注式沥青混凝土铺装为主线，在课题研究成果基础上汇总提升，全面阐述了钢桥面铺装的国内外现状、原理、设计、施工等方面的内容。主要内容包括：中国钢桥面铺装技术历史与发展，钢桥面铺装病害分析，钢桥面铺装受力与疲劳性能模拟，钢桥面铺装混合料，钢桥面防腐与防水黏结材料，钢桥面铺装设计，钢桥面铺装施工技术，钢桥面铺装施工温度应力，钢桥面铺装维修，钢桥面铺装技术的未来发展展望等。

本书可供钢桥面铺装科研、设计、施工人员使用，也可供相关院校师生参考。

图书在版编目(CIP)数据

钢桥面浇注式沥青混凝土铺装技术／陈仕周等著
. — 北京：人民交通出版社股份有限公司，2015.9
(交通运输建设科技丛书·公路基础设施建设与养护)
ISBN 978-7-114-12412-9

Ⅰ.①钢… Ⅱ.①陈… Ⅲ.①钢桥－沥青混凝土－桥面铺装 Ⅳ.①U448.36

中国版本图书馆 CIP 数据核字(2015)第 161831 号

"十二五"国家重点图书出版规划项目
交通运输建设科技丛书·公路基础设施建设与养护

书　　名：钢桥面浇注式沥青混凝土铺装技术
著 作 者：陈仕周　闫东波
责任编辑：郑蕉林　李　瑞
出版发行：人民交通出版社股份有限公司
地　　址：(100011)北京市朝阳区安定门外外馆斜街 3 号
网　　址：http://www.ccpress.com.cn
销售电话：(010)59757973
总 经 销：人民交通出版社股份有限公司发行部
经　　销：各地新华书店
印　　刷：北京盛通印刷股份有限公司
开　　本：787×1092　1/16
印　　张：17
字　　数：367 千
版　　次：2015 年 9 月　第 1 版
印　　次：2020 年 4 月　第 3 次印刷
书　　号：ISBN 978-7-114-12412-9
定　　价：56.00 元
(有印刷、装订质量问题的图书由本公司负责调换)

总　序

近年来，交通运输行业认真贯彻落实党中央、国务院“稳增长、促改革、调结构、惠民生”的决策部署，重点改革力度加大，结构调整积极推进，交通运输科技攻关不断取得突破，促进了交通运输持续快速健康发展。目前，我国公路总里程、港口吞吐能力、全社会完成的公路客货运量、水路货运量和周转量等多项指标均居世界第一。交通运输事业的快速发展不仅在应对国际金融危机、保持经济平稳较快发展等方面发挥了重要作用，而且为改善民生、促进社会和谐作出了积极贡献。

长期以来，部党组始终把科技创新作为推进交通运输发展的重要动力，坚持科技工作面向需求，面向世界，面向未来，加大科技投入，强化科技管理，推进产学研相结合，开展重大科技研发和创新能力建设，取得了显著成效。通过广大科技工作者的不懈努力，在多年冻土、沙漠等特殊地质地区公路建设技术，特大跨径桥梁建设技术，特长隧道建设技术，深水航道整治技术和离岸深水筑港技术等方面取得重大突破和创新，获得了一系列具有国际领先水平的重大科技成果，显著提升了行业自主创新能力，有力支撑了重大工程建设，培养和造就了一批高素质的科技人才，为交通运输科学发展奠定了坚实基础。同时，部积极探索科技成果推广的新途径，通过实施科技示范工程，开展材料节约与循环利用专项行动计划，发布科技成果推广目录等多种方式，推动了科技成果更多更快地向现实生产力转化，营造了交通运输发展主动依靠科技创新，科技创新服务交通发展的良好氛围。

组织出版《交通运输建设科技丛书》，是深入实施创新驱动战略和科技强交战略，推进科技成果公开，加强科技成果推广应用的又一重要举措。该丛书分为公路基础设施建设与养护、水运基础设施建设与养护、安全与应急保障、运输服务和绿色交通等领域，将汇集交通运输建设科技项目研究形成的具有较高学术和应用价值的优秀专著。丛书的逐年出版和不断丰富，有助于集中展示和推广交通运输建设重大科技成果，传承科技创新文化，并促进高层次的技术交流、学术传播和专业人才培养。

今后一段时期是加快推进“四个交通”发展的关键时期，深入实施科技强交战略和创新驱动战略，是一项关系全局的基础性、引领性工程。希望广大交通运输科技工作者进一步解放思想、开拓创新，求真务实、奋发进取，以科技创新的新成效推动交通运输科学发展，为加快实现交通运输现代化而努力奋斗！

王君顺

2014 年 7 月 28 日

序

钢桥面铺装是大跨径桥梁建设三大关键技术之一。改革开放以来，随着我国公路建设蓬勃发展和技术的不断进步，跨越大江、大河、湖海和改渡为桥等大跨径桥梁的需求日益迫切。从20世纪90年代开始，我国建成了广东虎门大桥、江苏江阴长江大桥和南京长江二桥等一批大跨径钢结构悬索桥和斜拉桥。在建设初期，由于我国缺乏大跨径钢结构桥梁建设的实践经验，为解决钢桥铺装这一技术难题，我们先后借鉴和引进了日本双层SMA、西欧浇注式沥青混凝土和美国环氧沥青混凝土等钢桥面铺装技术体系。

20多年来，通过交通运输部多次立项，并结合大桥工程项目，组织开展钢桥面铺装技术攻关，有关大专院校、科研机构和大桥设计、施工企业投入了大量的人力、物力、财力，进行试验研究和多项工程实践，在不断消化和吸收国外钢桥面铺装技术的基础上，结合我国自然条件和交通构成特点，深入探索、研究、改进和创新，取得了多项自主研发的钢桥面铺装创新性成果，逐步形成了中国特色的钢桥面铺装技术体系，并在工程应用上初见成效。

对于钢桥面铺装，我们经常强调“三分设计，七分施工”，实际上是强调了钢桥面铺装工程在实施上的标准化和专业性。钢桥面铺装有着复杂的结构功能层位，高标准的性能要求以及苛刻的施工条件，唯有精细化的施工流程和高水准的质控体系，方可保障技术方案的有效实施，也是对科研工作成败最有效的检验。纵观国内有较大成效的几种铺装技术，均是由不同的专家团队通过长期不懈的试验研究而得以发展，经过了理论分析→室内试验与材料开发→试验段铺装→发现并解决问题→小规模长时间应用积累→进一步技术改进→规模化应用→技术完善的螺旋式上升过程，遵循技术创新实践与进步的客观规律。

国内外各行各业的发展历史证明，市场竞争是科技进步的原动力，企业是推动行业技术进步的主体。因为企业的存活与发展离不开技术进步，研发实力与专业化队伍的结合，才是企业核心竞争力所在。其占领技术制高点的强烈愿望和追逐市场份额的内在需求，极大推动着行业的技术进步，钢桥面铺装的技术进步也不例外。因此，我们应进一步倡导自主研发和创新，鼓励市场竞争，以企业为主体，切实推进钢桥面铺装技术的不断进步和持续发展。陈仕周所带领的钢桥面铺装科技团队，是国内以企业为主，较早开展钢桥面铺装研究的科研团队之一，对钢桥面铺装技术进行了持续的科研开发和工程实践，完成了多项钢桥面铺装技术研究和施工项目。有过失败的苦痛，也有成功的喜悦。他们矢志不移，坚忍不拔，孜孜不倦，百折不挠，方才有今天的收获和成果，以及本书的问世。

本书记载了我国钢桥面铺装技术的发展历程，也反映了目前在此研究领域取得的一些新的成果。可供广大相关专业技术人员参考，亦可作为高等院校公路桥梁专业师生的参考用书。技术进步永无止境，钢桥面铺装技术的发展，还有待广大从业同仁的共同努力、攻坚克难、勇于探索、开拓创新，以推动我国大跨径桥梁建设持续健康地发展。

杨盛福

2015 年 2 月

前　言

20 世纪 80 年代至今，我国桥梁建设技术得到迅速发展，为应对大跨径钢桥桥面铺装易出现车辙、开裂和脱层等技术难题，各科研机构、高等院校和工程企业进行了一系列研究和实践，先后建立了双层 SMA 沥青混凝土、环氧沥青混凝土和浇注式沥青混凝土等铺装技术体系。近年来，浇注式沥青混凝土作为主流钢桥面铺装技术得到了广泛应用，并取得了良好的使用效果。

本书在多年实践经验的基础上，系统总结了我国钢桥面铺装技术的发展历程，并以浇注式沥青混凝土铺装技术为主题，详细阐述了钢桥面铺装常见病害类型、受力特征、铺装沥青混合料、防水黏结材料以及钢桥面铺装设计、施工和维修技术。

全书共分十章，第一章、第十章由重庆交通大学陈仕周编写，第七章、第八章由重庆特铺路面工程技术有限公司闫东波编写，第二章由重庆鹏方路面工程技术研究院有限公司赵国云和重庆鹏方交通科技股份有限公司许颖编写，第三章、第九章由重庆鹏方路面工程技术研究院有限公司赵国云编写，第四章由重庆鹏方路面工程技术研究院有限公司赵国云和郑煜编写，第五章由重庆鹏方路面工程技术研究院有限公司王军编写，第六章由重庆鹏方路面工程技术研究院有限公司赵国云和重庆特铺路面工程技术有限公司黄俊强编写。

全书由重庆交通大学陈仕周和重庆特铺路面工程技术有限公司闫东波主编，并由重庆交通大学陈仕周担任全书统稿工作，由东南大学邓学钧教授主审。

本书在编写过程中得到重庆交通科研设计院周进川、重庆交通大学凌天清、东南大学钱振东、宁波天意钢桥面铺装技术有限公司张志宏和武汉理工大学磨炼同的支持与协助，在此一并表示感谢。

本书可供从事道路、桥梁科研、建设、施工和维护部门的工程技术人员学习参考，也可作为高等院校桥梁工程类课程的参考用书。

本书涉及多门学科，由于时间仓促，且编者水平和经验有限，难免有缺陷和疏漏之处，恳请读者提出宝贵意见，以便及时修改完善。

如读者想与编者进行进一步的交流，可发送邮件至 thctyz@ 126. com、lynn5@ 163. com。

陈仕周

2015 年 2 月

目 录

术语与符号

一、术语

(1)钢桥面铺装　steel bridge deck pavement

由防腐层、防水黏结层、缓冲层、保护层、黏层和磨耗层的全部或某几层组合而成。

(2)功能层　functional layer

钢桥面铺装中主要起防水、防腐、增加黏附性等功能作用的层位,具体包括防腐层、防水黏结层等层位。根据体系需要也可增设起缓冲荷载作用或起缓冲温度冲击作用的缓冲层。

(3)结构层　structure layer

钢桥面铺装中主要起承载上部行车荷载作用的层位,具体包括保护层和磨耗层。

(4)防腐层　corrosion protecting lining

在钢桥面顶板表面通过涂布形成的防止钢板生锈腐蚀的界面薄层。

(5)防水黏结层　waterproof bonding layer

保护钢板不受路表水侵害,与钢板及相邻铺装层形成抗剪黏结功能的各层组合体,一般由具有防水、黏结性能的层次组成。

(6)黏层　tack coat

在沥青铺装层间起黏结作用的层次,具有良好的黏结性能,由环氧树脂材料或改性沥青等材料组成。

(7)缓冲层　buffer layer

部分铺装体系中设置的起缓冲车辆荷载和施工温度作用的层次,并提供施工机具行走平台以保护防水层或黏结层。

(8)防水隔离体系　waterproofing isolation system

由多层次组成,共同起防水隔离作用,防止钢桥面板发生锈蚀的铺装体系。一般包括防腐层、防水黏结层、缓冲层和保护层。

(9)改性沥青砂胶　modified asphalt mastic

由聚合物改性沥青与矿粉在高温下混合而成的具有良好流动性的材料。为增加改性沥青砂胶的热稳性,也可适当掺加粒径≤2.36mm 细集料,一般用于缓冲层。

(10)溶剂型黏结剂　solvent adhesive

由可完全挥发溶剂溶解黏结材料形成的具有低黏度、冷施工特性的溶液。

(11)环氧富锌漆　epoxy zinc rich primer

防腐漆的一种,由两组分组成。一组分由环氧树脂、颜填料、锌粉等经分散、研磨调制而成;另一组分为固化剂,用于金属材料防腐打底。

(12)甲基丙烯酸甲酯树脂　methyl methacrylate resin

由甲基丙烯酸甲酯(MMA)、颜填料、助剂等组成,经引发剂引发而固化形成具有防水性能涂膜的涂料,简称MMA树脂。

(13)浇注式沥青混合料　gussa sphalt

由集料、较高含量矿粉和较高含量沥青结合料组成,经高温拌和后具有一定流动性、采用浇注式方法摊铺、无须碾压、几乎无空隙的一种沥青混合料。

(14)环氧沥青　epoxy asphalt

由环氧树脂、沥青及固化剂按一定比例混合,固化反应后形成的一种不可逆转的固化物。一般分为热拌环氧沥青、温拌环氧沥青和冷拌环氧沥青。热拌环氧沥青拌和温度为170~190℃,温拌环氧沥青拌和温度为110~130℃,冷拌环氧沥青为常温拌和。

(15)环氧沥青混合料　epoxy asphalt mixtures

由环氧沥青与一定级配的集料拌和形成的一种高模量热固性沥青混合料。

(16)树脂沥青　resin asphalt

由环氧树脂、沥青及活性胺类固化剂按一定比例在常温下混合后,发生交联固化反应后的物质,也可称为冷拌环氧沥青。

(17)树脂沥青混合料　resin asphalt mixtures

由树脂沥青与一定级配的集料拌和形成的一种常温施工的高模量沥青混合料。

二、符号

(1)LH-10-Ⅰ　我国采用圆孔筛标准中最大公称粒径为10mm的密级配细粒式沥青混合料

(2)SMA　沥青玛蹄脂碎石混合料

(3)Eliminator　英国产的一种甲基丙烯酸树脂防水体系商品名

(4)Sasobit　起降黏作用和提高沥青混合料高温稳定性的一种聚烯烃类改性剂商品名

(5)MA　英国浇注式沥青混合料

(6)GA　德国浇注式沥青混合料

(7)RPC　反应性树脂混凝土

(8)FRP　纤维增强复合材料

(9)PRC　复合纤维增强混凝土

(10)E-GA　环氧沥青浇注式混凝土

(11)ET　动态贯入度

(12)ERS　由EBCL黏结层+树脂沥青混凝土RA-05+SMA沥青混凝土组成的铺装结构

(13)EBCL　刮涂环氧树脂并撒布碎石固化后形成的环氧黏结碎石层

(14)RA　树脂沥青混合料(冷拌环氧沥青混合料)

(15)EA　环氧沥青混合料

(16)MMA　甲基丙烯酸甲酯树脂

(17)GS　溶剂型沥青橡胶黏结剂

(18)DSR　动态剪切流变仪

(19)DMA　动态拉伸力学分析仪
(20)RTFOT　旋转薄膜烘箱试验
(21)TLA　特立尼达湖沥青
(22)BBR　低温流变梁
(23)VMA　矿料间隙率
(24)ASTM　美国材料与试验协会
(25)ZINGA　锌加
(26)Cooker　带有加热和搅拌功能的浇注式沥青混合料容器
(27)DR　路面破损率
(28)GPR　地质雷达
(29)IE　冲击回波
(30)RIPE　环氧沥青混凝土铺装灌缝材料
(31)KH-3　高渗透环氧树脂灌缝材料
(32)OGFC　开级配抗滑磨耗层
(33)TPO　聚合物混凝土薄层铺装
(34)ER　环氧树脂

第一章　中国钢桥面铺装技术历史与发展

我国是世界桥梁建设史上技术曾居于领先地位的国家。建造于隋代的河北省赵州桥（建造于公元610年前后，主要设计建造者为李春）至今仍在使用。从19世纪开始，直至改革开放前，由于社会和经济发展水平远落后于欧美发达国家，我国桥梁建设综合水平也处于落后状态。改革开放以来，随着我国国民经济的高速发展，对交通运输的要求也越来越高，从20世纪80年代至今，短短的30余年时间，我国桥梁建设得到快速发展。

作为大跨径桥梁建设三项关键技术（高强钢材、高超焊接技术及桥面铺装技术）之一的桥面铺装技术，也伴随着桥梁建设技术的发展而发展。其间，虽然有国外相关技术资料可以参考和借鉴，但我国钢桥面铺装技术的发展也经历了曲折反复的过程，这主要受到我国当时沥青混凝土技术发展水平的制约，工程技术人员对桥面铺装技术特别是钢桥面铺装技术的认识有一个逐渐深入和提高的过程，而且我国交通荷载特点、气候条件及地材变化等与国外存在差异。回顾和思考这段历程，有利于我国工程技术人员深入了解和认识钢桥面铺装技术，并促进该技术的不断创新。

第一节　钢桥面铺装技术的早期研究

我国第一条一级公路——宁六公路（南京—六合），通车于1979年。我国第一条高速公路始建于1984年，为沪嘉高速公路。早期的大桥建设主要集中于铁道部大桥局。我国第一座钢桥——广东省肇庆市的北江马房桥（建于1984年），为公路铁路两用桥，公路桥和铁路桥共用桥墩，梁是分开独立的，公路桥为14跨简支梁桥。其铺装方案为在桥面板上焊接钢筋网，采用环氧铝粉漆为防腐漆，用氯丁胶乳掺入沥青搅拌制成的改性沥青拌制沥青混凝土。由于桥面正交异性板刚度不足（顶板钢板10mm厚，加劲肋为开口肋）、桥梁挠度较大、荷载较重等多方面的原因，铺装完工后较快就出现了开裂、脱层和坑槽等病害。经有关方面长期观测与养护，尚能保持通车状态，该桥为此后钢桥面铺装技术的进一步完善提供了宝贵的实践经验。该桥桥面铺装虽然整体破坏严重，但也有部分桥跨铺装尚好，说明施工质量均匀性较差。现在来看，主要原因是当时沥青加工采用的是简易设备，沥青混合料的生产也是采用早期的简易设备。

1998年，该方案在山东省胜利黄河大桥再次应用。胜利黄河大桥建成通车于1987年，为双钢箱拴接的钢箱梁斜拉桥。桥面铺装基本采用以上方案，但做了一些调整和改进。桥面板采用了环氧煤焦油（常温固化）作为黏结层，未固化前铺筑第一层氯丁橡胶改性沥青混凝土（5.5cm厚LH-15-I），然后铺一层钢筋网，并在全桥（单边）将钢筋网焊接成整体，并与伸缩缝、中分带及边缘人行道焊接起来，再铺筑面层氯丁橡胶改性沥青混凝土（3.5cm厚LH-10-I）。该方案在当时交通条件下，通过加强局部日常维护，一直保持较好行驶功能状态，使用了8年。这在早期钢桥面铺装工程应用中是使用寿命较长的、比较成功的铺装案例。随着胜利油田的发展壮大及地方经济的发展，交通量增加且重载车辆增多，铺装损坏严重，胜利黄河大桥已不能满足实际使用需要，于1998年按原方案对铺装层进行了翻修。但是，虽仍然使用了同样的铺装体系和铺装材料，翻修后通车仅半年，铺装层就产生了严重推移和坑槽等病害。

根据现场挖探与观察，病害的主要原因为环氧煤焦油没有完全固化，铺装与钢板间界面处于可滑移的脱层状态。

该桥面铺装在日常维护状态下使用至2002年，采用浇注式沥青混凝土铺装方案进行翻修后，一直使用至今。该方案的使用情况将在后面的内容中进行详细分析。

在我国早期的铺装技术研究与工程应用中，工程技术人员已经认识到下列技术问题并采取了相应的技术措施。

第一，钢板是光滑的，铺装层与钢板间易产生剪切滑移。所以大部分早期的钢桥面铺装桥面板上都焊接了钢筋网。

第二，钢板是易生锈的。一般都使用防腐漆或采用沥青类材料进行封闭防腐。

第三，普通沥青混凝土很难达到钢桥面铺装的使用要求，都尝试使用改性沥青。

第四，用反应性材料可能解决钢桥面铺装的防水黏结问题。

第二节　钢桥面铺装技术体系的形成

我国钢桥面铺装经历了引进国外技术、消化吸收并自主开发及多样性发展等多个阶段，能系统解决我国特有的重载交通钢桥面铺装技术难题。以2006年由交通运输部颁布《公路钢箱梁桥面铺装设计与施工技术指南》为标志，基本形成了具备我国特色的钢桥面铺装技术体系。

一、双层SMA铺装技术研究与工程实践

SMA（Stone Mastic Asphalt）铺装技术来源于国外。SMA技术发源于德国并推广应用于欧洲，美国和日本等，20世纪90年代初进入中国。相关文献资料表明，在德国和日本的钢桥面铺装中，部分桥梁也采用了SMA铺装技术。SMA用于铺装下面层时，混合料设计要求更致密并需反复碾压（在日本甚至采用轮胎压路机反复碾压）使其具有一定防水功能。铺装防水层一般采用改性沥青卷材等。

SMA技术在中国的应用从首都机场高速公路路面及首都机场跑道改造加铺工程开始，逐渐推广应用于全国。目前，SMA已广泛应用于高速公路路面、城市道路路面及桥面铺装工程中。

（1）虎门大桥钢桥面铺装技术研究与工程应用的历史经验教训

广东省虎门大桥钢桥面铺装研究推荐了如图1-1a）所示的铺装结构，工程实际施工时，变更采用了如图1-1b）所示的铺装结构。

虎门大桥钢桥面铺装技术研究的主体内容按以下逻辑思路展开：参考日本资料，铺装与钢板结合力应≥1.5MPa（常温），采用增加改性剂并复合改性使洒布的1kg/m^{2}改性沥青黏结层达到软化点100℃，而使用高黏度改性沥青保证与防水层的黏结力，撒布预拌沥青碎石

为施工提供平台并适当增强该层的抗剪能力。利用改性沥青SMA混合料骨架密实结构热稳定性特别优良的特点，使用软化点更高的改性沥青以保证热稳定性。铺装上层则侧重于抗裂性，使用变形能力更强的改性沥青；铺装下层采用了较小的空隙率以保证铺装密水性。

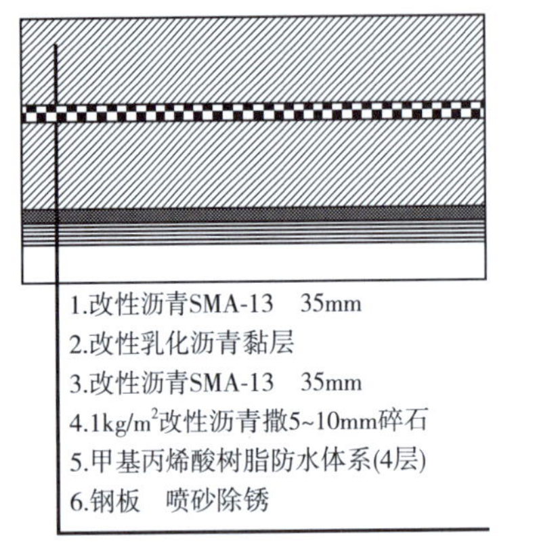

a)

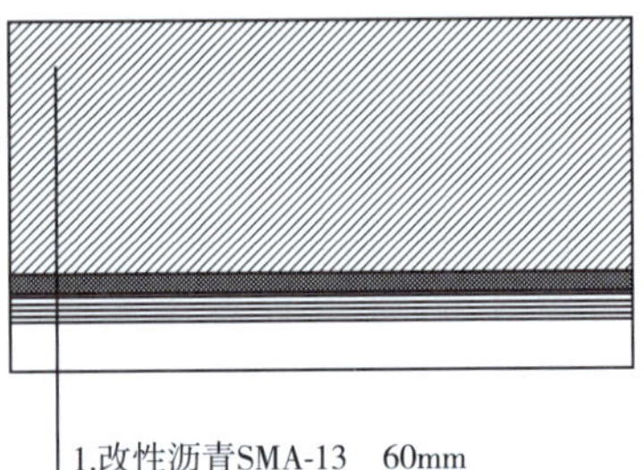

1.改性沥青SMA-13　60mm
2.1kg/m²改性沥青撒5~10mm碎石
3.甲基丙烯酸树脂防水体系(4层)
4.钢板　喷砂除锈

b)

图1-1　虎门大桥铺装结构

a)虎门大桥推荐的铺装结构；b)虎门大桥实际采用铺装结构

工程通车后3个月即产生了严重车辙、横向滑移，并在半年后铣刨1.7cm厚度，加铺了3cm厚度的高黏度改性沥青SMA-10。在日常维修养护下维持使用到2003年底。之后采用双层SMA铺装方案进行翻修。由于重载和超载比较严重，翻修中又发现有桥面钢板产生开裂等破坏情况。2009年开始使用日本环氧沥青铺装方案逐车道翻修替换。

在虎门大桥钢桥面铺装技术的研究中，得到了以下经验教训：

①初步建立了钢桥面铺装研究体系，研究中关注到了钢桥面铺装的关键技术问题。但是，基于当时我国钢桥面铺装技术认识水平，对于钢桥面铺装各铺装层的功能特殊性能认识不足。

②虽然在研究过程中将铺装分为上、下两层，并根据其不同的功能对性能要求有所侧重，但桥梁结构设计将铺装厚度由原设计7cm更改并限制为6cm，并要求施工误差只能按负误差（铺装厚度按5.5~6.0cm）进行控制，并且要求一次施工成型。混合料性能调整时过分侧重于抗裂性，忽视了重载车辆作用下热稳定性不足带来的早期破坏问题。

③研究工作主要集中于桥面铺装问题，未能充分研究桥跨结构与铺装的共同作用问题。

④没有充分认识到超载对桥梁结构和桥面铺装的危害。在此后的铺装翻修中，多次发现桥面钢板开裂和钢板屈曲下挠永久变形。

⑤对浇注式沥青混凝土的研究有限，不能充分理解浇注式沥青混凝土的组成及性能，误认为浇注式沥青混凝土60℃车辙试验动稳定度较小就代表其热稳定性很差，过早否定了浇注式沥青混凝土的适用性，影响了对浇注式沥青混凝土的深入研究。

（2）钢桥面铺装改性沥青SMA的进一步研究及铺装脱层早期病害的严重危害

虎门大桥钢桥面铺装产生严重车辙、横向流动和推拥等热稳性病害后，在广东虎门及福建厦门召开了两次全国性的技术研讨会，认真分析了钢桥面铺装产生病害的原因，充分认识到像钢桥面铺装这种特殊工程施工控制的重要性（提出了“三分设计，七分施工”的论断）。

虽然虎门大桥桥面板的无机富锌漆在工厂制作钢箱梁时就已经喷涂，但在钢箱梁架设及焊接施工中被严重污染或损伤，富锌漆与钢板间拉拔强度严重下降至约 2.0MPa。经过局部修复及湿喷砂清洗后，采用了英国 Eliminator 四层防水体系。尽管在之后的铺装维护施工中发现有防水层脱落及局部钢板生锈问题，但并未发现因防水黏结层的脱层而导致铺装脱层的早期病害。因而在此阶段的研究中，防水黏结层的脱层病害问题未被充分认识。

其间，比较有代表性的钢桥面铺装工程主要有汕头礐石大桥、厦门海沧大桥、武汉军山大桥、湖北宜昌大桥、武汉白沙洲大桥及重庆鹅公岩长江大桥。其中，凡交通量比较大而且重载车辆多的桥梁在使用 2 ~ 3 年后均会产生脱层病害。由于养护及局部翻修的时机不同，有的桥面铺装很快产生了崩溃性破坏（极端例子是武汉白沙洲大桥）；也有的桥面铺装具有较长使用寿命，如使用年限最长的是重庆鹅公岩长江大桥，使用周期为 2000 ~ 2013 年，其间进行了两次维修，每次局部翻修的总面积均不超过 2 000m^2，即不到总面积的 10%，铺装结构如图 1-2 所示。

当第一次发现铺装出现超过 1cm 宽的裂缝时（图 1-3），大部分技术人员感到很困惑，也很难理解。经过约 1 年时间的进一步观察、检测、分析之后，才真正理解了铺装产生脱层失稳病害的原因及机理。

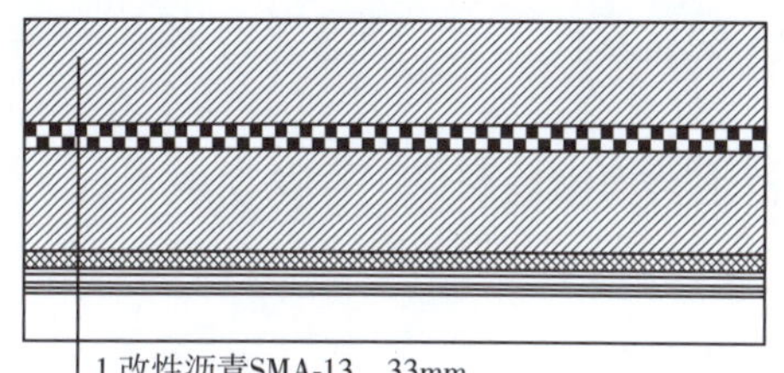

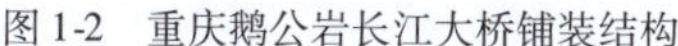

图 1-2　重庆鹅公岩长江大桥铺装结构

图 1-3　严重脱层推移的病害

武汉军山大桥钢桥面铺装挖开后，发现改性沥青防水黏结层下有一层粉末，在去掉粉末后，检测电弧喷漆的锌粉与钢板间拉拔强度仍有 7 ~ 8MPa，表明锌层与钢板间未脱层。对海沧大桥等在钢箱梁环焊缝位置铺装出现宽约 2cm 的凹陷带等现象进行了观察。综合分析，其发生机理为由于未采取特殊措施，双层 SMA 不能密水，改性沥青撒预拌沥青碎石的防水黏结层在重载作用下抗剪能力不足，使得局部薄弱部位出现剪切移动，水与空气进入到富锌底漆或电弧喷锌等防腐层，富锌底漆被腐蚀，形成一层粉末，进一步加重剪切推移，铺装开裂后进入了较多水分从而加剧了这一进程。

经过该阶段的研究及工程实践，总结提出了钢桥面铺装以下几个方面的性能要求：

①钢板光滑，且易生锈，必须保证铺装层与钢板间有优良的黏结力，必须保证持续和耐久的黏结状态，这是保证铺装使用寿命的关键所在。

②水是影响铺装耐久性的关键因素，铺装结构必须有完善的防水黏结体系和防腐能力。

③由于钢板吸热导热能力强，钢桥面铺装层夏季温度远比一般路面温度高，要求钢桥面铺装具有优良的热稳定性。

④在反复荷载作用下，在加筋肋肋板顶部及横隔板顶部的铺装承受反复拉应变，因此要求铺装层具有优良的耐疲劳开裂能力。

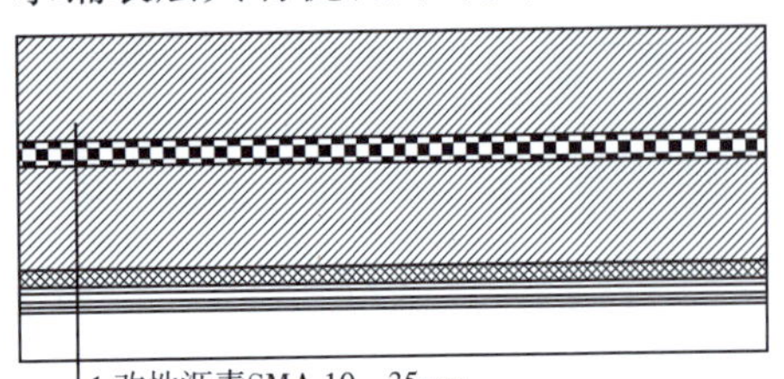

1.改性沥青SMA-10　35mm
2.改性乳化沥青黏层0.3~0.5L/m^2
3.改性沥青SMA-10　35mm
4.3~6mm改性沥青砂胶
5.溶剂黏结剂两遍0.1~0.2L/m^2
6.0.4~0.6mm环氧树脂撒1.18~2.36mm砂
7.0.2~0.3mm环氧树脂撒0.3~0.6mm砂
8.环氧富锌漆50~100μm
9.钢板　喷砂除锈

图 1-4　上海卢浦大桥钢桥面铺装结构

(3)双层 SMA 铺装体系的形成

在上海卢浦大桥钢桥面铺装课题研究阶段，双层 SMA 铺装体系的脱层推移问题通过工程实践已基本解决。该课题主要解决了双层 SMA 的防水黏结体系问题：采用环氧树脂撒砂方式使钢板从光滑面变为粗糙面，使用沥青玛蹄脂（或称改性沥青砂胶）形成缓冲层，起到隔热作用并缓冲 SMA 碾压过程中对环氧树脂的破坏，同时形成了施工车辆和机械行走的工作平台。上海卢浦大桥钢桥面铺装采用了如图 1-4 所示的铺装结构。

为了确保高黏度改性沥青 SMA 混合料的压实度，防止竖直向振动碾压时因钢板振动带来的压实功衰减，采取了在改性沥青中掺加 Sasobit 以降低改性沥青的高温黏度并采用水平振荡压路机等技术措施，以确保 SMA 的压实效果，并提高 SMA 的密水性。上海卢浦大桥钢桥面铺装 2002 年通车至今未发现任何病害。

此后，该防水黏结体系还在山东省胜利黄河大桥钢桥面铺装翻修工程及湖南省三叉矶大桥铺装工程中应用于浇注式沥青混凝土铺装结构，均取得良好的效果。

二、浇注式沥青混凝土铺装技术引进及开发研究

1. 江阴长江大桥与青马大桥钢桥面铺装的对比分析

香港青马大桥和江苏江阴长江大桥采用了类似的铺装结构，且均由一家单位完成施工。由于多种原因，使用寿命完全不同。

青马大桥于 1997 年通车，铺装结构如图 1-5 所示。第二年夏天，铺装层产生 3 000 多个鼓包。采取了钻孔放气、注入黏结材料、加热和碾压方式进行修复，此后一直使用至今，无重大破坏。产生鼓包的原因疑是电弧喷漆上的封闭漆中含有溶剂，溶剂未完全挥发时即被封闭在防水层下，夏季高温时，残留溶剂蒸发并在行车振动荷载作用下迁移、集中，从而产生体积膨胀，形成鼓包。

江阴长江大桥钢桥面铺装于 1999 年竣工通车，铺装结构如图 1-6 所示。1 年后即开始产生纵、横向开裂和严重车辙，并于 3 年后采用原方案进行了翻修，但是很快又产生了同样的病害。与香港青马大桥相比，江苏江阴长江大桥钢桥面使用寿命短很多，病害程度也严重很多。两者对比，主要原因如下：

(1)江阴长江大桥重载及超载车多，交通量大；青马大桥交通管制较严，几乎无重载车。

(2)江阴大桥为钢箱梁，箱体封闭，江阴地区夏季气温较高，因而夏季铺装极端温度更高；青马大桥为刚桁架梁、海洋性气候。

很显然，江阴长江大桥钢桥面铺装直接引进英国浇注式沥青混凝土铺装技术是不成功的。除上述因素外，还存在下列问题：

(1)浇注式沥青混凝土使用70%的特立尼达和多巴哥天然湖沥青+30%壳牌沥青(70/60),胶结料偏脆,抗裂性不足。

(2)5cm浇注式沥青混凝土单层施工,因施工层过厚,摊铺后混合料温度下降较慢,导致混合料中粗集料轻微下沉,从而产生离析。

(3)采用的沥青类防水黏结材料,在重载作用下高温抗剪切能力不足。

因此,要同时提高浇注式沥青混凝土的抗裂性和热稳定性,需要综合提高胶结料的性能。

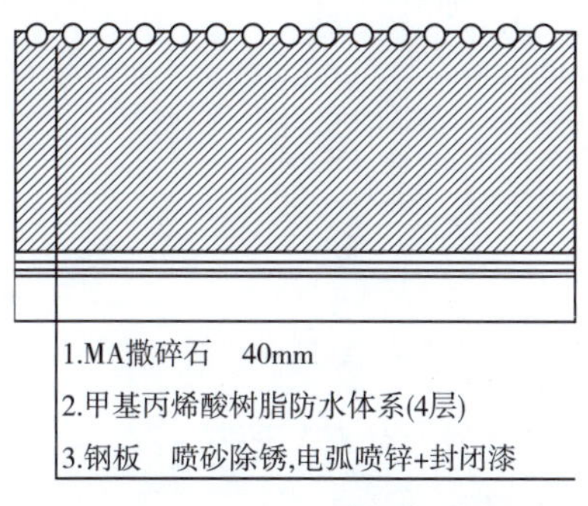

图1-5 香港青马大桥桥面铺装结构

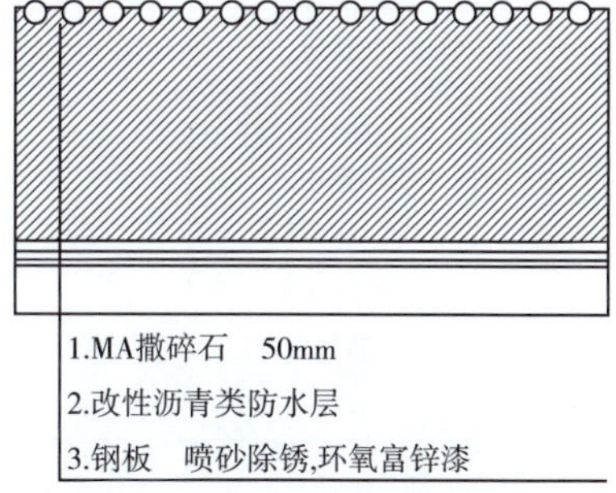

图1-6 江苏江阴长江大桥桥面铺装结构

2. 浇注式沥青混凝土钢桥面铺装技术的改进

浇注式沥青混凝土是典型的悬浮式无空隙结构,如果用普通密集配沥青混凝土的一般理念简单理解,浇注式混凝土沥青含量高达7%~9%。如此大的沥青含量,自由沥青多、无空隙,沥青在铺装温度升高时体积膨胀没有存留空间,必然会出现泛油现象,无法形成类似于SMA的骨架结构,热稳性肯定差。

浇注式沥青混合料粉胶比较高,因此在使用温度下,不存在自由沥青,也不存在泛油现象。由于矿粉含量大,沥青薄膜的总面积大,抗变形能力反而增强,因而抗疲劳开裂性能也很强。虽然粗集料未形成紧密的骨架结构,但是热稳定性与胶结料性能相关性却很高。

从江阴长江大桥的使用情况看,不仅英国浇注式沥青混凝土的性能指标不能满足我国重载和大交通量钢桥的使用要求,日本和德国的浇注式沥青混凝土性能指标也很难满足我国这种特殊条件桥梁的使用要求。

不管是日本用的30号沥青(天然湖沥青=75:25),还是江阴桥用的70号沥青(天然湖沥青=30:70),掺配后的沥青性能指标和混合料的性能指标均相当。通过调整级配或调整天然湖沥青用量,以满足热稳性、抗裂性及流动性相平衡的目标,日本、英国和德国的技术工作者已经做过系统研究。如果要使浇注式沥青混凝土能满足我国的特殊使用要求,须同时提高浇注式沥青混凝土的热稳定性和抗裂性并保证施工和易性,必须要大幅度提高材料性能,特别是提高胶结料性能。

在引进浇注式沥青混凝土施工设备后,第一次改进是使用了聚合物改性沥青与天然沥青的复合改性技术,应用于山东胜利黄河大桥钢桥面铺装的大修工程、安庆长江大桥、长沙三汊矶大桥和汕头礐石大桥(图1-7)。其中,面层SMA采用了高黏度改性沥青,防水黏结层使用了与上海卢浦大桥相同的防水体系(胜利黄河大桥及三汊矶大桥)和溶剂型沥青橡胶(安庆长江大桥及汕头礐石大桥)。

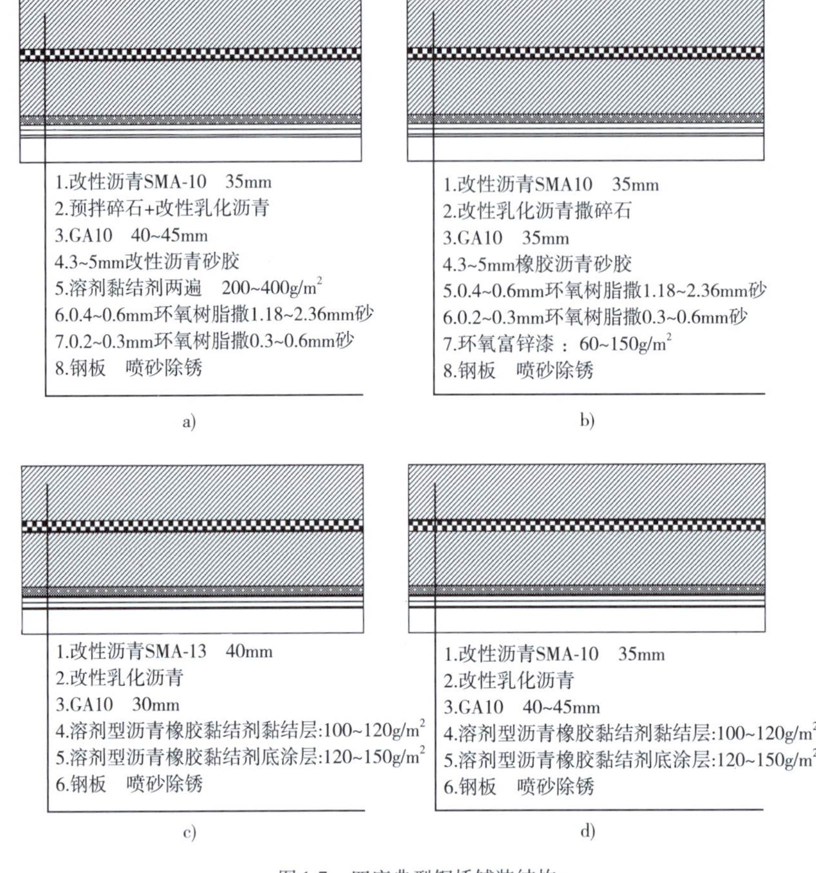

图 1-7 四座典型钢桥铺装结构

a)山东胜利黄河大桥铺装结构；b)长沙三汊矶大桥铺装结构；c)安庆长江大桥铺装结构；d)汕头礐石大桥铺装结构

山东胜利黄河大桥和汕头礐石大桥钢箱梁节段连接都是栓接，底面层浇注式沥青混凝土厚度必须达到 4 ~ 5cm 才能完全覆盖螺栓。在此期间，已经将浇注式沥青混凝土热稳定性指标——贯入度及贯入度增量的检验温度从 40℃提高到 60℃，指标值不变。山东胜利黄河大桥在使用约 4 年时产生了纵向裂缝，采用改性沥青灌缝后使用至今；汕头礐石大桥纵坡较大(3.0%)，由于使用的溶剂型沥青橡胶黏结层在高温下抗剪能力不足，以及局部浇注式沥青混凝土存在施工质量问题，在重载交通下产生了横向滑移(车画线扭曲)和车辙，后期产生了纵向裂缝；安庆长江大桥及长沙三汊矶大桥使用性能良好，无破坏。

3. 重载交通钢桥面铺装浇注式沥青混凝土用聚合物改性沥青开发及铺装结构的完善

江阴长江大桥钢桥面铺装第一次采用原方案修复后，很快又产生了严重破坏。此后，多家科研机构采用美国环氧沥青混凝土铺装技术和日本环氧沥青混凝土铺装技术进行了科研和试验段铺筑，一般使用寿命不超过 3 年。在浇注式沥青混凝土上直接铺装美国环氧沥青混凝土使用效果最好，而经铣刨 2cm 浇注式沥青混凝土后，再加铺 3cm 美国环氧沥青混凝土(铺装总厚度变为 6cm，从而总铺装厚度增加了 1cm)，在使用中很快产生鼓包和纵向开裂病害。

2007 年,“江阴长江大桥重载交通改性沥青浇注式混凝土铺装技术的研究”课题组立项开展研究,重点进行了满足重载交通使用要求的浇注式沥青混凝土专用聚合物改性沥青的开发,也开展了在浇注式沥青混合料中掺加纤维、使用人工集料及撒布浅色碎石以降低铺装温度等技术的研究。同时,进行了环氧树脂 SMA 混凝土及桥面系补强结构等其他铺装结构的研究,铺筑了 3 个试验段,铺装结构如图 1-8 所示。

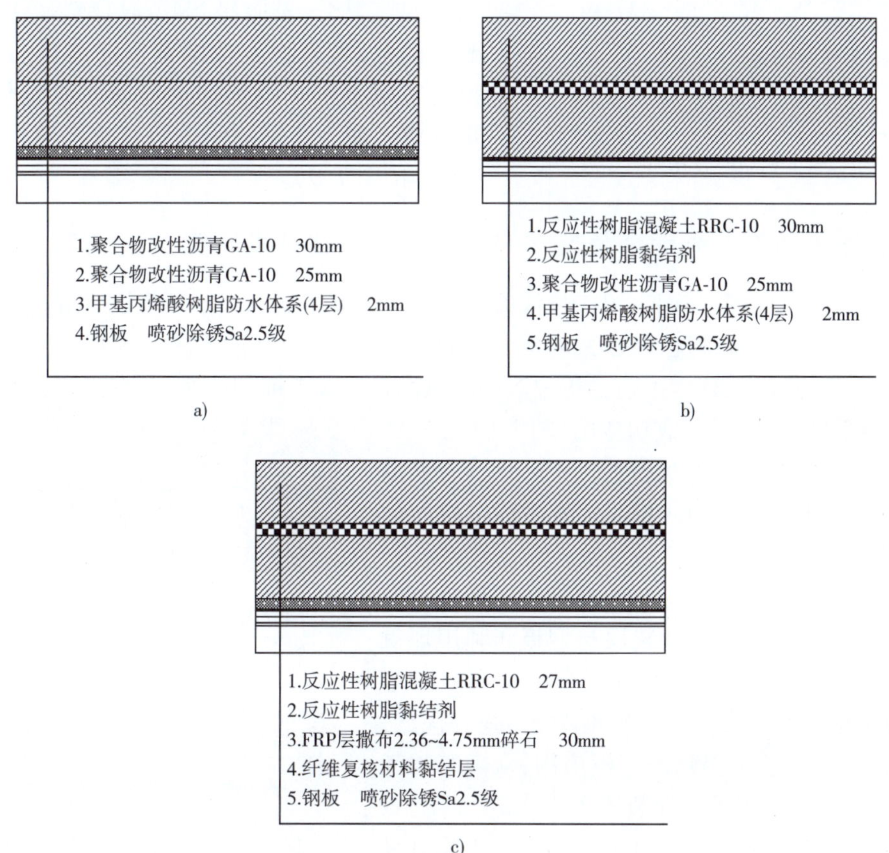

图 1-8 江阴长江大桥铺装课题组 2009 年试验段结构

a)双层聚合物改性沥青浇注式混凝土铺装;b)聚合物改性沥青浇注式混凝土 + 反应性树脂混凝土;c)FRP 铺装结构

室内试验表明,FRP 铺装结构虽然能显著改善桥面板的刚度,且在室内组合结构疲劳试验中性能非常优良。但因在施工现场实施困难,在试验段铺筑时对原结构方案进行了改动,而使用 3 个月后就产生了严重的早期破坏。今后在进一步开发现场快速自动化施工设备后,FRP 方案可用于虎门大桥、江阴长江大桥和军山大桥等重载车辆比例大、超载严重、交通量大以及桥面系刚度不足从而需要补强的钢桥上。

在室内铺装材料疲劳试验中,虽然环氧树脂 SMA 混凝土具有非常优良的耐疲劳性能、热稳性能和抗水损害性能等,但现场铺筑浇注式沥青混凝土,使用半年后,产生了掉粒、剥落、松散、推移等病害,浇注式沥青混凝土层也随之破坏。

3 个试验段中,只有采用双层浇注式专用聚合物改性沥青混凝土铺装方案(总厚 5.5 ~ 6.0cm)在使用 4 年后仍未产生车辙和纵横向开裂等病害。研究及工程实践表明,聚合物

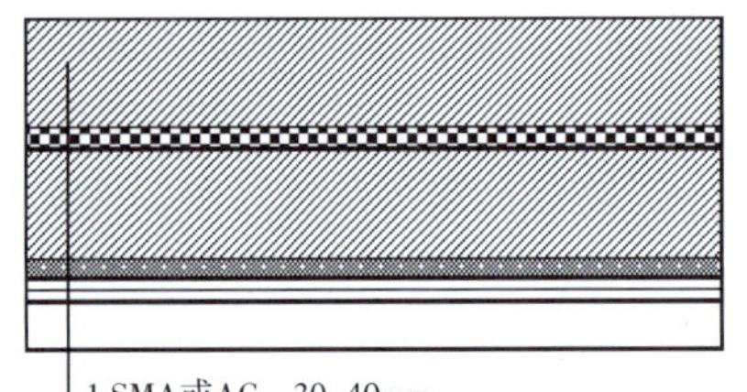

图 1-9 广泛使用的浇注式沥青混凝土铺装结构

改性沥青浇注式混凝土能够解决重载和超载交通条件下的钢桥面铺装问题。此后,重庆特铺路面工程技术有限公司采用该技术,铺筑了多座钢桥面铺装工程,均未产生车辙、开裂等病害,使用效果良好。此后,为进一步提高钢桥面铺装的抗裂性,表面层 SMA 混合料使用了高弹改性沥青,聚合物改性沥青浇注式混凝土与钢板间采用了甲基丙烯酸树脂防水黏结体系,逐步形成了如今普遍使用的浇注式沥青混凝土铺装结构(图 1-9)。

三、环氧沥青混凝土铺装技术的引进与国产化开发研究

东南大学交通学院与南京第二长江大桥指挥部引进了美国双层环氧沥青混凝土铺装技术,并针对中国的实际情况,从玄武岩集料选材、破碎工艺及性能要求到现场施工质量控制体系进行了全面研究,建立了适合于中国的环氧沥青混凝土铺装体系,并在南京第二长江大桥钢桥面铺装工程中得到成功应用(图 1-10)。

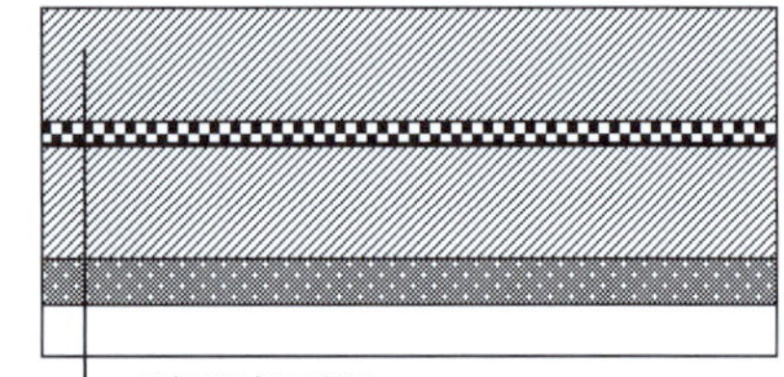

图 1-10 南京第二长江大桥美国环氧沥青铺装结构

由于美国环氧沥青及类似的国产环氧沥青其混合料拌和温度控制在 110 ~ 120℃,故俗称中温固化环氧沥青混凝土。

环氧沥青混凝土铺装结构充分利用了环氧沥青作为反应性材料的特性,铺装层与钢板间利用环氧沥青作为黏结材料。环氧沥青混凝土具有空隙率小、高温抗车辙能力强和抗疲劳开裂能力强等优点,在我国钢桥面铺装中得到了广泛应用,众多跨长江及跨海特大桥均采用了该铺装体系。

但是,从 2004 年通车的江苏润扬长江大桥开始,美国环氧沥青混凝土钢桥面铺装产生了鼓包、纵向开裂和坑槽等严重病害。由于该方案施工条件要求高,施工过程要求很细致,环氧沥青混合料对温度和时间的控制要求很严,适宜施工的时间相对较短,铺装完工后养生时间较长,以及破坏后修复困难等因素,也限制了该技术方案在工程上的应用。

综合分析环氧沥青混凝土铺装产生病害的原因,由于在铺装下层施工后遇雨水或露水,渗入混凝土未能完全蒸发,其上铺筑第二层后,由于水分汽化产生鼓包(也有人认为是环氧沥青反应过程中产生的可挥发物引起的)。铺装纵向开裂严重的桥梁,多数超载较严重。室内小梁疲劳试验表明,随着控制应力加大,疲劳寿命显著下降,对重荷载较为敏感,坑槽的产生主要是从鼓包发展成网裂以及养护处理不及时造成的。

对于双层环氧沥青混凝土铺装体系来说,最大的缺陷在于该方案没有真正的防水层。环氧沥青混凝土铺装通常在环氧富锌漆上洒布 0.6 ~ 0.75L/m^2 环氧沥青,环氧沥青混合料摊铺施工及碾压过程中,由于环氧沥青黏结材料部分渗入了混合料中,成型的桥面铺装结构只形成了一层很薄的黏结层。同时,由于环氧沥青混凝土的反应性材料特性,一旦产生开裂

就很容易开裂到底，开裂后由于没有防水层，水和空气的浸入会导致环氧富锌底漆中的锌粉被腐蚀，产生氧化物或锌盐，导致铺装层的局部脱层，裂缝周边继续产生伴随式开裂，从而导致铺装病害的蔓延。

在此期间，东南大学研究团队进行了国产环氧沥青材料的开发研究，取得了成功。2008年开始在天津富民桥工程中应用，后又铺筑了多座大跨径桥梁钢桥面铺装工程。由于其铺装结构仍与原美国双层环氧沥青混凝土铺装相同，所产生的破坏类型也类似。由于产业化规模较小，生产过程控制中对材料的均匀性未能解决好，从而导致铺装层出现了斜向和横向等不规则开裂（上海长江大桥）。与此同时，华南理工大学引进了日本环氧沥青，并在一些钢桥面铺装工程大量应用（江阴长江大桥及虎门大桥等），并对早期铺装破坏进行了改进研究，之后于2012年在浙江大榭二桥上进行了全桥面铺筑（图1-11）。

日本进口环氧沥青混凝土的特点是在沥青混合料拌和过程中加入环氧及固化剂，施工温度较高（集料完全干燥）及养生期相对较短（7~10d）。

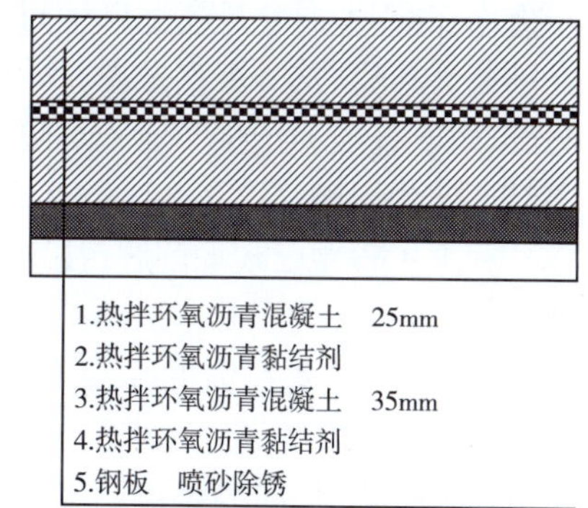

图1-11　浙江大榭二桥钢桥面铺装结构

第三节　钢桥面铺装技术多样性发展

我国钢桥面铺装技术的发展经历了很多曲折过程。从技术进步的角度来说，每一项成套技术都必须经历材料开发与室内研究—模型试验—工程试验—发现问题—分析问题—材料配方调整及铺装结构完善这样一个多次反复及螺旋式上升的过程。为更好地解决钢桥面铺装这一技术难题，我国众多工程技术人员进行了坚持不懈的努力，使得我国钢桥面铺装技术的发展逐渐赶上并超越国外发达国家，开创了百花齐放的多样性发展局面。

一、以ERS铺装方案为代表的常温固化反应性树脂沥青铺装技术

由宁波天意公司开发研究的ERS铺装结构如图1-12所示。

该铺装结构的主要技术逻辑是：由于桥面钢板表面是光滑的，若铺装结构直接铺装在钢板上，难以黏结；采用环氧树脂撒碎石的EBCL层将钢板从光面变成粗糙面，同时，由于环氧树脂层与钢板具有良好的黏结力，封闭了钢板，隔绝了空气和水，达到了保护钢板、防止生锈的目的。由于常温固化的环氧树脂不耐高温，若是直接在EBCL上铺筑SMA，则在碾压过程中将导致EBCL层的脱层破坏。因此在EBCL上加铺2.0~2.5cm的RA05环氧树脂混凝土形成缓冲层，一方面发挥树脂沥青混凝土的高强度、高热稳定性、良好的抗裂性和抗水损害能力等优势，形成一个相对稳定的结构层；另一方面也隔除了SMA高温作用对EBCL层的影响。在RA05层施工碾

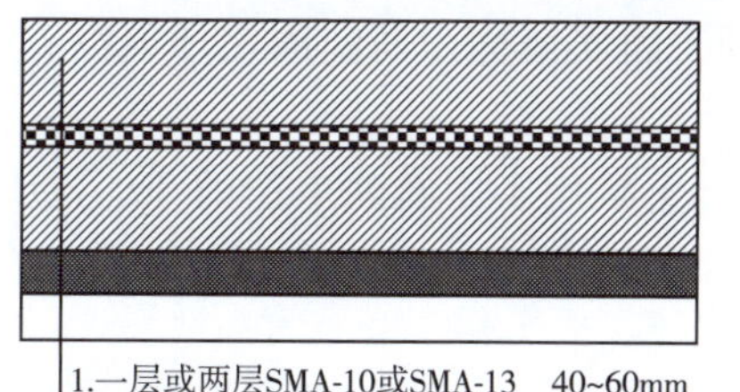

图1-12　ERS铺装结构

压过程中嵌入 5~10mm 碎石,固化后形成剪力键,以增加层间抗剪性能。而工程实践已证明,改性沥青 SMA 混合料能够满足热稳性、抗裂性、抗水损害性能要求。因此该方案技术逻辑清晰、合理。

但是在工程实践中发现,ERS 铺装结构易受水分的影响。EBCL 上撒布的碎石和 RA05 中使用的集料,在加工及运输过程中易吸收水分,一方面影响了树脂沥青混凝土的强度,另一方面在 SMA 混合料高温摊铺过程中,水分蒸发影响了改性沥青与 RA05 层之间的黏结。在铺装破坏后,挖开观察发现,RA05 与 EBCL 间存在进水及脱层问题,影响层间黏结强度。另外,ERS 铺装易产生车辙和车道画线扭曲等病害,实际上是受 RA05 层与 SMA 层之间界面黏结问题的影响。

根据工程中出现的问题,技术开发团队在实践中不断完善,进行了一系列技术改进,主要有:

(1)在碎石集料加工后,用塑料包装袋包装存放,以控制集料的含水率;

(2)在 EBCL 层上面铺筑 RA05 树脂沥青混凝土前,涂布一层环氧树脂黏结层,确保 RA05 与 EBCL 层间的黏结;

(3)RA05 层固化后在洒布改性沥青黏层前用抛丸机喷砂形成微观粗糙面以增强黏结;

(4)黏层采用反应性树脂沥青类材料(在 SMA 施工前不固化,施工时由于 SMA 高温而反应固化);

(5)调整改性沥青 SMA 混合料的配合比设计,施工中采取了严格控制质量和保证其热稳性等措施。

二、浇注式沥青混凝土上铺筑环氧沥青混凝土结构

东南大学研究团队在润扬大桥钢桥面铺装技术研究课题中,首次提出下层用浇注式沥青混凝土,面层用环氧沥青混凝土的铺装结构组合,并在试验工程中得到了应用。在江阴大桥上多段试验工程中也选用了该铺装结构。使用情况表明,该铺装结构具有比双层环氧沥青混凝土更长的使用寿命。此后,于 2012 年,在泰州长江大桥钢桥面铺装工程中,首次全桥面使用了浇注式沥青混凝土上铺筑环氧沥青混凝土的铺装方案(图 1-13)。浇注式沥青混凝土与钢板间采用了日本进口的环氧黏结剂,面层采用了日本进口的环氧沥青混凝土。由于日本环氧沥青混合料拌和温度和一般沥青混合料拌和温度相同,因而俗称为高温固化环氧沥青混凝土。

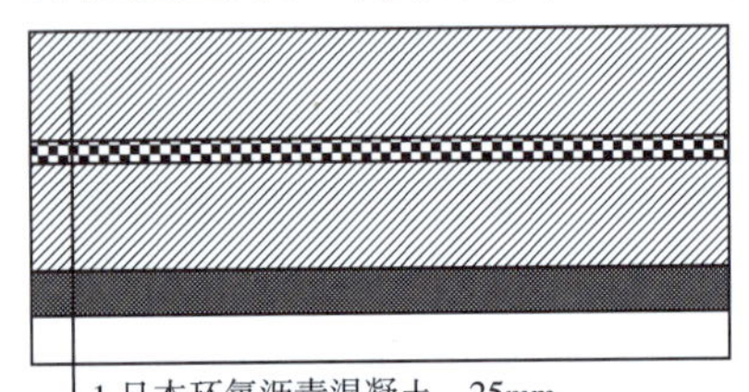

1.日本环氧沥青混凝土 25mm
2.日本环氧树脂黏结剂
3.浇注式沥青混凝土 35mm
4.日本环氧树脂黏结层
5.钢板 喷砂除锈

图 1-13 泰州长江大桥钢桥面铺装结构

其浇注式沥青混凝土采用了中石油生产的 30 号沥青(约 70%)与特里尼达多巴哥天然湖沥青(约 30%)配制的硬质沥青。

三、环氧沥青混凝土上铺筑改性沥青 SMA 结构

东南大学科研技术团队在国产环氧沥青开发过程中,为了解决中、小桥工期短及国产环氧

沥青在水泥混凝土桥梁桥面铺装中的应用问题，在工程中使用了如图1-14所示的铺装方案。

四、采用剪力钉+钢筋网的水泥混凝土上铺装改性沥青SMA结构

武汉理工大学研究团队研究并提出如图1-15所示铺装方案，在湖北省武汉市城市中、小钢桥桥面铺装中推广应用。该结构采用轻质水泥混凝土和剪力钉以改善正交异性板桥面刚度，降低上下两铺装层间的剪应力，剪力钉的应用提高了水泥混凝土层与钢板之间的抗剪能力。

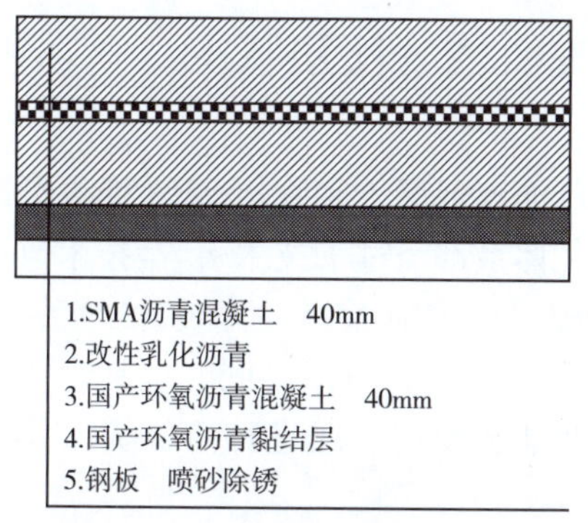

图1-14　国产环氧沥青混凝土上铺筑改性沥青SMA铺装结构

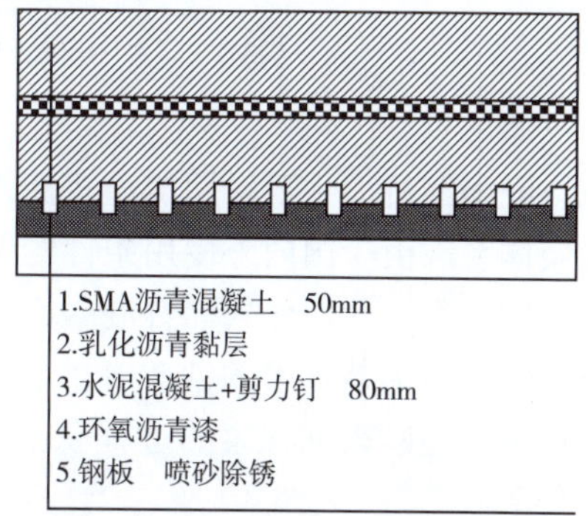

图1-15　加钢筋网结构的铺装方案

此后，湖南大学科研团队，利用该方案形成了空间钢筋网结构以增加桥面系的补强作用，又进一步研究了在钢桥面板上通过黏结剂和剪力钉连接一层厚度为5～6cm的活性粉末混凝土，将活性粉末混凝土视为桥面结构的一个结构层，与钢桥面板协同受力。该方案应用于马房大桥铺装翻修工程。

五、其他铺装技术

在此期间，广大道路工程技术研究人员还进行了许多其他钢桥面铺装技术的研究，包括英国的热碾压碎石嵌入式铺装技术；甲基丙烯酸树脂防水黏结体系的国产化；反应性树脂灌入式铺装结构；使用高黏、高弹改性沥青密级配沥青混凝土；环氧沥青混凝土铺装结构中增加甲基丙烯酸树脂防水黏结体系；聚合物改性沥青双层浇注式沥青混凝土铺装技术；在环氧沥青混凝土中掺入纤维以提高其抗疲劳开裂性能技术；在浇注式沥青混凝土中掺加钢纤维或矿物纤维以进一步提高其韧性（抗裂性）技术；在浇注式沥青混凝土层上铺筑自嵌入式的玻纤格栅；在浇注式沥青混凝土上嵌入浅色碎石，在铺装表面层喷涂反射隔热材料等降低铺装温度；使用钢筋网、纤维复合材料等增加桥面系刚度的技术等等。

我国钢桥面铺装技术已经进入多样性发展阶段，今后必然产生更多拥有自主知识产权的铺装成套技术，必将更好地解决我国钢桥面铺装建设与维护技术问题。

第二章　钢桥面铺装病害分析

第一节　我国典型钢桥面铺装使用状况

我国钢桥面主要采用浇注式沥青混凝土、环氧沥青混凝土和双层 SMA 沥青混凝土三种铺装体系。由于国内外使用条件的差异，几种铺装体系都经过了技术引入、技术改进和技术创新的过程。如浇注式沥青混凝土专用聚合物改性沥青的研发、钢桥面 ERS 铺装方案等，均属于钢桥面铺装技术的创新成果。但钢桥面铺装技术创新的过程，同时也是钢桥面铺装成功和失败经验教训积累的过程。本节对我国典型铺装使用状况进行简单统计，见表 2-1 ~ 表 2-5。

钢桥面铺装结构类型虽然不同，但破坏类型基本相同，主要有车辙、推拥、层间滑移、脱层、裂缝、鼓包和坑洞等几种表现形式，而各种病害在不同铺装体系中出现频率有所不同，见表 2-1。

典型钢桥面铺装体系病害类型　　表 2-1

病害种类	病害名称	铺装体系			
		EA 铺装	GA 铺装	双层 SMA 铺装	ERS 铺装
原生病害	脱层	√	√	√	√
	层间滑移	×	√	√	√
	车辙	×	√	√	√
	鼓包	√	√	×	√
	泛油	×	×	√	√
	松散	√	×	√	√
次生病害	裂缝	√	√	√	√
	坑洞	√	×	√	×
	推拥	×	√	√	√

注：√——已发现病害；×——未发现病害。

表 2-2

浇注式沥青混凝土铺装典型案例使用现状

序号	铺装结构	桥梁名称	桥梁结构	主跨（m）	面板厚（mm）	高/低温（℃）	年降水量（mm）	交通状况	防水黏结层	通车时间	使用状况
1	单层 MA	香港青马大桥	钢箱梁	1 377	—	39/5	2 214	轻交通	MMA	1998 ~ 至今	良好
2		江苏江阴长江大桥	钢箱梁	1 385	12	39.4/ −14.2	1 071	重交通、超载	橡胶沥青	1999 ~ 2000	崩溃性破坏
3	MA + SMA	深圳湾大桥	钢箱梁	390	18	36.6/1.4	1 927	—	MMA	2007 ~ 至今	良好
4		香港昂船洲大桥	钢箱梁	1 018	18 ~ 24	39/5	2 214	—	MMA	2009 ~ 至今	良好
5	双层 GA	江苏江阴长江大桥	钢箱梁	1 385	12	39.4/ −14.2	1071	重交通、超载	MMA	2009 ~ 至今	良好
6	GA + SMA	山东胜利黄河大桥	钢箱梁	288	12	41.5/ −23	555	中交通、超载	环氧撒砂 + GS + 沥青砂胶	2003 ~ 至今	大量纵缝
7		安徽安庆长江大桥	钢箱梁	510	14	36.4/ −11	1 400	中交通、重载	GS	2004 ~ 至今	一条纵缝
8		天津子牙河大桥	钢箱梁	115	16	39.9/ −18.3	800	重交通	环氧撒砂处治两遍 + GS	2004 ~ 至今	良好
9		上海东海大桥	混凝土	420	—	39.4/ −10.1	1 183	特重交通	环氧撒砂 + GS	2005 ~ 至今	良好
10		重庆菜园坝大桥	钢箱拱梁	420	16	43.8/ −1.7	1 350	轻交通	MMA	2006 ~ 至今	良好
11		重庆石板坡长江大桥	T 型钢构	330	16	43.8/ −1.7	1 350	中交通	环氧撒砂 + GS + 沥青砂胶	2006 ~ 至今	2 处网裂
12		湖南长沙三汊矶大桥	钢箱梁	328	14	43/ −9	1 450	轻交通	环氧撒砂 + GS + 沥青砂胶	2006 ~ 至今	良好

续上表

序号	铺装结构	桥梁名称	桥梁结构	主跨（m）	面板厚（mm）	高/低温（℃）	年降水量（mm）	交通状况	防水黏结层	通车时间	使用状况
13	GA + SMA	广东汕头礐石大桥	钢箱梁 PC 箱梁	518	12	38/ −0.6	1 699	重交通、重载	GS	2006 ~ 至今	车辙、层间滑移、推拥
14		江苏 S342 跨线桥	钢箱梁	322	—	39/ −12.5	1 048	重交通	MMA	2006 ~ 至今	良好
15		贵州北盘江大桥	钢箱梁	636	14	35.3/ −6.2	1 461	中交通	MMA	2008 ~ 至今	良好
16		江西贵溪大桥	钢箱梁	209	—	41/ −15.1	1 889	轻交通	MMA	2008 ~ 至今	良好
17		江西赣州飞龙岛大桥	钢箱梁	150	14	40/ −7.2	1 427	轻交通	MMA	2009 ~ 至今	良好
18		江西南昌洪都大桥	钢箱梁	365	—	38/ −19	1 680	轻交通	MMA	2009 ~ 至今	良好
19		江西南昌英雄大桥	钢箱梁	385	—	38/ −19	1 680	轻交通	MMA	2009 ~ 至今	良好
20		江苏南京夹江大桥	钢箱梁	248	—	39.7/ −9	1 200	轻交通	MMA	2009 ~ 至今	良好
21		重庆朝天门长江大桥	钢桁梁	552	14	43.8/ −1.7	1 350	中交通	MMA	2009 ~ 至今	良好
22		江西赣江公路大桥	钢箱梁	408	14	40/ −7.2	1 427	中交通	MMA	2010 ~ 至今	2 处脱层、裂缝
23		江西赣州章江大桥	钢箱梁	158	14	40/ −7.2	1 427	轻交通	MMA	2010 ~ 至今	良好
24		福建鼓山大桥	钢箱梁 PC 箱梁	235	—	40/ −1.3	1 718	中交通	MMA	2010 ~ 至今	钢混段裂缝
25		上海闵浦二桥	钢桁梁	251	—	39.4/ −10.1	1 183	中交通	MMA	2010 ~ 至今	良好

环氧沥青混凝土铺装典型案例使用现状

表 2-3

序号	铺装结构	桥梁名称		桥梁结构	主跨（m）	面板厚（mm）	高/低温（℃）	年降水量（mm）	交通状况	防水黏结层	通车时间	使用状况
1	EA + EA	武汉白沙洲长江大桥		钢箱梁	618	12	42.2/－17.3	947	重交通、超载	双层环氧沥青	2009～至今	大量环状网裂
2		南京长江第二大桥		钢箱梁	628	14	43.0/－13.7	1 106	中交通、重载	双层环氧沥青	2001～至今	少量裂缝，总体良好
3		润扬长江大桥	南汊桥	钢箱梁	1 490	14	40.2/－10.1	1 088	中交通、超载	双层环氧沥青	2005～至今	纵向裂缝、网裂、沉陷
4			北汊桥	钢箱梁	406	14	40.2/－10.1	1 088	中交通、超载	双层环氧沥青	2005～至今	纵向裂缝、网裂、沉陷
5		南京长江第三大桥		钢箱梁	648	14～16	43/－13.7	1 106	中交通	双层环氧沥青	2006～至今	纵向裂缝，总体良好
6		舟山桃夭门大桥		钢箱梁	580	14	42.3/－3.6	1 356	轻交通	双层环氧沥青	2006～2012	已翻修
7		广东佛山平胜大桥		钢箱梁	350	—	39.2/0.3	1 700	轻交通	双层环氧沥青	2006～至今	鼓包
8		湛江海湾大桥		钢箱梁	480	—	38.1/2.8	1 679	轻交通	双层环氧沥青	2006～至今	少量环状网裂，鼓包
9		武汉阳逻大桥		钢箱梁	1 280	14	36.0/－3.9	947	中交通	双层环氧沥青	2007～至今	中间车道大量修补
10		杭州湾跨海大桥		钢箱梁	318	8	40.8/－12.7	1 500	中交通	双层环氧沥青	2008～至今	开裂、脱层
11		苏通大桥		钢箱梁	1 088	10	27.0/3.0	1 100	重交通	双层环氧沥青	2008～至今	总体良好
12		舟山西堠门大桥		钢箱梁	1 650	—	42.3/－3.6	1 356	轻交通	双层环氧沥青	2008～至今	良好
13		上海长江大桥		钢箱梁	730	16	39.4/－10.1	1 149	轻交通	双层环氧沥青	2009～至今	开裂
14		武汉天兴洲大桥		钢箱梁	504	—	36/－3.9	947	中交通	双层环氧沥青	2009～至今	不规则裂缝，总体良好

表 2-4

双层 SMA 沥青混凝土铺装典型案例使用现状

<table>
<tr><th>序号</th><th>铺装结构</th><th colspan="2">桥梁名称</th><th>桥梁结构</th><th>主跨（m）</th><th>面板厚（mm）</th><th>高/低温（℃）</th><th>年降水量（mm）</th><th>交通状况</th><th>防水黏结层</th><th>通车时间</th><th>使用状况</th></tr>
<tr><td rowspan="2">1</td><td rowspan="10">SMA + SMA</td><td rowspan="2">厦门海沧大桥</td><td>1999 年新建</td><td rowspan="2">钢箱梁 PC 箱梁混合</td><td rowspan="2">648</td><td rowspan="2">12</td><td rowspan="2">40. 0/2. 0</td><td rowspan="2">1 200</td><td rowspan="2">重交通、超载严重</td><td>高黏度改性沥青</td><td>1999 ~ 2006</td><td>大量病害，已翻修</td></tr>
<tr><td>2006 年翻修</td><td>环氧树脂（撒碎石）+ 沥青胶砂</td><td>2006 ~ 2014</td><td>车辙严重、划线扭曲</td></tr>
<tr><td>2</td><td colspan="2">重庆鹅公岩长江大桥</td><td>钢箱梁</td><td>600</td><td>12</td><td>43. 8/ − 1. 7</td><td>1 350</td><td>中交通、超载</td><td>高黏度改性沥青</td><td>2001 ~ 2014</td><td>无损使用 5 年后出现纵向裂缝、网裂</td></tr>
<tr><td>3</td><td colspan="2">上海卢浦大桥</td><td>钢箱梁</td><td>550</td><td>—</td><td>39. 4/ − 10. 1</td><td>1 149</td><td>轻交通</td><td>环氧树脂（撒砂）+ 沥青胶砂</td><td>2003 ~ 至今</td><td>铺装完好</td></tr>
<tr><td>4</td><td colspan="2">上海青浦西大盈港桥</td><td>钢箱梁</td><td>75. 6</td><td>12</td><td>39. 4/ − 10. 1</td><td>1 149</td><td>轻交通</td><td>甲基丙烯酸树脂防水层</td><td>2006 ~ 至今</td><td>铺装完好</td></tr>
<tr><td>5</td><td colspan="2">山东平阴黄河大桥</td><td>钢桁架</td><td>611</td><td>—</td><td>41. 6/ − 22. 7</td><td>578. 4</td><td>轻交通</td><td>高黏度改性沥青</td><td>2010 ~ 2012</td><td>脱层、车辙、推拥、裂缝</td></tr>
<tr><td>6</td><td colspan="2">武汉白沙洲长江大桥</td><td>钢箱梁</td><td>618</td><td>12</td><td>42. 2/ − 17. 3</td><td>947</td><td>重交通、超载</td><td>—</td><td>2000 ~ 2009</td><td>已翻修</td></tr>
<tr><td>7</td><td colspan="2">虎门大桥</td><td>钢箱梁</td><td>888</td><td>12</td><td>37. 8/0</td><td>1 820</td><td>重交通、重载、超载严重</td><td>环氧树脂 + 沥青胶砂</td><td>2003 ~ 2008</td><td>多次翻修</td></tr>
<tr><td>8</td><td colspan="2">汕头礐石大桥</td><td>钢箱梁 PC 箱梁</td><td>518</td><td>12</td><td>38/ − 0. 6</td><td>1 699</td><td>超载严重</td><td>高黏度改性沥青</td><td>1999 ~ 2006</td><td>大量病害，已翻修</td></tr>
<tr><td>9</td><td colspan="2">南昌艾西湖大桥</td><td>钢箱梁</td><td>108</td><td>14</td><td>38/ − 19</td><td>1 680</td><td>轻交通</td><td>MMA</td><td>2011 ~ 至今</td><td>少量裂缝、轻微车辙</td></tr>
</table>

表 2-5

ERS 铺装典型案例使用现状

序号	铺装结构	桥梁名称	桥梁结构	主跨（m）	面板厚（mm）	高/低温（℃）	年降水量（mm）	交通状况	防水黏结层	通车时间	使用状况
1	ERS	西陵长江大桥	钢箱梁	900	12	44/ -6	1 340	中交通	EBCL	2005 ~ 至今	少量修补，总体一般
2		宜昌长江大桥	钢箱梁	960	12	43. 9/ -14. 6	1 243	重交通、超载	EBCL	2010 ~ 至今	轻微车辙、总体良好
3		江东大桥	钢箱梁	260	14	40. 0/ -18. 1	1 500	重载交通	EBCL	2008 ~ 2013	已翻修
4		芜湖临江桥	钢箱梁	173. 5	—	40. 0/ -10	1 200	轻交通	EBCL	2008 ~ 至今	良好
5		宁波庆丰桥	钢箱梁	280	14	39. 4/ -10	1 480	中交通	EBCL	2008 ~ 至今	良好
6		广州猎德桥	钢箱梁	219	14	39. 1/0	1 736	中交通	EBCL	2009 ~ 至今	良好
7		宁波青林湾大桥	钢箱梁	180	14	39. 4/ -10	1 480	轻交通	EBCL	2010 ~ 至今	良好
8		营口辽河大桥	钢箱梁	436	14	35/ -28	650	中交通	EBCL	2010 ~ 至今	良好
9		宁波外滩桥	钢箱梁	225	—	39. 4/ -10	1 480	轻交通	EBCL	2010 ~ 至今	良好
10		宁波明州大桥	钢箱梁	450	14	39. 4/ -10	1 480	重交通、超载	EBCL	2011 ~ 至今	车辙
11		象山港大桥	钢箱梁	688	14	39. 4/ -10	1 480	中交通	EBCL	2012 ~ 至今	良好
12		嘉绍大桥	钢箱梁	2 140	16	40. 0/ -18. 1	1 600	中交通	EBCL	2013 ~ 至今	少量鼓包
13		之江大桥	钢箱梁	—	16	40. 0/ -18. 1	1 500	轻交通	EBCL	2013 ~ 至今	良好

第二节　钢桥面铺装病害分类

钢桥面铺装多采用热塑性(沥青混凝土)和热固性(环氧沥青混凝土或树脂混凝土)两类铺装材料,铺装病害类似于沥青混凝土路面,因此可借鉴路面病害分类方法进行分类。日本把桥面铺装病害分为9种,分别是车辙、裂缝、纵向凹凸、错台、坑洞、抗滑性不足、滑移、气泡和接缝开裂。本书结合我国《公路技术状况评定标准》(JTG H20—2007)以及常见钢桥面铺装病害形式,以影响铺装使用寿命和使用质量(使用舒适性和安全性)为标准进行分类。

1. 影响使用寿命的病害

(1)脱层;

(2)鼓包;

(3)裂缝——天然裂缝、横向裂缝、纵向裂缝、不规则裂缝;

(4)层间滑移;

(5)松散。

2. 影响使用质量的病害

(1)车辙;

(2)推拥;

(3)坑洞;

(4)泛油。

以上分类中,影响钢桥面铺装使用质量的病害同时也会影响其使用寿命;脱层与层间滑移的区别在于前者基本丧失层间黏结力,后者则能保持一定的黏结能力,两者大多出现在铺装与桥面钢板之间,有时也产生于铺装层之间;脱层与坑洞的区别在于前者一般面积较大,较小面积的脱层会形成坑洞,但坑洞也有可能由其他原因形成。

根据病害产生原因,有以下几种分类形式:

1. 原生病害和次生病害

原生病害是指完好状态的结构层初次出现的病害;次生病害是指铺装结构与材料由于先出现一种破坏形式而引起的另一种破坏形式。该种分类有利于分析钢桥面铺装病害的根本原因,从而为铺装设计、施工、养护和研究提供依据。

脱层、鼓包、层间滑移、松散和泛油属于原生病害,坑洞和推拥属于次生病害,大部分裂缝也被认为是次生病害,但环氧沥青混凝土施工时所产生的施工裂缝属于原生病害。从钢桥面铺装出现的车辙情况来看,层间滑移或脱层能够导致或加速车辙的产生,但车辙并不一定都是由这两种病害所引起,这里根据习惯仍划分为原生病害(图2-1)。

2. 结构类病害、荷载类病害和施工病害

三种病害种类分别是指以结构特性、荷载作用和施工原因为主要诱因的病害类型。按照这个概念,大多数钢桥面铺装裂缝、层间滑移、脱层和鼓包引起的坑洞以及脱层为结构类病害,车辙和推拥为荷载类病害,松散、泛油和松散引起的坑洞为施工类病害。

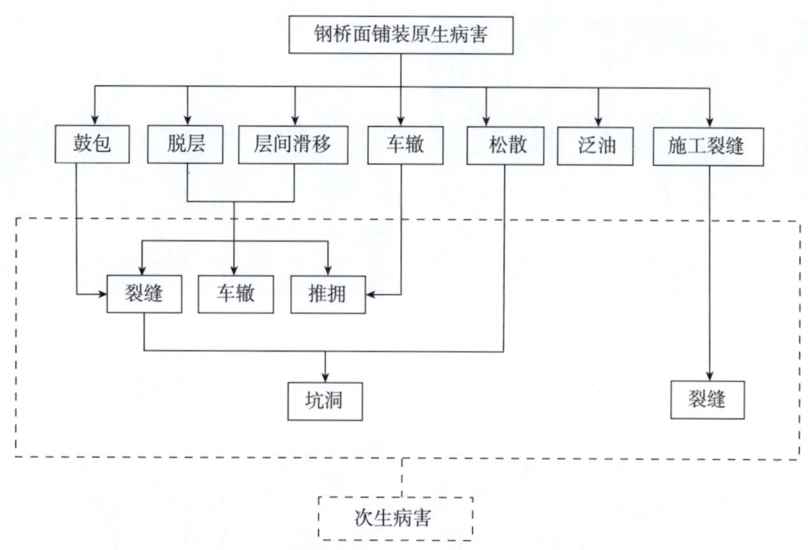

图 2-1　钢桥面铺装原生病害与次生病害分类

第三节　钢桥面铺装病害现象和原因

一、脱层

脱层病害是钢桥面铺装最为严重的原生病害形式，也是一种典型的结构型破坏。脱层不但影响铺装的使用寿命，还是裂缝、坑洞和其他大面积崩溃性破坏的根源，脱层病害也会加剧车辙、推拥等变形类病害的出现和扩展。脱层病害会破坏铺装与钢板之间的黏结力，导致泥水等杂物进入铺装与钢板之间，加速了钢板生锈和脱层扩展，铺装层发生大面积破坏且难以修复。在几种典型铺装体系中，环氧沥青混凝土较容易出现脱层病害，如澳大利亚的 WESTGATE 钢桥和加拿大的 LIONGATE 钢桥都出现了严重的脱层病害；其次是双层 SMA 沥青混凝土铺装，在浇注式沥青混凝土铺装中也发现有脱层病害，如图 2-2 所示。

1. 浇注式沥青混凝土铺装脱层病害

脱层病害并不是浇注式沥青混凝土铺装常见的病害，经少数脱层病害的调查发现，脱层主要发生在铺装与钢板之间的防水黏结层上。浇注式沥青混凝土铺装所使用的甲基丙烯酸树脂（MMA）防水黏结层一般分为四层：上层胶黏剂、中间两层 MMA 和底层防腐漆。病害则主要出现在 GA 与 MMA、两层 MMA 之间和钢板与 MMA 之间，如图 2-3 所示。

调查发现，施工原因是造成 MMA 防水黏结体系脱层的主要原因，喷砂除锈的质量、钢板洁净程度、材料质量、两层 MMA 之间施工时间间隔和浇注式沥青混凝土的流动性等因素都会影响 MMA 防水黏结体系的层间黏结性能。脱层的出现导致水进入防水黏结层与钢板之间，使得钢板严重锈蚀[图 2-3d）]，层间黏结能力丧失。

采用反应性树脂撒砂防水黏结层的浇注式沥青混凝土铺装结构，很容易受施工和环境影响而发生脱层。该种防水黏结层一般采用两层反应性树脂，第一层施工完毕后，通常会吸

图 2-2 钢桥面铺装脱层病害

a)GA 铺装脱层(铺装与钢板间);b)EA 铺装脱层(修补层与原混凝土间);c)双层 SMA 铺装脱层(铺装与钢板间);d)ERS铺装脱层(铺装与钢板间)

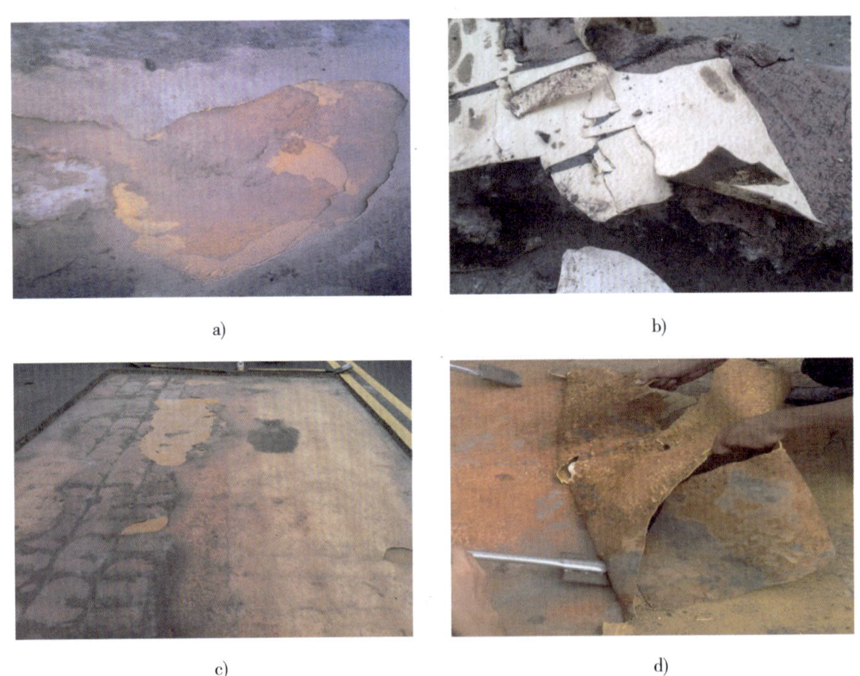

图 2-3 GA 铺装脱层病害

a)两层 MMA 之间;b)上层 MMA(白色);c)铺装与 MMA 之间;d)MMA 与钢板之间

附一定的水分，第二层施工时两层之间难以充分黏结和固化，造成黏结强度不足；由于撒布石料在短时间内会吸收大量水分，高温施工时，水分迅速汽化，产生大量气泡，一些因混凝土自身重力破裂的气泡之间会形成空隙，未破裂的气泡将导致界面出现严重问题；所撒布的石料会与下层环氧树脂黏结不好，在荷载作用下石料从反应性树脂中拔出产生脱层现象。

德国早期的浇注式沥青混凝土铺装中，铺装下层铺筑完成后撒布较多的石料以增加层间抗剪能力。实践证明，石料撒布过多将形成隔离层，导致铺装上下层之间脱层，因此出现车辙、推拥和开裂问题。

2. 环氧沥青混凝土铺装脱层病害

脱层病害常见于环氧沥青混凝土铺装，这是因为环氧沥青混凝土刚度较大，铺装层底承受较大的横向剪应力，因此对防水黏结层的抗剪和抗拉拔性能要求更高；另外，环氧沥青混凝土铺装常采用环氧沥青防水黏结层，与浇注式沥青混凝土反应性树脂防水黏结层类似，容易受环境因素影响；环氧沥青或环氧树脂属于热固性材料，强度形成后具有不可逆性，铺装一旦开裂即完全失去黏结能力，水分沿裂缝渗入铺装与钢板之间，防腐漆中的锌被腐蚀，形成锌盐和氧化锌，加剧了脱层病害（图 2-4）。

a)

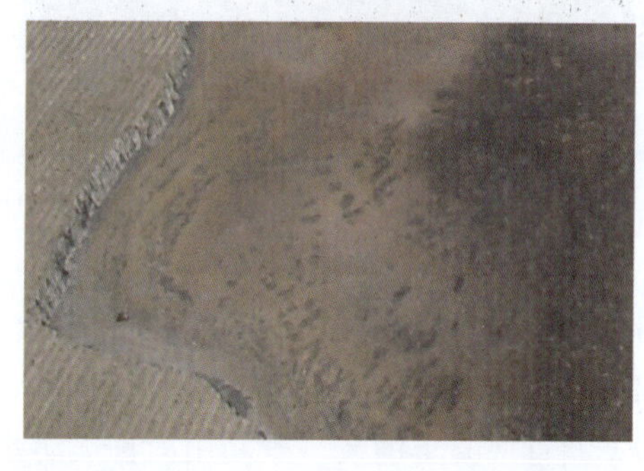

b)

图 2-4 EA 铺装脱层病害

a）脱层病害；b）脱层病害局部大图

另外，环氧沥青混凝土铺装上下层之间也会出现脱层，因病害更换上面层后，修补层与下层之间容易出现脱层开裂，如图 2-5 所示。

a)

b)

图 2-5 EA 铺装上下层之间脱层

a）上下层之间；b）修补层与下层之间

3. 其他铺装脱层病害

ERS 和双层 SMA 也有脱层现象,两者病害的形式类似。但 ERS 脱层一般发生在 RA 混凝土与上层 SMA 之间,而双层 SMA 沥青混凝土铺装脱层主要出现在钢板与铺装层之间,如图 2-6 所示。

ERS 铺装下层采用 2 ~ 3cm 厚度冷拌施工的 RA05 树脂混凝土,石料因含吸附水而导致混合料出现强度问题,因此上层 SMA 施工时两层之间的界面不能充分咬合,层间抗剪能力较差。同时,由于反应性树脂不耐高温,SMA 施工温度高也会对下层 RA05 的强度产生影响。所用 EBCL 防水黏结层也属于反应性树脂类材料,环境因素易影响施工质量。

a)

b)

图 2-6 双层 SMA 铺装上下层之间脱层

a) 脱层病害;b) 铺装层沾附水分

双层 SMA 铺装的脱层问题也出现在防水黏结层上。SMA 具有较高的空隙率,再加上离析的影响空隙率更大,不能完全防水,而防水黏结层厚度很小,难以满足铺装体系的防水需求;SMA 属于骨架型沥青混合料,与防水黏结层的黏结界面属于点-面接触,层间抗剪强度较低;SMA 沥青混凝土铺装一般使用沥青类防水黏结层,该种防水黏结层的抗重载和超载能力有限;由于钢桥振动吸收了部分压实功的能量,SMA 沥青混凝土不易压实。

二、裂缝

裂缝类病害是钢桥面铺装最为常见的破坏形式,主要包括横向裂缝、纵向裂缝、不规则裂缝和天然裂缝四种。前三种裂缝被认为是由于脱层等原因引起的典型的次生病害,也是由于结构原因引起的典型结构型破坏。其中,横向裂缝和不规则裂缝大多出现在横隔板顶部附近,纵向裂缝一般出现在纵向加筋肋翼缘板顶部或纵向腹板顶部铺装表面。裂缝会导致水分进入铺装层与钢板之间,加速脱层病害的产生与发展,影响钢桥面铺装的使用寿命(图 2-7)。

1. 浇注式沥青混凝土铺装裂缝

(1) 纵向裂缝及成因

2004 年以前施工的浇注式沥青混凝土铺装体系出现裂缝较多,其中以纵向裂缝为主要形式,辅以横向裂缝。纵向裂缝有单条裂缝也有多条平行裂缝,平行裂缝间距一般为 30cm 左右(纵向加劲肋间距的宽度),随着使用时间的延长,30cm 间距的裂缝之间一般会出现另一条纵向裂缝而使裂缝间距变成 15cm 左右。这是由防水黏结层脱层前后的力学响应所决定的(图 2-8)。

图 2-7　钢桥面铺装裂缝病害

a) EA 铺装横向裂缝；b) EA 铺装纵向裂缝；c) EA 铺装网状裂缝；d) GA 铺装纵向裂缝

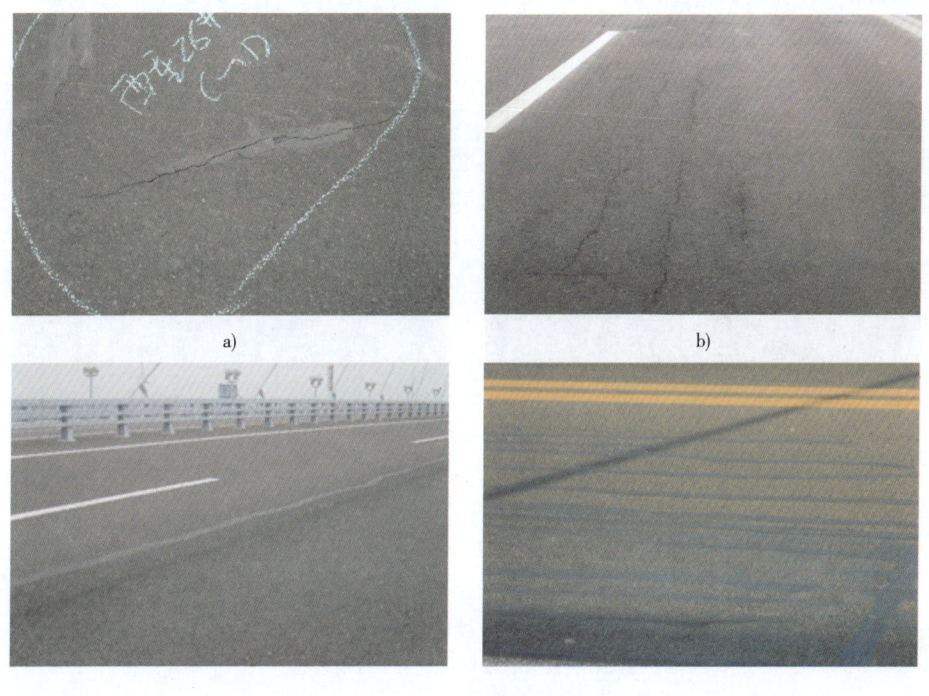

图 2-8　GA 纵向裂缝的扩展

a) 纵肋导致短单纵向裂缝；b) 纵肋导致长平行纵向裂缝；c) 纵腹板导致长单纵向裂缝；d) 纵肋导致平行纵向裂缝加密

铺装表面横向弯拉应力或应变的重复作用是平行纵向裂缝产生的根本原因。横向弯拉应力的反复作用首先使纵向加劲肋翼缘板顶部铺装出现脱层,进一步加大了该部位铺装表面的横向拉应力,从而导致铺装表面平行纵向裂缝的出现。纵向腹板由于刚度更大,所造成的铺装表面横向拉应力远大于纵向加劲肋的影响,所以设置有纵向腹板的钢桥桥面铺装一般首先会从纵向腹板顶部铺装表面开裂,形成单条纵向裂缝。铺装较大面积的脱层会改变铺装层的受力状况,脱层后铺装最大横向拉应变从纵向加劲肋翼缘板顶部铺装表面转为纵向加劲肋中间部位铺装底面,且无论是铺装表面或者底面的横向拉应变都急剧增大,铺装底部横向拉应变甚至大于铺装表面横向拉应变(表 2-6),这是纵向裂缝间距加密的原因。所加密的纵向裂缝一般是由层底开始扩展至铺装顶部,该种裂缝的出现预示着裂缝部位防水黏结层已全部脱层,铺装已达到最终服役寿命。

防水黏结层脱层前后铺装受力变化 表 2-6

层 间 状 态	铺装表面拉应变($\mu\varepsilon$)		铺装底面拉应变($\mu\varepsilon$)	
	横向	纵向	横向	纵向
铺装与钢板连续	640	83	256	83
铺装与钢板脱层	1 166	86	1 341	257

2004 年之前,浇注式沥青混合料所采用的胶结料一般为湖沥青改性沥青,面层 SMA 沥青混合料采用普通 SBS 改性沥青,与之后采用的专用高黏度聚合物改性沥青和高弹性聚合物改性沥青性能有较大差异。同时,面层 SMA 沥青混合料采用钢轮压路机进行压实,压实效果不如目前采用的胶轮压路机和水平振荡压路机好,这是产生裂缝的又一主要因素。

(2)横向裂缝及成因

浇注式沥青混凝土铺装横向裂缝一般出现在纵向裂缝之后,且并不严重,成因类似于纵向裂缝,横隔板顶部铺装表面承受较大的纵向弯拉应力或应变,导致脱层并出现横向裂缝,如图 2-9a)所示。但不同的是,由于纵向加劲肋和横隔板的耦合影响,横隔板附近受力比较复杂,出现横向裂缝的同时往往辅以不规则裂缝,如图 2-9b)所示。

a)

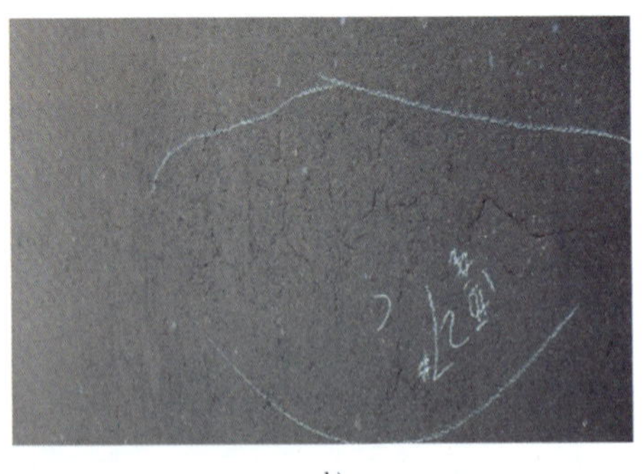

b)

图 2-9 GA 铺装横向裂缝

a)横向裂缝;b)横向裂缝与不规则裂缝

(3)不规则裂缝及成因

浇注式沥青混凝土铺装不规则裂缝出现的原因除横隔板处加劲肋的耦合作用外,一般都是由于局部脱层和杂物的影响。鼓包在浇注式沥青混凝土中并不多见，但鼓包和杂物部位的塌陷会形成网状裂缝或不规则裂缝，如图 2-10 所示。

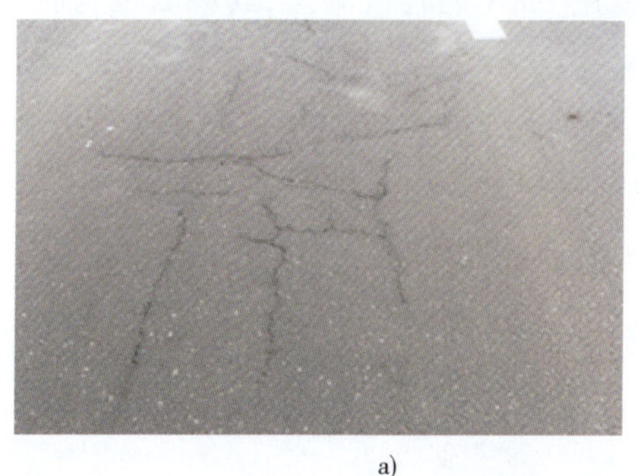

a)

b)

图 2-10　GA 铺装不规则裂缝

a）脱层导致不规则裂缝；b）鼓包导致不规则裂缝

（4）钢混结合段和连续刚构负弯矩区以及斜拉索锚区产生的裂缝

钢混结合段由于模量的突变导致受力不连续，横向和纵向铺装表面拉应力都比较大；连续刚构负弯矩区和斜拉索锚区铺装表面都会出现较大的拉应变。以上部位容易出现横向裂缝和不规则裂缝，如图 2-11 所示。

图 2-11　GA 钢混结合段铺装裂缝

2. 环氧沥青混凝土铺装裂缝

虽然环氧沥青混凝土铺装的受力机理和其他铺装类似，但环氧沥青混凝土铺装裂缝呈现出杂乱无章的特征。环氧沥青混凝土铺装裂缝和浇注式沥青混凝土铺装裂缝有以下不同：

（1）环氧沥青混凝土铺装常常使用环氧沥青防水黏结层，它属于热固性材料，类似于浇注式沥青混凝土铺装中的环氧树脂撒砂防水黏结层，基于相同原因，环氧沥青混凝土铺装脱层病害较多。但是由于环氧沥青混凝土具有优良的耐疲劳性能和较高的强度，裂缝刚开始并不一定沿加劲肋顶部开裂，而是沿施工缺陷部位（如施工裂缝）和未被发现的轻微鼓包部位开裂。

（2）环氧沥青混凝土铺装比浇注式沥青混凝土铺装更容易产生鼓包病害，由此衍生的不规则裂缝较多，后期会形成坑洞，如图 2-12 所示。

（3）环氧沥青混凝土施工时，由于机械振动原因会产生微小裂缝（称短发丝裂缝），裂缝逐渐扩展可成为不规则裂缝，如图 2-13 所示。

（4）由于环氧沥青属于热固性材料，其强度形成具有不可逆特性，又由于环氧沥青混凝土刚度较大，其内应力远大于热塑性材料，因此环氧沥青混凝土的施工缝和修补交接面更容易开裂，如图 2-14 所示。

3. 双层 SMA 和 ERS 铺装裂缝

（1）双层 SMA 沥青混凝土铺装裂缝较多且种类齐全，其受力机理类似于浇注式沥青混凝土铺装，裂缝的原因除与脱层的原因类似外，还与双层 SMA 本身具有较大的空隙率和施工缺陷有关，混合料的耐疲劳性能也不如浇注式沥青混凝土和环氧沥青混凝土，如图 2-15 所示。

（2）ERS 铺装裂缝病害的表现形式类似于双层 SMA 沥青混凝土，其原因也与脱层原因类似，如图 2-16 所示。

a)

b)

图 2-12　EA 铺装鼓包衍生的裂缝病害
a）鼓包衍生裂缝；b）鼓包衍生的裂缝与坑洞

a)

b)

图 2-13　EA 铺装施工裂缝的扩展
a）施工裂缝；b）施工裂缝的扩展

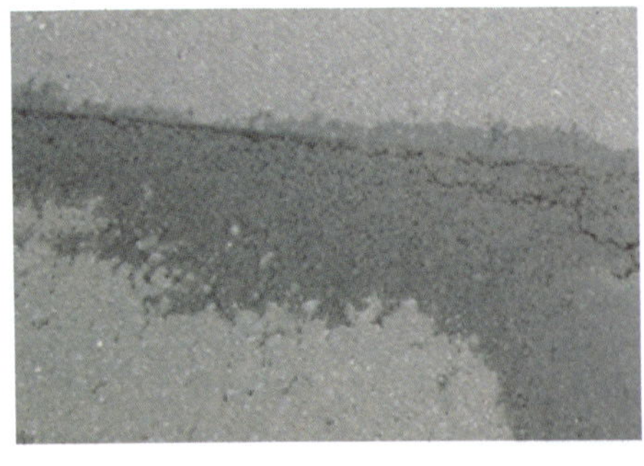
a)

b)

图 2-14　EA 铺装施工缝和修补交接面开裂
a）施工缝开裂；b）修补交接面开裂

a)

b)

图 2-15 双层 SMA 铺装裂缝
a)不规则裂缝;b)脱层推移开裂

a)

b)

图 2-16 ERS 铺装裂缝
a)车辙附近纵向疲劳裂缝;b)脱层推移开裂

三、层间滑移、车辙和推拥

层间滑移、车辙和推拥往往伴随出现,相互间存在着紧密联系。层间滑移和车辙是典型的原生病害,但从实桥病害情况来看,虽然车辙不一定都是层间滑移造成的,但层间滑移或脱层往往导致车辙病害加剧。

1. 浇注式沥青混凝土永久变形

2005 年之前铺筑的浇注式沥青混凝土铺装出现了永久变形病害,如图 2-17 所示。

截至 2011 年,该桥浇注式沥青混凝土铺装已使用 5 年,除了上坡段出现层间滑移、车辙和推拥外,未见其他明显病害形式。

江苏省江阴长江大桥交通量特别繁重,夏季温度高达 40℃。该桥于 2009 年修筑了聚合物改性沥青双层浇注式混凝土铺装试验段,使用 4 ~ 5 年后未出现任何永久变形类病害见图 2-18a)。该桥修筑的英国聚合物改性沥青单层浇注式沥青混凝土铺装试验段,截至调查时已超过 7 年,也未出现永久变形类病害见图 2-18b)。

综合 2 ~ 3 座钢桥浇注式沥青混凝土铺装永久变形来看,其共同点是都使用了沥青类防水黏结层，而采用树脂类防水黏结层的钢桥均未出现严重车辙病害。因此，浇注式沥青混凝土铺装产生永久变形的主要原因除了混合料高温稳定性不足外，还与防水黏结层的种类或黏结性能有关。

a) b) c) d)

图 2-17　某座钢桥 GA 铺装永久变形类病害

a)层间滑移导致画线扭曲；b)车辙；c)推拥；d)整体外观

a) b)

图 2-18　江阴长江大桥浇注式沥青混凝土铺装

a)双层 GA 铺装 4 年后；b)单层 MA 铺装 7 年后

2. 双层 SMA 与 ERS 铺装永久变形

双层 SMA 沥青混凝土铺装容易出现永久变形类病害，ERS 铺装也有出现。双层 SMA 和 ERS 铺装永久变形类病害产生的原因与其脱层及裂缝原因类似，如图 2-19 所示。

图 2-19　钢桥面铺装车辙病害

a）双层 SMA 铺装车辙；b）双层 SMA 铺装推拥；c）ERS 铺装车辙；d）ERS 铺装推拥

四、鼓包和坑洞

鼓包病害在环氧沥青混凝土铺装和浇注式沥青混凝土铺装中都有发现，但前者相对较多，后者在我国仅有两例。鼓包是典型的原生病害，它会造成该部位的脱层和塌陷，之后会形成环状或放射状裂缝，最终形成坑洞。坑洞一般可认为是次生病害，是脱层、鼓包和松散的衍生病害形式，如图 2-20、图 2-21 所示。

鼓包病害主要产生在铺装层与钢板之间，其形成条件如下：

（1）有挥发物存在，包括防水黏结层低温、雨露天气施工而黏附的水汽，或在防腐层、防水层及缓冲层中有溶剂、油分存在。

（2）铺装层空隙率比较小。

（3）铺装层与钢板之间局部空隙相互连通。

鼓包的数量或严重程度与防水黏结层的种类有关。在环氧树脂撒砂防水黏结层铺装中，如果不设缓冲层而直接铺筑浇注式沥青混凝土，由于砂表面易吸附水分，受沥青混合料施工高温汽化的影响，体积将增加 1 200 倍而形成气泡，一般情况下这些气泡会在浇注式沥青混合料的重力作用下，破裂消散，但也有少量气泡难以消散。局部空隙连通时，车辆荷载的反复作用使挥发物通过吸纳作用聚集到一起，形成鼓包。因此，德国在使用环氧树脂撒砂防水黏结层时，加一层缓冲层以防止产生气泡。我国浇注式沥青混凝土铺装目前常采用 MMA 防水黏结层，较少出现气泡或鼓包问题。

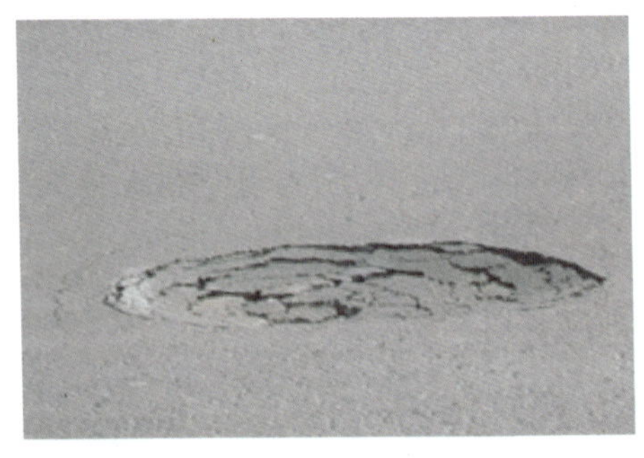

b)

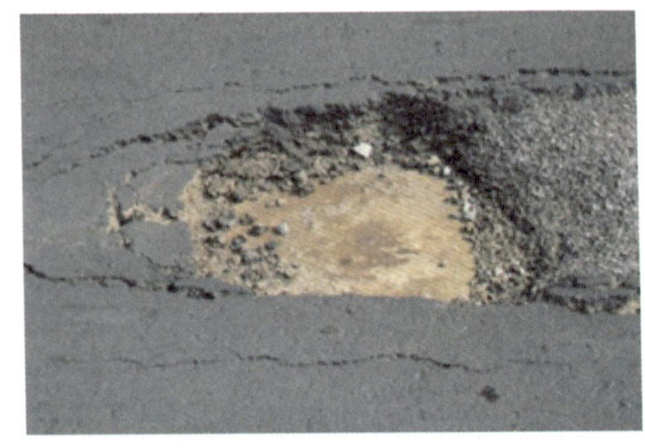

c)

图 2-20　EA 铺装鼓包病害的扩展

a）早期鼓包；b）中期塌陷；c）末期坑洞

图 2-21　GA 铺装鼓包病害

环氧沥青混凝土铺装一般都采用环氧沥青或环氧树脂撒砂防水黏结层，虽然环氧沥青混凝土施工温度较低（120℃左右），但依然会出现水分汽化。加上环氧沥青混凝土空隙率较大，约为 2% ~3%，界面空隙又能够局部连通，容易形成鼓包。

ERS 铺装的 EBCL 防水黏结层及 RA05 树脂混凝土是冷拌施工，一般不会出现鼓包现象。双层 SMA 具有足够大的空隙率也不会形成鼓包。但在电弧喷锌防腐涂装的钢桥面铺装中，由于电弧喷锌形成约 15% 左右的高空隙率，一般会喷涂封闭层进行封闭，如果封闭层高温施工也易出现汽化，所以无论是浇注式沥青混凝土还是环氧沥青混凝土以及 ERS 铺装都会出现鼓包现象。

坑洞是多种原生病害的衍生形式，在各种铺装体系都有发现，热固性沥青混凝土铺装较多，如图 2-22 所示。

五、松散和泛油

松散和泛油都是原生病害形式，都与混合料的含油量和施工压实度有关，前者是由于含油量较小或压实度不足导致，后者是由于含油量过多或混合料空隙率过小导致（图 2-23、图 2-24）。浇注式沥青混凝土和 SMA 沥青混凝土沥青含量较高，松散现象并不常见。浇注式沥青混凝土多用在铺装下层且粉胶比较大（大于 3.0），SMA 沥青混凝土则使用了聚合物改性沥青和纤维，因此沥青混凝土铺装泛油现象并不严重。

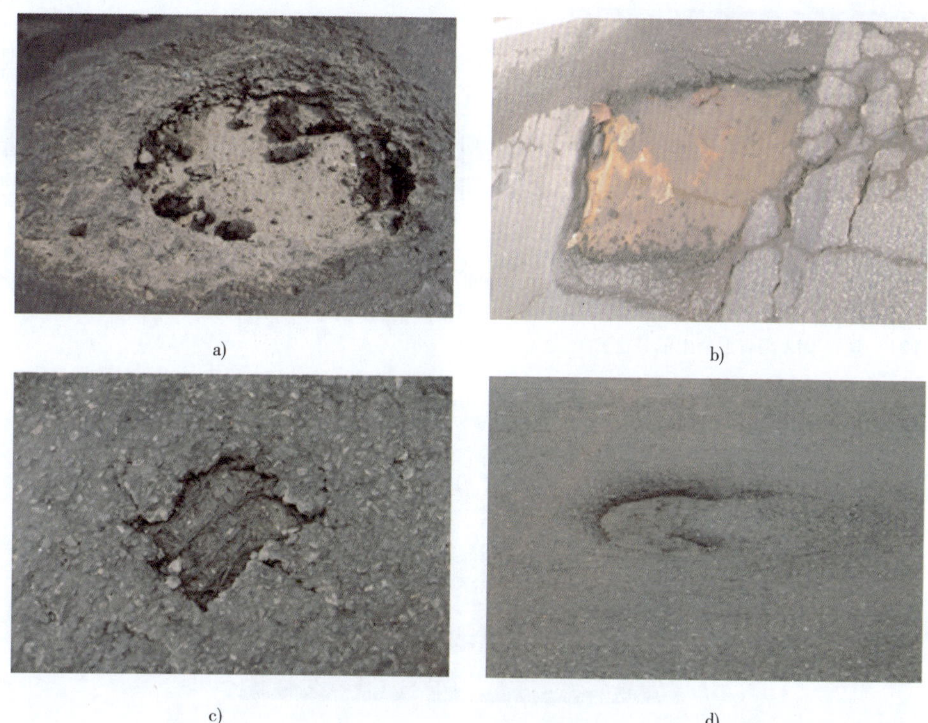

图 2-22 钢桥面铺装坑洞病害

a) EA 铺装坑洞；b) GA 铺装坑洞；c) 双层 SMA 铺装坑洞；d) ERS 铺装坑洞

图 2-23 钢桥面铺装泛油

a) GA 铺装上层 SMA 泛油；b) 双层 SMA 铺装泛油；c) ERS 铺装上层 SMA 泛油

图 2-24 双层 SMA 沥青混凝土铺装松散

环氧沥青属于热固性材料，一般不会出现泛油现象见图 2-25a)。但在某些钢桥上却出现了类似于热塑性沥青混凝土泛油现象的亮斑，经调查是由环氧沥青混合料施工中使用的“皮料”造成的反光现象。在环氧沥青混凝土铺装中还发现了一些薄层贴补、固化或压实不当引起的表面松散现象，如图 2-25b)、图 2-25c)所示。

a)

b)

c)

图 2-25 EA 铺装松散

a)EA 铺装施工产生的“皮料”;b)EA 铺装表面松散;c)EA 铺装松散导致的脱层

第四节 钢桥面铺装病害对设计和施工的启示

一、设计应注意的问题

(1)铺装设计应重点针对原生病害

原生病害是导致其他病害的根源。钢桥面铺装设计时应首先针对原生病害进行设计，然后再考虑次生病害。如钢桥面铺装脱层问题是钢桥面铺装诸多病害的根源，设计应首先确保铺装与钢板之间的黏结能力，在解决了黏结性能的前提下，再考虑解决疲劳开裂和永久变形问题。

(2)应把防水和层间黏结问题放在首位

脱层是大面积破坏的根源,严重影响钢桥面铺装的使用寿命。脱层导致水及空气进入铺装与钢板之间的界面上,加剧了钢板生锈和裂缝、坑洞等病害的产生。而防水黏结层是钢桥面铺装的灵魂,钢桥面铺装设计时应结合钢桥所在地区气候、交通和桥面刚度条件,重点针对防水黏结层种类、结构厚度、抗剪和抗拉拔性能进行比选。在交通量较大、气温较高区域的钢桥上,慎用沥青类防水层,宜用树脂类防水层。

二、施工应注意的问题

(1)精细化施工

钢桥面铺装精细化施工是确保铺装良好使用性能的前提。目前,钢桥面铺装病害30%以上与施工质量有关,特别是在钢桥面喷砂除锈和防水黏结层施工阶段,钢板洁净程度、粗糙程度和防水黏结层各层施工间隔时间等都极易造成钢桥铺装的局部脱层和开裂。

(2)重点关注施工工序技术条件

反应性树脂撒砂防水黏结层施工工序对湿度和水分极其敏感,界面含水和集料含水都会造成脱层和强度不足问题。环氧沥青混凝土施工时对时间和温度的控制要求十分严格;浇注式沥青混凝土也不宜在潮湿和多雨天气施工。

本章参考文献

[1] 重庆交通科研设计院. 桥面铺装情报资料[M]. 重庆:重庆交通科研设计院,2006.

[2] 吴一鸣. 大跨径钢桥桥面铺装力学深入研究[D]. 南京:东南大学交通学院,2005.

[3] 宗海. 环氧沥青混凝土钢桥面铺装病害修复技术研究[D]. 南京:东南大学交通学院,2005.

[4] 陈仕周.(西部交通建设科技项目)桥面铺装材料与技术研究[R]. 重庆:重庆交通科研设计院,2005.

[5] 陈仕周,邓学钧,吴光蓉,等. 公路钢箱梁桥面铺装设计与施工技术指南[M]. 北京:人民交通出版社,2006.

[6] 王亮,慕海瑞,赵国云. 国内典型钢桥桥面铺装使用现状调查与分析[J]. 交通标准化,2013,(11).

第三章　钢桥面铺装受力与疲劳性能模拟

第一节　钢桥面铺装静力学计算方法

一、钢桥面铺装受力特征

1. 正交异性板特点

大跨径钢桥多采用由桥面钢板、纵向加劲肋和横向加劲肋组成的正交异性板作为桥面板系统，如图 3-1 所示。为了增加桥面系的承载能力，有时会设置纵隔板（纵向腹板）。

图 3-1　正交异性板

正交异性板设置的目的是为了降低桥面板恒重的同时增加桥面板整体抗弯刚度，从而使桥面板具有更高的承载能力。由于加劲肋形式和间距的不同，桥面竖向局部刚度存在较大差异，导致车辆荷载作用下铺装与钢板之间存在较大剪应力。由于横隔板间距远大于纵向加劲肋间距，桥面板纵向刚度大于横向刚度，铺装表面横向最大弯拉应变或应力也大于纵向。

因此，在常用设置参数情况下，影响桥面局部刚度的主要因素有桥面板厚度、纵向加劲肋间距和横隔板间距。表 3-1 是我国典型钢桥正交异性板参数设置情况。

中国典型钢桥正交异性板设置参数　　表 3-1

桥梁名称	面板厚度（mm）	U 肋间距（mm）	横隔板间距（cm）	建成时间（年）
胜利黄河大桥	12	300	—	1987
广东虎门大桥	12	310	400	1997
厦门海沧大桥	12	300	300	1999
汕头礐石大桥	12	300	300	1999
江阴长江大桥	12	300	320	1999
重庆鹅公岩大桥	12	300	330	2000
宜昌长江大桥	12	260	400	2001
安庆长江大桥	14	300	375	2004
润扬长江大桥	14	300	375	2005
上海长江大桥	16	300	375	2009

2. 有限元模拟方法

研究表明,采用以下简化办法进行钢桥面铺装受力分析能够满足分析要求:

(1)将结构进行简化分析,忽略箱梁底板和两侧腹板,横向取6个及以上纵向加劲肋范围,纵向取3个及以上横隔板间距。

(2)约束方式为纵向两端简支,横向不进行约束。

(3)无论是静力分析还是动力分析,荷载组合对模型受力的影响非常小,影响范围不超过1.2m,可以只考虑一个双轮组的等效荷载作用。

(4)进行动力分析时,动力系数的取值介于1.30~1.35。

3. 最不利荷位

由第二章病害调查结果可知,钢桥面铺装表面纵向裂缝和脱层是病害的主要表现形式,因此产生最大表面横向弯拉应变和层底横向剪切应力的荷载位置为钢桥面铺装的最不利荷位。

当单轴双轮荷载作用于钢桥面铺装时,横向典型位置有三种,如图3-2所示。

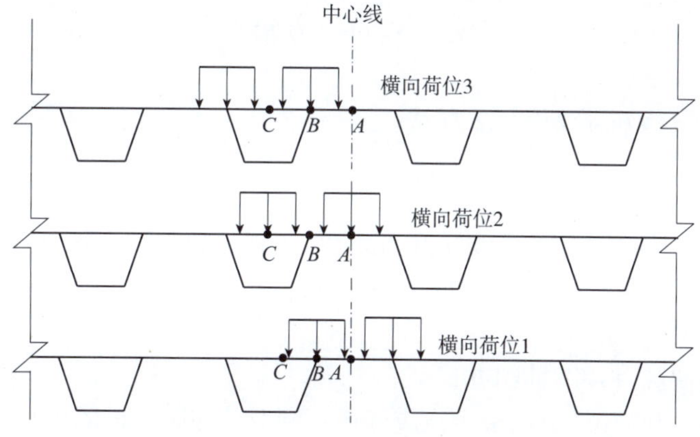

图3-2 典型荷位

力学计算表明,在考虑铺装作用的条件下,横向荷位2为最不利横向荷位,而纵向典型荷位会随着铺装厚度和铺装层模量而有所不同,浇注式沥青混凝土铺装最不利荷位靠近横隔板处。此时,荷载使铺装表面产生最大横向拉应力或拉应变;铺装层与钢板之间产生最大横向剪应力。一般来说,铺装表面横向弯拉应变不超过120$\mu\varepsilon$,而标准荷载作用下的最大剪应力一般在0.6MPa以内。

在设置纵隔板的情况下,双轮荷载跨纵隔板顶部为最不利荷位,铺装受力如图3-3所示,此时铺装表面最大横向拉应变可达到600$\mu\varepsilon$。

必须指出的是,轮胎单位压力相同的情况下,双轮组荷载在最不利荷位产生的最大表面横向拉应力或拉应变都大于单轮荷载(跨中处为其0.75~0.85倍,横隔板顶处为0.53~0.56倍),但对于铺装与钢板之间的剪应力或剪应变,则单轮作用大于双轮作用(跨中处约为其1.11倍,横隔板顶处约为1.15倍)。

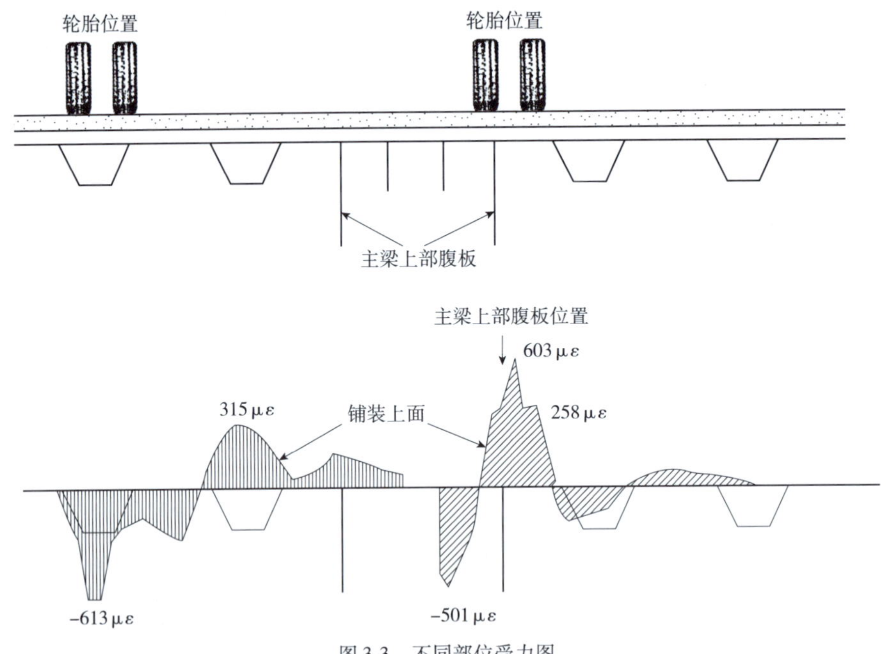

图 3-3 不同部位受力图

二、关键力学指标简易计算方法

1. 假设条件

采用有限元模拟计算需要专业的有限元软件,工作量较大。文献[1]给出了一些关键参数的简易计算方法。适用于计算的假设条件如下:

(1)层间完全连续。

(2)单轴双轮荷载,参考轴重 130kN。

(3)作用于最不利荷位(纵向最大拉应变最不利荷位在距离横隔板 0.1m 处)。

2. 最大横向拉应变

$$(\varepsilon_x)_{\max} = k_1 k_2 k_3 k_4 k_5 k_6 k_7 \varepsilon_{x0} + \varepsilon_{x1} \quad (3\text{-}1)$$

式中:ε_{x0}——基本模型最不利荷位表面横向最大拉应变,取 582.3με;

k_1——荷位修正系数,取 1.54;

k_2——钢板厚度修正系数:

$$k_2 = \frac{0.0018 h_2^{-1.3324}}{\varepsilon_{x0}} \quad (3\text{-}1a)$$

h_2——钢板厚度,$0.010\text{m} < h_2 < 0.016\text{m}$;

k_3——横隔板间距修正系数:

$$k_3 = \frac{37.076b^2 - 334b + 1326.6}{\varepsilon_{x0}} \quad (3\text{-}1b)$$

b——横隔板间距,$2.4\text{m} < b < 4.0\text{m}$;

k_4——纵向加劲肋开口宽度修正系数:

$$k_4 = \frac{-5\,533.8a^2 + 8\,180.3a - 1\,316}{\varepsilon_{x0}} \tag{3-1c}$$

a——纵向加劲肋开口宽度,$0.3\text{m} < a < 0.5\text{m}$;

k_5——铺装层模量修正系数:

$$k_5 = \frac{151\,619M^{-0.797\,8}}{\varepsilon_{x0}} \tag{3-1d}$$

M——铺装层材料模量,$500\text{MPa} < M < 15\,000\text{MPa}$;

k_6——铺装层厚度修正系数:

$$k_6 = \frac{5.338h_5^{-1.569\,3}}{\varepsilon_{x0}} \tag{3-1e}$$

h_5——铺装层厚度,$0.05\text{m} < h_5 < 0.12\text{m}$;

k_7——轴重修正系数:

$$k_7 = \frac{P}{P_0} \tag{3-1f}$$

P——验算荷载轴重(kN);

P_0——模型轴重,取130kN;

ε_{x1}——温度变化附加应变(με):

$$\varepsilon_{x1} = (987\,210\alpha - 9.885\,3)\nabla T \tag{3-1g}$$

α——铺装材料线收缩系数;

∇T——温度变化(℃)。

3. 最大纵向拉应变

$$(\varepsilon_y)_{max} = k_1k_2k_3k_4k_5k_6\varepsilon_{y0} + \varepsilon_{y1} + \varepsilon_{y2} \tag{3-2}$$

$$k_1 = 4.75$$

$$k_2 = \frac{0.005\,7h_2^{-0.920\,9}}{\varepsilon_{y0}} \tag{3-2a}$$

$$k_3 = \frac{12.677b^2 - 77.042b + 199.66}{\varepsilon_{y0}} \tag{3-2b}$$

$$k_4 = \frac{-1\,442.3a^2 + 1\,483.1a - 232}{\varepsilon_{y0}} \tag{3-2c}$$

$$k_5 \frac{407.01M^{-0.221\,9}}{\varepsilon_{y0}} \tag{3-2d}$$

$$k_6 = \frac{28.517h_5^{-0.409\,2}}{\varepsilon_{y0}} \tag{3-2e}$$

式中:ε_{y0}——基本模型最不利纵向荷位(双轮荷载跨纵向加劲肋距横隔板0.1m处)表面纵向最大拉应变,取83.145με;

ε_{y1}——温度变化附加应变,计算及意义同ε_{x1};

ε_{y2}——紧急制动附加应变(με):

$$\varepsilon_{y2} = k_7(0.229\,7\phi + 0.334\,7) \tag{3-2f}$$

ϕ——滑动摩阻系数。

其他未释意参量意义和计算同最大横向拉应变计算公式(3-1)。

4. 最大横向剪应力

$$(\tau_{zx})_{max}=k_1k_2k_3k_4k_5k_6(\tau_{zx})_0 \tag{3-3}$$

式中:$(\tau_{zx})_0$——基本模型最不利横向荷位铺装底横向最大剪应力,取0.643MPa;

k_1——纵向荷位影响系数,取1;

k_2——钢板厚度修正系数:

$$k_2=\frac{0.0018h_2^{-1.3324}}{(\tau_{zx})_0} \tag{3-3a}$$

k_3——纵向加劲肋开口宽度修正系数:

$$k_3=\frac{-2.959a^2+3.1514a-0.0362}{(\tau_{zx})_0} \tag{3-3b}$$

k_4—铺装层模量修正系数:

$$k_4=\frac{0.2159\ln M-0.8418}{(\tau_{zx})_0} \tag{3-3c}$$

k_5——铺装层厚度修正系数:

$$k_5=\frac{558.67h_5^3-135.65h_5^2+6.954h_5+0.5521}{(\tau_{zx})_0} \tag{3-3d}$$

k_6——轴重修正系数:

$$k_6=\frac{P}{P_0} \tag{3-3e}$$

上式中未释意参量意义和计算同公式(3-1)。

5. 最大纵向剪应力

$$(\tau_{zy})_{max}=k_1k_2k_3k_4k_5k_6k_7(\tau_{zy})_0 \tag{3-4}$$

$$k_2=\frac{0.0057h_2^{-0.9209}}{(\tau_{zy})_0} \tag{3-4a}$$

$$k_3=\frac{-1.529a^2+1.4694a-0.0316}{(\tau_{zy})_0} \tag{3-4b}$$

$$k_4=\frac{0.0986\ln M-0.3423}{(\tau_{zy})_0} \tag{3-4c}$$

$$k_5=\frac{457.03h_5^3-122.37h_5^2+0.8911h_5+0.1349}{(\tau_{zy})_0} \tag{3-4d}$$

式中:$(\tau_{zy})_0$——基本模型最不利横向荷位铺装底纵向最大剪应力,取0.335MPa;

k_6——水平荷载影响系数:

$$k_6=\frac{0.2997\alpha+0.3347}{(\tau_{zy})_0} \tag{3-4e}$$

k_7——轴重修正系数:

$$k_7=\frac{P}{P_0} \tag{3-4f}$$

上式中未释意参量意义和计算同最大横向剪应力计算公式(3-3)。

6. 纵隔板顶铺装表面横向最大弯拉应力

$$\sigma = \frac{T1_1^{1.32} \cdot E1_2^{0.36}}{T2^{0.46} \cdot T1_2^{0.22} \cdot E1_1^{0.01\ln T_2} \cdot t^{0.83} \cdot h^{0.29\ln T1_1} - 0.29 \cdot b^{0.03\ln T2}} \tag{3-5}$$

式中：$T1_1$——铺装下层厚度（mm）；

$T1_2$——铺装上层厚度（mm）；

$E1_1$——铺装下层弹性模量（MPa）；

$E1_2$——铺装上层弹性模量（MPa）；

$T2$——钢板厚度（mm）；

h——纵向加劲肋高度（mm）；

b——纵向加劲肋底部宽度（mm）；

t——纵向加劲肋厚度（mm）。

三、桥面系刚度指标计算方法

1. 桥面系刚度指标

桥面铺装设计要求桥面系刚度必须满足一定的抗变形要求，即使肋间最大相对挠度、最小曲率半径和挠跨比满足一定的要求（图3-4）。

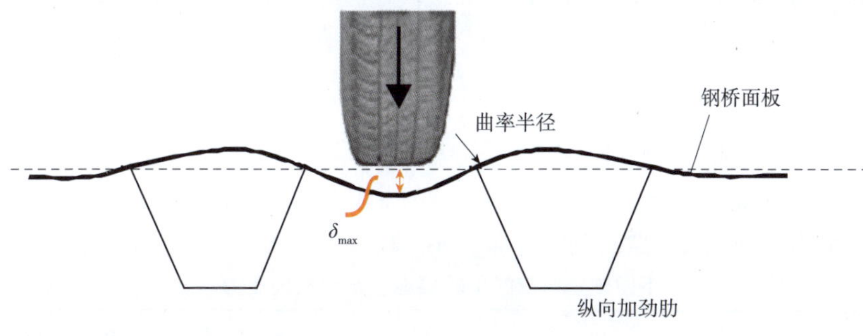

图3-4　肋间相对挠度和曲率半径示意（尺寸单位：mm）

2. 计算方法

$$R = \frac{K_R b^2}{32\Delta_0 \times 10^3} \tag{3-6a}$$

$$\Delta = K_\Delta \Delta_0 \tag{3-6b}$$

式中：R——最不利荷位下的最小曲率半径（m）；

Δ——纵向加劲肋间相对挠度（mm）；

Δ_0——两端固结梁在均布荷载作用下跨中产生挠度的理论值（mm）；

$$\Delta_0 = \frac{K_t K_u}{384} \frac{12pb^4}{\sum\limits_{i=1,2,3} E_i h_i^3} \tag{3-7}$$

p——轮胎接地压力，0.70MPa；

b——纵向加劲肋板间距（当为U形加劲肋时，U形肋与顶板的任意一个连接位置视为独立的加劲肋板位置）(mm)；

E_i——钢顶板或铺装材料的弹性模量，$i=1$、$i=2$、$i=3$依次对应为钢桥面顶板、下层铺装、上层铺装的弹性模量(MPa)；

h_i——钢顶板或铺装层的厚度，$i=1$、$i=2$、$i=3$依次对应为钢桥面顶板厚度、下层铺装厚度、上层铺装厚度(mm)；

K_t——理论计算的荷载折减系数，取0.7；

K_u——动荷系数，取1.3；

K_R——布载差异曲率半径修正系数，验算部位紧邻纵腹板时，取1；其他部位按下式计算：

$$K_R=\left[1-\frac{1}{3}\left(\frac{b-d}{b}\right)^3\right]\frac{b}{d} \tag{3-8a}$$

K_Δ——布载差异挠度修正系数，验算部位紧邻纵腹板时，取1；其他部位按下式计算：

$$K_\Delta=\left(1.390+1.235\frac{2b-3d}{3b}\right)\frac{d}{b} \tag{3-8b}$$

d——验算荷载单轮横向接地宽度，取200mm。

当采用大于标准验算荷载的其他轴载P作验算荷载时，式(3-7)中的接地压力p按下式计算：

$$p=0.283\ln\left(\frac{P}{100}\right)+0.713 \tag{3-8c}$$

式中：P——验算荷载轴重(kN)。

以上各式中，标准验算荷载定义为双轮组单轴载100kN。各种轴载荷载图式采用矩形均布荷载，横向宽度200mm，纵向宽度按照表3-2取值。

不同轴重对应的单轮接地面积和接地压力　　表3-2

轴重(kN)	100	120	140	160	180	200
接地面积(cm^2)	352	392	432	472	512	552
接地压力(MPa)	0.710	0.765	0.810	0.847	0.879	0.906

第二节　钢桥面铺装材料黏弹性力学响应

一、常用铺装材料动态力学指标测试

测试目的与方法如下：

铺装材料动态力学性能主要指特定温度下铺装材料的动态模量和相位角，测试目的是在典型温度下，进行材料的动态模量和相位角的数值模拟计算。

与钢桥所用钢材相比，铺装材料如浇注式沥青混凝土、SMA沥青混凝土和环氧沥青混凝土的力学响应因刚度差异较大不宜用弹性体来表征，这些材料的力学响应对于加载时间（频率)和温度表现出很强的依赖性,属于黏弹性材料。因此,对钢桥面铺装有限元模拟计算应通过动态力学试验来建立黏弹性力学响应模型。

由于钢桥面铺装材料在行车荷载作用下的受力状态表现为弯拉应力控制,与室内小梁四点弯曲试验的受力状态相似。因此,试验主要采用小梁四点弯曲试验对浇注式沥青混凝土、SMA 沥青混凝土和环氧沥青混凝土进行动态力学响应试验,试件尺寸为 380m × 63.5m × 50mm。对于铺装层层间黏结材料和铺装层与钢板之间的防水黏结材料,由于实际使用厚度较小,受剪切应力和正应力的共同作用,其黏结性能对铺装层影响很大。因此,试验采用动态剪切流变仪(DSR)进行黏层油动态流变力学试验。试验采用平行剪切平板频率扫描模式进行,当温度大于 25℃时采用直径为 25mm 平行圆板,间隙为 2mm;当温度低于 25℃时,则采用直径为 8mm 平行圆板,间隙为 1mm。由于防水黏结材料模量较大且呈固态,采用动态力学分析仪(DMA)薄膜拉伸法进行材料力学试验。动态参数测试方法见表 3-3。

动态参数测试方法　　表 3-3

材料	测试指标	仪器	控制模式	扫描频率(Hz)	扫描温度(℃)
沥青混凝土	动态弯曲模量和相位角	UTM 四点弯曲装置	控制应变	0.1,0.25,0.5,1,2.5,5,10,25	-10,0,15,25,40
黏层材料	动态剪切模量和相位角	动态剪切流变仪 DSR	控制应变	0.1,0.5,1,5,10,25,50	-10,0,15,25,40,50,60
MMA	动态拉伸模量和相位角	动态力学分析仪(DMA)	控制应变	0.1,0.5,1,5,0,25,50	-10,0,15,25,40,50,60

二、动态力学响应模型及模量主曲线合成

模拟沥青混凝土的黏弹性力学模型较多,其中广义 Maxwell 模型较为常用。在常用铺装混凝土中,浇注式沥青混凝土、SMA 沥青混凝土和环氧沥青混凝土可视为黏弹性材料,可采用广义 Maxwell 模型进行描述,见图 3-5。

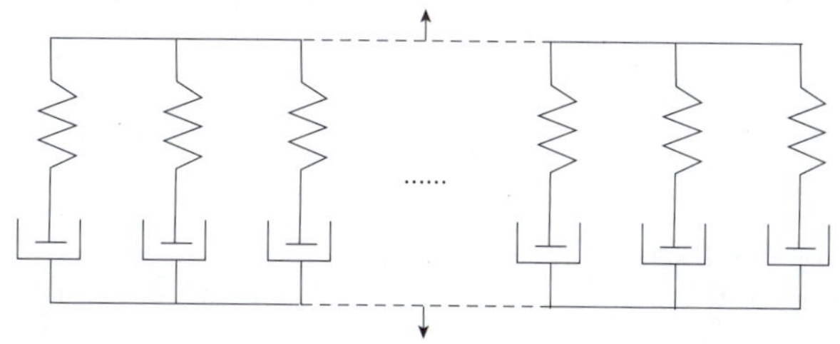

图 3-5　广义 Maxwell 模型示意图

广义 Maxwell 模型可用 Prony 级数作数值表征，其模型参数可由应力松弛试验和动态力学试验通过数据拟合求解。在应力松弛试验中，应力松弛模量与时间的变化关系可用式(3-9)表征。

$$E(t)=E_0\left[1-\sum_{i=1}^{n}\alpha_i\left(1-e^{\frac{-t}{\tau_i}}\right)\right] \tag{3-9}$$

式中：$E(t)$——t 时刻的松弛模量(MPa)；

n——Maxwell 单元个数；

E_0——初始松弛模量(MPa)；

α_i——各 Maxwell 单元相应的加权系数；

τ_i——各 Maxwell 单元相应的松弛时间(s)；

t——松弛时间，亦即加载时间(s)。

在动态力学试验中，广义 Maxwell 模型的模型参数与材料的储存模量 E' 和损耗模量 E'' 之间的关系如式(3-10)所示：

$$E'(\omega)=G_0\left(1-\sum_{i=1}^{n}\frac{\alpha_i\tau_i^2\omega^2}{1+\tau_i^2\omega^2}\right) \tag{3-10a}$$

$$E''(\omega)=G_0\left(\sum_{i=1}^{n}\frac{\alpha_i\tau_i\omega}{1+\tau_i^2\omega^2}\right) \tag{3-10b}$$

式中：$E'(\omega)$——储存模量(MPa)；

$E''(\omega)$——损耗模量(MPa)；

ω——角频率(Hz)；

G_0——瞬态剪切模量(MPa)。

由于储存模量 E' 和损耗模量 E'' 与动态复合模量 E^* 和相位角 δ 有如式(3-11)所示关系：

$$|E^*|=\sqrt{E'^2+E''^2} \tag{3-11a}$$

$$\tan\delta=\frac{E'}{E''} \tag{3-11b}$$

式中：E^*——动态复合模量(MPa)；

δ——相位角(°)。

所以可通过测量不同频率下的动态复合模量与相位角求解 Prony 级数中的模型参数，试验结果汇总见表 3-4 ~ 表 3-6。

黏层油乳化沥青 DSR 动态剪切试验结果汇总 表 3-4

温度(℃)	频率(Hz)	动态剪切模量(MPa)	相位角(°)	温度(℃)	频率(Hz)	动态剪切模量(MPa)	相位角(°)
-10	40	442	11.2	-10	12.6	380	13.7
-10	31.8	429	11.7	-10	10	368	14.2
-10	25.2	417	12.2	-10	7.97	356	14.8
-10	20.0	404	12.7	-10	6.33	343	15.3
-10	15.9	392	13.2	-10	5.02	331	15.9

续上表

温度（℃）	频率（Hz）	动态剪切模量（MPa）	相位角（°）	温度（℃）	频率（Hz）	动态剪切模量（MPa）	相位角（°）
-10	3.99	319	16.5	0	2.52	153	26.3
-10	3.17	307	17.1	0	2.0	143	27.2
-10	2.52	294	17.7	0	1.59	134	28.1
-10	2.0	282	18.4	0	1.26	124	29.0
-10	1.59	270	19.0	0	1.0	115	29.9
-10	1.26	259	19.7	0	0.795	107	30.9
-10	1.0	247	20.3	0	0.631	98.8	31.8
-10	0.795	235	21.0	0	0.501	91.1	32.8
-10	0.631	224	21.8	0	0.398	83.7	33.8
-10	0.501	213	22.5	0	0.316	76.8	34.8
-10	0.398	202	23.2	0	0.251	70.3	35.9
-10	0.316	192	23.9	0	0.199	64.2	36.9
-10	0.251	183	24.7	0	0.158	58.5	38.0
-10	0.199	173	25.4	0	0.126	53.2	39.1
-10	0.158	165	26.1	0	0.099 8	48.1	40.2
-10	0.126	156	26.8	0	0.079 3	43.6	41.4
-10	0.099 8	147	27.6	0	0.063	39.3	42.5
-10	0.079 3	139	28.4	0	0.05	35.3	43.7
-10	0.063	132	29.2	15	40.0	79.02	34.8
-10	0.05	124	30.0	15	31.8	72.24	35.8
0	40.0	298	17.0	15	25.2	65.76	36.9
0	31.8	283	17.8	15	20.0	59.73	38.0
0	25.2	270	18.5	15	15.9	54.13	39.0
0	20	257	19.2	15	12.6	48.83	40.1
0	15.9	244	20.0	15	10.0	43.96	41.3
0	12.6	232	20.7	15	7.97	39.52	42.4
0	10.0	220	21.5	15	6.33	35.37	43.5
0	7.97	208	22.2	15	5.02	31.54	44.7
0	6.33	197	23.0	15	3.99	28.06	45.8
0	5.02	185	23.8	15	3.17	24.89	47.0
0	3.99	174	24.7	15	2.52	22.01	48.1
0	3.17	164	25.5	15	2.0	19.39	49.3

续上表

温度（℃）	频率（Hz）	动态剪切模量（MPa）	相位角（°）	温度（℃）	频率（Hz）	动态剪切模量（MPa）	相位角（°）
15	1.59	17.05	50.5	25	1.0	1.83	67.5
15	1.26	14.92	51.7	25	0.795	1.54	68.5
15	1.0	13.02	52.9	25	0.631	1.29	69.6
15	0.795	11.34	54.1	25	0.501	1.08	70.6
15	0.631	9.84	55.3	25	0.398	0.90	71.6
15	0.501	8.52	56.5	25	0.316	0.75	72.6
15	0.398	7.35	57.6	25	0.251	0.62	73.5
15	0.316	6.32	58.8	25	0.199	0.51	74.5
15	0.251	5.42	60.0	25	0.158	0.43	75.3
15	0.199	4.63	61.2	25	0.126	0.35	76.2
15	0.158	3.95	62.3	25	0.099 8	0.29	77.0
15	0.126	3.37	63.4	25	0.079 3	0.24	77.8
15	0.099 8	2.86	64.6	25	0.063	0.20	78.6
15	0.079 3	2.42	65.7	25	0.05	0.16	79.3
15	0.063	2.04	66.8	40	40.0	1.58	70.8
15	0.05	1.72	67.9	40	25.6	1.11	72.3
25	40.0	20.32	48.9	40	16.4	0.769	73.6
25	31.8	17.89	50.1	40	10.5	0.531	74.9
25	25.2	15.67	51.3	40	6.73	0.365	76
25	20.0	13.69	52.5	40	4.31	0.249	77.1
25	15.9	11.94	53.6	40	2.76	0.170	78.1
25	12.6	10.36	54.8	40	1.77	0.115	79.1
25	10.0	8.97	56.0	40	1.13	0.077 4	80.0
25	7.97	7.77	57.2	40	0.725	0.052	80.9
25	6.33	6.69	58.4	40	0.464	0.034 7	81.8
25	5.02	5.74	59.6	40	0.297	0.023 1	82.7
25	3.99	4.92	60.7	40	0.19	0.015 3	83.6
25	3.17	4.20	61.9	40	0.122	0.010	84.4
25	2.52	3.58	63.0	40	0.078 1	0.006 58	85.2
25	2.0	3.04	64.2	40	0.05	0.004 29	85.9
25	1.59	2.58	65.3	50	40.0	0.335	75.5
25	1.26	2.17	66.4	50	25.6	0.226	77.3

续上表

温度（℃）	频率（Hz）	动态剪切模量（MPa）	相位角（°）	温度（℃）	频率（Hz）	动态剪切模量（MPa）	相位角（°）
50	16.4	0.152	78.7	60	25.6	0.055 50	77.3
50	10.5	0.102	79.9	60	16.4	0.036 50	80.0
50	6.73	0.068 6	80.9	60	10.5	0.024 00	82.0
50	4.31	0.045 8	81.9	60	6.73	0.015 80	83.4
50	2.76	0.030 4	82.7	60	4.31	0.010 30	84.6
50	1.77	0.020 1	83.6	60	2.76	0.006 75	85.5
50	1.13	0.013 30	84.4	60	1.77	0.004 40	86.3
50	0.725	0.008 72	85.1	60	1.13	0.002 86	87.0
50	0.464	0.005 71	85.8	60	0.725	0.001 85	87.6
50	0.297	0.003 72	86.5	60	0.464	0.001 20	88.2
50	0.19	0.002 42	87.1	60	0.297	0.000 77	88.6
50	0.122	0.001 57	87.7	60	0.19	0.000 50	89.0
50	0.078 1	0.001 01	88.2	60	0.122	0.000 32	89.3
50	0.05	0.000 65	88.6	60	0.078 1	0.000 20	89.5
60	40.0	0.085 10	73.5	60	0.05	0.000 13	89.6

MMA 防水材料动态拉伸试验结果汇总　　表 3-5

温度（℃）	频率（Hz）	动态拉伸模量（MPa）	相位角（°）	温度（℃）	频率（Hz）	动态拉伸模量（MPa）	相位角（°）
-10	0.1	1 032.3	13.1	0	2.5	1 091.3	12.5
-10	0.25	1 205.6	12.2	0	5.0	1 194.1	11.9
-10	0.5	1 346.0	11.5	0	10	1 299.9	11.3
-10	1.0	1 470.6	10.9	0	25	1 442.8	10.6
-10	2.5	1 634.0	10.1	0	50	1 549.5	10.2
-10	5.0	1 759.9	9.5	0	100	1 672.2	14.3
-10	10	1 887.2	9.0	15	0.1	295.7	20.8
-10	25	2 052.9	8.4	15	0.25	345.0	19.7
-10	50	2 176.8	8.1	15	0.5	391.2	19.0
-10	100	2 101.6	10.5	15	1.0	445.4	18.5
0	0.1	731.7	14.5	15	2.5	526.1	17.6
0	0.25	802.9	14.3	15	5.0	592.2	16.9
0	0.5	874.0	13.9	15	10	661.0	16.2
0	1.0	962.8	13.3	15	25	755.5	15.4

续上表

温度(℃)	频率(Hz)	动态拉伸模量(MPa)	相位角(°)	温度(℃)	频率(Hz)	动态拉伸模量(MPa)	相位角(°)
15	50	827.3	14.9	40	100	123.8	32.5
15	100	904.4	15.0	50	0.1	8.6	20.9
25	0.1	124.7	26.9	50	0.25	10.8	26.5
25	0.25	172.1	24.8	50	0.5	14.7	32.1
25	0.5	202.7	23.8	50	1.0	18.8	34.9
25	1.0	240.8	22.9	50	2.5	25.6	37.4
25	2.5	293.9	22.0	50	5.0	29.8	38.5
25	5	341.2	21.1	50	10	31.6	39.2
25	10	393.2	20.4	50	25	43.1	40.2
25	25	466.2	19.4	50	50	52.9	39.7
25	50	520.3	18.7	50	100	60.8	38.8
25	100	561.6	19.1	60	0.1	5.4	7.6
40	0.1	26.7	35.1	60	0.25	5.8	11.3
40	0.25	36.9	35.4	60	0.5	6.4	15.0
40	0.5	46.6	35.3	60	1.0	7.2	19.4
40	1.0	58.5	34.3	60	2.5	8.9	25.9
40	2.5	75.5	34.4	60	5.0	11.0	30.6
40	5.0	90.5	32.9	60	10	13.9	34.7
40	10	104.4	32.5	60	25	19.9	40.2
40	25	110.4	32.1	60	50	25.8	41.3
40	50	115.7	32.3	60	100	31.9	39.9

常用铺装沥青混凝土动态弯曲试验结果汇总　表 3-6

试验条件		SMA 沥青混凝土		浇注式沥青混凝土		环氧沥青混凝土	
温度(℃)	频率(Hz)	动态弯曲模量(MPa)	相位角(°)	动态弯曲模量(MPa)	相位角(°)	动态弯曲模量(MPa)	相位角(°)
-10	0.1	4 120.4	27.3	11 474.5	2.3	21 400.6	5.2
-10	0.25	5 000.8	28.2	12 687.9	3.3	22 619.0	0.6
-10	0.5	5 840.9	25.8	14 331.3	3.5	23 645.7	0.1
-10	1.0	7 328.9	17.4	15 323.9	3.1	24 119.3	0.1
-10	2.5	8 761.6	15.9	16 663.2	1.8	24 943.2	2.0
-10	5.0	10 191.3	5.2	16 716.9	2.4	25 186.2	2.5
-10	10	11 372.1	7.5	17 289.3	4.4	24 332.8	2.2

续上表

试验条件		SMA 沥青混凝土		浇注式沥青混凝土		环氧沥青混凝土	
温度（℃）	频率（Hz）	动态弯曲模量（MPa）	相位角（°）	动态弯曲模量（MPa）	相位角（°）	动态弯曲模量（MPa）	相位角（°）
-10	25	8 594.9	4.2	12 089.9	3.7	24 400.0	2.0
0	0.1	3 428.1	29.3	6 410.9	11.2	18 808.7	3.4
0	0.25	4 279.5	28.4	7 429.8	13.5	19 937.1	2.1
0	0.5	5 115.8	33.3	8 287.0	5.9	20 873.3	0.9
0	1.0	6 177.9	27.6	9 046.6	7.6	20 906.2	2.1
0	2.5	7 533.4	17.9	10 615.9	6.7	22 300.4	2.9
0	5.0	8 374.1	13.4	11 165.9	7.0	22 015.6	1.1
0	10	9 512.0	12.0	12 213.0	6.2	21 207.4	4.4
0	25	7 636.9	2.1	11 863.3	7.8	22 000.0	3.0
15	0.1	706.2	32.1	2 319.1	23.0	7 412.4	23.8
15	0.25	988.9	29.1	2 877.2	21.5	9 295.9	18.9
15	0.5	1 136.3	34.6	3 410.5	23.9	10 998.1	22.3
15	1.0	1 516.9	38.1	4 209.8	25.7	12 454.5	5.9
15	2.5	2 156.4	39.0	5 153.9	17.0	13 746.7	4.8
15	5.0	2 617.4	35.3	5 820.9	11.3	14 772.8	3.6
15	10	3 112.4	37.0	6 301.3	10.6	15 588.3	3.5
15	25	3 314.2	30.7	6 218.3	8.2	15 000.0	3.5
25	0.1	156.4	23.3	514.5	13.9	703.0	29.3
25	0.25	223.5	18.6	693.4	18.1	903.1	33.5
25	0.5	265.1	21.4	820.7	22.2	1 094.6	34.8
25	1.0	309.1	27.1	1 002.8	24.1	1 414.7	36.7
25	2.5	338.4	24.6	1 304.1	20.6	2 176.7	36.7
25	5.0	415.0	31.5	1 615.6	20.4	3 253.5	36.7
25	10	488.6	27.9	1 917.5	22.4	4 082.7	35.6
25	25	679.1	28.4	2 598.9	26.7	5 000.0	20.0
25	0.1	156.4	23.3	514.5	13.9	703.0	29.3
25	0.25	223.5	18.6	693.4	18.1	903.1	33.5
25	0.5	265.1	21.4	820.7	22.2	1 094.6	34.8
25	1.0	309.1	27.1	1 002.8	24.1	1 414.7	36.7
25	2.5	338.4	24.6	1 304.1	20.6	2 176.7	36.7
25	5.0	415.0	31.5	1 615.6	20.4	3 253.5	36.7
25	10	488.6	27.9	1 917.5	22.4	4 082.7	35.6
25	25	679.1	28.4	2 598.9	26.7	5 000.0	20.0

根据时温等效原理，可求解主曲线，平移系数按式(3-12)计算，曲线平移结果见图 3-6 ~ 图 3-10。

$$\alpha_T = e^{\left[\frac{E_a}{R}\left(\frac{1}{T}-\frac{1}{T_{ref}}\right)\right]} \tag{3-12}$$

式中：α_T——平移系数；

R——常数，取 8.314；

E_a——活化能(kJ/mol)；

T_{ref}——参考温度(℃)；

T——目标温度(℃)。

动态模量$|E^*|$与混合料的高温稳定性和中温疲劳性能密切相关。测试结果表明，三种铺装沥青混凝土中，SMA 沥青混凝土力学响应参数的温度和频率依赖性最大，在某一确定温度或频率下的动态模量最小，说明其高温稳定性和中温疲劳性能最差；而环氧沥青混凝土的动态模量最大，其高温稳定性和中温疲劳性能最优；浇注式沥青混凝土居中。

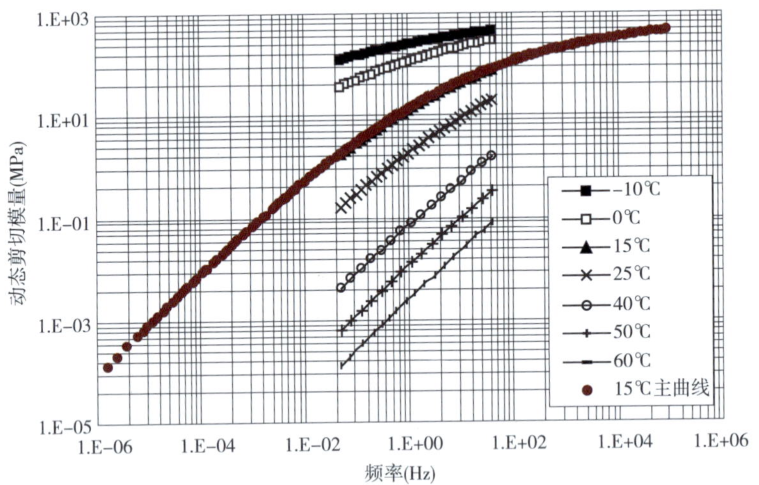

图 3-6　黏层油沥青动态剪切模量主曲线(参考温度为 15℃)

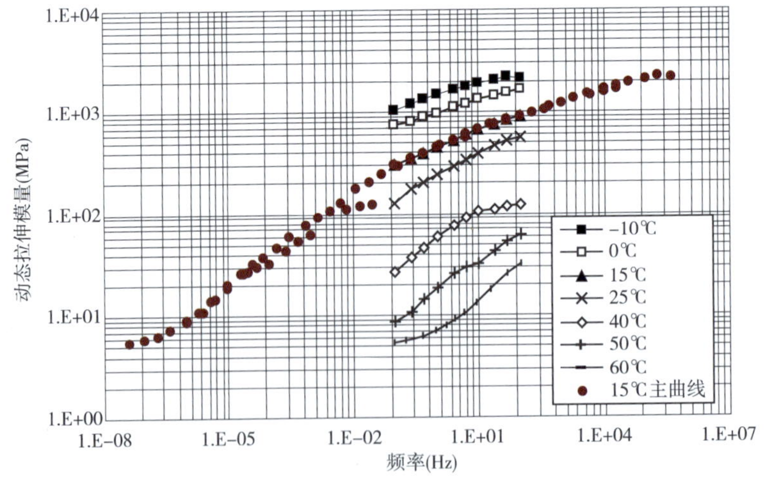

图 3-7　MMA 防水材料动态拉伸模量主曲线(参考温度为 15℃)

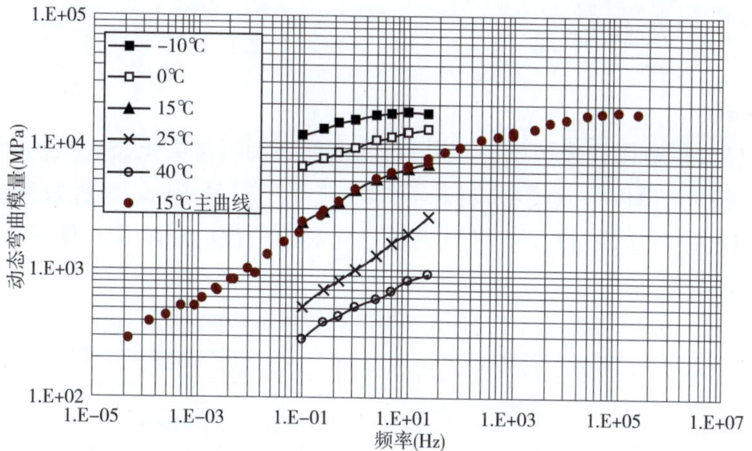

图 3-8　浇注式沥青混凝土动态弯曲模量主曲线(参考温度为 15℃)

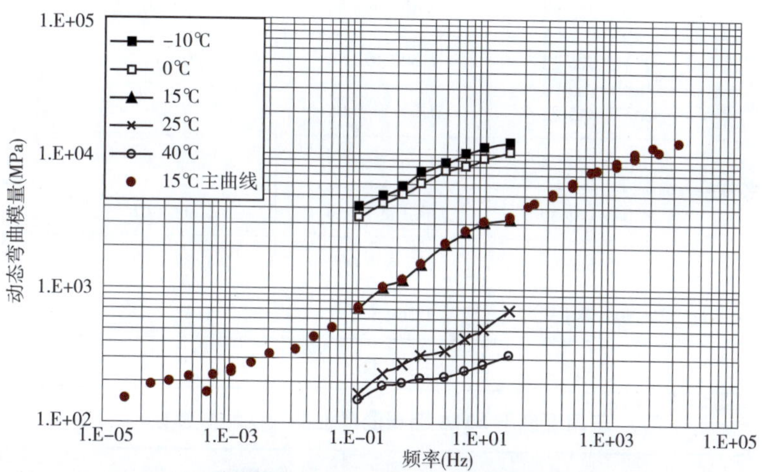

图 3-9　SMA 沥青混凝土动态弯曲模量主曲线(参考温度为 15℃)

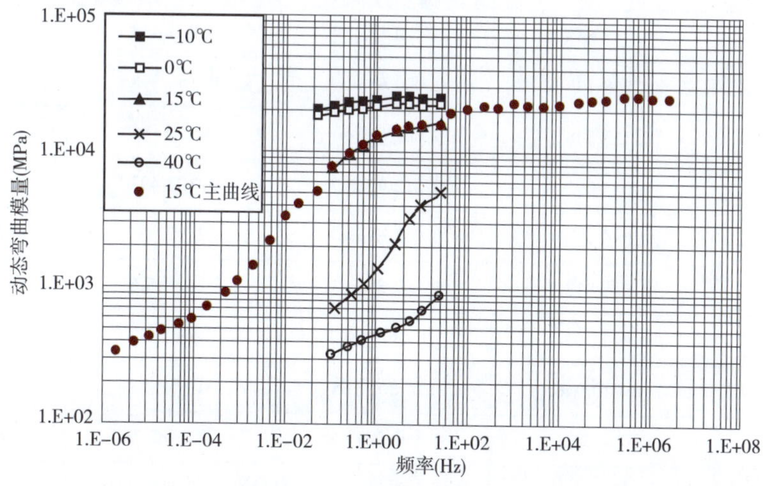

图 3-10　环氧沥青混凝土动态弯曲模量主曲线(参考温度为 15℃)

三、计算模型及参数

1. 材料参数

在钢桥面铺装层有限元模拟中，铺装层材料浇注式沥青混凝土、SMA沥青混凝土和环氧沥青混凝土均采用黏弹体单元模拟，材料力学响应采用时域Prony级数表征。但对于泊松比，则按不同温度进行选取，以反应材料模量变化对泊松比的影响。具体参数详见表3-7～表3-12。

不同温度下浇注式沥青混凝土Prony级数参数 表3-7

E_0	16 000MPa			
i	α_i	τ_i@15℃	τ_i@0℃	τ_i@－10℃
1	0.151 611 36	$1.830\ 5\times10^{-6}$	1.83×10^{-4}	1.83×10^{-2}
2	0.202 773 84	0.000 135 35	1.35×10^{-2}	1.35
3	0.213 026 23	0.002 196 58	2.20×10^{-1}	2.20×10^{1}
4	0.277 345 73	0.091 945 05	9.19	9.19×10^{2}
5	0.069 574 79	0.968 765 79	9.69×10^{1}	9.69×10^{3}
6	0.043 152 55	10.155 132 6	1.02×10^{3}	1.02×10^{5}
7	0.015 666 66	127.806 665	1.28×10^{4}	1.28×10^{6}
8	0.012 986 32	1 369.932 3	1.37×10^{5}	1.37×10^{7}
ν	—	0.35	0.325	0.30

不同温度下SMA沥青混凝土Prony级数参数 表3-8

E_0	12 000MPa			
i	α_i	τ_i@15℃	τ_i@0℃	τ_i@－10℃
1	0.085 653 4	0.000 133 89	0.033 473	0.066 945
2	0.558 198 6	0.000 655 59	0.163 898	0.327 795
3	0.153 848 1	0.007 606 84	1.901 71	3.803 42
4	0.035 092 7	0.012 421 97	3.105 493	6.210 985
5	0.086 496 1	0.051 614 44	12.903 61	25.807 22
6	0.045 913 7	1.297 822 27	324.455 6	648.911 1
7	0.012 595 4	10.139 969 2	2 534.992	5 069.985
8	0.010 946	127.803 155	31 950.79	63 901.58
9	0.004 381 3	1 369.931 68	342 482.9	684 965.8
ν	—	0.35	0.325	0.30

不同温度下环氧沥青混凝土 Prony 级数参数(E_0 =26 400MPa) 表 3-9

E_0	26 400MPa			
i	α_i	τ_i@15℃	τ_i@0℃	τ_i@ -10℃
1	0.412 199 122	7.39×10^{-6}	0.002 956	0.738 875
2	$8.383\ 58\times10^{-7}$	0.000 594 84	0.237 936	59.484
3	0.181 239 433	0.001 192 12	0.476 847	119.211 7
4	0.169 927 604	0.055 602 72	22.241 09	5 560.272
5	$1.099\ 18\times10^{-6}$	0.107 301	42.920 4	10 730.1
6	0.111 472 14	0.596 574 33	238.629 7	59 657.43
7	0.054 902 142	6.306 006 33	2 522.403	630 600.6
8	0.042 386 854	83.151 523 6	33 260.61	8 315 152
9	0.009 762 58	1 057.858 7	423 143.5	1.06×10^8
10	0.003 709 807	3 861.830 5	1 544 732	3.86×10^8
ν	—	0.35	0.325	0.30

不同温度下沥青黏层油作为黏结单元的材料参数 表 3-10

(h =0.5mm, ν =0.45)

材料参数	温度		
	-10℃	0℃	15℃
G^* (MPa)	368.0	220.0	44.0
E^* (MPa)	1 067.2	638.0	127.5
k_s (MPa/mm)	736.0	440.0	87.9
k_n (MPa/mm)	2 134.4	1 276.0	254.9

不同温度下 **MMA** 防水材料作为黏结单元的材料参数 表 3-11

(h =2mm, ν =0.40)

材料参数	温度		
	-10℃	0℃	15℃
G^* (MPa)	674.0	464.2	236.1
E^* (MPa)	1 887.2	1 299.9	661.0
k_s (MPa/mm)	337.0	232.1	118.0
k_n (MPa/mm)	943.6	649.9	330.5

不同温度下环氧沥青作为黏结单元的材料参数 表 3-12

(h =0.5mm, ν =0.40)

材料参数	温度		
	-10℃	0℃	15℃
G^* (MPa)	869	757	557
E^* (MPa)	2 433	2 121	1 559
k_s (MPa/mm)	1 738	1 515	1 113
k_n (MPa/mm)	4 867	4 241	3 118

黏油层和防水层材料由于厚度有限，采用黏结单元表征，每个结点有3个自由度，即正向和两个侧向变形。材料参数由正向劲度 k_n 和剪切劲度 k_s 组成。二者均可由材料模量与层厚的比值来确定。考虑到材料模量对频率的相关性以及其受力时间，选取10Hz频率对应的动态模量进行计算。动态剪切模量 G^* 和动态拉伸模量 E^* 可通过泊松比 ν 进行换算。

$$k_n = \frac{E^*}{h} \tag{3-13a}$$

$$k_s = \frac{G^*}{h} \tag{3-13b}$$

$$G^* = \frac{E^*}{2(1+\nu)} \tag{3-13c}$$

式中：k_n——正向劲度（MPa）；

h——层厚（mm）；

ν——泊松比。

2. 桥面系参数

举例计算，钢桥基本几何尺寸参数：顶板和底板厚度为16mm。U形加劲肋上口宽300mm，下口宽180mm，间距为600mm，高度300mm，钢板厚度为8mm。底板U形加劲肋水平底板间距为800mm，上口宽250mm，下口宽400mm，高260mm，厚度8mm。箱梁高度为3.6m，所设计铺装结构见表3-13，钢板模量取210 000MPa，荷载采用汽—超20级主车，后轴轴重130kN。

铺装材料与结构　　表3-13

铺装结构	参数	铺装上层	铺装黏结层	铺装下层	防水黏结层
结构一	材料	SMA混凝土	改性乳化沥青	浇注式沥青混凝土	MMA
	厚度	30mm	0.5mm	30mm	2mm
结构二	材料	环氧沥青混凝土	环氧沥青	环氧沥青混凝土	环氧沥青
	厚度	25mm	0.5mm	25mm	0.5mm
结构三	材料	环氧沥青混凝土	环氧沥青	环氧沥青混凝土	MMA
	厚度	25mm	0.5mm	25mm	2mm
结构四	材料	环氧沥青混凝土	改性乳化沥青	浇注式沥青混凝土	MMA
	厚度	25mm	0.5mm	30mm	2mm

3. 计算结果

通过转换Prony级数参数输入有限元模型，采用一相同的加载过程，计算结果见表3-14。为分析方便，把高应力区分为Ⅰ区、Ⅱ区和Ⅲ区，见图3-11。

从计算结果可以得出以下结论：

（1）当车轮驶过跨中时，铺装层的挠度最大，但铺装层整体受压明显，U形肋正上方产生的局部弯拉应变小。而当车轮驶过横隔板附近时，虽然钢箱梁在此处的挠度不大，整体承载力较强，但铺装层表面的局部弯拉应变达到最不利状态。

（2）随着温度下降，铺装层表面受到的最大弯拉应变随之减小，四种不同铺装结构的力学分析表明，在 -10℃时铺装层表面最大应变约为 80με，温度为 0℃时铺装层表面最大应变约为 100με，而温度上升为 15℃时铺装层表面最大应变水平约为 200με。

四种铺装结构计算结果汇总　　表 3-14

应变和区域	温度	荷位				
结构一						
应变和区域	温度	1/16 跨处	1/8 跨处	1/4 跨处	3/8 跨处	1/2 跨处
横向拉应变(με)	15℃	272.7	271.0	161.8	100.7	72.1
高应变区		Ⅰ区	Ⅰ区	Ⅰ区	Ⅰ区	Ⅰ区
横向拉应变(με)	0℃	102.4	91.4	68.4	82.9	88.4
高应变区		Ⅰ区	Ⅰ区	Ⅲ区	Ⅲ区	Ⅲ区
横向拉应变(με)	-10℃	93.1	80.2	65.6	77.9	82.0
高应变区		Ⅰ区	Ⅰ区	Ⅲ区	Ⅲ区	Ⅲ区
结构二						
应变和区域	温度	1/16 跨处	1/8 跨处	1/4 跨处	3/8 跨处	1/2 跨处
横向拉应变(με)	15℃	185.4	174.7	107.6	110.2	112.3
高应变区		Ⅰ区	Ⅰ区	Ⅱ区	Ⅱ区	Ⅱ区
横向拉应变(με)	0℃	113.9	104.8	66.6	71.1	76.3
高应变区		Ⅰ区	Ⅰ区	Ⅱ区	Ⅲ区	Ⅲ区
横向拉应变(με)	-10℃	81.9	74.0	43.6	52.3	55.0
高应变区		Ⅰ区	Ⅰ区	Ⅲ区	Ⅲ区	Ⅲ区
结构三						
应变和区域	温度	1/16 跨处	1/8 跨处	1/4 跨处	3/8 跨处	1/2 跨处
横向拉应变(με)	15℃	175.3	175.3	104.7	106.5	108.1
高应变区		Ⅰ区	Ⅰ区	Ⅱ区	Ⅱ区	Ⅱ区
横向拉应变(με)	0℃	105.7	99.1	60.6	65.8	70.5
高应变区		Ⅰ区	Ⅰ区	Ⅱ区	Ⅲ区	Ⅲ区
横向拉应变(με)	-10℃	75.7	67.4	40.4	48.3	50.6
高应变区		Ⅰ区	Ⅰ区	Ⅲ区	Ⅲ区	Ⅲ区
结构四						
应变和区域	温度	1/16 跨处	1/8 跨处	1/4 跨处	3/8 跨处	1/2 跨处
横向拉应变(με)	15℃	193.1	188.7	132.2	111.3	104.6
高应变区		Ⅰ区	Ⅰ区	Ⅱ区	Ⅲ区	Ⅲ区
横向拉应变(με)	0℃	98.7	90.3	60.2	72.6	77.4
高应变区		Ⅰ区	Ⅰ区	Ⅲ区	Ⅲ区	Ⅲ区
横向拉应变(με)	-10℃	73.5	63.1	46.4	53.4	55.9
高应变区		Ⅰ区	Ⅰ区	Ⅲ区	Ⅲ区	Ⅲ区

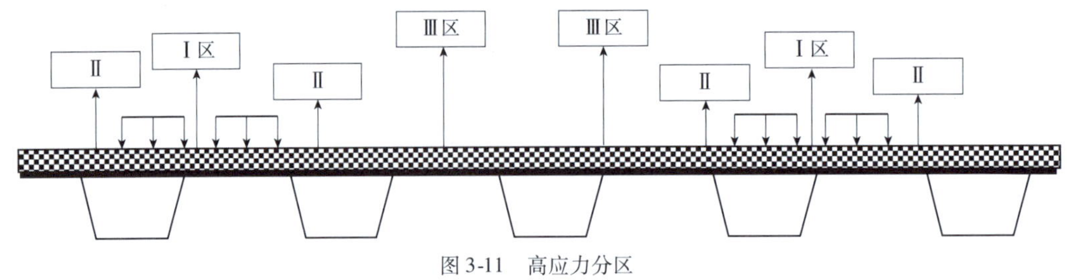

图 3-11 高应力分区

第三节 钢桥面铺装疲劳性能模拟方法

一、钢桥面铺装疲劳试验适用性

目前,道路路面混凝土疲劳性能模拟的试验方法主要包括三点弯曲疲劳试验、四点弯曲疲劳试验和拉伸疲劳试验等。这些试验方法以混凝土试件出现裂缝或模量降低到一定限度作为极限状态条件,未测试混凝土疲劳寿命,即这些试验方法的依据和判据是以裂缝为基础的。

由第二章可知,脱层是钢桥面铺装的典型原生病害形式,裂缝往往是脱层的次生病害,以目前钢桥面铺装的技术水平而言,大多数裂缝出现在脱层病害之后。上述试验方法仅能对混凝土的抗裂性进行模拟,却难以反应钢桥面铺装结构性脱层带来的寿命衰减。

相对于上述试验方法,复合梁疲劳试验(图 3-12、图 3-13),也称为五点弯曲疲劳试验或脉动弯曲疲劳试验,更能贴近实际。复合梁疲劳试验采用钢桥面板、防水黏结层和铺装混凝土组合试件,使加载力所产生的变形与实桥变形基本一致,达到尽量准确模拟的目的。其中,图 3-13 中所示磨耗层和保护层为德国习惯性命名,相当于铺装上层(或铺装上层)。

复合梁疲劳试验源于德国。使用经验表明,该试验方法能有效反映防水黏结层的黏结性能,作为一种工程材料的准入评价手段已上升为国家标准。

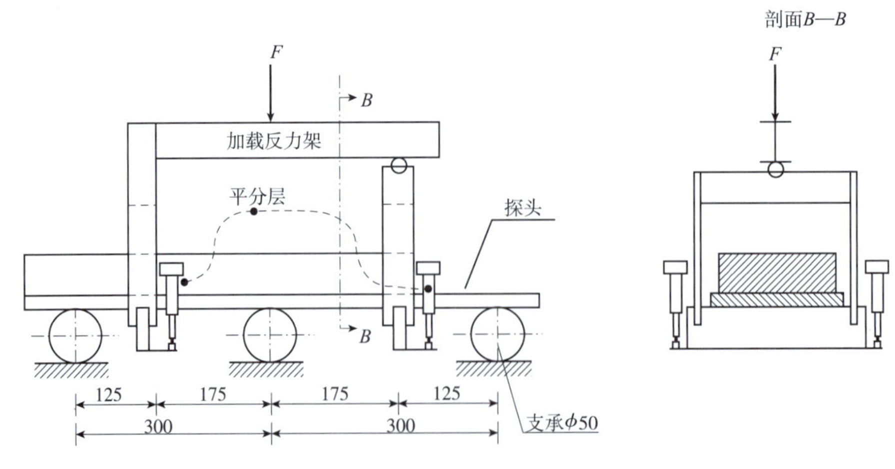

图 3-12 复合梁疲劳试验图示(尺寸单位:mm)

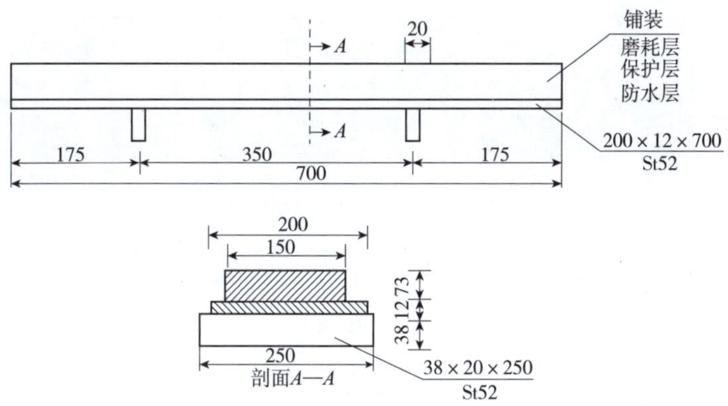

图 3-13　复合梁疲劳试验试件尺寸(尺寸单位:mm)

二、复合梁疲劳试验原理

1. 受力一致性

(1)复合梁试件受力

室内疲劳试验实质上是一种模拟现场加载的过程,荷载的力学效应除车辆轮胎作用力外,还包括作用力所产生的变形。在弹性范畴内,用作用力和变形进行模拟是等效的,其区别在于辨识度和操作的可行性。

复合梁疲劳试验是典型的变形模拟疲劳试验方法,它是以试件中钢板加载点产生的竖向变形接近于实桥测试的竖向变形(0.5mm)为基础,同时确保钢板其他部分的弯曲变形和实桥变形基本一致,来确定加载力的大小和加载方式,从而达到受力状态与实桥基本一致的目的。

德国在制订复合梁疲劳试验方法时,取钢桥桥面板厚度为12mm,纵向U形加劲肋间距为300mm,类似于江苏省江阴长江大桥桥面系设置。以江阴长江大桥桥面系参数为例,计算单轮和双轮荷载作用下的桥面变形。静力弹性模量取常用值,加载纵向荷位取两个横隔板之间的跨中位置,计算结果见表3-15。

江阴长江大桥单轮和双轮作用下桥面受力计算结果　　表3-15

轮重 (kN)	轮数	表面最大横向拉应力 (MPa)	层底最大横向剪应力 (MPa)	肋间最大相对挠度 ($\times10^{-4}$m)	肋间最小曲率半径 (m)	挠跨比 (‰)
5	单	0.074 8	0.105 0	0.628 0	162.106 1	0.209
10	单	0.150 5	0.211 3	1.263 6	80.567 8	0.421
15	单	0.225 3	0.316 3	1.888 5	53.665 2	0.630
20	单	0.300 1	0.421 3	2.519 6	40.404 8	0.840
25	单	0.375 8	0.527 6	3.155 2	32.265 7	1.052
30	单	0.450 6	0.632 6	3.783 2	26.909 1	1.261

续上表

轮重 (kN)	轮数	表面最大 横向拉应力 (MPa)	层底最大 横向剪应力 (MPa)	肋间最大 相对挠度 ($\times10^{-4}$m)	肋间最小 曲率半径 (m)	挠跨比 (‰)
35	单	0.522 7	0.733 8	4.388 5	23.197 9	1.463
10	双	0.097 3	0.124 8	0.543 4	87.951 1	0.281
20	双	0.195 7	0.251 2	1.093 3	43.712 2	0.364
30	双	0.293 0	0.376 0	1.636 6	29.199 9	0.546
40	双	0.390 3	0.500 8	2.179 9	21.921 8	0.727
50	双	0.488 7	0.627 2	2.729 8	17.505 9	0.910
60	双	0.586 0	0.752 0	3.273 2	14.599 9	1.091
70	双	0.679 8	0.872 3	3.646 9	12.586 1	1.216
80	双	0.785 3	1.008 0	4.386 1	10.895 5	1.462

表3-15计算结果表明，单轮所产生的肋间挠度大于双轮。我国路面用标准车型黄河JN150前轴重49kN，即单轮重25kN，表3-15计算结果为0.32mm，后轴重100kN，所产生的肋间挠度为0.27mm。因此，采用0.5mm的最大挠度来模拟实桥变形是合适的。因此，复合梁疲劳试验选取最大单轮荷载作用下的肋间挠度进行模拟（图3-14），即可测定实桥铺装与钢板之间的剪应力。

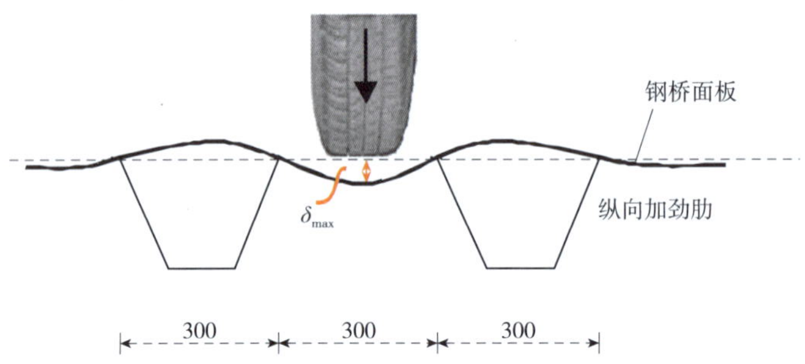

图3-14　五点弯曲疲劳试验荷载模拟（尺寸单位：mm）

（2）试件尺寸

五点弯曲疲劳试验试件尺寸见图3-13，两端采用约束竖向自由度的方式进行加载，实际钢桥面板的两端纵向加劲肋是钢构支撑，两者并不完全相同。但计算结果表明，两者弯曲曲线的差异很小，可忽略不计。

（3）加载方法

较为贴近实际的加载方法是在五点弯曲复合梁铺装混凝土顶部进行加载，但是国外最初提出该试验方法时曾经做过大量试验，结果表明在沥青混凝土表面上直接加载会因铺装层太软而发生严重的变形。

表3-16的计算结果表明，从铺装顶部和钢板底部加载在铺装与钢板之间产生的最大剪切应力相同，但前者不产生拉应力，而后者产生了较大的拉应力。所以，德国五点弯曲疲劳

试验的加载方法主要反应防水黏结层的抗拉拔和抗剪切能力，难以准确模拟铺装结构整体受力状况。

复合梁弯曲疲劳试验模型铺装表面加载和钢板上加载受力比较　　表 3-16

序号	荷载(kN)	加载部位	最大挠度(mm)	最大拉应力(MPa)	最大剪应力(kPa)
1	50	钢板底面	0.23	0.93	2.89
2	50	铺装顶部	0.14	0.08	2.90

一种更为贴近实际的加载办法是，通过汽车轮胎将荷载施加到试件上(相应的最小尺寸为 100cm×100cm)，但是不能直接观测铺装与钢板之间的破坏情况。

2. 试验温度

大量试验表明，在 -20℃和 +60℃的环境温度下，复合梁弯曲疲劳试验相应的试件均未破坏，而在 +20℃温度下，试件都发生了破坏。

显然，在 20℃温度进行加载时，钢板与铺装组合试件的承载性能同沥青混凝土试件流变将产生最不利叠加。由图 3-15 可知，当温度升高时，沥青混凝土试件产生塑性变形，这种结构组合已不能够传递较大的应力，但却能够承受较大的变形。温度下降时，沥青混凝土试件的弹性恢复增强，钢板与沥青混凝土结合处又可传递较大的应力，但出现的变形极小。在中间温度时，沥青混凝土与钢板结合面既要承受较大的应力，也要承受较大的变形，两者的叠加效果达到最大，使试件达到最不利状态。因此，试验环境温度采用 +20℃是合适的。

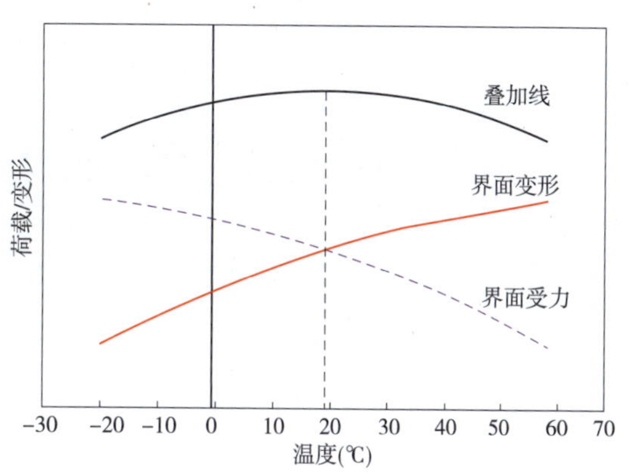

图 3-15　温度对五点弯曲疲劳试验影响的定性分析

3. 加载频率

加载频率的大小直接影响试验时间的长短，从德国荷载谱分析结果考虑，试验频率采用 2Hz 是比较合适的。如果试验时间受限制，可放宽至 3～4Hz，基本上也能符合钢桥的实际受载状况。

三、复合梁弯曲疲劳试验方法

(1)试验条件

温度：(20±3)℃；

加载频率：2Hz；

加载方式：五点正弦加载。

(2)标准件制作

铺装保护层(铺装下层)一般采用浇注式沥青混凝土，特殊情况下可采用 SMA 沥青混凝土。用于制作浇注式沥青混凝土试件的沥青可采用聚合物改性沥青或非聚合物改性沥青，两种胶结料均不影响试验结果。

浇注式沥青混凝土和SMA沥青混凝土均按预定的级配进行制作，见图3-16、图3-17。

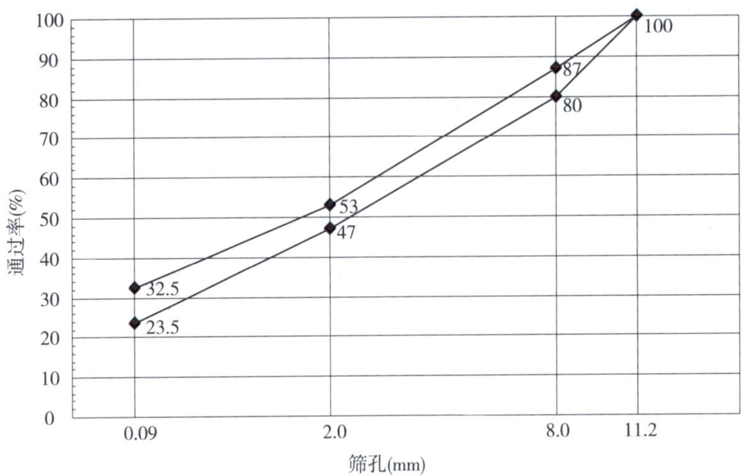

图3-16　浇注式沥青混凝土标准级配

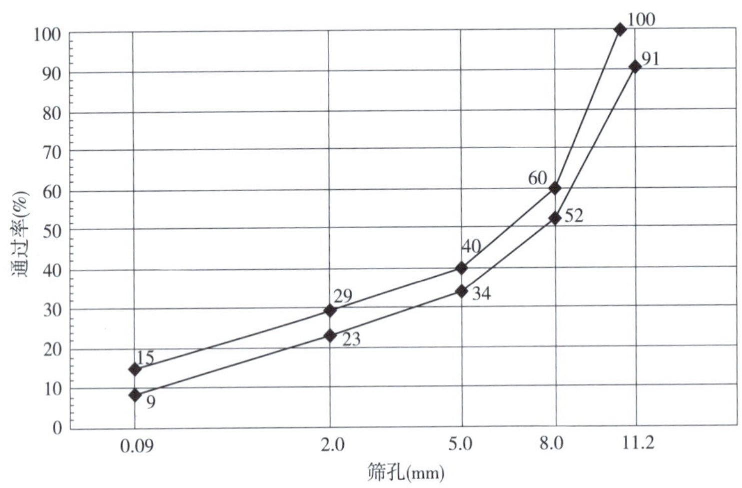

图3-17　SMA沥青混凝土标准级配

图3-18　裸板加载试验

(3)加载力F_0的确定

①以裸板产生0.5mm挠度时的加载力作为F_0，所采用的裸板见图3-18；

②加载正弦函数的加载幅度在F_G（$F_G = 0.15F_0$）和F_0（最大荷载）之间变动。

(4)试验步骤

①试件加温达到规定温度后，保温4～6h；

②试验之前，对试件进行3次预压以消除内应力。预压应力大小取F_G；

③预压之后，施加静压F_G，记录4个支点

的初始位移值 f_c，然后增压至 F_0，再记录各支点位移值 f_z，挠度变化值 $f=f_z-f_c$；

④施加动力荷载，试验中随时观察试件状态，并记录动载作用下的挠度变化。如出现脱层、开裂等破坏现象（或者加载寿命超过 100 万次）即中止试验，并记录重复弯曲次数及挠度变化值。

四、典型防水黏结层复合梁疲劳试验

1. 试验方案

防水黏结层的作用是保证铺装层与钢板充分黏结并防止钢板腐蚀生锈。目前应用最广泛的防水黏结体系包括 MMA、环氧沥青、环氧树脂和溶剂型黏结剂，其中 MMA 防水黏结体系使用效果最好。这里以上述防水黏结体系为例，取铺装结构进行试验，试件制作过程见图 3-19。

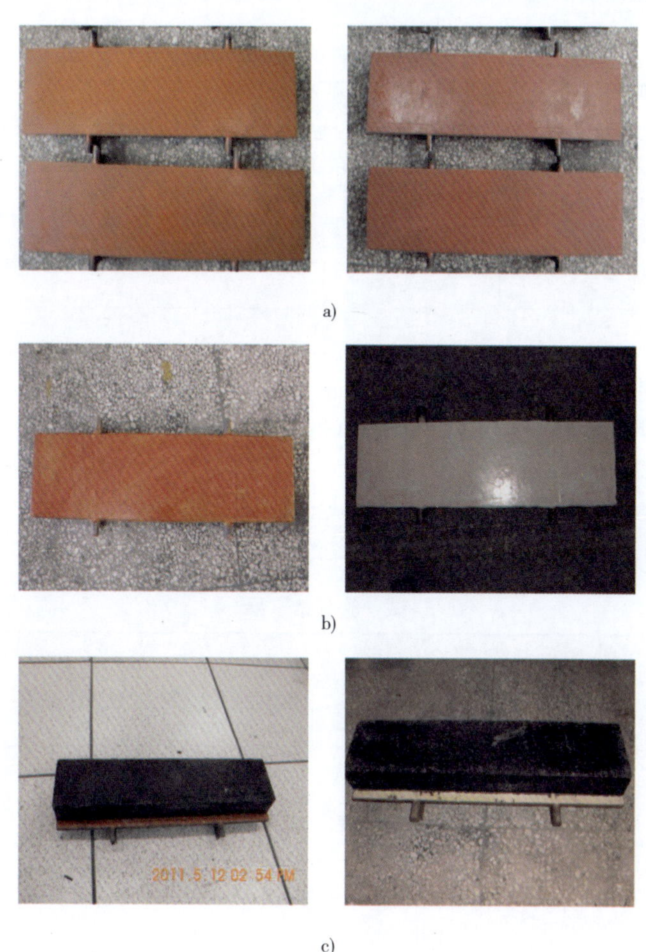

a)

b)

c)

图 3-19　组合试件制作过程

a）钢板上喷涂底漆；b）底漆喷涂后，涂刷防水黏结层；c）防水黏结层上铺装沥青混凝土

（1）MMA 防水体系 + GA（3cm）+ GA（3cm）；

（2）MMA 防水体系 + GA（3cm）+ 树脂黏结剂撒砂 + RRC 反应性树脂混凝土（3cm）；

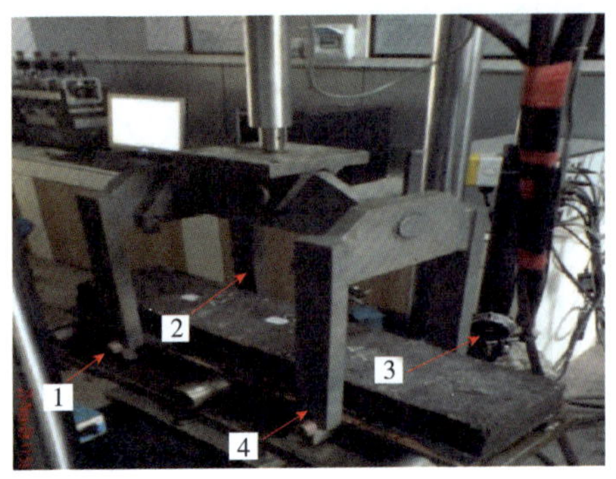

图 3-20 疲劳加载实图

(3)反应性树脂防水黏结层 + FRP 纤维增强复合材料(3cm) + GA(3cm);

(4)MMA 防水体系 + GA(3cm) + E-GA 环氧沥青浇注式混凝土(3cm);

(5)反应性树脂防水黏结层 + FRP(3cm) + 纤维增强复合材料黏层 + RRC 反应性树脂混凝土(3cm)。

2. 试验过程

(1)裸板加载,确定 F_0(图 3-20)

裸板加载试验结果见表 3-17。

裸板加载试验结果 表 3-17

位移(0.01mm)	支点				加载力(kN)
	1	2	3	4	
f_c	82	7	46	92	3
f_z	129	55	96	147	22.4
f	47	48	50	55	19.4
f 均值	50				19.4

(2)确定 F_0 和 F_G

从表 3-17 可知,当裸板变形量为 0.5mm 时,加载力为 19.4kN,于是确定 $F_0 = 19.4$kN,$F_G = 0.15F_0 = 2.91$kN。

当模拟超载 30% 时采用的加载力为 $F_0 = 25.22$kN,$F_G = 3.87$kN。

3. 试验结果(表 3-18)

试验结果 表 3-18

方案编号	结构类型	初始挠度(0.01mm)	挠度增量(0.01mm)	寿命(10^4 次)	现象
1	GA + GA	45.0	6	>100	完好
			11	>100	完好
2	GA + RRC	37.5	8	50	试件中部底层 GA 与防水黏结层间出现脱层
			10	>100	完好
3	FRP + GA	37.5	7	98	树脂与钢板间黏结剂出现纵向裂缝,并迅速扩散
			4	>100	完好
4	GA + E - GA	34.5	10	>100	完好
			13	>100	完好
5	FRP + RRC	36.5	1	>100	完好
			4	79	内部有轻微脱层

疲劳试验结束后,对破坏的试件进一步观察,以查明试件破坏的原因。

(1)方案2:铺装层与防水黏结层撬开后,发现防水黏结层中部已破坏,而两边完好,见图3-21。

(2)方案3和方案5:发现复合纤维增强(FRP)材料出现了破坏,而铺装层与防水黏结层仍然结合牢固。这表明,防水黏结层与FRP材料层之间黏结良好,未发生破坏,疲劳试验中发现的微小裂缝可能是试件成型时的缺陷,不会影响层间黏结效果。

图3-21　GA + RRC-2 试件撬开情况

试验结果表明,采用MMA防水黏结层的组合结构疲劳寿命均大于100万次仍没有产生脱层,满足了德国规范的要求。

第四节　钢桥面铺装荷载谱

一、中国钢桥交通状况

1. 车辆组成

与国外交通相比,中国交通状况更为严峻,主要是交通量大,重载超载车辆多,偶发因素多,严重影响了交通量的预测,因此给铺装工程设计增加了诸多不确定性因素。

某大桥采用了典型浇注式沥青混凝土铺装结构,2012年底完工通车,2013年已出现严重的局部车辙病害。经实地调查,该桥的交通情况见表3-19。

某大桥流量统计　　表3-19

统计时间	统计部位	货车量(辆/d)	货车超载量(辆/d)	货车中超载车比例(%)
2013. 8. 14	进城方向	6 253	2 031	33%
	出城方向	7 938	5 953	75%
2013. 8. 15	进城方向	6 388	2 376	37%
	出城方向	7 617	5 941	78%
2013. 8. 16	进城方向	6 480	2 099	32%
	出城方向	7 871	5 981	76%

对超载车辆的超载率"(实际装载吨位 - 准载吨位)/准载吨位"调查发现,进城方向的货车超载率相对较小,大多在100%以下,而出城方向的货车超载率在100%以上。

离上述大桥不远处,铺装使用情况良好的安徽安庆长江大桥交通流量调查统计结果见表3-20。从表中可知,安庆长江大桥每天通行的货车流量较少,且货车中超载车比例小于20%,远低于上述某大桥。

安庆长江大桥车流量统计　　表 3-20

统计时间	统计部位	货车量(辆/d)	货车超载量(辆/d)	货车中超载车比例(%)
2013. 8. 24	东侧半幅	2 307	452	19%
	西侧半幅	2 312	452	19%
2013. 8. 25	东侧半幅	2 250	405	18%
	西侧半幅	2 334	397	17%
2013. 8. 26	东侧半幅	2 313	443	19%
	西侧半幅	2 323	418	19%

江阴大桥、润扬大桥和苏通大桥 2007 ~ 2010 年平均日交通量的调研统计结果如图 3-22 所示。江阴大桥 2010 年年平均日交通量接近 45 000 辆，苏通大桥超过 30 000 辆，润扬大桥超过 20 000 辆。

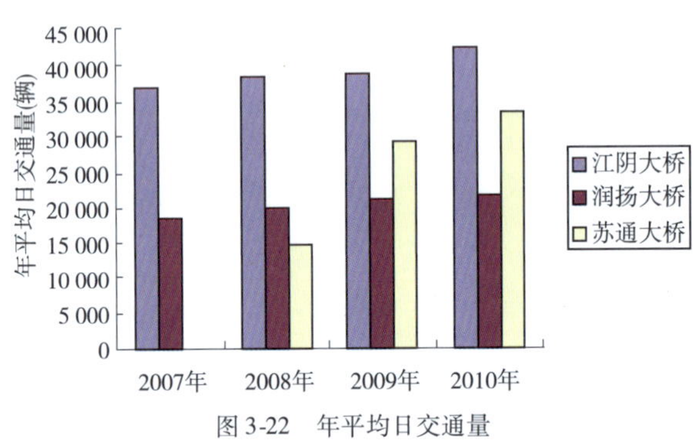

图 3-22　年平均日交通量

上述三座钢桥的货车交通量统计如图 3-23 所示。三座大桥 2010 年过江的货车总交通量为 3. 1 万辆/d，约占三座大桥过江总交通量的 32. 5%，近年来货车交通量基本保持不变。从图中可以看出，三座大桥每年的货车交通量占总交通量的比例均超过 30%，2007 年润扬大桥的货车交通量比例甚至超过了 50%，重载比例大。

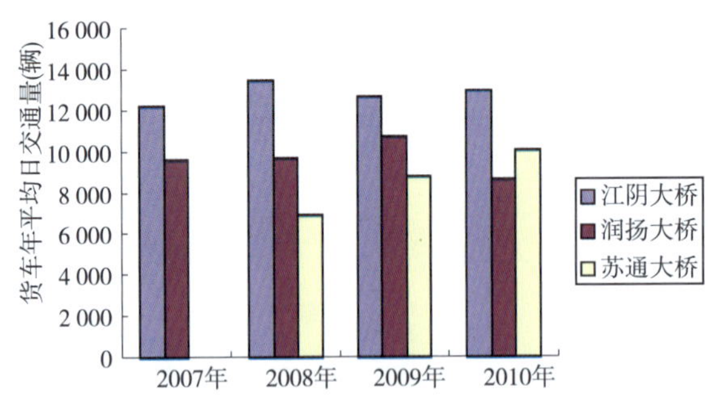

图 3-23　货车年平均日交通量

综合江阴长江大桥、虎门大桥等几座交通形势严峻的钢桥面铺装的使用情况，交通量过大、重载和超载情况严重是钢桥面铺装出现车辙等典型破坏类型的主要原因。因此，如何准确预测交通量，使铺装结构能适应日益繁重的交通状况，是钢桥面铺装的关键。

2. 超载情况

重载车特别是超载货车是造成桥面铺装早期病害的主要原因。我国标准轴载 BZZ100 对应的轮载为 25kN,单轮轮载超过 25kN 即为超载。以此为判据,各大桥轮载超载情况见表 3-21,货车各种轴型超载比例见图 3-24。

轮载超载情况统计表　　表 3-21

超载比例	润扬大桥	江阴大桥	苏通大桥	平均值
50%以下(%)	21.21	15.42	13.75	16.79
50%～100%(%)	0.89	0.45	0.55	0.63
100%以上(%)	0.15	0.06	0.09	0.10
总超载比例(%)	22.25	15.93	14.39	17.52

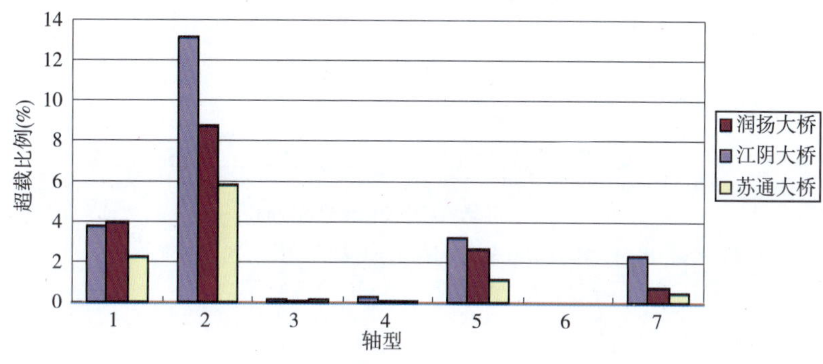

图 3-24　超载轴型占总轴数的百分比

1-单轴单轮;2-单轴双轮;3-双轴单轮;4-双轴单轮+双轮;5-双轴双轮;6-三轴单轮;7-三轴双轮

以上结果表明,三座大桥的超载情况都很严重,超载比例占货车总数的 14%～22%,平均超载比例为 17.52%。从车型分析来看,单轴双轮组是超载的主要车型,其次是单轴单轮组,再次是双轴双轮组。

3. 轮载横向分布

虎门大桥的车辆轮迹线横向位置分布的调查如图 3-25 所示。由图可知,车轮的横向作

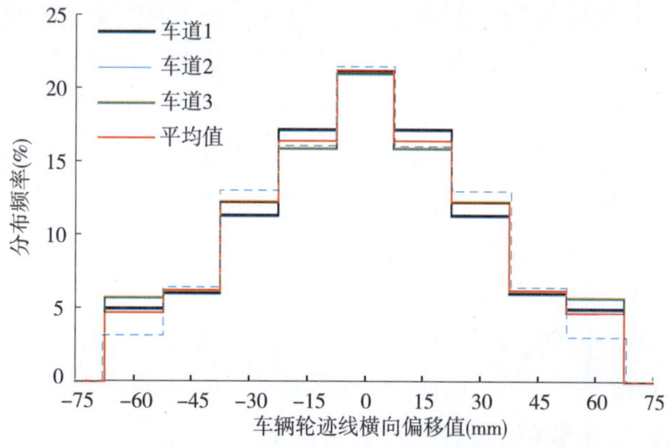

图 3-25　虎门大桥各车道车辆轮迹线分布概率

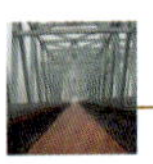

用位置分布在 1.2m 的宽度范围内,3 个车道车辆轮迹线横向位置的分布大致相同,接近于正态分布,车道 1、2、3 轮迹线横向位置的方差分别为 904.2mm^2、835.8mm^2 和 940.0mm^2。

欧洲规范和荷兰规范推荐钢桥面板疲劳分析时车辆轮迹线横向分布按正态分布计算,欧洲规范和荷兰规范给出的车辆轮迹线横向位置的方差分布分别为 115.8mm^2 和 530.4mm^2。我国虎门大桥 3 个车道车轮分布的概率密度与欧洲规范和荷兰规范给出的密度比较见图 3-26。由图可知,各国的车辆轮迹线横向位置分散程度有很大差异,我国的车辆行驶轮迹线的分散程度远远大于欧洲规范的推荐值,荷兰规范介于两者之间。

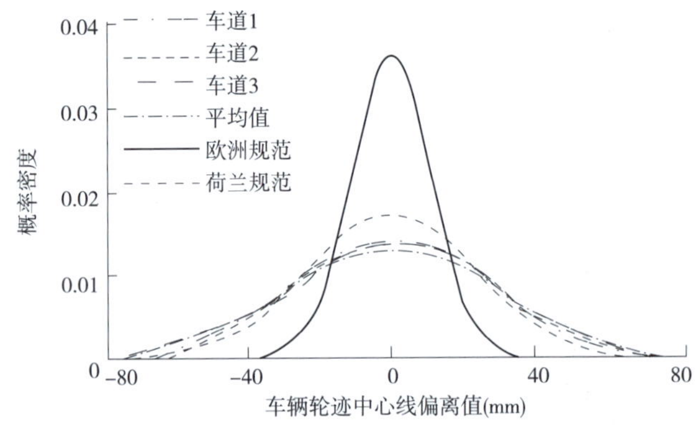

图 3-26　虎门大桥各车道车辆轮迹线分布概率密度与国外密度的比较

二、钢桥面铺装荷载谱

1. 荷载谱的基本概念

不同重力的轴载给路面结构带来的损伤程度是不同的。对于路面结构或桥面铺装设计,除了设计期限的累计交通量之外,另一个重要的交通因素是各级轴载所占的比例,即轴载组成或轴载谱。由交通调查得到的某类车辆每日通行的轴载数,乘以相应的轴载谱百分率,即可推算出所有车辆各级轴载的作用次数。各级轴载作用次数可以按照等效原则换算为某一标准轴载的当量通行次数,应用于钢桥面铺装时,见第六章“钢桥面铺装设计”。

为便于论述,这里对钢桥面铺装轮载谱、变形谱及应变谱进行定义。

(1)轮载谱:在特定钢桥和特定断面上,各级轮载所占的比例,称为轮载谱。

(2)变形谱:在特定钢桥和特定断面上,当不同车型和轴型的轴载作用于钢桥面铺装时,车辆轮迹处纵向加劲肋中部将产生竖向变形(相对于加劲肋与钢板焊接处),按照一定的分级水平统计各级变形所占的比例,称为变形谱。变形谱是所有车辆作用结果的统计,主要应用于钢桥面铺装五点弯曲疲劳试验,预估防水黏结层的疲劳寿命。

(3)应变谱:在特定钢桥和特定断面上,当不同车型和轴型的轴载作用于钢桥面铺装时,车辆轮迹处纵向加劲肋与钢板焊接处铺装顶面将产生横向拉应变,按照一定的分级水平统计各级横向拉应变所占的比例,称为应变谱。应变谱是所有车辆作用结果的统计,主要应用于钢桥面铺装四点弯曲疲劳试验,预估铺装沥青混凝土的疲劳寿命。

(4)荷载谱:轴载谱、轮载谱、变形谱和应变谱通称为荷载谱。其中,轮载谱结合轮迹横向分布以及桥面系结构参数可推算出变形谱和应变谱。

2. 荷载谱实例

1）工程概况

德国 A42 高速公路上 escher-schnellweg 莱茵河桥主要由三部分组成：310m 长的主钢桥、左岸 6 跨 50m 跨径的预应力钢筋混凝土引桥和右岸 8 跨 62.5m 跨径预应力钢筋混凝土引桥。主桥为双塔 4×3 平行索，背索铺设在预应力混凝土边跨中。钢桥上部结构为钢箱梁，中央布置索面，悬臂行车道由受压斜杆支撑。桥面钢板厚度 12mm，横梁间距为4 190mm，纵向加劲肋为高 30cm、钢板厚 6mm 的梯形断面，纵向加劲肋开口间距为 300mm。

在测试断面中正交异性板底布置 9 个位移传感器，测试竖直方向的相对变形，如图 3-27 所示。

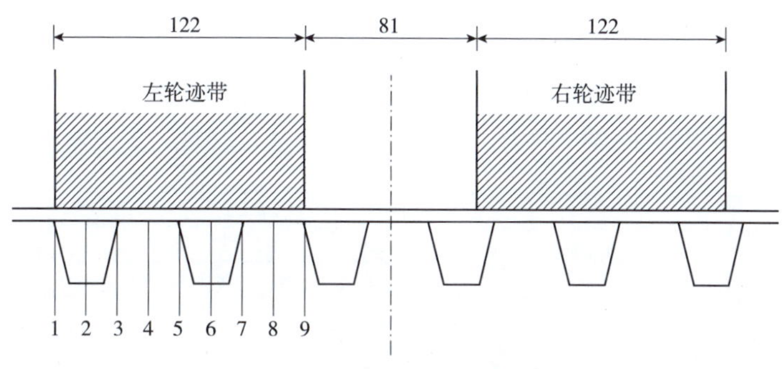

图 3-27　测点布置示意图（尺寸单位：cm）

2）测值处理与分析

为便于将测试结果应用到五点弯曲疲劳试验上，把所计算的圆曲线正矢统一换算到 20℃参考温度。因此，把在初步试验时求得的典型圆曲线正矢的极值和所测温度进行非线性回归。再按各自测得的加载温度进行分级之前将全部求得的正矢利用函数换算到 20℃参考温度。

变形分级时采用德国工业标准（DIN45667）的最大值方法作为分级标准。在分级时，小于 0.15mm 的变形峰值数量虽然很大，但所产生的疲劳破坏作用较小从而忽略不计。从峰值出现的情况来看，从 0.15～0.20mm 等级到 0.45～0.50mm 以步距 0.05mm 进行分级，可以包括所有的变形峰值。

图 3-28 为多轴车辆行驶时，桥面顶板出现的最大挠度。此时，汽车一个轴产生的挠度在下一个轴经过时并没有回复到初始值，而是稍微下降（一般下降值小于 0.1mm）。因此当两轴之间挠度恢复不到 1/2 时，在分级时只是偶尔计入最大值。

当一个单轮荷载通过纵向加劲肋跨中时，总是在主跨中出现最大正矢，临近跨微向上拱起。这样的正矢当在没有被修正的情况下流入分级时，会导致脉动循环疲劳梁试验的两跨中整体向下压低，这意味着受力条件更为恶化，如图 3-29 所示，因此需要进行相应的修正。

当双轮荷载作用时，用修正的方法存在着误差。最不利情况时，即双轮在纵向加劲肋中间驶过时，正矢降低了 30%，试验检测的结果最大正矢值为 0.2mm，换算误差最大值为 0.06mm，从而导致分级进入了最低一级，这并不会导致分级的变化。

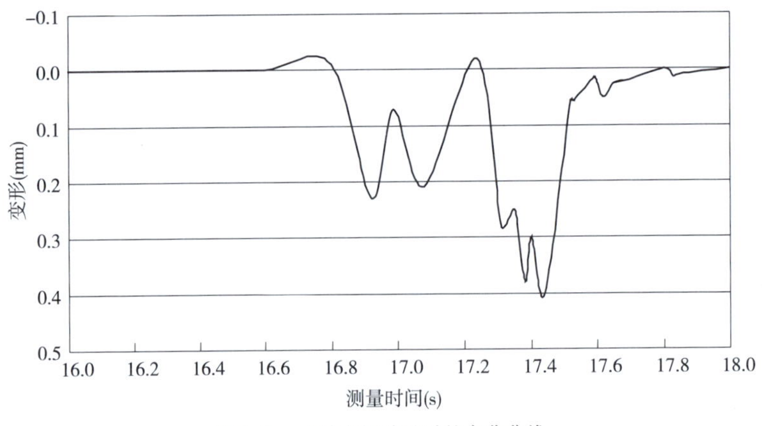

图 3-28　多轴车辆驶过时的弯曲曲线

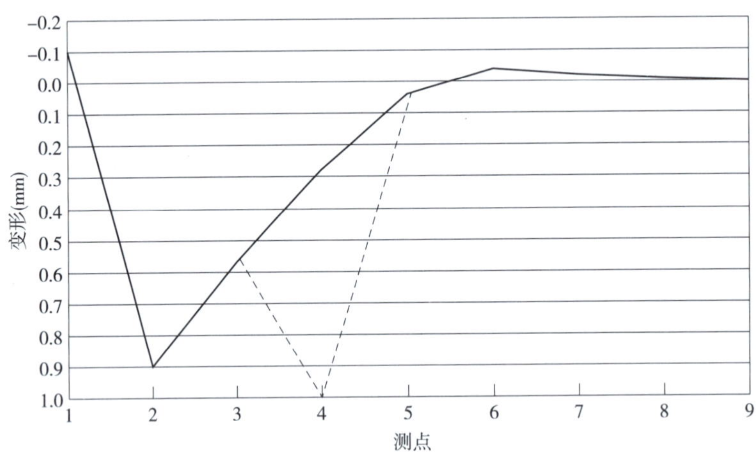

图 3-29　单轮驶过时的弯曲曲线

3)测试和统计结果

根据前述方法,推算出年变形谱,见表 3-22。

年　变　形　谱　　表 3-22

分　级	数量(年作用次数)	百分比(%)
0. 15 ~0. 20mm	286 916	77. 0
0. 20 ~0. 25mm	70 191	18. 8
0. 25 ~0. 30mm	10 415	2. 8
0. 30 ~0. 35mm	2 370	0. 6
0. 35 ~0. 40mm	1 539	0. 4
0. 40 ~0. 45mm	508	0. 1
0. 45 ~0. 50mm	508	0. 1
总计	372 447	100. 0

假定某一钢桥面铺装使用寿命为12年，则可得到12年内使用寿命变形谱，略去0.15～0.20mm等级的情况下，可得出具有实用价值的使用寿命变形谱，见表3-23。

12年使用寿命变形谱

表3-23

分　级	数量(12年作用次数)	百分比(%)
0.20～0.25mm	820 650	82.0
0.25～0.30mm	121 769	12.2
0.30～0.35mm	27 709	2.8
0.35～0.40mm	17 994	1.6
0.40～0.45mm	5 939	0.6
0.45～0.50mm	5 939	0.6
总计	1 000 000	100.0

3. 中国钢桥面铺装变形谱

江阴大桥、润扬大桥和苏通大桥于2007～2010年每年的货车轮载分布情况如图3-30所示。由此可推算出江苏省典型钢桥的轮载谱（表3-24）。由于江苏省经济发达，货车交通量大，三座大桥的荷载谱具有代表性。

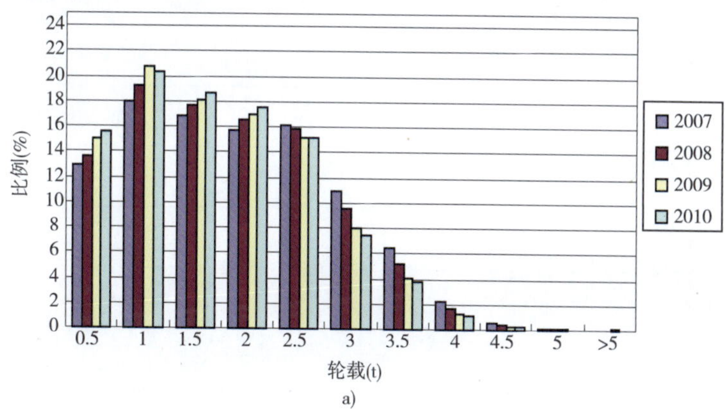

a)

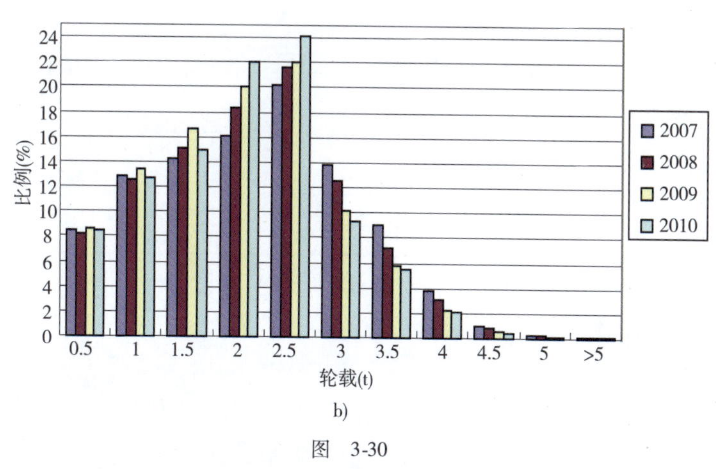

b)

图　3-30

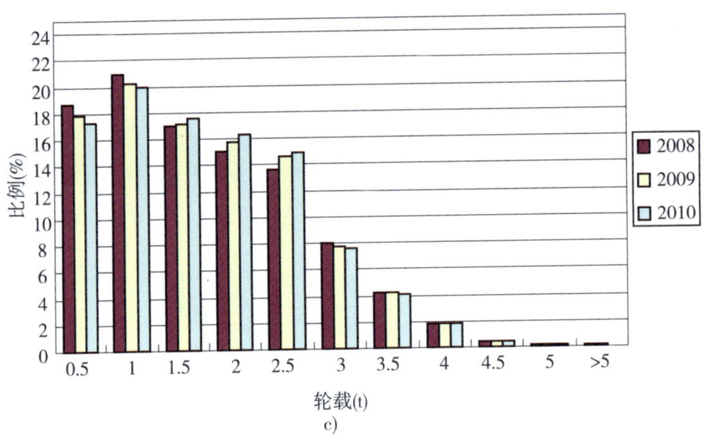

c)

图 3-30　江阴、润扬和苏通三桥货车轮载分布

a)江阴大桥年货车轮载分布；b)润扬大桥年货车轮载分布；c)苏通大桥年货车轮载分布

江苏省典型货车轮载和比例　　表 3-24

轮载区间(t)	典型轮载(t)	占货车轴数的比例(%)
0 ~ 0.5	0.5	14.28
0.5 ~ 1.0	1.0	17.56
1.0 ~ 1.5	1.5	16.75
1.5 ~ 2.0	2.0	17.18
2.0 ~ 2.5	2.5	17.34
2.5 ~ 3.0	3.0	9.41
3.0 ~ 3.5	3.5	5.32
3.5 ~ 4.0	4.0	2.07
4.0 ~ 4.5	4.5	0.51
4.5 ~ 5.0	5.0	0.12
>5.0	5.5	0.10
总计	—	100.00

为推算出中国钢桥面铺装变形谱和应变谱，作以下假设：

(1)轮载相同时，单轮载对桥面系的作用等同于双轮载；

(2)车道系数取 0.5；

(3)依据图 3-25，轮迹在 60cm 宽度(两个 U 形肋宽度)内横向分布系数最高为 0.67，把经过同一加劲肋但并非最不利荷位的轮载数量折算系数取 0.5。

江阴长江大桥日货车交通量为13 000辆,为三桥中最高。结合以上假设,可计算出年轮载谱,见表3-25。

大跨径钢桥面铺装年轮载谱 表3-25

轮载区间(t)	典型轮载(t)	占货车轴数的比例(%)	考虑横向分布系数时荷载谱(辆)
0~0.5	0.5	14.28	56 748
0.5~1.0	1.0	17.56	69 782
1.0~1.5	1.5	16.75	66 563
1.5~2.0	2.0	17.18	68 272
2.0~2.5	2.5	17.34	68 908
2.5~3.0	3.0	9.41	37 395
3.0~3.5	3.5	5.32	21 141
3.5~4.0	4.0	2.07	8 226
4.0~4.5	4.5	0.51	2 027
4.5~5.0	5.0	0.12	477
>5.0	5.5	0.10	397
总计	—	100.00	397 394

用于沥青混凝土四点弯曲疲劳试验时,可通过本章所述简易计算公式,得出表3-25各轮载作用下最大铺装表面横向拉应变,并进行变形分级,从而得出相应的应变谱。计算时铺装结构如图3-31所示,钢板厚度取12mm,纵向加劲肋间距取600mm,横隔板间距取4m,沥青混凝土模量取1 400MPa,消除对混凝土疲劳性能影响可以忽略不计的应变分级,结果见表3-26。同样,可采用有限元方法计算且进行变形分级,得出变形谱,见表3-27。

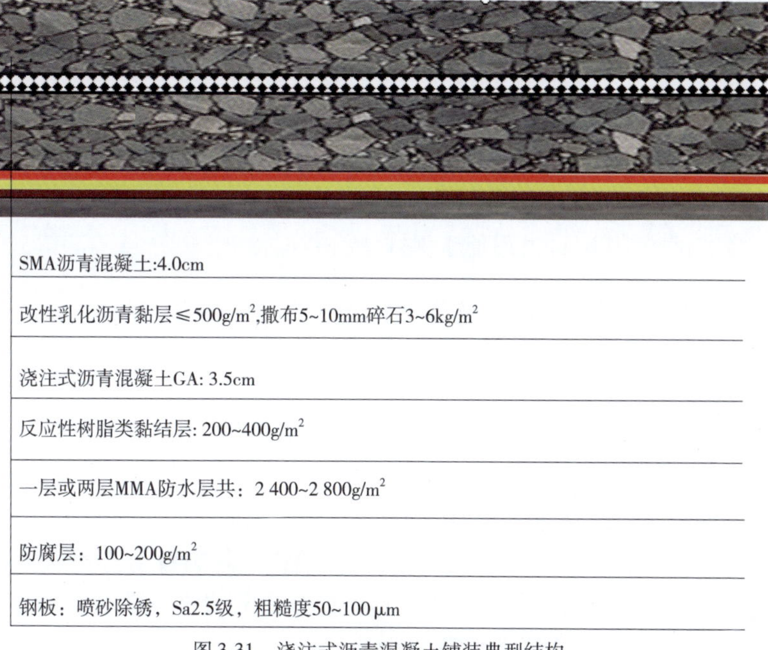

图3-31 浇注式沥青混凝土铺装典型结构

适用于沥青混凝土四点弯曲疲劳试验的年应变谱　　表 3-26

应变分级(με)	数量(年作用次数)	百分比(%)
140 ~ 185	68 272	33.01
185 ~ 230	68 908	33.31
230 ~ 275	37 395	18.08
275 ~ 320	21 141	10.22
320 ~ 365	8 226	3.98
365 ~ 410	2 027	0.98
410 ~ 455	477	0.23
455 ~ 500	397	0.19
总计	206 843	100.0

适用于复合梁五点弯曲疲劳试验的年变形谱　　表 3-27

变形分级(mm)	数量(年作用次数)	百分比(%)
0.15 ~ 0.25	69 782	20.33
0.25 ~ 0.35	66 563	19.40
0.35 ~ 0.45	68 272	19.89
0.45 ~ 0.55	68 908	20.08
0.55 ~ 0.65	37 395	10.90
0.65 ~ 0.75	21 141	6.16
0.75 ~ 0.85	8 226	2.40
0.85 ~ 0.95	2 027	0.59
0.95 ~ 1.05	477	0.14
1.05 ~ 1.15	397	0.12
总计	343 188	100.0

表 3-26 和表 3-27 所示应变谱和变形谱分别应用于沥青混凝土四点弯曲疲劳试验和复合梁五点弯曲疲劳试验，其制订过程偏于保守。

三、使用荷载谱预估钢桥面铺装使用寿命

1. 钢桥面铺装使用寿命预估方法

路面结构厚度设计以路面材料的疲劳性能为基础，钢桥面铺装也一样，较准确的预估钢桥面铺装疲劳寿命是铺装材料与结构组合设计的基础。

钢桥面铺装疲劳寿命预估方法有力学-试验法和模拟疲劳试验法两种类型。力学-试验法是通过力学计算确定疲劳破坏的控制参数，将参数代入材料疲劳方程即可预估钢桥面铺装的疲劳使用寿命。模拟疲劳试验法是直接通过模拟疲劳试验来确定铺装结构的疲劳使用寿命，比较典型的是复合梁五点弯曲疲劳试验。

预估使用寿命的准确程度取决于此两种方法与现场实际的拟合程度,包括环境条件、荷载条件和铺装结构的拟合条件,对这些条件的研究是道路工作者关注的重点。复合梁模拟疲劳试验较为直观,中间环节少,但试验工作量较大;而力学-试验法则反之。复合梁疲劳试验主要模拟防水黏结层的抗拉拔和抗剪切性能,试验相关的重点是脱层问题;而力学-试验法主要模拟铺装结构在连续状态下,沥青混凝土纵向疲劳开裂问题。实际应用时,可取两种试验方法所得结果的较小值作为铺装的预估使用寿命。

2. 荷载谱的力学-试验法预估钢桥面铺装服役寿命

以图3-31所示浇注式沥青混凝土铺装典型结构为例,采用式(3-1)所示简易计算方法,计算表3-26列出的适用于沥青混凝土四点弯曲疲劳试验荷载谱下的铺装表面最大横向拉应变,结合疲劳方程,即可预估铺装的使用寿命。

文献[2]中给出了可靠度为95%的浇注式沥青混凝土和SMA沥青混凝土疲劳方程。

GA:$N_f = 1.250\,1 \times 10^{21} \varepsilon^{-5.786\,0}$　　($R^2 = 0.982\,3$)

SBS改性沥青SMA:$N_f = 2.020\,2 \times 10^{21} \varepsilon^{-5.499\,8}$　　($R^2 = 0.986\,3$)

SBR改性沥青SMA:$N_f = 4.507\,4 \times 10^{13} \varepsilon^{-3.332\,7}$　　($R^2 = 1$)

当三种沥青混凝土用于浇注式沥青混凝土铺装的上层时,铺装上层先开裂的可能性大,则可结合应变计算结果,预估铺装结构疲劳使用寿命,见表3-28。

应变谱作用下铺装使用寿命预估　　表3-28

单轮重(kN)	应变(με)	次数(年作用次数)	GA		SBS改性沥青SMA		SBR改性沥青SMA	
			疲劳寿命(次)	疲劳损伤	疲劳寿命(次)	疲劳损伤	疲劳寿命(次)	疲劳损伤
20	186.2	68 272	91 799 929	0.000 744	662 155 729	0.000 103	1 226 775	0.055 652
25	232.8	68 908	25 210 488	0.002 733	193 848 032	0.000 355	582 750	0.118 246
30	279.3	37 395	8 789 786	0.004 254	71 202 204	0.000 525	317 618	0.117 735
35	325.9	21 141	3 599 471	0.005 873	30 474 248	0.000 694	189 920	0.111 317
40	372.4	8 226	1 663 730	0.004 944	14 633 741	0.000 562	121 765	0.067 557
45	419	2 027	841 036	0.002 410	7 651 414	0.000 265	82 200	0.024 656
50	465.5	477	457 469	0.001 042	4 289 135	0.000 111	57 883	0.008 239
55	512.1	397	263 401	0.001 509	2 537 961	0.000 157	42 117	0.009 435
共计		—	—	0.023 510	—	0.002 772	—	0.512 837
使用寿命		—	42.5年		360.7年		1.9年	

从预估结果来看,由于疲劳方程存在较大差异,使用寿命的预估差异也比较大。所以,混凝土疲劳方程的准确性是寿命预估的关键。

力学-试验法存在的问题:

(1)力学计算采用的参数实际上具有非线性,采用恒定值难以得出准确结果;

(2)实际工程条件下,在不同季节或一天中温度变化很大时,沥青混凝土模量也会有所差异,力学计算的结果也不尽相同;

(3)由于钢桥面铺装材料具有黏弹性特征,多次作用后应变增大,所以采用应变定值计算疲劳寿命或采用应变定值进行混凝土疲劳试验加载都存在误差；

(4)铺装结构在沥青混凝土开裂前不一定能保持层间完全连续状态；

(5)实际工程条件下，沥青混合料受老化、水损等影响，力学参数和疲劳寿命方程均与室内试验结果有出入；

(6)四点弯曲疲劳试验试件受力状态与实际受力状态也有区别。

3. 变形谱的五点弯曲疲劳试验法预估钢桥面铺装使用寿命

由于五点弯曲疲劳试验采用复合梁结构模拟方法，将表 3-27 所示变形谱用于五点弯曲疲劳试验，其试验结果即代表了铺装使用寿命。

室内试验时，表 3-27 各分谱加载一遍的使用寿命为 1 年，也可把表中所列数据转换为 2 年或 3 年的变形谱加载以减少试验工作量，直至防水黏结层出现脱层或铺装出现开裂即停止加载。

五点弯曲疲劳试验有可能加载上千万次而不被破坏。由于表 3-27 所示中国变形谱的变形值和荷载作用次数均远大于德国变形谱，所以加载次数在 200 万次之内试件有可能会出现脱层或裂缝。表 3-27 所示 1 年荷载作用次数约为 34 万次，可计算出 200 万次加载相当于铺装 6 ~ 7 年以上的使用寿命。

五点弯曲疲劳试验主要用于考察防水黏结层的使用寿命，但由于采用了与实桥相同的变形进行加载，试件表面形成的曲线也与实桥类似，因此也可以模拟沥青混凝土的疲劳开裂，但此时的试验温度应取低值，建议为 15℃。

4. 钢桥面铺装服役寿命预估需要进一步解决的问题

(1)荷载谱的精确预测：对于一座新建钢桥，荷载谱是未知的，如何通过交通量分析得出精确的荷载谱是需要进一步研究的主要问题。

(2)环境因素变化对疲劳寿命预估的影响：温度湿度变化、冻融循环、空气或雨水中盐分腐蚀、水损害和紫外线老化对室内试验的影响。

(3)试件模型受力状态与现场实际的拟合：目前常用的疲劳试验所采用试件模型与实际工程的受力状态存在差异，需要进一步修正。

本章参考文献

[1] 吴一鸣. 大跨径钢桥桥面铺装力学深入研究[D]. 南京：东南大学交通学院，2005.

[2] 陈仕周.(西部交通建设科技项目)桥面铺装材料与技术研究[R]. 重庆：重庆交通科研设计院，2005.

[3] 多田宏行. 桥面铺装设计与施工[M]日本：鹿岛出版会，1996.

[4] 黄卫. 大跨径桥梁钢桥面铺装设计理论与方法[M]. 北京：中国建筑工业出版社，2006.

[5] 招商局重庆交通科研设计院有限公司. 公路钢桥面铺装设计与施工技术规范(征求意见稿)[M]. 北京：人民交通出版社，2014.

[6] 胡霞光，李德超，田莉. 沥青混合料动态模量研究进展[J]. 中外公路，2007，27(1)：132 ~ 136.

[7] 重庆交通科研设计院. 桥面铺装技术情报资料[M]. 重庆:重庆交通科研设计院,2006.
[8] 李洪涛,潘友强,张志祥,等. 泰州大桥钢桥面铺装轮载谱研究[J]. 中国工程科学,2012,14(5).
[9] 崔冰,吴冲,丁文俊,等. 车辆轮迹线位置对钢桥面板疲劳应力幅的影响[J]. 建筑科学与工程学报,2010,27(3).
[10] 施玉芬. 江苏省高速公路交通量与轴载分布特性研究[D]. 南京:东南大学交通学院,2010.
[11] 陆原. 超限运输对道路使用性能影响的研究[D]. 南京:东南大学交通学院,2001.
[12] 刘振清. 大跨径钢桥桥面铺装设计关键技术研究[D]. 南京:东南大学,2004.
[13] 邓学钧. 路基路面工程[M]. 北京:人民交通出版社,2000.
[14] 吴少鹏,磨炼同. 基于服役寿命预估的江西九江公路大桥钢桥面铺装结构与材料优化设计[R]. 武汉:武汉理工大学,2011.
[15] 赵国云,闫东波,磨炼同. 基于黏弹性力学分析和线性累积疲劳损伤理论的钢桥面铺装疲劳寿命预估[J]. 公路,2013,(3).
[16] 赵国云,余国星,磨炼同. 钢桥面铺装黏弹性力学分析[J]. 公路交通技术,2013,(3).

第四章　钢桥面铺装混合料

第一节　钢桥面铺装浇注式沥青混合料

一、浇注式沥青混合料设计指标

1. 混合料设计指标

浇注式沥青混凝土在德国和日本钢桥面铺装中应用较广，效果良好。与国外相比，我国在交通量、重载和超载车辆比例以及气候等使用条件上要复杂和严峻得多，因此浇注式沥青混凝土最初引入我国时出现了较多问题。自2003年山东胜利黄河大桥采用浇注式沥青混凝土铺装以来，经过多座大跨径钢桥浇注式沥青混凝土铺装的研究和实践，浇注式沥青混凝土铺装技术得到改良并基本定形，已广泛应用于我国钢桥面铺装且取得了良好的应用效果。浇注式沥青混合料设计技术指标见表4-1。

浇注式沥青混合料设计技术指标　　表4-1

气候条件与技术指标	气候分区及相应的技术要求		
七月平均最高气温(℃)	>30	20~30	<20
贯入度(mm)	1~4(60℃)	1~4(55℃)	1~4(50℃)
贯入度增量(mm)	≤0.4(60℃)	≤0.4(55℃)	≤0.4(50℃)
冬季极端最低气温(℃)	>-9	-9~-21.5	<-21.5
低温弯曲破坏应变(με)	≥4 000	≥3 500	≥3 000
刘埃尔流动度(s),240℃	3~20		
建议沥青用量(%)	7~9		

我国公路用沥青混合料通常根据气候条件和交通等级对沥青混合料相关指标进行划分。但钢桥属于局部重点控制工程，交通情况往往受到附近公路通行管制和地区经济发展等因素影响，难以预测。再加上高温和强降水天气的密集出现，往往会导致钢桥面铺装在极短时间内出现严重问题，安徽蚌埠大桥就是典型例子。

表4-1所示各项指标只要通过矿料级配和沥青用量的调整即可满足要求，因此建议不同交通等级和气温条件下的钢桥面浇注式沥青混合料最低技术标准都应达到表4-1所示七月平均气温>30℃时的技术要求。

(1)流动性

浇注式沥青混合料摊铺机与其他沥青混合料摊铺机不同，它主要依靠推力来确保混合料摊铺后表面的平整密实度，流动性指标——刘埃尔流动度即表征浇注式沥青混合料的可施工性，试验方法见附录E。

流动性试验有刘埃尔流动性试验和简易流动性试验两种，前者用于浇注式沥青混合料试验室设计，后者用于试验室和现场快速检验。

流动性过低的浇注式沥青混合料摊铺时表面不平整且容易形成空隙，流动性过高的沥青混合料会出现离析和高温稳定性不足等缺陷，也会影响铺装与防水黏结体系之间的黏结性能。流动性指标主要用于室内混合料设计的依据，不是强制性指标。若浇注式沥青混合料现场能够均匀摊铺，即可认为混合料流动性是合格的。

(2)贯入度与贯入度增量

贯入度和贯入度增量实质上是一种静力蠕变变形量，试验方法源自德国并在日本广泛使用（日本不采用贯入度增量），主要用于评价浇注式沥青混凝土的高温稳定性，方法见附录F。英国浇注式沥青混凝土采用硬度试验，类似于贯入度试验，但压头压强比贯入度试验大。

贯入度试验的两个关键外部因素是试件成型时间和试验温度。试验表明，试件分别放置一天和两天后贯入度试验结果差异较大，约为0.25mm；两天和三天相比差异比较小，约为0.05mm。因此，可取贯入度试件放置两天作为试验的标准时间。

德国及日本试验温度均为40℃，其试验温度已能满足当地气候条件的要求。我国大部分地区气温情况更为严峻，再加上钢箱梁的储热效应和热导效应，桥面铺装的温度最高达67℃。我国路用沥青混合料动稳定度试验一般取60℃，结合我国实情，静贯入度试验的标准温度取60℃。若桥梁所在地极端高温≥40℃，也可考虑取标准试验温度65℃。

日本也采用动稳定度指标，并规定60℃、0.64MPa轮载作用条件下，车辙动稳定度不低于300次/mm；但日本车辙试验所用的是充气橡胶轮，与我国车辙试验所用的实心橡胶轮有所区别。

(3)动贯入度与动贯入度增量

理论上，采用脉冲荷载加载的动贯入度试验更能符合路面实际受力状态。与静贯入度试验相比，动贯入度试验工作量大且技术难度高，建议只在大桥或特大桥等重点工程中采用动贯入度试验，见附录G。同理，若桥梁所在地极端高温≥40℃，也可考虑采用65℃作为标准试验温度。动贯入度指标可参考表4-2。

动贯入度指标 表4-2

类别	荷载		动贯入度(mm)	动贯入度增量(mm)
	交通	气候		
1	慢行交通至停车的重载交通(堵车路段，上坡与下坡)	夏季特别热、太阳光直接照射、暖冬	≤1.5	≤0.2
2	重载交通	夏季特别热、太阳光直接照射、暖冬	≤2.5	≤0.3
3	重载交通少	太阳照射时间短、气候温和，冬季寒冷、地势高	≤5.5	≤0.55

(4)低温弯曲试验

日本采用 -10℃小梁弯曲破坏试验检验浇注式沥青混凝土的低温抗裂性,试件尺寸为30cm×10cm×5cm。我国路面用沥青混凝土也采用 -10℃小梁弯曲破坏试验结果表征低温抗裂性能,但试件尺寸为25cm×3cm×3.5cm。这两种试件尺寸均可采用,但指标要求有所不同,采用日本试件尺寸时混合料弯曲破坏应变应≥7×10^{-3}。

2. 原材料技术指标

(1)集料

在常使用浇注式沥青混凝土铺装的国家中,英国集料取材以石灰岩为主,德国以玄武岩和辉绿岩为主,我国大部分钢桥使用玄武岩。实践证明,玄武岩集料的品质能够满足使用要求。由于我国重载和超载车辆多,对集料的力学强度要求相对较高,粗集料应尽量使用玄武岩,但也可使用指标满足要求的辉绿岩等;细集料可采用满足技术标准的玄武岩、辉绿岩和石灰岩等。

与道路相比,钢桥面浇注式沥青混凝土对矿质集料并无特殊的技术要求,只要满足现行《公路沥青路面施工技术规范》(JTG F40—2004)高速公路和一级公路表面层用集料技术要求和技术规格即可,主要技术指标见表4-3、表4-4。其中,粗集料宜选用《公路沥青路面施工技术规范》(JTG F40—2004)中S14(3~5mm)、S12(5~10mm)、S10(10~15mm)三种规格,天然砂采用中粗砂。

浇注式沥青混合料粗集料技术要求　　表4-3

试验项目	技术要求	试验方法
针片状颗粒含量(%)	≤15	T0312
压碎值(%)	≤28	T0316
洛杉矶磨耗损失(%)	≤28	T0317
吸水率(%)	≤2.0	T0304
坚固性(%)	≤12	T0314
黏附性等级	5	T0616

浇注式沥青混合料细集料技术要求　　表4-4

试验项目	技术要求	试验方法
表观相对密度	≥2.50	T0308
坚固性(>0.3mm部分)(%)	≤12	T0314
含泥量(<0.075mm的含量)(%)	≤3	T0333
砂当量(%)	≥60	T0334

注:含泥量适用于天然砂,砂当量适用于机制砂。

(2)矿粉

矿粉在浇注式沥青混合料中的用量为20%~30%,矿粉的性能对混合料性能有较大影响。浇注式沥青混合料禁止使用回收粉,所用矿粉要求具有较小的塑性指数,粒径均匀且杂质含量少,主要技术指标见表4-5。

浇注式沥青混合料矿粉技术要求 表4-5

试验项目		技术要求	试验方法
表观相对密度		≥2.50	T0352
含水率(%)		≤1	T0332
通过率(%)	0.6mm	100	T0351
	0.15mm	90~100	
	0.075mm	80~100	
碳酸钙含量(%)		≥90	GB/T 9281—2003
亲水系数		≤1	T0353
塑性指数(%)		≤4	T0354

浇注式沥青混合料所用矿粉要求具有较高的碳酸钙含量以保证杂质含量少,与沥青之间具有良好的黏附能力,从而具有较高的强度和抗水损坏性能。

3. 胶结料设计指标

浇注式沥青混凝土中细集料和矿粉含量多、沥青用量大,若使用普通石油沥青或一般聚合物改性沥青作为胶结料,都将出现高温稳定性问题。因此,我国浇注式沥青混合料常采用专用聚合物改性沥青,技术要求见表4-6。

浇注式沥青混合料专用聚合物改性沥青技术要求 表4-6

试验项目		技术要求	试验方法
针入度(0.1mm),25℃		20~40	T0604
延度(cm),5℃		≥20	T0605
软化点(℃)		≥85	T0606
弹性恢复率(%),25℃		≥85	T0662
老化后弹性恢复率(%),230~240℃,200r/min 搅拌2h,25℃		≥72	
闪点(℃)		≥280	T0611
RTFOT	质量变化(%)	-0.5~0.5	T0610
	针入度比(%),25℃	≥70	
	弹性恢复率(%),25℃	≥80	

表4-6所示技术指标普遍高于我国高速公路及一级公路常用聚合物改性沥青,要求沥青偏硬但又具有良好的低温延展性和弹性恢复能力,以保证浇注式沥青混凝土具有较好的高温稳定性。老化后弹性恢复率试验方法与我国《沥青与沥青混合料试验规程》(JTG E20—2011)有所区别,主要是根据浇注式沥青混凝土拌和及施工温度要求进行调整,以保证沥青胶结料具有良好的抗老化能力。实践证明该指标是有效的。

在德国、英国早期修筑的浇注式沥青混凝土铺装工程中,常采用湖沥青改性沥青作为胶结料以抵抗高温变形。我国早期在山东胜利黄河大桥也曾经采用了湖沥青与SBS复合改性沥青(或称复配沥青),取得了良好的使用效果,但易出现低温开裂病害。因此,在冬季温度略高的地区(具体以≥0℃作为标准)可采用湖沥青改性沥青作为胶结料,技术指标见表4-7。

天然沥青和 SBS 复合改性沥青技术要求　　表 4-7

试验项目		技术要求	试验方法
针入度(0.1mm),25℃		20~40	T0604
软化点(℃)		≥95	T0606
弹性恢复率(%),25℃		≥90	T0662
闪点(℃)		≥280	T0611
180℃ RTFOT 后	质量变化(%)	-1.0~1.0	T0610
	针入度比(%),25℃	≥70	
	弹性恢复率(%),25℃	≥80	

二、浇注式沥青混合料专用聚合物改性沥青的开发与应用

1. 开发目的

英国、德国和日本的浇注式沥青混合料通常采用湖沥青改性沥青作为胶结料，其优点是高温稳定性好，造价低廉。我国在早期的山东胜利黄河大桥和安徽安庆长江大桥等铺装工程中也采用了湖沥青改性沥青，虽然安庆长江大桥至今 8 年未产生明显病害，但山东胜利黄河大桥浇注式沥青混凝土铺装却出现了较多的纵向裂缝，发现了天然湖沥青改性沥青的一些问题。

(1)虽然浇注式沥青混合料矿粉用量达到25%~30%，沥青用量达到7%~9%，但是动稳定度仅为300~500次/mm，高温稳定性不足仍然是业界较为担心的主要问题。

(2)湖沥青改性沥青虽然具有优良的高温稳定性，但低温延展性和耐疲劳性能不足，容易出现裂缝病害。

(3)早期使用的湖沥青和 SBS 改性沥青的复配沥青，由于浇注式沥青混合料施工温度高达220~260℃，而拌和时间长达1~3h，特殊情况下达到5h，SBS 改性沥青在如此长期高温作用下容易出现改性剂裂解，最终导致沥青严重老化，性能降低。

(4)湖沥青和 SBS 沥青的复配沥青属于二次改性，工艺比较复杂，急需开发工艺相对简单的成品改性沥青。

针对以上问题，我国多家单位联合开发了用于浇注式沥青混合料的高性能聚合物改性沥青。

2. 国外浇注式沥青混凝土胶结料指标

(1)德国浇注式沥青混凝土胶结料指标

德国早期浇注式沥青混凝土用胶结料一般采用针入度为20~50(0.1mm)的直馏沥青(通常采用 B45 级甚至 B25 级沥青)，掺配15%~35%的天然湖沥青，技术要求见表 4-8。

德国用于浇注式沥青混凝土的天然湖沥青改性沥青技术要求　　表 4-8

试验项目	B45	B25	试验方法
针入度(0.1mm),25℃	35~40	20~30	DIN EN 1426
软化点(℃)	54~59	59~67	DIN EN 1427

续上表

试验项目	B45	B25	试验方法
脆点(℃)	-6	-2	DIN EN 12 593
延度(cm),25℃,5cm/min	≥40	≥15	DIN 52 013
密度(g/cm³),25℃	1.00	1.00	DIN EN ISO 3 838
老化后质量变化(±%)	≤0.80	≤0.80	DIN EN 12 607-3
老化后软化点增加(℃)	≤6.5	≤6.5	DIN EN 1 427 DIN EN 12 607-3
老化后针入度变化(%)	≤40	≤40	DIN EN 1 426 DIN EN 12 607-3
老化后延度(cm),25℃	≥15	≥5	DIN 52 013 DIN EN 12 607-3

近年来德国更倾向于采用聚合物改性沥青 PmB45A 和 PmB25A 作为浇注式沥青混凝土的胶结料，以获得性能更优越且施工更环保和安全的沥青混凝土，其技术指标见表 4-9。

德国聚合物改性沥青 PmB45 和 PmB25 技术要求 表 4-9

<table>
<tr><th colspan="2">试验项目</th><th>PmB45</th><th>PmB25</th><th>试验方法</th></tr>
<tr><td colspan="2">针入度(0.1mm),25℃</td><td>20~60</td><td>10~40</td><td>DIN EN 1426</td></tr>
<tr><td colspan="2">软化点(℃)</td><td>55.0~63.0</td><td>63.0~71.0</td><td>DIN EN 1427</td></tr>
<tr><td colspan="2">脆点(℃)</td><td>≤-10</td><td>≤-5</td><td>DIN EN 12593</td></tr>
<tr><td colspan="2">延度(cm),25℃,5cm/min</td><td>≥15</td><td>≥10</td><td>DIN 52013</td></tr>
<tr><td colspan="2">密度(g/cm³),25℃</td><td>1.00~1.10</td><td>1.00~1.10</td><td>DIN EN ISO 3838</td></tr>
<tr><td colspan="2">离析(软化点差)(℃)</td><td>≤2</td><td>≤2</td><td>DIN EN 1427</td></tr>
<tr><td colspan="2">闪点(℃)</td><td>≥235</td><td>≥235</td><td>DIN EN ISO 2592</td></tr>
<tr><td colspan="2">老化后质量变化(±%)</td><td>≤0.50</td><td>≤0.50</td><td>DIN EN 12607-3</td></tr>
<tr><td colspan="2">老化后软化点增加(℃)</td><td>≤6.5</td><td>≤6.5</td><td>DIN EN 1427
DIN EN 12607-3</td></tr>
<tr><td colspan="2">老化后针入度变化(%)</td><td>10~60</td><td>10~60</td><td>DIN EN 1426
DIN EN 12607-3</td></tr>
<tr><td colspan="2">老化后延度(cm),25℃</td><td>≥8</td><td>≥5</td><td>DIN 52013
DIN EN 12607-3</td></tr>
<tr><td rowspan="4">RTFOT残留物</td><td>BBR劲度(MPa),-16℃</td><td>≤300</td><td>≤350</td><td>AASHTO TP1</td></tr>
<tr><td>测力延度(J)</td><td>≥1</td><td>≥1</td><td>DIN 52013</td></tr>
<tr><td>DSR G^*(Pa),60℃</td><td>≥7 000</td><td>≥15 000</td><td rowspan="2">AASHTO TP5</td></tr>
<tr><td>DSR δ(°),60℃</td><td>≤75</td><td>≤70</td></tr>
</table>

相对于天然湖沥青改性沥青，德国聚合物改性沥青老化前的高温性能和低温性能都更为优越，老化后的指标要求相对较为宽松。

(2)日本浇注式沥青混凝土胶结料指标

日本浇注式沥青混凝土一般采用针入度20～40(0.1mm)的硬质直馏石油沥青作为基质沥青，采用20%～30%的湖沥青改性后作为胶结料。湖沥青的添加有利于提高混合料的热稳性，但也会使混合料的低温性能有所降低。浇注式沥青混凝土所用胶结料指标见表4-10。

日本浇注式沥青混凝土天然湖沥青改性沥青技术要求　　表4-10

试验项目	类型			试验方法
	直馏沥青	湖沥青	湖沥青改性沥青	
针入度(0.1mm),25℃	20～40	1～4	15～30	JIS K 2207
软化点(℃)	55～65	93～98	58～68	
溶解度(%)(三氯乙烯)	≥99.0	52.5～55.5	86～91	
闪点(℃)	≥260	≥240	≥240	JIS K 2274
密度(g/cm^3),25℃	≥1	1.38～1.42	1.07～1.13	JIS K 2249
蒸发质量变化率(%)	≤0.3	—	≤0.5	JIS K 2207
延伸量(cm),25℃	≥50	—	≥10	

(3)英国浇注式沥青混凝土胶结料指标

英国浇注式沥青混凝土胶结料通常采用60/70号普通石油沥青掺配50%～70%的湖沥青拌制而成，其湖沥青掺量明显高于德国、日本的浇注式沥青混凝土。英国掺配湖沥青的沥青胶结料技术指标见表4-11。

英国用于浇注式沥青混凝土的湖沥青改性沥青技术要求　　表4-11

试验项目	普通石油沥青	硬质沥青			试验方法
		B级	T50型		
		S级	S级	H级	
针入度(0.1mm),25℃	60～80	20±5	20±5	12±3	BS2000:49
软化点(℃)	44～45	65±10	65±10	80±10	BS2000:58
受热损失(%),163℃,5h	<0.8	≤2.0	≤2.0	≤2.0	BS2000:45
溶解度(%)(三氯乙烯)	>99.0	>95	75～79	75～79	BS2000:47
灰分含量(%含量)	—	≤4	16.5～20	16.5～20	BS2000:223

其中，胶结料主要有Type B和Type T50，Type B的意义为普通沥青，而Type T50表示湖沥青改性沥青，掺量为50%。B级主要应用于人行道铺装、屋顶和停车场等轻载工程中，S级适用于道路、行车道工程，而H则适用于重交通区域。

3. 浇注式沥青混凝土聚合物改性沥青的开发与应用

1)指标制订

制订指标时充分考虑了我国气候和交通状况、钢桥面铺装使用特点及国外用于浇注式沥青混合料的胶结料指标和应用状况,在早期浇注式沥青混凝土铺装使用经验的基础上,制订了我国需要开发的用于浇注式沥青混凝土的聚合物改性沥青指标,见表4-12。

浇注式沥青混凝土胶结料开发技术指标要求 表4-12

<table>
<tr><th colspan="3">试验项目</th><th>技术要求</th><th>试验方法</th></tr>
<tr><td colspan="3">针入度(0.1mm),25℃</td><td>20~40</td><td>T0604</td></tr>
<tr><td colspan="3">软化点(℃)</td><td>≥85</td><td>T0606</td></tr>
<tr><td colspan="3">延度(cm),5℃</td><td>≥20</td><td>T0605</td></tr>
<tr><td colspan="3">黏度(Pa·s),135℃</td><td>≤4.0</td><td>T0625</td></tr>
<tr><td colspan="3">弗拉斯脆点(℃)</td><td>≤-5</td><td>T0613</td></tr>
<tr><td colspan="3">密度(g/cm³),25℃,</td><td>1.0~1.10</td><td>T0603</td></tr>
<tr><td colspan="3">闪点(℃)</td><td>≥280</td><td>T0611</td></tr>
<tr><td colspan="3">弹性恢复率(%),25℃</td><td>≥90</td><td>T0662</td></tr>
<tr><td colspan="3">离析(软化点差)(℃)</td><td>≤2.0</td><td>T0661</td></tr>
<tr><td rowspan="2">动态剪切流变性能,60℃</td><td colspan="2">复数剪切模量G*(Pa)</td><td>≥15 000</td><td rowspan="2">AASHTO-TP 5</td></tr>
<tr><td colspan="2">相位角(°)</td><td>≤70</td></tr>
<tr><td rowspan="6">163℃ RTFOT后</td><td colspan="2">质量相对变化(%)</td><td>≤0.5</td><td>T0610</td></tr>
<tr><td rowspan="2">软化点变化(℃)</td><td>升高</td><td>≤8</td><td rowspan="2">T0606</td></tr>
<tr><td>降低</td><td>≤2</td></tr>
<tr><td colspan="2">针入度比(%),25℃</td><td>≥70</td><td>T0604</td></tr>
<tr><td colspan="2">延度(cm),25℃</td><td>≥10</td><td>T0605</td></tr>
<tr><td colspan="2">弹性恢复(%),25℃</td><td>≥80</td><td>T0662</td></tr>
<tr><td colspan="3">RTFOT的残留物经PAV老化后:BBR-最大劲度模量(MPa),-16℃</td><td>≤350</td><td>AASHTO-TP 1</td></tr>
<tr><td rowspan="2">特殊要求</td><td colspan="2">老化前后弹性恢复率比(%)
230~250℃,搅拌2h</td><td>≥80</td><td>T0662</td></tr>
<tr><td colspan="2">黏度(Pa·s),180℃</td><td>越低越好</td><td>T0625</td></tr>
</table>

表4-12所示开发技术目标主要参考了德国工业标准DIN EN 12591中PMB A25和PMB H类改性沥青材料供货技术条件。PMB A25需要以低标号的基质沥青为基础,先制作成改性沥青母体,其后再对母体进行稀释而成。因中国不供应低标号基质沥青,所以暂无低标号改性沥青。表4-12技术指标有以下特征:

(1)对抗老化能力提出了较高要求

英国浇注式沥青混合料MA在摊铺前需要在移动保温拌和设备中搅拌2h以上,拌和温度在200~230℃之间,其目的除保证混合料的均匀性之外,主要是为了通过高温老化作用,减少胶结料中轻质组分的含量,增加胶质和沥青质的含量,从而达到提高高温稳定性的目的。因此,一定程度的高温老化作用对湖沥青改性沥青是有利的。

但对于聚合物改性沥青,高温老化却有可能使其性能普遍降低,关键在于聚合物改性剂能否经受住高温老化作用。浇注式沥青混合料的特点是细料多、沥青多且接近于流动状态,拌和过程中进入混合料内的氧气量比普通沥青混合料少得多,因此,尽管拌和温度高,由于氧参与量较少,老化并不严重。德国较多采用 SBS 改性沥青作为浇注式沥青混凝土的结合料,因为 SBS 具有良好的抗高温老化性能,同时也是由于浇注式沥青混凝土在拌和过程中进入氧量较少的缘故。由于浇注式沥青混合料的拌和温度高达 220 ~ 260℃,对浇注式沥青混合料所用改性沥青的抗高温老化能力提出了较高要求。在聚合物改性沥青开发中,对 SBS 的抗裂解采取了专门技术措施,要求在 230 ~ 250℃ 搅拌 2h 后,弹性恢复率不小于 80%。

(2)具有较高的软化点和延展性

浇注式沥青混凝土矿粉用量高达 25%,高温稳定性不能单从调整级配来保证。沥青软化点是保证高温稳定性的主要指标,因此在表 4-12 中提出了较高的软化点要求。裂缝是钢桥面铺装的主要破坏类型,因此要求沥青胶结料具有良好的延展性,以保证沥青混凝土具有一定的抗疲劳开裂能力。

(3)对胶结料的黏度进行了限制

浇注式沥青混合料的流动性主要取决于沥青胶浆的数量和黏度,高温情况下沥青不但体积膨胀,黏度也大大降低,从而保证了浇注式沥青混合料有一定的流动性。一般来说,高温性能好的胶结料黏度通常比较大,这会影响混合料的流动性。因此表 4-12 对黏度进行了限制,保证混合料拌和时能满足拌和站的泵送提升能力,并具有良好的施工操作性。

2)开发结果

经过多次配方修改和浇注式沥青混合料性能试验,已成功开发出较为满意的适用于浇注式沥青混凝土的聚合物改性沥青,其性能见表 4-13。

浇注式沥青混凝土聚合物改性沥青胶结料性能 表 4-13

试验项目		技术要求	试验结果
针入度(0.1mm),25℃		20 ~ 40	28
软化点(℃)		≥85	86.6
延度(cm),5℃		≥20	105
黏度(Pa·s),135℃		≤4.0	3.8
弗拉斯脆点(℃)		≤ -5	-6
密度(g/cm^3),25℃		1.0 ~ 1.10	1.033
闪点(℃)		≤280	340
弹性恢复率(%),25℃		≤90	91
离析(软化点差)(℃)		≤2.0	8
动态剪切流变性能,60℃	复数剪切模量 G*(Pa)	≥15 000	19 300
	相位角(°)	≤70	62.3

续上表

试验项目			技术要求	试验结果
163℃RTFOT后	质量相对变化(%)		≤0.5	0.1
	软化点变化(℃)	升高	≤8	+4.5
		降低	≤2	
	针入度比(%),25℃		≥70	82
	延度(cm),25℃		≥10	56
	弹性恢复(%),25℃		≥80	82
RTFOT的残留物经PAV老化后:BBR-最大劲度模量(MPa),-16℃			≤350	270
特殊要求	老化前后弹性恢复率比(%) 230~250℃,搅拌2h		≥80	82.6
	黏度(Pa·s),180℃		越低越好	0.422
PG分级			—	PG100-22

表4-13所示各项技术指标中,135℃动力黏度和离析软化点差超出了预定要求,但经过室内混合料试验和大量工程实践检验表明,沥青能够满足拌和站泵送能力的要求和混合料的流动性要求。混合料试验结果见表4-14。

聚合物改性沥青胶结料混合料试验结果　　表4-14

试验项目		试验结果
刘埃尔流动性(s),220℃		19
60℃贯入度试验	贯入度(mm)	3.65
	贯入度增量(mm)	0.62
-10℃大梁弯曲试验	弯拉强度(MPa)	9.72
	弯拉应变($\times10^{-3}$)	8.0
	劲度模量(MPa)	1 419

3)应用

江阴长江大桥采用MA型浇注式沥青混凝土铺装,自1999年通车以来,由于桥面刚度低、交通量繁重、重载和超载车辆多以及气候条件恶劣等原因,铺装迅速出现了车辙、裂缝和推移等病害,后经采用环氧沥青混凝土等方案反复维修,仍然不能解决病害问题。2008年底,采用新开发的聚合物改性沥青铺筑了双层GA型浇注式沥青混凝土试验段。

试验段的目的除检验聚合物改性沥青在浇注式沥青混凝土中的应用效果之外,也以双层浇注式沥青混凝土铺装的形式来检验浇注式沥青混凝土高温抗车辙能力、抗裂性等抵抗重载的能力。

试验段铺筑过程中局部段落出现了混合料流动性不足等现象。该段落浇注式沥青混凝土铺装使用3年后出现了少量长度小于20cm的短裂缝如图4-1所示。正常铺筑的试验段已使用5年,情况良好,没有出现任何病害。

试验段的铺装与跟踪观测结果表明,联合开发用于浇注式沥青混凝土的聚合物改性沥青具有良好的高温稳定性、低温延展性和抗老化能力,同时能够满足施工操作性和储存稳定性的要求。浇注式沥青混凝土动稳定度测定值虽然较低，但实际上用于钢桥面铺装中，却具有优良的温度稳定性和抗裂性；应用于双层浇注式沥青混凝土铺装结构，更具有优良的抵抗重载的能力。

a)

b)

图 4-1　江阴长江大桥浇注式沥青混凝土铺装试验段(3 年后)

a)未正常铺筑的试验段；b)正常铺筑的试验段

自江阴长江大桥以后，聚合物改性沥青在浇注式沥青混凝土中得到了广泛应用，基本上未出现严重早期病害，部分案例见表 4-15。

聚合物改性沥青浇注式混凝土铺装应用案例　　表 4-15

序　号	项　目　名　称
1	辽宁沈阳蒲河新城孝信桥和尚小桥钢桥面铺装工程
2	山西太原漪汾钢桥面铺装工程
3	南京长江隧道工程江心洲大桥钢箱梁桥面铺装工程
4	赣州市飞龙岛大桥钢桥面铺装工程
5	上海嘉闵高架部分钢桥面铺装工程
6	上海闵浦二桥钢桥面铺装工程
7	福州市鼓山大桥钢桥面铺装工程
8	江西赣江公路大桥钢桥面铺装工程
9	四川省成都市二环迎晖路立交钢桥面铺装工程
10	江苏无锡高浪路钢桥面铺装工程
11	江苏无锡新锡路钢桥面铺装工程
12	江苏无锡太湖大道金匮桥钢桥面铺装工程
13	天津西站交通枢纽配套市政公用桥梁铺装工程
14	天津西站交通枢纽钢桥面铺装施工
15	京藏高速公路呼和浩特至包头段沙尔沁互通 AB 匝道钢箱梁桥面铺装工程
16	天津集疏港公路二期钢桥面铺装工程(新海河大桥)
17	贵阳筑城广场项目雪涯桥、一中桥车行道钢桥面铺装工程
18	武汉八一路延长线(卓刀泉－鲁磨路)钢桥面铺装工程

续上表

序　号	项　目　名　称
19	山东济宁南二环路跨京杭运河主桥钢桥面铺装工程
20	山东省滕州市解放路大桥钢桥面铺装工程
21	重庆南涪高速公路青草背长江大桥钢桥面铺装工程
22	四川成都北改钢桥面铺装工程
23	四川成都二环路改造及成温射线钢桥面铺装工程
24	辽宁沈阳沈本大道机场高速互通立交钢桥面铺装工程
25	内蒙古呼和浩特呼包高速跨线立交钢桥面铺装工程
26	辽宁沈阳绕城高速后丁香三号桥钢桥面铺装工程
27	山西太原北中环钢桥面铺装工程
28	天津中新生态城经六路跨蓟运河故道桥钢桥面铺装工程
29	浙江温州瓯江大桥钢桥面铺装工程
30	四川成都府河桥钢桥面铺装工程
31	内蒙古集宁绕城高速钢桥面铺装工程
32	浙江舟山官山大桥钢桥面铺装工程
33	重庆三环高速永江长江大桥桥面铺装
34	湖南常德钢桥面铺装工程

三、浇注式沥青混合料级配性能

1. 浇注式沥青混合料级配范围

(1)德国浇注式沥青混合料级配范围

根据德国工业标准 DIN18317,在进行混合料级配设计时须考虑预定的使用目的,特别是气候和当地条件以及交通量和交通类型。根据 ZTVAsphalt 规范,浇注式沥青可用作各类道路的面层。其中:

①在设计等级 SV、Ⅰ和Ⅱ以及特殊荷载道路使用 0/11S 浇注式沥青面层;

②在设计等级Ⅲ和Ⅳ使用 0/11 和 0/8 浇注式沥青面层;

③在摩托车和人行道使用 0/8 和 0/5 浇注式沥青面层。

德国浇注式沥青混合料级配见表 4-16。

德国浇注式沥青混合料级配　　表 4-16

浇注式沥青混凝土	0/11S	0/11	0/8	0/5
矿质材料	优质细石子、优质轧制砂、天然砂、矿粉			
粒料份额 <0.09mm,重量计(%)	20~30		22~32	24~34
粒料份额 >2.00mm,重量计(%)	45~55		40~50	35~45
粒料份额 >5.00mm,重量计(%)	—		≥15	≤10

续上表

浇注式沥青混凝土	0/11S	0/11	0/8	0/5
粒料份额 >8.00mm,重量计(%)	≥15		≤10	—
粒料份额 >11.20mm,重量计(%)	≤10		—	—
机制砂与天然砂之比	≥1:2		—	—
结合料	B45(B25)①		B45(B65)①	
结合料用量,重量计(%)	6.5~8.0		6.8~8.0	7.0~8.5
抽样后的环球软化点(℃)	≤70②	≤70	≤70	≤70

注:①指在特殊情况时;

②指在使用 B25 号沥青时,环球软化点≤75℃。

(2)英国浇注式沥青混合料级配范围

英国浇注式沥青混合料的设计依据有两项:胶结料种类和应用对象。胶结料种类包括 Type B、Type T50 和 Polymer modified 三种。Type B 为普通沥青,用于作用荷载较低的人行道、抹顶工程;Type T50 为湖沥青改性普通沥青,掺量为 50%,用于行车荷载较重的道路工程;Polymer modified 为聚合物改性沥青,用于特重行车荷载的铺面工程。应用对象分为四级,根据应用对象和沥青种类可选择相应的级配,见表 4-17。

英国浇注式沥青混合料级配　　表 4-17

粗集料含量				
	应用对象	厚度(mm)	粗集料标称尺寸(mm)	粗集料含量(%)
S	人行道	20~30	2.36	25±5
S	抹顶工程、停车场	25~35	6 或 10	30±5
S	道路、行车道	30~50	6 或 10	40±10
H	重交通区域	40~50	10	45±10

粗细集料级配要求			
粗集料尺寸(mm)	规范要求	细集料尺寸(mm)	规范要求
14	100	>2.36	0
10	—	0.6	5~20
6.3	—	0.212	10~30
5.0	—	0.075	10~30
3.5	—	<0.075	40~50

英国浇注式沥青混合料采用先拌和 2.36mm 以下细料及矿粉形成沥青玛蹄脂,然后在移动加热搅拌运输车中加入粗集料的方法进行生产,这与德国采用一次性拌和生产的方式不同。

(3)日本浇注式沥青混合料级配范围

日本浇注式沥青混合料同德国有很多相似之处,但集料和混合料的性能试验较多,如矿粉的流动性试验和混合料的动稳定度试验等。矿粉流动性试验类似于《水泥胶砂流动度测定方法》(GB/T 2419—2005),要求矿粉在扩散直径为20cm时的含水率低于35%,不同含水率下扩散直径所形成曲线的斜率大于每厘米1.0%,分别用于控制沥青用量和表征矿粉的黏结性。日本本四联络桥浇注式沥青混合料级配范围见表4-18。

日本本四联络桥浇注式沥青混合料级配范围　表4-18

筛孔尺寸(mm)	13.2	4.75	2.36	0.6	0.3	0.15	0.075
通过百分率(%)	100	65~85	45~62	35~50	28~42	25~34	20~27

(4)中国浇注式沥青混合料级配范围

通过山东胜利黄河大桥铺装工程、安徽安庆长江大桥铺装工程和江苏江阴长江大桥铺装试验段等工程实践,对浇注式沥青混合料级配做了反复调整和实践检验,提出了标准的级配范围,见表4-19。

中国浇注式沥青混合料级配范围　表4-19

筛孔尺寸(mm)	13.2	9.5	4.75	2.36	1.18	0.6	0.3	0.15	0.075
通过百分率(%)	100	80~100	63~80	48~63	38~52	32~46	27~40	24~36	20~30

2. 关键筛孔对浇注式沥青混合料性能的影响

在表4-19所示中国浇注式沥青混合料级配范围内,分别变动0.075mm、2.36mm、4.75mm和9.5mm筛孔的通过率,以研究上述关键筛孔通过率对浇注式沥青混合料性能的影响,使某一个关键筛孔通过率分别接近于级配的上限和下限,而其他关键筛孔通过率仍保持不变。设计了8组级配分别见表4-20和图4-2。

关键筛孔研究级配设计　表4-20

筛孔(mm)	级配一	级配二	级配三	级配四	级配五	级配六	级配七	级配八
13.2	100	100	100	100	100	100	100	100
9.5	90.0	90.0	90.0	90.0	90.0	90.0	95.0	85.1
4.75	71.1	71.1	71.1	71.1	82.1	65.1	71.1	71.1
2.36	55.4	55.4	62.1	47.9	55.2	55.4	55.4	55.4
1.18	45.8	46.8	43.4	43.4	43.7	47.4	46.1	46.1
0.6	39.2	41.7	40.6	40.1	39.8	40.3	40.0	40.0
0.3	35.2	34.9	34.2	36.1	35.1	34.9	34.8	34.8
0.15	32.1	27.6	29.6	30.7	30.1	30.0	30.0	30.0
0.075	28.9	20.4	25.1	25.1	25.1	25.1	25.1	25.1

由于浇注式沥青混合料所用矿粉超过20%,级配范围大部分处于最大密实度曲线以上,矿质集料无法形成骨架结构,因此所设计的8组级配能够反映出关键筛孔通过率的波动对混合料性能的影响。

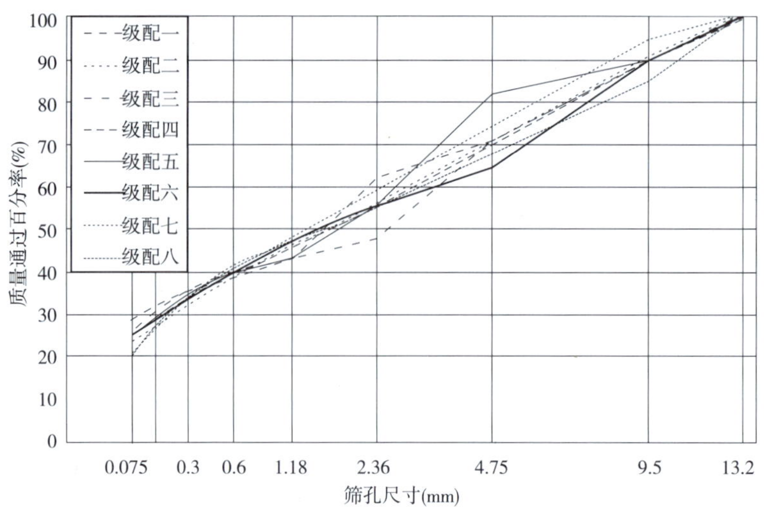

图 4-2　关键筛孔研究级配曲线图

沥青用量确保浇注式沥青混合料粉胶比为 3.0 左右(不考虑有效沥青概念),拌和温度为 230℃,混合料试验结果见表 4-21。

8 组级配试验结果　　　　表 4-21

试验项目＼级配	级配一	级配二	级配三	级配四	级配五	级配六	级配七	级配八
流动度(s)	2	>50	5	3	3	3	3	3
贯入度(mm)	9.95	3.59	6.12	4.98	4.49	7.35	6.26	7.01
贯入度增量(mm)	1.37	0.30	0.60	0.51	0.47	0.68	0.61	0.66
破坏应变(με)	7 535	7 857	9 613	7 470	8 421	7 589	10 336	10 087
破坏强度(MPa)	12.6	14.2	16.7	13.3	15.2	15.4	15.9	15.0

综合分析以往大量试验结果,关键筛孔对浇注式沥青混合料的影响如下:

(1)影响贯入度的关键筛孔

在粉胶比相同的条件下,2.36mm 以下筛孔通过率越低,则浇注式沥青混合料贯入度越小,反之则越大。4.75mm 筛孔通过率越高则高温稳定性越好。

(2)影响流动性的关键筛孔

沥青胶浆是沥青混合料中沥青与 0.075mm 筛孔以下矿粉的混合物,其数量和黏度是影响浇注式沥青混合料流动性的两个关键因素。沥青胶浆比例越高,黏度越小,则浇注式沥青混合料流动性越好。当 0.075mm 通过率在 25% 以下时,宜通过调整沥青胶浆比例来调整流动度,当在 25% 以上时,宜通过调整沥青胶浆黏度来调整流动度。胶浆黏度主要受沥青黏度和粉胶比的影响,较低的沥青黏度和较小的粉胶比会造成胶浆黏度较低,流动性增强。

2.36mm 及以下筛孔通过率均会对流动性产生影响,通过率越低则浇注式沥青混合料的流动性越差。影响贯入度的筛孔通过率也同时会影响流动性,两者趋势相反。

(3)连续级配(贴近级配中值)的沥青混合料具有较大的弯曲破坏应变,影响浇注式沥青混合料高温稳定性的筛孔同时影响低温弯曲破坏试验,两者趋势相反。其中 4.75mm 及以下筛孔影响较大。

3. 贝雷设计法参数对浇注式沥青混合料性能的影响

贝类设计法是使矿质集料级配形成嵌挤结构的级配设计方法，具有三个典型参数，用于评价集料的级配特征，分别见式(4-1)、式(4-2)和式(4-3)。

$$CA = \frac{P_{D/2} - P_{PCS}}{100 - P_{D/2}} \tag{4-1}$$

$$FA_c = \frac{P_{SCS}}{P_{PCS}} \tag{4-2}$$

$$FA_f = \frac{P_{TCS}}{P_{SCS}} \tag{4-3}$$

式中：$P_{D/2}$——最大粒径0.5倍筛孔通过率；

CA——粗集料中较细部分的重量与较粗部分的比值；

P_{PCS}——粗细集料分界点的第一个控制筛孔PCS的通过率，PCS = 0.22 × 最大公称尺寸；

FA_c——细集料中较粗部分的比例；

P_{SCS}——细集料中粗细分界点筛孔的通过率，SCS = 0.22 × PCS；

FA_f——细集料中较细部分的比例；

P_{TCS}——TCS点筛孔通过率，TCS = 0.22 × SCS。

CA比为粗集料比，这个参数用于评价矿料中粗集料的含量和分析空隙特征；FA_c可反应细集料中粗料部分与细料部分的嵌挤、填充情况；FA_f反应合成集料中最细一级的嵌挤情况。对于最大公称粒径为9.5mm的沥青混合料，各参数推荐范围见表4-22。

最大公称粒径为9.5mm级配的贝雷设计法参数推荐范围[3] 表4-22

贝雷法参数	CA	FA_c	FA_f
推荐值	0.40～0.55	0.3～0.5	0.3～0.5

对设计级配进行贝雷设计法参数计算，见表4-23。

贝雷设计法三参数计算结果 表4-23

贝雷法参数	级配一	级配二	级配三	级配四	级配五	级配六	级配七	级配八
CA比	0.54	0.54	0.31	0.80	1.50	0.28	0.54	0.54
FA_c比	0.71	0.75	0.65	0.84	0.72	0.73	0.72	0.72
FA_f比	0.82	0.66	0.73	0.77	0.76	0.74	0.75	0.75

(1) CA对GA10性能的影响

对比级配五、级配六、级配七和级配八，以级配七和级配八贯入度平均值和其他两组级配的试验值作比较，见图4-3。四个级配中，其他两个参数值基本相同，粗细比相同(以2.36mm为界)，但CA比值却有很大差异。结果表明随着CA比的增大，浇注式沥青混合料的高温稳定性逐渐增强，说明增加浇注式沥青混合料的CA能够增加其高温稳定性，但不限于贝雷设计法推荐的范围。

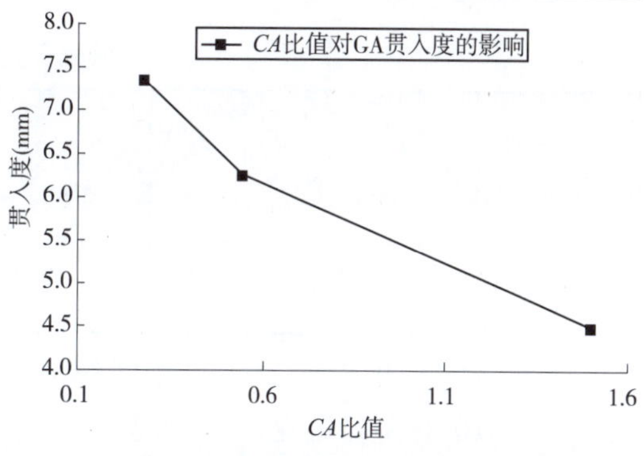

图4-3 CA比值与贯入度的变化规律

(2) FA_c 对 GA10 性能的影响

从理论上来说，由于浇注式沥青混合料细集料用量大，细集料的结构性能在混合料中起主导作用，从而对浇注式沥青混合料的性能产生较大影响。在表 4-20 所示级配中，由于各级配的参数变化比较大，无法对 FA_c 值的影响进行分析。为此，对级配四进行调整，保证级配的粗细比不变，使 FA_c 比从 0.84 降低为 0.58，仍然保持粉胶比为 3.0，形成级配九，试验结果见表 4-24。

级配九验证试验结果　　表 4-24

级配	CA 比	FA_c 比	FA_f	流动度 (s)	贯入度 (mm)	贯入度增量 (mm)	破坏应变 (με)
级配四	0.80	0.84	0.77	3	4.98	0.51	7 470
级配九	0.80	0.58	0.91	7	3.47	0.28	6 612

试验结果表明，在保证关键筛孔通过率相同的前提下，降低浇注式沥青混合料的 FA_c 比值，使其接近于推荐范围 0.3～0.5，能够有效提高混合料的高温稳定性，但流动度略有降低。说明细集料内部趋向于嵌挤结构对优化浇注式沥青混合料矿料级配整体结构强度具有明显的作用。

(3) FA_f 比对 GA10 性能的影响

以级配一贯入度、级配二贯入度、级配七和级配八贯入度的平均值为竖轴，其 FA_f 为横轴绘制曲线，如图 4-4 所示，其他两个参数值和粗细比均相同，随着 FA_f 比越来越接近于推荐范围，浇注式沥青混合料贯入度也随之降低。说明在粉胶比相同的情况下，降低 FA_f 比使其接近于推荐范围，能够有效改善浇注式沥青混合料的高温稳定性。

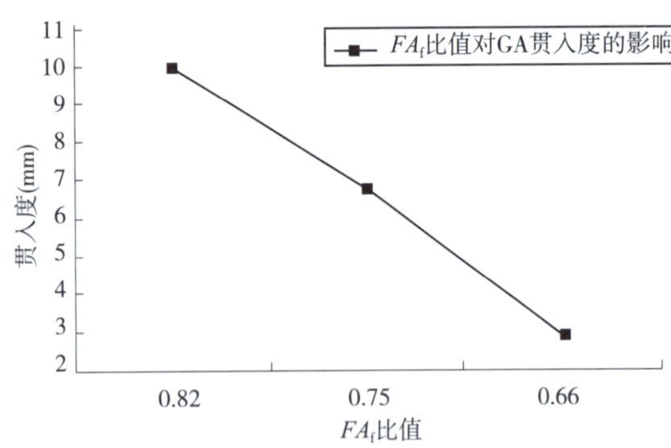

图 4-4　FA_f 比值与贯入度的变化规律

但在表 4-21 试验结果中，级配一、级配二和其他级配沥青用量不同，因此，在级配三的基础上进行调整，保证其他两个参数和粗细比相同，设计级配十并进行试验，见表 4-25。

级配十验证试验结果　　表 4-25

级配	CA 比	FA_c 比	FA_f	流动度 (s)	贯入度 (mm)	贯入度增量 (mm)	破坏应变
级配三	0.31	0.65	0.73	3	6.12	0.60	10 120
级配十	0.31	0.65	0.63	12	5.56	0.55	7 064

试验结果表明，在沥青含量相同的情况下，降低 FA_f 比值使其接近于推荐范围 0.3～0.5，对 GA10 的高温稳定性可以起到一定的改善作用。降低 FA_f 比值能够较大幅度降低 GA10 适应低温变形的能力。

4. 集料棱角性对浇注式沥青混合料性能的影响

采用级配五并变换粗集料。该集料为峨眉系玄武岩，与前述各级配所用茅迪集料相比，棱角性很强，而茅迪集料接近于圆形，见图4-5。采用相同的沥青、沥青用量和矿粉进行性能试验，结果见表4-26。

a)

b)

图4-5 玄武岩集料

a)茅迪玄武岩集料；b)峨眉系玄武岩集料

不同棱角性集料的浇注式混合料试验结果 表4-26

集料种类	沥青含量(%)	粉胶比	流动度(s)	贯入度(mm)	贯入度增量(mm)	破坏应变
茅迪玄武岩	7.0	3.0	3	4.49	0.47	8 421
峨眉玄武岩	7.0	3.0	5	4.42	0.35	9 614

试验结果表明，集料棱角性对浇注式沥青混合料贯入度的影响不明显；但贯入度增量明显减小，低温破坏应变也有所增加。说明采用棱角性较强的集料有利于GA10的热稳定性。

5. 天然砂对浇注式沥青混合料性能的影响

浇注式沥青混合料常采用一定的天然砂来改善其流动性，德国浇注式沥青混合料中采用的机制砂与天然砂的比例一般不低于2∶1。天然砂相对于机制砂来说，其颗粒形状更圆滑，棱角较少，与结合料的黏附性较差。在路面用沥青混合料中，通常认为沥青混合料采用天然砂其高温稳定性会有所降低。采用不同天然砂和机制砂比例进行试验，结果见表4-27。

天然砂对浇注式沥青混合料性能影响 表4-27

机制砂∶天然砂	结合料含量(%)	流动性(s)	60℃贯入度(mm)	贯入度增量(mm)
3.2∶1	7.4	12.1	3.98	0.66
2∶1	7.4	9.0	3.70	0.63
1.1∶1	7.4	6.0	3.51	0.60

表4-27试验结果表明，天然砂的使用不仅能够明显改善浇注式沥青混合料的流动性，也能在一定程度上改善混合料的高温稳定性，这与路面用沥青混合料相比呈现出不同的规律性。

日本浇注式沥青混合料不采用机制砂而全部采用天然砂。我国绝大部分铺装工程中浇注式沥青混合料均参照德国浇注式沥青混合料，采用机制砂与天然砂混配方案，两者的比例大于2:1,使用效果良好。

6. 浇注式沥青混合料级配优化

浇注式沥青混凝土空隙率接近于0,矿粉和沥青用量都很高,因此具有优良的柔韧性、防水性和耐疲劳性能。浇注式沥青混合料动稳定度一般处于300~500次/mm之间,如何改善其高温稳定性是浇注式混合料研究的主要问题。

在我国,温度较高的南方,往往希望在保持浇注式沥青混凝土柔韧性的前提下提高其高温稳定性,而北方则更偏重于混合料的低温抗裂性。在浇注式沥青混合料级配设计中,可通过调整矿质集料级配使其某一方面的性能更为优良,但同时又能保持浇注式沥青混凝土的原有优良性能——防水性和柔韧性。

(1)偏重于高温稳定性的浇注式沥青混合料级配

高温稳定性良好的浇注式沥青混合料级配如图4-6所示。

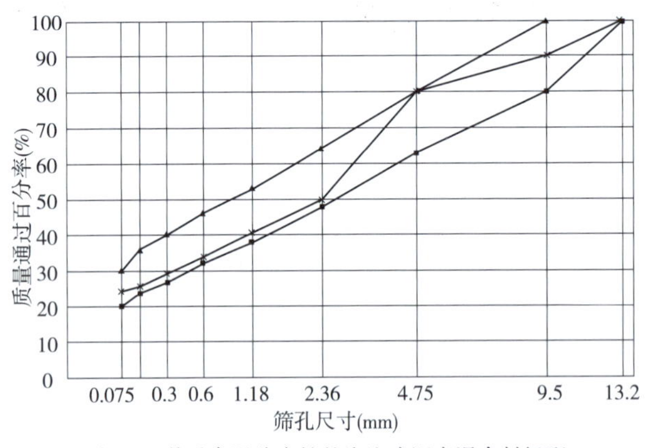

图4-6　偏重高温稳定性的浇注式沥青混合料级配

在该种级配中,2.36mm以下筛孔通过率尽量接近低限,4.75mm筛孔通过率则尽可能接近高限。但考虑混合料拌和时级配可能产生波动,级配线应距上下限保持一定的距离范围,最小为2%。

0.075mm筛孔通过率过低则有可能造成混合料离析、耐疲劳性能差和流动性不足等问题。离析的直接原因是沥青胶浆含量少或黏度低,相对应的0.075mm筛孔通过率一般较低,粉胶比偏小或沥青黏度较低。

沥青胶浆含量少会影响沥青混合料的耐疲劳性能和流动性,而为了保持混合料的流动性,在级配设计时可适当增加沥青用量。根据以往工程经验,0.075mm筛孔通过率以不低于24%为宜。

(2)偏重于低温抗裂性和耐疲劳性能的浇注式沥青混合料级配

理论上,低温性能良好的级配和图4-6所示级配走向刚好相反,2.36mm以下筛孔通过率应尽量接近高限,4.75mm筛孔通过率应尽可能接近低限。但是高温稳定性问题仍是浇注式沥青混合料必须重视的主要问题,在设计该种级配时应尽量采用连续级配,各筛孔通过率仍以走向中值为好。我国绝大部分浇注式沥青混凝土铺装都采用接近中值的级配,0.075mm筛孔通过率应不高于27%。

对于级配关键筛孔的影响研究以及级配性能优化具有一定的普遍意义,工程技术人员可根据工程所在地区气候、交通量和地材等不同因素，适当拓展试验研究范围，以试验结果为基础确定工程实际应用级配。

四、外加剂在浇注式沥青混合料中的应用

1. Sasobit 在浇注式沥青混合料中的应用

1）Sasobit 物理和化学性能

由德国 Sasol-Wax 公司于 1997 年研发的 Sasobit 是一种新型聚烯烃类改性剂，是一种分布较窄的合成长链饱和碳氢化合物的混合物。它可有效改善沥青的使用性能，且仅需简单搅拌即可稳定地分散于沥青之中，克服了一般聚合物改性剂易离析、难拌和的缺点（图 4-7、表 4-28）。

图 4-7　Sasobit 改性剂

Sasobit 物理和化学性能　　表 4-28

项目＼要求	典型值	厂方指标
凝固点（℃）	100	≥99
物态	凝固点以下为固体，以上为液体	—
滴溶点（℃）	115	—
闪点（℃）	约 290	—
黏度（Pa·s），135℃	12	10～12
针入度（0.1mm），25℃	<1	≤1
针入度（0.1mm），65℃	7	≤10
密度（g/cm³），25℃	0.94	—
颜色	淡黄	—
气味	无味	—
水溶性，20℃	不溶	—
pH 值	中性	—

2）Sasobit 用于沥青改性的特点（图 4-8）

（1）适用于所有改性沥青，掺入量低，效果好。

Sasobit 适用于所有石油沥青，用作单独改性剂时，其添加量为沥青用量的 2%～3% 时即可达到显著改善效果，并满足现行规范相关标准和施工技术要求。

（2）明显提高沥青的高温性能，降低感温性，并保持沥青低温性能不变，因而能明显提高路面的抗变形能力，减少车辙、波浪和拥包病害。

加入 Sasobit 后，沥青的软化点升高，感温性降低，针入度指数也提高，弗拉斯脆点保持不变。随着使用量的增加，这些指标均随之改进。上述性能的改善使得路面减少了车辙、波浪和拥包等永久性变形病害现象。

（3）明显提高沥青 60℃ 黏度，降低 135℃ 黏度，从而可改善沥青混合料施工和易性，降低施工温度，达到节能环保的目的。

Sasobit 的滴溶点为115℃。在温度低于滴溶点时，Sasobit 在沥青中形成网状晶格结构，增大了沥青黏度，有利于沥青的高温稳定性；温度高于滴溶点时，Sasobit 以液态存在于沥青中，能降低沥青黏度，提高施工和易性。用于温拌沥青混合料中可显著降低拌和与施工温度，节能环保。

(4)添加、制作容易，无须特殊设备，易拌和、不离析。Sasobit 加入沥青中只需简单机械拌和，不需要额外增加设备。Sasobit 也可直接添加于矿料中，与矿料一起搅拌。另外，Sasobit 在 120～150℃即可溶解于沥青，与沥青的相容性好，储存稳定，不产生离析。

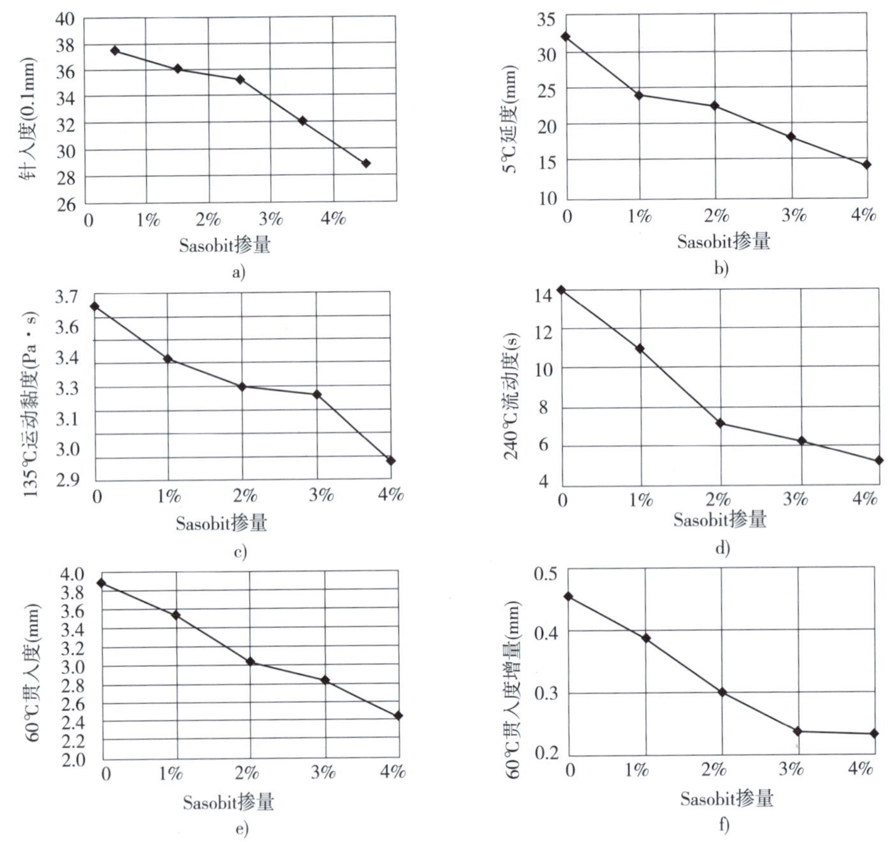

图4-8 Sasobit 对沥青及浇注式沥青混合料性能的影响

a)对沥青针入度的影响；b)对沥青5℃延度的影响；c)对沥青135℃运动黏度的影响；d)对混合料流动度影响；e)对混合料贯入度影响；f)对混合料贯入度增量影响

3)Sasobit 在浇注式沥青混合料中的作用

浇注式沥青混合料拌和温度为 220～260℃，由于我国沥青混合料拌和时矿粉一般不加热，粗集料和细集料的加热温度必须达到 320℃以上，沥青加热温度须为 170～190℃。即便如此，当沥青黏度较大或低温施工时，移动搅拌运输车仍然不能保证混合料具有足够的流动性以满足施工需求。加入 Sasobit 后能够显著降低沥青黏度，增加混合料的流动性，浇注式沥青混合料的高温稳定性也得以提高。根据实践，Sasobit 在浇注式沥青混合料中的添加量一般为沥青用量的2%～3%。

2. 纤维和废旧橡胶粉对浇注式沥青混合料性能的影响

在路面用沥青混合料，特别是SMA沥青混合料中，加入纤维可防止混合料出现离析和析漏，并改善混合料的高温稳定性。为了提高浇注式沥青混合料的高温稳定性，曾采用矿物纤维和废旧橡胶粉进行沥青改性，改性后的混合料性能试验结果见表4-29、表4-30。

纤维与废旧橡胶粉对浇注式沥青混合料性能影响 表4-29

结合料类型	添加剂类型	结合料含量（%）	添加剂含量（%）	60℃贯入度（mm）	60℃贯入度增量（mm）
高黏改性沥青	—	7.4	—	3.70	0.63
	矿物纤维	7.4	0.2（占混合料）	3.73	0.65
		7.4	0.4（占混合料）	3.62	0.67
	废橡胶粉	7.4	10（占结合料）	3.71	0.77

纤维与废旧橡胶粉复合改性对浇注式沥青混合料性能影响 表4-30

试验项目 \ 改性沥青类型	7.4%沥青	7.4%沥青＋0.6%矿物纤维	7.4%沥青＋0.6%矿物纤维＋4%胶粉	7.4%沥青＋0.6%矿物纤维＋6%胶粉
刘埃尔值（s）	12.1	17.8	7.0	10.0
60℃贯入度（mm）	1.92	2.93	3.32	3.55
60℃贯入度增量（mm）	0.33	0.38	0.60	0.65
－10℃弯拉应变（με）	4 050	5 900	5 410	5 520

由表4-29和表4-30可知，掺加矿物纤维或废橡胶粉后，浇注式沥青混合料贯入度及贯入度增量稍微下降。控制应变四点弯曲疲劳试验结果表明（表4-31），加入0.8%矿物纤维对浇注式沥青混合料的疲劳性能并无明显改善。

纤维对浇注式沥青混合料疲劳性能影响 表4-31

改性沥青类型 \ 试件状态描述	应变（με）	疲劳寿命平均值（$\times 10^4$）
7.4%高黏沥青	400	9.9
	600	1.0
7.4%高黏沥青＋0.8%矿物纤维	400	8.7
	600	0.9

五、浇注式沥青混合料设计方法

1. 国外浇注式沥青混合料设计方法

虽然浇注式沥青混凝土在国外已经使用了一段时间，但至今还没有形成统一的设计方法。浇注式沥青混合料最早来源于德国，浇注式沥青混合料设计方法比较简单，混合料特性用贯入度及贯入度增量来评价，然而这两项试验的误差比较大。由于德国的气温比较低，沥青用量普遍较大。目前日本已形成了浇注式沥青混合料的设计方法，该方法主要是测试混合料各个方面的使用性能，之后进行综合评价，最终选出性能最佳的配合比。设计流程如图4-9所示。

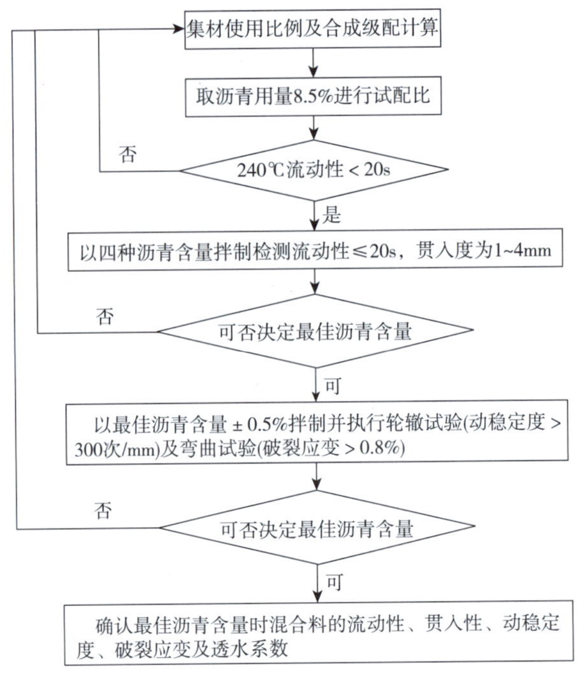

图 4-9　日本浇注式沥青混合料设计流程

图 4-9 所示浇注式沥青混合料设计流程中试拌沥青含量达到 8.5%，这一般是针对湖沥青改性。对于中国常用的聚合物改性沥青，试拌沥青含量应在 7.5% 左右。

2. 浇注式沥青混合料体积设计法

1）体积设计法流程

目前我国浇注式沥青混合料配合比设计通常取中值级配与经验沥青含量（7.5%）进行试拌，然后变换用油量（0.3% 间隔），找出高温稳定性和流动性都比较适中的配合比，详见第七章“钢桥面铺装施工技术”图 7-12。

这样的设计方法基本上是一种经验设计法，是在大量工程实践经验基础上形成的浇注式沥青混合料设计方法，该设计方法虽然用于我国多数钢桥上尚未出现严重问题，但该设计方法存在矿质集料体积特征不明显和沥青含量依据不清晰的缺陷。

浇注式沥青混合料体积设计法是在上述经验法的基础上研究形成的一种设计方法。该方法以矿质集料的体积特征为基础确定最佳沥青用量，设计流程见图 4-10。

目前体积设计法并未大规模推广使用，在实际工程中，可采用体积设计法作为经验设计法结果的检验手段。对于大型重点工程，则可两种方法并用，经综合论证后确定最终应用的配合比。

2）选择试验级配

级配设计应根据前述“浇注式沥青混合料级配优化”原则进行。由本章“关键筛孔对浇注式沥青混合料性能影响”分析可知，2.36mm 筛孔为 GA10 粗细集料分界筛孔，其通过率可显著影响浇注式沥青混合料的高温稳定性和低温抗裂性，一定程度上会影响混合料的流动性。因此在级配选择中，可通过变动 2.36mm 筛孔通过率，选择上、中、下三组试验级配。在我国天气比较寒冷的北方和交通量不太繁重的桥梁上,0.075mm 筛孔通过率可选择 25% ~27%,4.75mm 及以上筛孔可选择中值;在气温比较高的南方或交通量比较繁重的桥梁上,0.075mm 筛孔通过率可选择 24% ~25%,4.75mm 筛孔通过率选择高限。

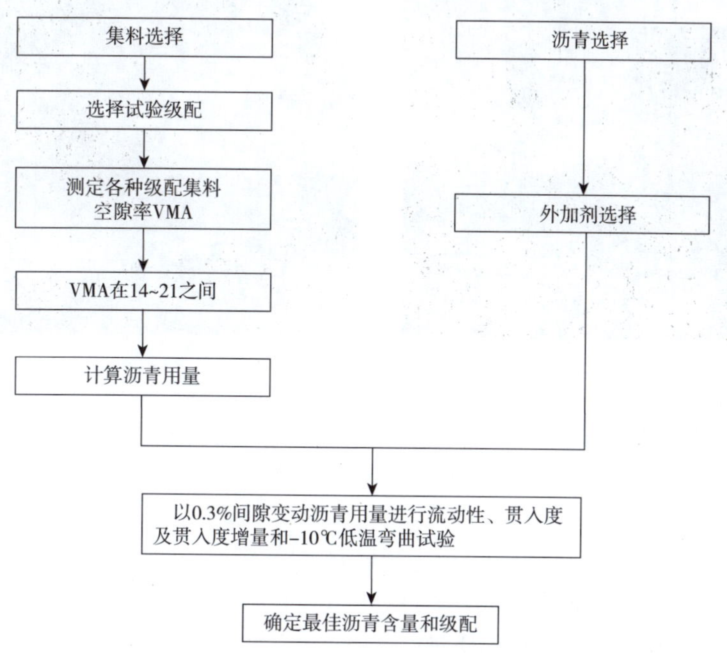

图 4-10　浇注式沥青混合料体积设计法流程

3)矿料级配间隙率试验

(1)试验仪器

矿料间隙率可采用轻型土工击实仪进行试验(图 4-11),试验参数见表 4-32。试模可采用马歇尔试模改制,试筒内径为 101.6mm,试验时需在试模顶部安装套筒。

轻型土工击实仪参数　　表 4-32

项目		标准	备注
击实参数	落锤重量(kg)	2.5	—
	落锤高度(cm)	45	
	每层击实次数(次)	15	分三层
试模参数	内径 D(cm)	10	直径
	高度 h(cm)	6.5	—

(2)试验步骤

①烘料后按照设计的矿料级配比例配制 3 份,每份约 1.5kg;

②首次试验采用约 6.5% 的含水率(水占集料重量百分比),采用喷壶逐次喷洒,并均匀拌和,总时间约 10min;

③拌和完成后分三层装料并分层击实,每层 15 次;

④击实完成后，取下套筒，仔细削去表面多余部分，并脱模、烘干和称重，脱模需干净，可用少量水冲洗(图4-12)；

图4-11 土工击实仪

图4-12 脱模后的试件

⑤计算击实烘干后矿料体积密度[简称干密度，见式(4-4)]，按照数据剔除规则剔除异常数据，取平均值。

$$\gamma_t = \frac{p_j}{h\pi(D/2)^2} \tag{4-4}$$

式中：γ_t——合成矿料击实烘干后的干密度(g/cm^2)；

p_j——合成矿料击实烘干后的质量(g)。

⑥以±1.0%的含水率为间距，至少进行另外4组试验，并绘制含水率—干密度曲线图，选取干密度最小的点。

(3)矿料级配间隙率调整

矿料间隙率试验完毕后，应判断间隙率是否在14%~22%之间。如果不是，应调整矿料级配重新进行试验。另外，对于重载交通或特重载交通桥梁，间隙率宜小于18%。

表4-33是表4-20所示8组级配的击实结果。浇注式沥青混合料中矿粉用量较多，矿料间隙率主要由矿粉和细集料来调整。若间隙率过小，则应通过增加矿粉和细集料用量等方法提高矿料间隙率；若间隙率过大，则应降低矿粉和细集料用量。

关键筛孔对矿料间隙率的影响 表4-33

级配类型	级配一	级配二	级配三	级配四	级配五	级配六	级配七	级配八
VMA	0.185	0.171	0.181	0.174	0.184	0.181	0.180	0.179

注：表中级配组成见表4-20。

日本采用的是另外一种合成级配集料间隙率试验方法。过程如下：采用JIS A1210所规定的密实方法把集料分为5层放入带箍的试模中进行压实。将1.5kg左右的金属板放在各层的表面上，然后将模子从7cm高度自由落下(试模放在混凝土地面上)，通过振动进行密实，直到各层体积不再减少为止，大约需要75次(通常到100次足够)。待5层均密实后，将试模的箍取下来，按规定刮净试模表面残留集料，称取试模中集料重量，精确至0.5g。间隙率可根据集料密度和压实密度进行计算。

4）沥青用量计算

（1）沥青完全填充合成矿料间隙时（开口空隙除外）的体积率计算

①击实烘干后按式（4-4）计算矿料体积密度。

②矿料间隙率（开口空隙除外）按式（4-5）计算：

$$VMA=\frac{\gamma_{sb}-\dfrac{\gamma_t}{\rho_w}}{\gamma_{sb}} \tag{4-5}$$

③沥青完全填充合成矿料间隙（开口空隙率除外）时沥青的体积率为：

$$P_{bvl}=VMA \tag{4-6}$$

（2）吸收沥青体积率

①合成矿料吸水率：

$$w_x=\left(\frac{1}{\gamma_{sb}}-\frac{1}{\gamma_{sa}}\right)\times 100 \tag{4-7}$$

②合成矿料沥青吸收系数：

$$C=0.033w_x^2-0.293w_x+0.933\ 9 \tag{4-8}$$

③吸收沥青体积率：

$$P_{bv}=\left(\frac{1}{\gamma_{sb}}-\frac{1}{\gamma_{sa}}\right)\times\frac{\gamma_t}{\rho_w}\times C \tag{4-9}$$

（3）沥青用量和有效沥青用量计算

①有效沥青用量：

$$P_{ba}=\frac{P_{bvl}}{P_{bvl}+\dfrac{\gamma_t}{\rho_w\cdot\gamma_b}} \tag{4-10}$$

②沥青含量：

$$P_{ba}=\frac{P_{bvl}+P_{bv}}{P_{bvl}+P_{bv}+\dfrac{\gamma_t}{\rho_w\cdot\gamma_b}} \tag{4-11}$$

式（4-5）～（4-11）中：ρ_w——水密度（g/cm^3）；

γ_{sb}——合成矿料毛体积相对密度（g/m^3）；

P_{bvl}——沥青完全填充合成矿料间隙（开口空隙除外）时沥青的体积率（%）；

γ_{sa}——合成矿料表观相对密度（g/m^3）；

w_x——合成矿料的吸水率（%）；

C——合成矿料沥青吸收系数；

P_{bv}——集料吸收沥青的体积率（%）；

P_{ba}——有效沥青含量（%）；

P_b——沥青含量（%）；

γ_b——沥青的相对密度。

5)混合料性能试验

浇注式沥青混合料常用 Sasobit 作为外加剂,根据计算出的沥青含量计算确定添加外加剂用量用于混合料性能试验。对于气温较高或承受重载交通的桥梁,以贯入度和贯入度增量作为主要指标,并兼顾流动度指标来选择级配;对气温较低或承受轻中载交通的桥梁以流动度为主要指标,并兼顾贯入度和贯入度增量指标来选择级配。如个别指标不合格,可按照表 4-34 所列的措施进行调整;如确实难以满足要求时,则需要重新设计级配或更换原材料。

个别指标不合格时的调整措施　　表 4-34

流动度(s)	3~20	20~40	≥40
调整措施	不调整	增加 0.3% 沥青	增加 0.3% 沥青,增加 Sasobit 或降低矿粉
贯入度(mm)	1~4	4~5	≥5
调整措施	不调整	降低沥青、增加矿粉	降低沥青、增加矿粉,增加 Sasobit
贯入度增量(mm)	≤0.4	0.4~0.5	≥0.5
调整措施	不调整	降低沥青、增加矿粉	降低沥青、增加矿粉,增加 Sasobit
低温破坏应变(με)	合格	低于合格标准 500	低于合格标准 1 000
调整措施	不调整	增加 0.3% 沥青	增加沥青含量、增加矿粉含量

注:矿粉调整应按照级配优化原则进行;当流动度在 20~40s 时,也可认为是合格的,此时只需增加 0.3% 沥青用量即可;低温破坏应变试验小梁尺寸为 30cm×10cm×5cm。

3. 基于胶浆理论的浇注式沥青混合料设计法

沥青胶浆在浇注式沥青混合料中占 30% 以上,远远超过普通沥青混合料,沥青胶浆的性能在很大程度上决定了浇注式沥青混合料的性能。当沥青胶浆黏度过低时,有可能造成混合料高温稳定性不足,过高时则有可能影响流动性。

基于胶浆理论的浇注式沥青混合料设计方法是在体积设计法的基础上增加了黏度作为沥青胶浆的控制指标。

(1)计算公式

$$V_J = V_A \times \left(1 + \frac{1.25C_V}{1 - C_V \cdot V_P}\right)^{3.6V_P - 2.3} \tag{4-12}$$

$$V_P = \frac{1}{1 - HR} \tag{4-13}$$

式中:V_J——沥青胶浆动力黏度(Pa·s);

V_A——沥青动力黏度(Pa·s);

C_V——矿粉在沥青胶浆中的体积百分比;

HR——矿粉 Rigden 间隙率,见下述(3)。

(2)沥青胶浆和沥青黏度试验

沥青胶浆和沥青黏度试验采用动态剪切流变仪(DSR)进行,试验温度条件为 60℃(或 65℃)、加载频率为 0.2Hz、恒定变形为 0.05。

试验时,可测得粉胶比为 2.7、3.0、3.3、3.5 和 3.7 的沥青胶浆黏度,绘制沥青胶浆黏度-粉胶比试验曲线,如图 4-13 所示。

(3)矿粉 Rigden 间隙率

Rigden 间隙率试验是把干燥状态下的细粒料或矿粉以规定的方法夯实后，求出细粒料间隙率用于判定细料的品质。Rigden 间隙率试验仪参数见表 4-35。

Rigden 间隙率试验仪参数　　表 4-35

项　目		标　准
试样质量(g)		100
击实参数	落锤质量(g)	875
	落锤高度(cm)	10
	击实次数(次)	100
试模参数	内径 D(cm)	1.27
	高度 h(cm)	6.3

试验时取三个平行试验结果平均值。

(4)沥青胶浆指标

文献[10]中推荐沥青胶浆黏度应≥180kPa·s，由图 4-13 可得出满足沥青胶浆黏度的最小粉胶比。结合级配设计曲线和最小粉胶比，即可算出最大沥青用量。然后以 0.3% 的间隔逐个降低沥青用量进行混合料性能试验，即可得出符合混合料设计指标的最佳沥青用量。

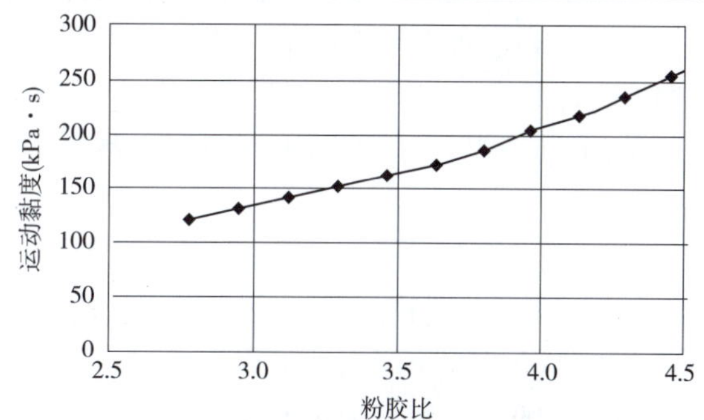

图 4-13　沥青胶浆黏度-粉胶比试验曲线

4. 浇注式沥青混合料最佳沥青用量计算方法

在表 4-1 所示浇注式沥青混合料设计技术指标中，贯入度和流动性两个指标的取值范围比较宽。用经验沥青含量进行设计时，有可能得出贯入度和流动性都能符合要求的几个沥青用量。此时，最佳沥青用量的确定可以应用以下方法。

(1)确定贯入度目标值

根据桥梁当地气候和交通情况，参考表 4-36 确定出贯入度的目标值。

贯入度目标值确定　　表 4-36

项　目		贯入度(mm)	贯入度增量(mm)
基准值		1.0～4.0	0～0.4
目标值	重载、特重载交通或极端高温≥40℃	2.5～3.5	≤0.30
	轻载、中载交通或极端高温<40℃	3.0～4.0	≤0.35

(2)确定目标中值对应的沥青含量

以 0.3% 的间隙变动沥青用量(建议取 4 个)进行流动度和贯入度及贯入度增量试验，绘制贯入度-沥青含量、流动度-沥青含量曲线图，然后根据曲线图读出流动度中值(10s)和目标贯入度中值对应的沥青含量。

(3)确定最佳沥青用量

当两个目标中值沥青含量相差不超过0.6%时,最佳沥青用量即可取两者的平均值;当流动度目标中值沥青含量低于贯入度目标中值沥青含量且超过0.6%时,最佳沥青含量取贯入度目标中值沥青含量减去0.3%;当流动度目标中值沥青含量高于贯入度目标中值沥青含量,且超过0.6%时,可通过降低2.36mm通过率、更换棱角性强的天然砂和增加矿粉用量等措施来降低流动度并提高热稳性,重新进行级配试验。

第二节　钢桥面铺装SMA沥青混合料

一、钢桥面铺装用和路面用SMA沥青混凝土差异

SMA沥青混凝土由于热稳性、耐疲劳性能和抗水损性能良好而广泛应用于钢桥面铺装工程中。双层SMA是我国早期使用的铺装类型,在浇注式沥青混凝土和ERS铺装中也常用SMA沥青混凝土作为磨耗层。

钢桥面铺装用SMA沥青混凝土与路面用SMA沥青混凝土并无原则区别,主要有以下不同点:

(1)受力差异

由于我国公路路面一般采用半刚性基层,路用SMA沥青混凝土一般用于上面层或中面层,所以沥青混凝土层底处于受压状态,很少承受拉力。在轮胎两侧纵向表面,虽然也承受一定的拉力,但数值仅为0.1MPa左右。

钢桥面铺装用SMA沥青混凝土大多用于铺装磨耗层,双层SMA铺装则也用于铺装保护层。铺装上面层SMA沥青混凝土表面承受较大的横向拉应力,设置横隔板的钢桥铺装表面最大横向拉应力约为0.7MPa,未设置横隔板的约为0.5MPa,双层SMA沥青混凝土铺装下层底受水平剪应力达0.6MPa。因此钢桥面铺装SMA沥青混凝土比路面用SMA沥青混凝土承受更大的拉应力和剪应力,因而对混合料和胶结料的高温稳定性、耐疲劳性能要求更高。

(2)空隙率差异

桥面钢板腐蚀生锈导致铺装脱层是钢桥面铺装病害的主要根源,因此钢桥面铺装防水性能至关重要。铺装层防水性能是铺装层设计的重要环节,通常铺装下层SMA沥青混凝土应具有较小的空隙率。这不但能提高防水性能,也可提高SMA沥青混凝土与防水黏结层界面的黏结强度。

(3)可施工性差异

与路面施工不同,钢桥面沥青混合料压实时的共振作用能吸收一部分压实功,因此对混合料的碾压效果不如路面。为保证钢桥面铺装SMA沥青混凝土能够充分压实,除采用胶轮压路机进行碾压之外,还可以采用水平振荡压路机进行压实。一般铺装下层SMA沥青混合料最大公称粒径采用9.5mm、铺装上层厚度大于3.5cm时,采用SMA-13;铺装上层厚度小于3.5cm时采用SMA-10,以确保混合料具有更小的空隙率,易于达到压实目标。

(4)其他差异

由于场地限制,钢桥面铺装SMA沥青混凝土的施工组织与普通路面也不相同。此外,钢桥面SMA铺装层的纵向施工缝应避开轮迹带和纵向腹板,横向施工缝应避开横隔板的位置。

二、SMA沥青混合料设计指标

1. 混合料设计指标

改性沥青SMA混合料的原材料应满足规范要求。设计混合料性能应满足表4-37中的技术要求。

改性沥青SMA混合料技术要求 表4-37

气候条件与技术指标	气候分区及相应的技术要求			试验方法
7月平均最高气温(℃)	>30	20~30	<20	—
动稳定度(次/mm)	≥4 000(70℃)	≥4 000(65℃)	≥4 000(60℃)	T0719
年极端最低气温(℃)	>-9	-9~-21.5	<-21.5	—
-10℃低温弯曲破坏应变(με)	≥4 000	≥3 500	≥3 000	T0715
冻融劈裂强度比(%)	≥85			T0729
渗水系数(ml/min)	≤80			T0730
马歇尔稳定度(kN)	≥6.0			T0709
矿料间隙率VMA(%)	≥17.0			T0705
粗集料骨架间隙率VCA_{mix}(%)	≤VCA_{DRC}			
沥青饱和度VFA(%)	75~85			
空隙率(%)	3~4			
析漏量(%)	≤0.1			T0732
飞散损失(%)	≤15			T0733

注:铺装下面层设计空隙率宜控制在2%~3%范围,铺装上面层设计空隙率宜控制在3%~4%范围。

2. 原材料设计指标

(1)集料、矿粉和纤维

钢桥面铺装用SMA集料、矿粉和纤维的技术与路用SMA相同,集料与矿粉应满足《公路沥青路面施工技术规范》(JTG F40—2004)高速公路和一级公路表面层用集料和矿粉技术要求和技术规格,但粒径大于9.5mm集料的针片状含量应不大于10%,粒径小于9.5mm集料的针片状含量应不大于15%,主要技术指标见表4-3、表4-4。SMA中的纤维掺加量以纤维占混合料总重量的百分率计算,木质素纤维掺量宜为0.3%~0.4%,化学合成纤维掺量宜为0.2%~0.25%,纤维质量应满足现行规范技术要求。

(2)胶结料

钢桥面铺装用SMA胶结料须满足表4-38所示技术要求。由于铺装用SMA沥青混凝土比路面SMA沥青混凝土具有更多不利因素,因此其对高温稳定性、耐疲劳性能和抗裂性等综合技术指标的要求更高。从2006年建造重庆菜园坝长江大桥以来,多项钢桥面铺装上层开始采用具有良好弹性恢复率的高弹改性沥青作为SMA的胶结料,取得了良好的使用效果,高弹改性沥青的技术指标见表4-38。

高弹改性沥青技术要求　　表4-38

试验项目		要求	试验结果	试验方法
针入度(0.1mm),25℃		50~100	90.0	T0604
软化点(℃)		≥90	93.0	T0606
延度(cm),5℃		≥50	71.9	T0605
黏度(Pa·s),135℃		≤3.0	2.34	T0625
弹性恢复率(%),25℃		≥90	96.8	T0662
闪点(℃)		≥250	270	T0611
旋转薄膜烘箱老化	质量变化(%)	±0.5	0.3	T0610
	针入度比(%),25℃	≥65	71.2	
	弹性恢复率(%),25℃	≥70	73.6	
	延度(cm),5℃	≥40	63.5	
PG等级		PG76-28	PG82-28	AASHTO-TP1/TP5

表4-38所示高弹改性沥青除具有很高的弹性恢复率以外,低温延度也非常理想。所拌制的SMA沥青混凝土高温稳定性和抗裂性都十分优良。混合料性能检测结果:析漏损失率为0.07%,70℃动稳定度4 276次/mm,低温弯曲极限应变(-10℃)11.0×10^{-3}(试件尺寸30cm×10cm×5cm),冻融劈裂强度比84.1%。

第三节　其他铺装沥青混合料

一、环氧沥青混凝土

1. 环氧沥青混凝土性能

环氧沥青是将环氧树脂加入沥青中,经固化剂固化反应后,形成的一种不可逆固化物。固化反应使沥青从热塑性转变为热固性,因此环氧沥青比普通沥青具有更为优异的物理、力学性能,如高强度、优良的抗疲劳性能、良好的耐久性及抗老化性能。用环氧沥青拌制的沥青混凝土,与普通沥青混凝土或者与其他热塑性改性沥青混凝土相比,性能上有很大区别。环氧沥青混凝土的特性主要表现在以下几方面。

(1)强度高

环氧沥青混凝土强度高、变形小、刚度大。壳牌石油公司所配制的环氧沥青混凝土,马歇尔稳定度可超过45kN,而普通沥青混凝土的稳定度仅为8~12kN,相差4~5倍,充分反映出环氧沥青混凝土的高强性能。

（2）优良的耐疲劳性能

环氧沥青混凝土由于强度高，在同样的疲劳应力作用下，表现出极其优良的耐疲劳性能，其耐疲劳性能几乎是普通沥青混凝土的10～30倍。当采用这种材料修筑道路路面和桥梁以及其他结构物的铺面时，能够大大延长其使用寿命。

（3）良好的耐油性

普通沥青混凝土如遇到燃油渗入，将使沥青失去黏结力而松散，而环氧沥青混凝土不易受燃油的侵蚀。壳牌石油公司曾经做过对比试验，将环氧沥青混凝土和普通沥青混凝土试件分别放入柴油中浸泡，24h后普通沥青混凝土试件已经软化，集料松散脱落，而环氧沥青混凝土经过1个月浸泡后仍然完好无损。

2. 设计指标

（1）胶结料设计指标

我国环氧沥青混凝土钢桥面铺装工程中，所用环氧沥青包括美国、日本和中国三种类型。美国和中国环氧沥青配置的混凝土施工温度为110～120℃，称为中温固化环氧沥青混凝土或温拌环氧沥青混凝土；日本环氧沥青混凝土施工温度和普通沥青混合料相近，称为高温固化环氧沥青混凝土或热拌环氧沥青混凝土。近些年来又发展出一种常温拌和与施工的环氧沥青，配置的混凝土称为冷拌沥青混凝土，本节所述树脂沥青混凝土是冷拌沥青混凝土中的一种。其技术要求见表4-39。

环氧沥青结合料技术要求 表4-39

试验项目	技术要求			试验方法
	热拌	温拌	冷拌	
拉伸强度（MPa，23℃）	≥3.0	≥1.5	≥2.0	GB/T 16777—2008
断裂延伸率（%，23℃）	≥220	≥220	≥50	GB/T 1034—1998
热固性，300℃	不熔化	不熔化	—	小试件放热钢板上
吸水率（%），7天，25℃	≤0.3	≤0.3	≤0.3	ASTM D648
黏度增加至1.0Pa·s的时间（min），23℃	—	—	≥60	T0625
黏度增加至1.0Pa·s的时间（min），120℃	—	≥50	—	
黏度增加至1.0Pa·s的时间（min），180℃	≥50	—	—	

（2）混合料设计指标

钢桥面环氧沥青混合料设计指标见表4-40。

钢桥面环氧沥青混合料设计指标 表4-40

试验项目		技术要求	试验方法
空隙率（%）		1.0～3.0	T0705
60℃马歇尔稳定度（kN）	固化试件	≥40	T0709
	未固化试件	≥5.0	
60℃马歇尔流值（mm）	固化试件	1.5～5	
	未固化试件	1.5～5	

续上表

试验项目	技术要求	试验方法
冻融劈裂强度比(%)	≥80	T0729
动稳定度(次/mm),70℃	≥6 000	T0719
低温弯曲极限应变(με),-10℃,50mm/min	≥3 000	T0715

(3)集料设计指标

集料必须选用坚硬、致密、洁净、耐磨、颗粒形状较好,并与结合料有较好的黏结性能的非酸性硬质石料,表面破碎面为100%。钢桥面环氧沥青混凝土铺装用的集料和填料必须满足《公路沥青路面施工技术规范》(JTG F40—2004)中的相关规定。

①粗集料:粗集料应采用粒径大于2.36mm的玄武岩碎石,颗粒形状近似立方体,不得采用颚式破碎机加工,其技术要求见表4-41。

环氧沥青混凝土用粗集料技术要求　　表4-41

试验项目	技术要求	试验方法
抗压强度(MPa)	≥120	T0221
洛杉矶磨耗率(%)	≤26.0	T0317
磨光值(%),PSV	≥42.0	T0321
针片状含量(%)	≤5.0	T0312
压碎值(%)	≤12	T0316
黏附等级	5.0	T0616
吸水率(%)	≤1.5	T0304
表观密度(g/cm^3)	≥2.60	T0308
坚固性(%)	≤5.0	T0314
软石含量(%)	≤1.0	T0320
<0.075颗粒含量(%),水洗法	≤1.0	T0310

②细集料:细集料采用粒径在0.075~2.36mm之间的玄武岩,其技术要求见表4-42。

环氧沥青混凝土用细集料技术要求　　表4-42

试验项目	技术要求	试验方法
吸水率(%)	≤1.5	T0330
表观密度(g/cm^3)	≥2.60	T0308
坚固性(%)	≤5.0	T0340
砂当量(%)	≥65	T0334
<0.075颗粒含量(%),水洗法	≤2.0	T0310

③填料:填料宜采用石灰岩磨制的矿粉,不得含泥土、杂质和团料,要求干燥、洁净,其质量应符合表4-43的技术要求。

环氧沥青混凝土用填料(矿粉)技术要求　　表4-43

试验项目		技术要求	试验方法
视密度(g/cm^{-3})		≥2.50	T0352
外观		无团粒结块	目视
亲水系数		≤1	T0353
含水率(%)		≤1	T0332
碳酸钙含量(%)		≥90	GB/T 9281—2003
加热安定性		不变质	T0355
粒度范围(%)	0.3mm	≥90	T0351
	0.15mm	—	
	0.075mm	≥80	
塑性指数	—	≤4	T0354

3. 设计方法

1)级配设计

环氧沥青混合料级配范围见表4-44。环氧沥青混合料属于热固性材料,固化后的胶结料强度很高,设计时,宜按照级配曲线中值形成连续级配,使环氧沥青混凝土各项性能达到均衡。

环氧沥青混凝土级配范围　　表4-44

级配范围	通过下列筛孔的质量百分率(%)								
	13.2mm	9.5mm	4.75mm	2.36mm	1.18mm	0.6mm	0.3mm	0.15mm	0.075mm
下限	100	95	65	50	39	28	21	14	7
上限	100	100	85	70	55	40	32	23	14

2)最佳油石比确定

(1)按照马歇尔试验方法确定最佳油石比。初试油石比可选择6.5%,然后以±0.3%间隙变化沥青用量拌制沥青混合料,用双面击实各50次的方法成型马歇尔试件。将同一油石比的试件分为两组,一组为固化试件,另一组为未固化试件。

(2)将试件连同试模置于已达到恒温的烘箱内进行固化养生。温拌环氧沥青混合料试件养生温度为(120±1)℃,不少于4h;热拌环氧沥青混合料试件养生温度为(60±1)℃,不少于4d。固化养生结束后,将试模水平放置,冷却至常温后方可进行试验。

(3)按规定方法测定环氧沥青混合料马歇尔试件的最大理论密度。对于不要求固化的试件,在成型完毕,试件冷却后,即可进行马歇尔密度、稳定度及流值试验;按现行《公路工程沥青及沥青混合料试验规程》的相关方法测试环氧沥青混合料的各项技术指标。

(4)对照表4-40所示环氧沥青混合料设计指标,确定能满足环氧沥青混合料技术要求的沥青用量范围,最后确定混合料的最佳沥青用量。

3)混合料性能检验

按《公路工程沥青及沥青混合料试验规程》的相关方法检测混合料性能。若不满足要求,需重新设计混合料。

二、树脂沥青混凝土

1. 树脂沥青混凝土特点

树脂沥青混凝土 RA(Resin Asphalt)是 ERS 铺装体系中的下承层,也称为整体化层或缓冲层。通常 RA 层的设计厚度为 20~30mm,铺筑于钢板防水抗滑层(EBCL)之上,与 EBCL 表面凹凸不平的碎石咬合黏结,保证铺装层整体不产生水平滑移和开裂。

树脂沥青混合料(RA)由树脂沥青胶结料和级配矿质石料拌和形成。因树脂沥青胶结料在常温下具有与热拌沥青类似的黏度并且可以交联固化,可采用类似热拌沥青混凝土的施工方式在常温下拌和、摊铺碾压施工。一般情况下,RA 混合料经 2~3d 的养生固化即可达到很高的设计强度。

RA 混合料的高温稳定性、抗车辙能力和耐疲劳能力十分突出,因采用可交联固化的树脂沥青作为胶结料,可以大幅增加混合料的油石比,降低混合料的空隙率而无须担心混合料出现泛油或流变失稳现象,RA 层与 EBCL 界面共同构成了可靠的铺装防水体系,铺装层的整体防水能力也因此大幅提高。因 RA 混合料可常温施工且常温下固化,施工操作十分简洁,不需要特殊的专用设备。

2. 设计指标

1)胶结料设计指标

RA 胶结料由 A、B 两组分构成,A 组分是环氧树脂和沥青等物质组成的混合物,B 组分是活性胺类固化剂和沥青等物质组成的混合物。A、B 两组分按比例混合拌和后,环氧树脂、固化剂和沥青等发生交联固化反应,最终生成性能优良的树脂沥青。RA 胶结料的性能要求应满足表 4-45 的要求。

拌和固化后 RA 胶结料主要性能 表 4-45

试验项目	技术要求	试验方法
指干时间(h),25℃	≥6.0	—
固化时间(h),25℃	≤72.0	ASTM C109
断裂伸长率(%),25℃	≥30.0	GB/T 1034—1998
胶膜断裂强度(MPa),25℃	≥1.0	GB/T 1034—1998
胶料黏度(Pa·s),25℃	1~3	T0625

2)集料设计指标

各种集料设计指标见表 4-46、表 4-47。

细集料的技术要求 表 4-46

试验项目	技术要求	试验方法
表观密度(g/cm^3)	≥2.60	T0308
坚固性(%),>0.3mm 部分	≥12.0	T0340
砂当量(%)	≥60.0	T0334
棱角性(s)	≥30.0	T0345
吸水率(%)	≤2.0	T0330
亚甲蓝值(g/kg)	≤25	T0349

矿粉质量要求　　表 4-47

试验项目	技术要求	试验方法
表观相对密度（g/cm^3）	≥2.50	T0352
含水量（%）	≤1.0	T0332
粒度范围 <0.6mm <0.15mm <0.075mm	100 90~100 75~100	T0351
外观	无团粒结块	目视
亲水系数	≤1.0	T0353
塑性指数	≤4.0	T0354
加热安全性	实测记录	T0355

3）混合料

树脂沥青混凝土 RA 性能要求见表 4-48。

树脂沥青混凝土 RA 性能要求　　表 4-48

试验项目	技术要求	试验方法
马歇尔稳定度（kN），70℃	≥40	50 次击实
流值（0.1mm）	15~40	T0702
空隙率（%）	0~2.0	T0702
车辙动稳定度（次/mm），70℃	≥10 000	T0719
残留马歇尔稳定度（%）	≥90	T0790
冻融劈裂强度比（%）	≥90	T0729
-10℃低温弯曲极限应变（με）	≥2 800	T0728

4）纤维

在 RA 混合料中添加聚酯纤维有助于混合料的抗裂性，聚酯纤维技术要求见表 4-49。

聚酯纤维技术要求　　表 4-49

试验项目	技术要求	试验方法
直径（mm）	0.010~0.025	JT/T 534—2004
长度（mm）	4~6mm	JT/T 534—2004
抗拉强度（MPa）	≥500	JT/T 534—2004
断裂伸长率（%）	≥15	JT/T 534—2004
耐热性	210℃，2h，体积基本无变化	JT/T 534—2004

注：由厂家提供检验报告。

3. 树脂混合料级配范围

RA 混合料厚度≥2.5cm 时，选 RA08 或 RA10；厚度小于 2.5cm 时，选 RA05。RA 混合料级配及油石比要求见表 4-50。

RA 混合料级配及油石比要求 表 4-50

通过率范围	筛孔尺寸(mm)											油石比
	种类	9.5	8.0	5.6	4.75	2.36	1.18	0.6	0.3	0.15	0.075	%
上限	RA05	100	—	—	100	72	55	43	30	22	16	8~11
下限		100	—	—	90	55	35	25	16	12	8	
上限	RA08	100	—	—	85	67	53	40	28	20	12	7~10
下限		100	—	—	55	44	32	23	15	9	6	
上限	RA10	100	93	83	73	58	44	32	23	16	11	7~10
下限		100	79	65	45	30	20	13	9	6	4	

本章参考文献

[1] 陈仕周. 青草背长江大桥钢箱梁桥面铺装关键技术研究[R]. 重庆:重庆鹏方路面工程技术研究院,2005.

[2] 陈仕周.(西部交通建设科技项目)桥面铺装材料与技术研究[R]. 重庆:重庆交通科研设计院,2005.

[3] 赵可. 城市快速路高性能沥青路面研究[M]. 天津:天津市政工程研究院,2005.

[4] 同济大学土木工程学院. Sasobit 改性沥青及混合料实验室试验结果[R]. 上海:同济大学土木工程学院,2000.

[5] 张博. 钢桥面铺装浇注式沥青混合料配合比设计研究[D]. 西安:长安大学,2012.

[6] 株式会社. 南京长江第四大桥浇注沥青桥面铺装设计方案[R]. 日本:株式会社長大,2009.

[7] 重庆交通科研设计院. 桥面铺装技术情报资料[M]. 重庆:重庆交通科研设计院,2006.

[8] 陈仕周. 江阴长江大桥重交通钢桥面聚合物改性沥青浇注式混凝土铺装技术研究[R]. 重庆:重庆交通大学,2012.

[9] 陈仕周,邓学钧,吴光蓉,等. 公路钢箱梁桥面铺装设计与施工技术指南[M]. 北京:人民交通出版社,2006.

[10] Damm. Improved mix design of Gussasphalt mixs for bridge deck surfacing[J]. Bitumen, 2004,(4)

[11] 东南大学智能运输系统研究中心. 钢桥面环氧类铺装材料性能评价与研究现状调查报告[R]. 东南大学智能运输系统研究中心,2010.

[12] 江苏省交通科学研究院. ERS 钢桥面铺装技术[R]. 江苏省交通科学研究院,2013.

[13] 赵国云,邵强,闫东波. 钢桥面铺装浇注式沥青混合料级配性能[J]. 公路交通科技,2013,24(4).

第五章 钢桥面防腐与防水黏结材料

第一节 钢桥面铺装防腐技术

一、钢桥面板腐蚀机理

1. *热力学原理*

金属与环境介质发生化学反应而引起金属的破坏或变质是冶金的逆过程。在铁生锈过程中,金属铁变为 Fe^{2+}、Fe^{3+} 的化合物(铁锈),该化合物类似于铁矿石,腐蚀过程是自发进行的。在某一特定状态下物质能否自发反应转化为另一状态,先决条件是反应时是否发生伴随能量释放,如若转化反应缺少能量供给,则转化不能自发进行。根据热力学第二定律研究有关过程进行的方向和限度问题的判据,在只做膨胀功的等温等压封闭体系中有:

$$\Delta G_{\mathrm{T.P.W=0}} < 0 \tag{5-1a}$$

$$\Delta G_{\mathrm{T.P.W=0}} = 0 \tag{5-1b}$$

$$\Delta G_{\mathrm{T.P.W=0}} > 0 \tag{5-1c}$$

式中:ΔG——吉布斯自由能变(kJ/mol)。

上面三个式子分别代表:过程自发进行、平衡稳定状态和非自发进行。下标是指恒温恒压条件下只做膨胀功。

由以上各式可知,在恒温恒压只做膨胀功的封闭体系中,如果存在自发过程,体系的自由能值必定减小。根据上述规则,只要能计算出等温等压条件下过程的自由能变化值,就可判断过程进行的方向和限度。

在自然环境条件下,除极少数贵金属 Au、Pt 等之外,绝大多数金属在热力学中是不稳定的,存在自发腐蚀破坏的倾向,这些金属与介质作用生成金属氧化物、硫化物及盐类,腐蚀反应的自由能的变化 $\Delta G<0$ 是负值,所以腐蚀过程自发进行。自发过程的推动力是始末状态的能量差(如温度差、水位差、浓度差、电位差、化学位差等),自发过程的方向就是使这些差值减小的方向,过程的限度就是这种差值的消失。将自由能判据应用于腐蚀过程时,式(5-1)就分别代表腐蚀自发发生、平衡稳定状态和腐蚀不自发发生。

2. *动力学原理*

如上所述,在自然界中绝大多数金属都处于非稳定状态,腐蚀过程都会自发进行,所以金属的耐腐蚀性能实际上主要取决于在特定环境下的腐蚀速度。

金属的腐蚀大致可分为两种类型,一种是在常温下由水和氧存在时发生的湿腐蚀,另一种是在高温下金属与所处环境中的物质直接反应时发生的干腐蚀。通常采用涂装进行隔离防腐的情况都属于湿腐蚀,所以钢桥面板腐蚀属于湿腐蚀类型。湿腐蚀可以理解为金属表面形成局部电池,而引起电化学反应。金属表面由于杂质的存在、氧化膜的缺陷、晶体结构,以及机械热加工的不均匀性等各种原因存在,产生多种不均衡状态;在环境方面,还有局部温差和氧浓度不均匀等因素。因此,金属表面将出现两个不同的反应区:一是金属变成金属离子而溶解释放出电子的阳极反应区,一是由于 H^+ 的还原和 OH^- 的生成等反应而消耗电子的阴极反应区(图 5-1)。下面以铁为例进行说明。

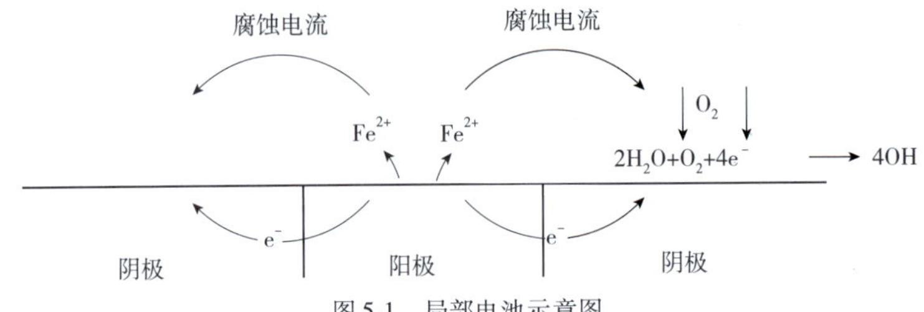

图 5-1 局部电池示意图

$$Fe \longrightarrow Fe^{2+} + 2e \quad （阳极反应） \tag{5-2a}$$

$$2H^+ + 2e \longrightarrow H_2 \uparrow \quad （阴极反应） \tag{5-2b}$$

$$2H_2O + O_2 + 4e \longrightarrow 4OH^- \quad （阴极反应） \tag{5-2c}$$

从铁的整个腐蚀过程来看,如下式所示,是铁变成了氧化铁水合物的反应:

$$2Fe + 3/2O_2 + nH_2O \longrightarrow Fe_2O_3 \cdot nH_2O \quad （红锈） \tag{5-3}$$

如将此反应剖析成单元反应时,即为上述的阳极和阴极反应。这时所产生的 Fe^{2+}、OH^-、H_2O 和 O_2 等结合在一起,形成了 $Fe_2O_3 \cdot nH_2O$。

阳极反应和阴极反应的速度按当量关系平行进行,并保持电中性。因此,如能抑制一方的反应,另一方的反应也就相应的被抑制。腐蚀反应的驱动力是阳极和阴极间的电位差,流动于两极间电流的大小即表示腐蚀速度,称为腐蚀电流。研究金属的腐蚀进程中,阳极和阴极电位与电流的关系称为极化特性。设电流未流动时阳极和阴极的电位分别为 E_a^0、E_c^0,电流流动(反应进行)时的电位为 E_a、E_c,则极化特性 η 定义如式(5-4)。

阳极:

$$E_a = E_a^0 + \eta_a \tag{5-4a}$$

阴极:

$$E_c = E_c^0 - \eta_c \tag{5-4b}$$

化学反应过程会产生一种方向相反的反应阻力,电化学反应中作为动力的两极间的电位差($E_c - E_a$),与无电流流动时的电位差($E_c^0 - E_a^0$)相比较,表现为失去了极化的量($\eta_a + \eta_c$)。

图 5-2 所示为产生局部电池反应时的极化模式图。局部电池具有在 E_c^0 和 E_a^0 之间,使两级反应速度相等的电位 E_{coor},并且在其中有稳定的腐蚀电流 I_{coor} 流过。I_{coor} 主要受阳极的极化控制时称为阳极控制,受阴极的极化控制时称为阴极控制,两者的影响无较大差别时则为混合控制。像带有涂层的金属那样在两极间存在着高电阻时,则称为电阻控制。由上述概念可以导出以下公式:

$$I_{\text{coor}}=\frac{(E_{\text{c}}-E_{\text{a}})}{R}=\frac{[(E_{\text{c}}^{0}-\eta_{\text{c}})-(E_{\text{a}}^{0}+\eta_{\text{a}})]}{R}=\frac{[(E_{\text{c}}^{0}-E_{\text{a}}^{0})-(\eta_{\text{c}}+\eta_{\text{a}})]}{R} \tag{5-5}$$

式中：I_{coor}——腐蚀电流(A)。

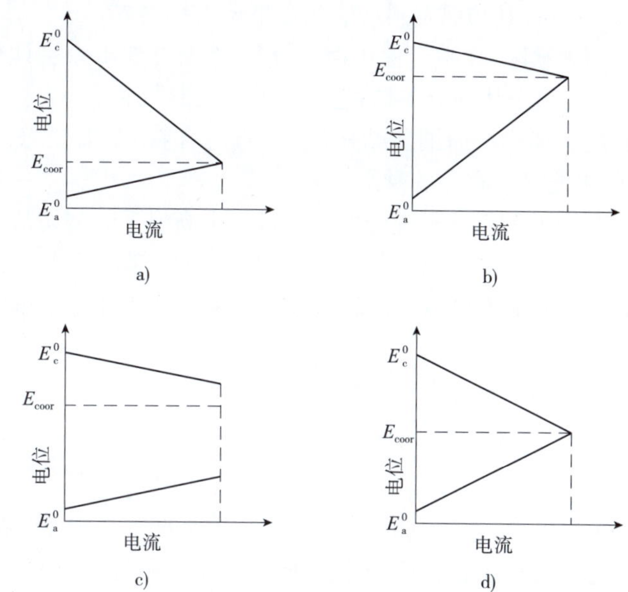

图 5-2 局部电池的极化模式图

a)阳极控制；b)阴极控制；c)混合控制；d)电阻控制

防腐蚀过程如果以电化学形式来表达，就是驱动力的减少。因此，为了便于理解，概括为以下几种方法：

(1)减少驱动力，增加热力学的稳定性，除去反应物质；

(2)增大两极间的电阻(R)；

(3)增大阳极的极化(η_{a})；

(4)增大阴极的极化(η_{c})。

防腐蚀涂装技术的防蚀机理主要是因为加大第(2)项中的 R，防锈材料的作用是增大第(3)项中的 η_{a}。

二、钢桥面板防腐要求及类型

1. 防腐要求

钢桥面板的腐蚀性能取决于金属材料各组成元素的腐蚀性能参数。近年来我国修建的钢结构桥梁均采用低合金钢，钢铁中一般含有 C、Si、Mn、P 和 S 等元素，为增加钢材的耐腐蚀性能可加入 Cu、P、Cr 和 Ni 等元素，形成耐候钢。但是，钢的化学成分及其含量不仅影响钢材的力学性能，且影响钢的焊接性，因此仅通过改变钢材的化学组成来达到钢桥面板防腐蚀的目的是不可行的。实际使用时，即使是耐候钢也会采用涂装工艺进行防腐，这样做可显著减缓铁锈扩展速度，延长涂装及钢桥面板的使用寿命。

由于在桥面板上的铺装层对钢板与外界有阻隔作用，铺装层中的沥青对钢板不会造成腐蚀,反而有一定的保护作用。因此钢桥面板除空气、水及某些特定电解质腐蚀作用之外,不会发生其他类型的腐蚀,如高温腐蚀等。因此对桥面板的保护应主要是防止空气和水的渗入,但是铺装层又不能完全阻隔水和空气的侵入,因此对钢板必须进行一定的防腐处理。根据钢桥面的环境影响分析,其防腐材料应满足以下要求:

(1)结构致密,完整无缺陷,在整个保护面上分布均匀,并要求涂层具有良好的屏蔽隔绝效应,能有效阻挡水、氧和离子从外界渗透过涂层到达金属界面。

(2)与钢桥面板、防水层或桥面铺装结构层(沥青混合料)具有良好的黏结效果。在外部荷载的反复作用下,仍能保持有效的黏结效果。

(3)耐高温性良好,能抵御热沥青混合料施工过程中高温下的剪切与冲击。

(4)具有良好的温度稳定性。钢箱梁桥的使用环境一般都比较恶劣,气温偏高,钢箱梁的封闭储热效应使铺装层的温度更高。所以要求防腐材料要具有良好的温度稳定性,高温不变形,低温不开裂。

(5)须具有良好的耐酸碱、抗盐腐蚀性能。

2. 防腐类型

1)屏蔽型防腐

钢桥面板腐蚀属于湿腐蚀,水和氧的存在是必不可少的条件,因此,在钢板表面上施用隔离层阻隔水分和氧的渗入是防止桥面板金属腐蚀最普遍和最重要的方法。如上所述,在正负两极间形成具有高电阻的涂膜能防止金属表面因局部电池作用而导致腐蚀反应,因而通过涂膜的流动腐蚀电流的大小是问题的关键。日本学者佐藤靖等通过示踪原子在涂膜内的渗透试验证明涂膜的导电性是因电解质的渗透引起的,电解质在不同涂膜内的渗透行为存在一定的差异。因此,假如不考虑涂膜下产生局部电池的机理,只考虑涂膜和与它接触的底材表面产生直接反应的机理,则涂膜内所含电解质的活度便成了问题的关键。总之,电解质渗入到涂膜内的量越少,在涂膜内移动越困难,防腐蚀的性能也就越好。

关于涂膜的电解质渗透机理,佐藤靖等通过示踪原子对涂膜内离子的扩散系数进行了测定,Mayne 和 Rothwell 等人均进行了不同涂膜的离子渗透性能测试。结果表明,离子对涂膜的渗透机理可推论如下:水分首先从外部渗入涂膜,聚集于有羧基等亲水基团存在的地方,然后离子从外部向水滴扩散,最后发生离子交换。离子从一个水滴转移到另一个水滴,在涂膜内扩散。在扩散过程中,最困难的就是离子对聚合物外壁的穿透,一个重要的观点认为渗透性是由于涂膜的不均匀性所造成的。这里所谓不均匀性,并不是由针孔或沾有灰尘等宏观的、偶然发生的问题所决定,而是由组成涂膜原料本身的特性所决定,如聚合物的交联密度不均匀,或者材料和成膜物之间存在界面等。

2)电化学保护

用改变金属/介质的电极电势来达到保护金属免受腐蚀的办法称为电化学保护法。电化学保护法分为阴极保护法和阳极保护法,阴极保护法是指在能导电的介质中将金属连接到直流电源的负极,通以电流,就可进行阴极极化;阳极保护法是指把金属连接电源的正极,通以电流,就可进行阳极极化。

阴极保护可以通过如下两种方法来实现:

(1)将被保护金属与直流电源的负极连接,通过外加电流,使金属结构整个表面成为阴极,被称为外加电流的阴极保护。

(2)在被保护的金属设备上连接一种电势负值更大的金属或合金作为牺牲阳极,在电解液中与被保护的金属结构形成一个大电池,牺牲阳极优先溶解,释放出的电流使金属结构阴极极化到所需的电位而实现保护,称为牺牲阳极的阴极保护。

钢桥面铺装中桥面板防腐目前主要是牺牲阳极保护阴极的方法,如无机富锌漆、环氧富锌漆以及热喷涂金属锌或铝等技术。我国厦门海沧大桥采用无机富锌漆,南京长江二桥及舟山桃夭门大桥采用环氧富锌漆,武汉军山长江大桥及香港青马大桥采用电弧喷锌,以上防腐涂层各有优劣,一般应从施工要求及工程造价考虑,选择最适合的防腐涂层材料。

阳极保护是指使金属的电位处于稳定钝化区的防腐蚀方法,使用过程中输入较小的电流密度使金属的电位维持在钝化范围内。此法对金属有选择性,因此在钢桥面铺装工程中的使用受到了一定的制约。

三、钢桥面板防腐性能评价方法

1. 涂膜附着力

1)涂膜附着力定义

涂膜附着力是指涂膜与被涂面之间结合的牢固程度。对于裸底钢板,是指涂膜与底材间的附着力;对于已具涂层的底材,即指涂层之间的层间附着力。涂膜附着力是涂膜的一个基础性能,是各种物理机械和耐化学、耐候性等性能好坏的首要指标。所以涂膜附着力不仅在涂膜干燥固化后需要进行测定,还要在涂膜耐水性、耐油性、耐化学性甚至耐候性测试的过程中或终止时进行测定。

2)测试方法——拉脱法

拉脱法是通过在待测涂层上黏结规定面积的拉拔头,采用拉力试验机以规定速度拉动拉拔头,对试样的胶接面施加垂直均匀的拉力直至拉拔头被拉离,测定涂层间或涂层与底材间被拉开所需的力。拉脱法涂膜附着力以 MPa 表示。

拉脱法试件采用组合件,一般可用氰基丙烯酸酯、双组分环氧化物或过氧化物催化的聚酯胶黏剂作为拉拔头与试件之间的黏合剂。在测试前,试件应在规定温度下保温一定的时间,并用手动钻芯工具沿拉拔头四周将已固化黏合剂及涂层切透,确保试验面积的准确性,涂膜附着力测试如图 5-3 所示。

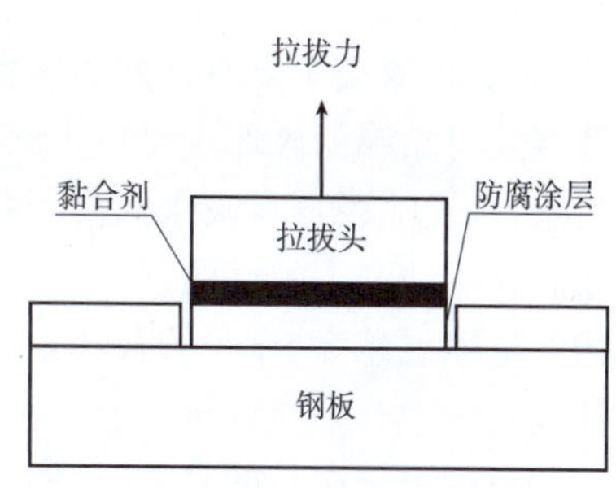

图 5-3 涂膜附着力试验方法

《色漆和清漆拉开法附着力试验》(GB/T 5210—2006),等同国际标准《色漆和清漆拉开法附着力试验》(ISO 4624:2002)(英文版),同时也参考了美国材料与试验协会 ASTM D4541《用便携式附着力试验仪测定涂层拉开强度的试验方法》(英文版),其中规定涂层附着力试验结果以破坏强度、破坏面积的大小和破坏性质表示。

拉脱法测定的附着力与底材处理的方式关系较大,测试结果常受底材不同处理方法的影响;同时也受底材刚性大小的影响。此外,拉力机拉力增速容许范围的差异也会影响测试结果。所以,不同试样的比较试验,应在同一台拉力机、同一位试验人员和在相同的底材及相同的表面处理情况下进行。

2. 涂膜防腐蚀性能

1)盐雾试验

盐雾试验是将涂装试样的涂膜划伤后斜置于温度受控的盐雾箱内,经一定时间后观察样板的锈蚀、蔓延和起泡程度,以此来评定涂膜抵抗盐雾侵蚀能力的试验方法。这是一种国际上广泛采用的室内模拟测试方法,但它只能表征规定条件下的耐腐蚀行为。国际标准 ISO 9227 中性盐雾试验法(NSS)中介绍,“在耐盐雾作用和在其他媒质中耐腐蚀性之间很少有直接的关系,因为影响腐蚀进展的几项因素,如保护膜的形成,随着所遇条件的不同而有很大变化。因此,测试结果不能被作为检测被测金属材料耐腐蚀性的直接指南。同样,测试期间不同材料的性能不能作为这些材料在使用中耐腐蚀性的直接指导。同样,试验中不同涂层的性能也不能直接指导这些涂层在服役中的相对耐蚀性”。

盐雾试验法中最广泛应用的是 ASTM B117,在其“意义与应用”一节中认为:试验所提供的特定环境中的腐蚀数据,当独立使用时与自然环境中的试验结果相关甚少,同时盐雾试验腐蚀行为与试验结果也常常不具有可推测性,试验结果的重现性也存在诸多变异性。ASTM B117 盐雾试验中,盐溶液呈中性,其 pH 值在 6.5 ~ 7.2 范围内,具体细节可参见该标准方法。该试验可用于涂层的质量验收,但不应将其看作探索研究的最佳条件。同时,《色漆和清漆耐中性盐雾性能的测定》(GB/T 1771—2007)(系等效采用《色漆和清漆耐中性盐雾性能的测定》(ISO 7253:1996)(英文版)也是连续喷雾的中性盐雾试验。此外,为了加快盐雾试验的周期,还有采用醋酸盐雾试验(用醋酸调节盐溶液 pH 值至 3.1 ~ 3.3),以及更快速的氯化铜改性的醋酸盐雾试验。

2)湿热试验

湿热试验是将涂有漆膜的样板或实物置于湿热试验箱中,定时观察起泡、腐蚀及附着力下降等变化。它主要考验涂膜的耐水性和水汽渗透性,比一般常温浸水试验效果更快。湿热试验与盐雾试验的主要区别在于湿热试验的雾滴中没有盐分而是蒸馏水,虽然盐滴导电率高,又含氯离子具有强烈的腐蚀作用,但蒸馏水活性高,对涂膜的渗透能力更强。水蒸气及凝露对涂膜的破坏主要在于水对涂膜的渗透作用造成涂层层间或涂层与底材之间局部积聚水,以及涂膜自身吸水膨胀,而产生的局部应力降低与底材的附着力下降,最终因水或金属底材腐蚀产生的气体顶起而起泡。温度越高,水蒸气对涂膜的渗透压越高,涂膜分子链结构的空隙也越大,涂膜的破坏也就越快。所以在湿热试验中应对温度和湿度参数进行严格控制。

各种湿热试验的具体方法略有不同,恒温恒湿的标准方法参见《漆膜耐湿热测定法》(GB/T 1740—2007),美国《使用控制冷凝法测试涂层耐水性的标准试验方法》(ASTM D4585)(英文版),按规定可用于试验箱温度 38℃、49℃、60℃或商定的其他温度试验,也可用于上述温度下保持凝露 20h,然后干燥(可在鼓风烘箱或将试件取出在室温下放置干燥)4h,共 24h 为一周期进行湿干循环试验。试验在周期性循环检查时,试样应轮换位置,以减少试验箱内温湿度不均对试验结果的影响。试样评定时,由涂膜有无起泡、泡的大小与密度、生锈和脱落程度来评级。

3)浸渍试验

浸渍试验是将涂装试样浸泡在水或规定浓度的介质中,一定时间后观察涂层是否合格;或者将试样一直浸泡至涂层破坏失效达一定程度,测定其持续的时间。浸渍法用于评定涂膜抵抗介质渗透而不发生变色、起泡、附着力下降、生锈及脱落等破坏的能力。一般有常温法和加温法两种,加温法作用较快,试验时间短。

耐水性试验标准方法有:《漆膜耐水性测定法》(GB/T 1733—1993)、美国《用水浸法测定涂层耐水性》(ASTM D870)(英文版)等。耐盐水及耐化学介质试验是测定涂膜防锈性的一种快捷、简便的方法,有《漆膜耐化学试剂性测定法》(GB/T 1763—1979)和《色漆和清漆耐液体介质的测定》(GB/T 9274—1988)(系等效采用 ISO 2812:1974)等。

浸渍法试验除了严格控制温度外,还应注意试液的适时更换,槽内试样不能过密,试样之间、试样与槽壁和底之间的间距均要大于 30mm,以防止电解效应导致涂层加速破坏。

四、典型防腐材料

1. 溶剂型沥青类防腐材料

用于冷法施工的溶剂型沥青类防腐材料使用方便。对此主要检验其防腐性能和黏结性能(附着力)。

1)黏结性能

溶剂型沥青橡胶曾进行过最高使用温度(70℃)、常温和低温(-15℃)时的黏结强度试验,试验结果见表 5-1。其中溶剂型沥青橡胶与钢板间的附着力破坏性质属于 A/B 型,即第一道涂层与底材间的附着破坏面积与拉拔头上黏附面积各占 50%。

溶剂型沥青橡胶黏结强度试验结果汇总表 表 5-1

防腐材料	黏结强度(MPa)								
	-20℃	-10℃	0℃	20℃	30℃	40℃	50℃	60℃	70℃
溶剂型沥青橡胶	1.36	1.34	1.54	1.94	2.53	2.54	2.25	1.27	1.00

由表 5-1 可见,溶剂型沥青橡胶随着温度的升高,黏结强度先增大,达到最大值后随着温度的进一步升高,黏结强度又逐渐降低,在较宽的温度范围内具有很高的黏结强度(日本本四桥桥面黏结强度要求 20℃时大于 1.2MPa)。因此大量工程案例表明,溶剂型沥青橡胶能满足钢桥面铺装对黏结强度的要求。

2)防腐性能

(1)渗水性能和耐水试验

采用英国 autoclam 设备对溶剂型沥青橡胶进行渗水试验,其渗透压力为 0.05MPa,测试渗水系数为 0cm/s。该涂层能够有效地阻止水浸入钢板表面,并且在高压下仍具有良好的隔离水分子性能,说明该体系长期隔离水渗透的能力很强,对于防止钢板腐蚀有积极作用。在以钢板为基材的耐水性试验中(23℃ ±2℃,72hrs),涂层不起泡、不脱落、不起皱、试板不生锈,也说明该体系具有良好的隔离水的能力。

(2)涂层的耐盐水性能

氯盐对钢板的破坏作用非常大,游离的氯离子能破坏钢板表面的钝化膜,使钢板表面发生局部腐蚀,同时腐蚀产物分子体积的增大会产生很大的内应力,使涂层与钢板脱离。为了估计该涂层对氯盐的隔离作用,进行了耐盐水试验。经过72h耐盐水试验(3% NaCl,23℃ ±2℃),涂层尚未出现起泡、脱落和起皱,钢板也没有生锈。

(3)抗刺破性试验

上述试验表明,溶剂型沥青橡胶具有较好的防腐性能,但是作为钢桥面板的防腐材料,除具有良好的防腐性能以外,还应与在其上的铺装相匹配,达到共同保护桥面板并提供良好的铺装使用性能,因此还应进行溶剂型沥青橡胶抗刺破性试验。

浇注式沥青混凝土成型不需要碾压,因此嵌入力很小,不会破坏防腐层的隔离作用,达到了防腐防水的目的。另外,在溶剂型沥青橡胶层上铺一层沥青砂胶,因其有一定的厚度和强度,在高温作用下,沥青砂胶不会完全融化,当石料嵌入沥青砂胶一定的厚度时,沥青砂胶靠自身的强度和砂胶中集料的堆积,能阻止石料继续向下嵌入,保护防腐层不受损伤。由于上述两种原因,溶剂型沥青橡胶防腐层保持了对钢板的隔离作用。

2. 环氧类防腐材料

环氧黏结剂作为钢桥面板隔离防腐材料,由于其结构致密、强度高、不透水、封闭性好,能保护钢板防止腐蚀。

1)黏结性能

环氧黏结剂性能测试结果见表5-2。试验结果表明环氧黏结剂在常温和较高温度条件下都具有良好的黏结强度。

环氧黏结剂黏结性能测试结果 表5-2

试验条件 / 黏结性能	25℃		70℃	
	正常条件	60℃水中保温96h	正常条件	60℃水中保温96h
黏结强度(MPa)	5.7	—	4.3	3.1
剪切强度(MPa)	5.5	5.3	3.2	2.7

2)柔韧性能测试

断裂伸长率和低温弯曲性能是衡量固化体系柔韧性的指标。试验结果表明,环氧黏结剂具有较好柔韧性,在-20℃环境温度下弯曲90°仍未出现裂纹,20℃断裂伸长率为25%,具有良好的柔韧性。

3)渗水性能和耐水试验

经测试,渗水系数为0cm/s,所以该涂层能有效阻止水浸入钢板表面,且在高压下仍有良好的隔水性能,这对于防止钢板腐蚀有积极作用。在以钢板为基材的耐水性试验中(23℃ ±2℃,72h),涂层不起泡、不脱落、不起皱,钢板不生锈,说明该体系也具有良好的隔水能力。

4)耐盐水试验

经过耐盐水试验(3% NaCl,23℃ ±2℃)72h后,涂层不起泡、不脱落、不起皱,钢板不生锈。另外还将试件放入5%的NaCl溶液中浸泡20d,其黏结性能没有下降,这表明环氧固化体系具有较强的抗盐蚀能力和较好的阻隔作用。

3. 牺牲阳极保护阴极的防腐

钢材防锈保护材料主要有水性无机富锌漆、无机富锌漆、环氧富锌漆、锌加、电弧喷锌、四氧化三铅防锈漆等。

无机富锌漆、电弧喷锌等防腐涂层均含有空隙，当桥面铺装有破坏或存在施工缺陷时，水与空气浸入防腐层，由于锌更易失去电子从而更易腐蚀氧化，因而达到保护钢板不首先受到腐蚀的目的(代偿作用)。但生成的氧化锌或锌盐(白锈)结构松散，与钢板的结合力极低，水沿着锌层的空隙浸润渗透，腐蚀面积迅速增加，钢板与铺装层间形成了无结合力夹层，致使铺装病害快速扩散，铺装的使用性能迅速恶化。因此在一般的防腐工程中，将富锌漆用作底漆，而在其上施工一层封闭漆。对于钢桥面铺装层钢板的防腐，也可以采用富锌漆与封闭材料组合防腐，一般可采用环氧类黏结剂或其他性能良好的黏结防水材料作为封闭层，将富锌底漆和上下黏结层整体封闭。

为考查牺牲阳极保护阴极的常用防腐材料抗盐蚀性能的优劣，在新喷砂的钢板上涂一定厚度的防腐涂料或做热喷锌处理，再涂刷 0.25mm 的 A、B 双组分环氧黏结剂，待其完全固化后，分别测试牺牲阳极保护阴极的常用防腐材料的高温黏结性能和常温黏结性能；之后，把所有试件放入 5% 的 NaCl 溶液中浸泡 20d，再测试其高温黏结性能和常温黏结性能，从而确定其防腐效果。实验结果见表 5-3、表 5-4。

几种防腐类型的性能比较(未经受盐蚀)　　表 5-3

防腐类型	测试温度(℃)	拉拔力(kN)	黏结强度(MPa)	破坏状况
热喷锌	70	8.75	4.46	主要发生在 A、B 胶与锌涂层界面
	27	8.01	4.08	主要发生在 A、B 胶与锌涂层界面
锌加(ZINGA)	70	8.11	4.13	主要发生在防腐涂料与钢板界面
	27	5.48	2.79	主要发生在防腐涂料与钢板界面
环氧富锌漆	70	8.14	4.15	主要发生在拉头与 A、B 胶界面
	27	6.90	3.51	主要发生在防腐涂料与钢板界面
水性无机富锌漆	70	5.34	2.72	主要发生在防腐涂料与钢板界面
	27	5.71	2.91	主要发生在防腐涂料与钢板界面
油性无机富锌漆	70	6.65	3.39	主要发生在防腐涂料与钢板界面
	27	6.59	3.36	主要发生在防腐涂料与钢板界面

几种防腐类型的性能比较(经受盐蚀)　　表 5-4

防腐类型	测试温度(℃)	拉拔力(kN)	黏结强度(MPa)	破坏状况
热喷锌	70	10.7	5.45	主要发生在 A、B 胶与锌涂层界面
	24	9.72	4.95	主要发生在 A、B 胶与锌涂层界面
锌加(ZINGA)	70	9.86	5.02	主要发生在防腐涂料与钢板界面
	24	4.84	2.47	主要发生在防腐涂料与钢板界面
环氧富锌漆	70	13.25	6.75	主要发生在拉头与 A、B 胶界面
	24	6.86	3.50	主要发生在防腐涂料与钢板界面

续上表

防腐类型	测试温度(℃)	拉拔力(kN)	黏结强度(MPa)	破坏状况
水性无机富锌漆	70	10.56	5.38	主要发生在防腐涂料与钢板界面
	24	6.30	3.21	主要发生在防腐涂料与钢板界面
油性无机富锌漆	70	10.50	5.35	主要发生在防腐涂料与钢板界面
	24	4.80	2.45	主要发生在防腐涂料与钢板界面

表5-3测试结果表明,在未经受NaCl溶液浸泡的情况下,从常温的黏结效果看,热喷锌>环氧富锌漆>油性无机富锌漆>水性无机富锌漆>锌加;而从高温黏结效果看,热喷锌>环氧富锌漆>锌加>水性无机富锌漆>油性无机富锌漆。

表5-4测试结果表明,在经受NaCl溶液浸泡的情况下,从常温的黏结效果看,热喷锌>环氧富锌漆>水性无机富锌漆>锌加>油性无机富锌漆;而从高温黏结效果看,油性环氧富锌漆>热喷锌>水性无机富锌漆>油性无机富锌漆>锌加。选择防腐层时,应综合考虑施工工艺和环保因素,封闭层与防腐层最好选同种类型材料。如若封闭层采用环氧类材料,则推荐环氧富锌漆作为钢桥面铺装的防腐涂料。

第二节　钢桥面防水黏结材料

一、防水黏结层材料黏结机理

钢桥面铺装的防水黏结层具有防腐、防水和应力吸收等重要功能,同时还有协调钢板与铺装混合料之间的变形与受力的作用。正交异性板局部刚度存在差异,铺装层与钢板之间剪应力较大,要求防水黏结层材料具有较大的黏结强度,抵抗铺装混凝土与钢板之间的剪应力,使之成为一个整体。

1. 黏结的基本条件

1)表面与界面的性质

(1)表面与界面的含义

表面与界面现象的研究主要针对具有多相性的不均匀体系,以及体系中存在两个以上不同性能的相。表面与界面是指由一个相到另一个相的过渡区域。对于物质的气、液、固三种状态,表、界面通常可以分为固—气、液—气、固—液、液—液和固—固5种状态。通常把凝聚相和气相之间(固—气、液—气)的界面称为表面,把凝聚相之间(固—液、液—液、固—固)的分界面称为界面。表面和界面有时也难以区分,故除了固体内晶粒界面可明确与表面区分之外,其他情况下两个术语可以互换。

如上所述,表面与界面是指相与相之间的过渡区域,因此表面与界面区的结构、能量和组成等都呈现连续的梯度变化。表面与界面并不是几何学上的平面,而是一个结构复杂、厚度仅为几个分子线度的准三维区域。因此可将界面区当作一个相或层来处理,称为界面相或界面层。

(2)表面能与表面张力

材料表面的原子与体内的原子处在不同的环境中。前者的原子呈现高能、高应力状态。这种状态决定了材料表面具有表面能和表面张力。

①表面自由能：

根据热力学原理，表面能包括表面自由能和表面束缚能。如式(5-6)所示：

$$E_s = F_s - T \cdot S_s \tag{5-6}$$

式中：E_s——表面总能量；

F_s——表面自由能；

S_s——表面熵；

T——表面温度。

T 与 S_s 的乘积为表面束缚能。在一定温度 T 作用下，表面束缚能由表面熵 S_s 决定。实验结果已证明，由表面熵决定的表面束缚能远远小于表面自由能，在讨论实际问题时，可以忽略表面束缚能对表面能的贡献。因此，表面能主要取决于表面自由能。如果把固体表面视为一种连续介质表面膜，则可以根据液体表面膜表面自由能的概念，来讨论固体表面的一系列表面与界面现象。

②表面张力：由实验可知，在液体表面膜中，存在着使液体表面积缩小的张力，这种张力称为表面张力，由式(5-7)表示。

$$\mathrm{d}W = \sigma \mathrm{d}l \tag{5-7}$$

式中：σ——表面张力，定义为表面上单位长度的应力，又称表面张力系数，其量纲为 N/m。

要使液体的表面积增大，则需给予一定的外力，用于克服表面张力而做功。增加表面积所做的功以表面自由能来度量，如式(5-8)所示。

$$-\mathrm{d}W = \gamma \mathrm{d}A \tag{5-8}$$

式中：γ——比表面自由能，简称表面能，定义为增加单位面积所做的功，其量纲为 J/m^2。

对于液体表面问题，表面张力与表面能在数值上相等($N/m = J/m^2$)。而对于固体表面问题，两者通常不相等。但是由于固体有足够的塑性，表面原子有不同程度的迁移，尤其是在温度较高时(如熔点附近)，表面原子首先接近于熔融状态，此时某些性质接近于液态。例如，金属丝端部在熔点附近呈圆滑状，玻璃器皿边口圆滑等。所以常应用液体表面理论近似地讨论固体的表面现象。

2)胶黏剂对被黏结表面的润湿性

(1)胶黏剂必须是容易流动的液态物质

在黏结过程中，胶黏剂首先必须是容易流动的液态物质。液态能使胶黏剂自动流向低洼处并填满缝隙和孔洞，在被黏结表面形成均匀的胶黏剂薄层，为分子接触提供机会。黏度是对流动阻抗的一种度量，流动是高分子链段在熔体空穴之间协同运动的结果，并且受链缠结、分子间力、增强材料等因素所制约。从物理化学的观点看，胶黏剂的黏度越低，越有利于提高界面区分子接触程度。为此，可采用低分子量聚合物作为基料，用溶剂或水搅拌制成溶液或乳液，还可采用稀释剂调节其黏度。根据特殊要求还可加入触变剂，在压力作用下提高胶黏剂的流动性。但实际工艺又要求胶黏剂有一定的黏度和初始黏结力，所以许多胶黏剂都是具有一定黏度的液相物质。可把常用的触变型防水材料看作是一种高黏度的流体，或者是一种在一定压力下容易流动和变形的半固体物质。

(2)胶黏剂对被黏结表面的润湿

①界面张力与黏附功:胶黏剂与被黏物之间形成润湿状态,是胶黏剂具有良好黏结性能的先决条件。为便于研究,通常把胶黏剂当作一种液体,把被黏物当作一种固体,即用液体—固体体系当作胶黏剂—被黏物体系的研究模型。

如前所述,处于表面区的液体分子受到的表面张力通常在液体—蒸气的环境中测得,测得的数值是液体—气体界面的界面张力 σ_{LG},σ_{LG} 值非常接近于真空中液气表面张力 σ_L。热力学认为单位面积表面区的自由能与表面张力在数值上相等,所以缩小表面积将导致自由能的下降,这是一个自动进行的过程。

液体与固体表面接触时,处于界面区的两种材料分子在各相内部方向受到同种材料分子的吸引作用。在朝向界面方向,受到来自界面分子力的吸引作用。此两种吸引力的合力称为界面张力 σ_{SL}。

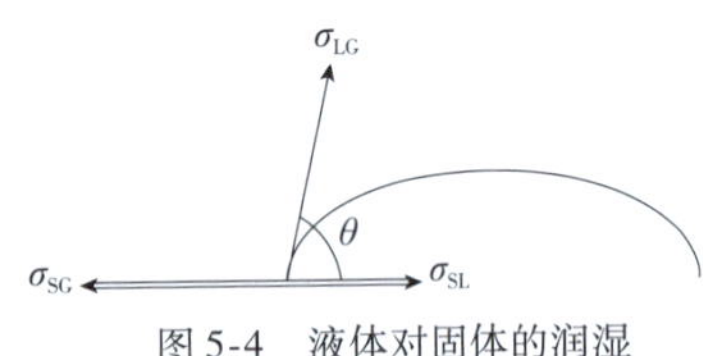

图 5-4　液体对固体的润湿

将一液体滴在固体表面上,形成图 5-4 的形状。在固—液—气三相界面上,固—气的界面张力为 σ_{SG},固—液的界面张力为 σ_{SL},液—气的界面张力为 σ_{LG}。在三相交界处自固—液界面经过液体内部到气—液界面的夹角成为接触角,以 θ 表示。三相界面张力 σ_{SG}、σ_{SL} 和 σ_{LG} 服从以下的 Young 方程:

$$\sigma_{SG} = \sigma_{SL} + \sigma_{LG} \cdot \cos\theta \tag{5-9}$$

Young 方程是研究液—固润湿作用的基础。通常,接触角的大小是判别润湿性好坏的判据。设有 α—β 两相,其界面张力为 $\sigma_{\alpha\beta}$,在外力作用下分离为独立的 α 和 β 相,表面张力分别为 σ_α 和 σ_β。在这一过程中外界所做的功 W_a 见式(5-10)。

$$W_a = \sigma_\alpha + \sigma_\beta - \sigma_{\alpha\beta} \tag{5-10}$$

W_a 将结合在一起的两相分离成独立的两相,外界所做的功,称为黏附功。固体对液体的润湿作用一般可用黏附功大小来表征。在液体—固体接触体系中,分离两相吸引作用所需单位面积界面的功即为黏附功 W_{SL}。液体与固体分子相互吸引力越大,黏附功也越大,则润湿性能越好。对固—液界面:

$$W_{SL} = \sigma_S + \sigma_{LG} - \sigma_{SL} \tag{5-11}$$

式中:σ_S——固体在真空中的表面张力,它与 σ_{SG} 有式(5-12)所示关系。

$$\sigma_S - \sigma_{SG} = \pi \tag{5-12}$$

π 称为扩展压(平衡膜压)。因为在气—液—固三相体系中,气—液—固均达到平衡,即固、液表面都吸附了气体,因此式(5-11)可写成:

$$W_{SL} = \sigma_{SG} + \sigma_{LG} - \sigma_{SL} \tag{5-13}$$

与 Young 方程结合可得式(5-14):

$$W_{SL} = \sigma_{LG}(1 + \cos\theta) \tag{5-14}$$

上式将液—固之间的黏附功与接触角联系起来。如果式中 $\theta = 0^o$,则 $W_{SL} = W_C = 2\sigma_{LG}$,即黏附功等于液体的内聚功 W_C,固—液分子间的吸引力等于液体分子与液体分子的吸引力,因此固体被液体完全润湿;而当 $\theta = 180°$,则 $W_{SL} = 0$,也就是固—液之间没有吸引力,分离固—液界面不需做功。此时固体完全不为液体润湿。实际上,固—液之间多少总存在一定的吸引力，故接触角 θ 在 $0° \sim 180°$ 之间。接触角越小，黏附功越大，润湿性越好。

②非理想固体表面的润湿。Wenzel 通过对粗糙表面的深入研究，认为粗糙表面上固—液的接触面积要大于观察到的表观几何的面积。假设将一液滴置于一个粗糙表面上，液体在固体表面上的真实接触角无法测量，试验测得的只是其表观接触角 θ_r。Wenzel 模型假设液体始终能填满粗糙表面上的凹槽（图 5-5），称为湿接触。

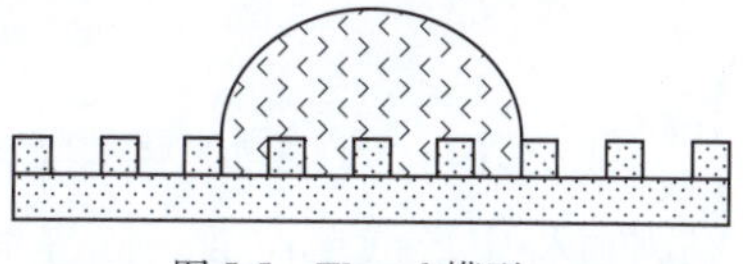

图 5-5 Wenzel 模型

Wenzel 对 Young's 方程进行了修正，提出了 Wenzel 方程，见式(5-15)：

$$\cos\theta_r = \frac{r(\sigma_{SG} - \sigma_{SL})}{\sigma_{LG}} \tag{5-15}$$

即

$$\cos\theta_r = r\cos\theta \tag{5-16}$$

式中：r——粗糙度，即实际的固—液界面接触面积与表观接触面积之比，取 $r \geqslant 1$。

Wenzel 方程表明，粗糙度的存在使得亲水性表面更加亲水，疏水性表面更加疏水即 $\theta < 90°$ 时，表面粗糙度增大则 θ_r 降低，表面变得更加亲水；$\theta > 90°$ 时，表面粗糙度增大则 θ_r 增大，表面变得更加疏水。

Wenzel 方程只适用于热力学稳定平衡状态，但由于表面不均匀，液体在表面展开时需要克服一系列由于起伏不平而造成的势垒。当液体振动能小于这种势垒时，液体不能达到 Wenzel 方程所要求的平衡状态，而可能处于某种亚稳平衡状态。当固体表面由不同种类的化学物质组成时，则不适用于此方程。

为了克服 Wenzel 方程的局限，Cassie 和 Baxter 进一步拓展了 Wenzel 的上述原理，提出将粗糙不均匀的表面设想为一个复合表面，由物质 1 和物质 2 组成。当表面结构疏水性较强时，液体并不能填满粗糙表面的凹槽，而是在液滴下有空气存在（图 5-6）。

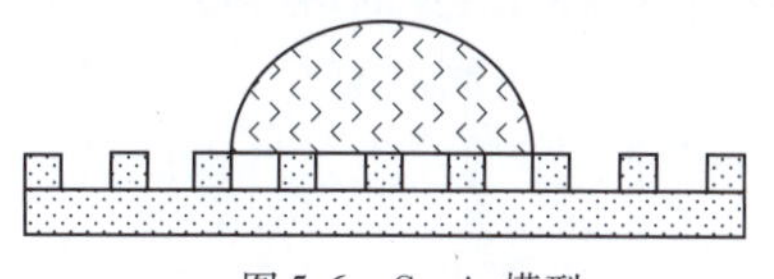

图 5-6 Cassie 模型

对 Young's 方程，Cassie 方程可修正为：

$$\cos\theta_r = f_1\cos\theta_1 + f_2\cos\theta_2 \tag{5-17}$$

式中：θ_1、θ_2——液体在成分 1 和成分 2 上的本征接触角；

f_1、f_2——成分 1 和成分 2 所占的单位表观面积分数（$f_1 + f_2 = 1$）。

当固体表面疏水性强，液体不能填满粗糙表面的凹槽时，表观上的液—固接触面实际由固体和气体共同组成。由于空气对水的接触角为 180°，因此式(5-17)可变为：

$$\cos\theta_r = f_1\cos\theta - f_2 \tag{5-18}$$

上述公式均是经验性和模型化的结果，实际上的固体表面不一定符合公式所描述的情况，这与固体的表面形貌有关系。

③润湿过程的分类

a. 黏附润湿过程：这是液体直接接触固体，变气—液表面和气—固表面为液—固界面的过程。设液体黏附在固体上的面积为 a，在等温等压条件下，由热力学可得过程的表面自由焓降低为：

$$-\Delta G_a = a(\sigma_{SG} - \sigma_{SL} + \sigma_{LG}) \tag{5-19}$$

或

$$\frac{-\Delta G_a}{a} = \sigma_{SG} - \sigma_{SL} + \sigma_{LG} = W_a \tag{5-20}$$

式(5-19)、式(5-20)表明黏附润湿过程的"推动力"为($\sigma_{SG} - \sigma_{SL} + \sigma_{LG}$),它等于系统在黏附过程中形成单位液—固界面时自由能的降低值,此值又称黏附功 W_a。

b. 浸湿过程即将固体浸入液体,使原来的气—固表面由液—固界面所代替。若固体面积为 a,在浸湿过程中系统自由焓降低为:

$$\frac{-\Delta G_a}{a} = \sigma_{SG} - \sigma_{SL} = -W_i \tag{5-21}$$

W_i 称为浸湿功,其大小可以反映液体在固体表面取代气体的能力。令 $A = W_i$,A 称为黏附张力。只有 $A>0$ 的过程才能发生浸湿,$A<0$ 为不能浸湿,这是因为液体分子与固体表面上分子的黏附力小于液体分子自身的内聚力之故。

c. 铺展润湿过程是液体与固体表面接触后,在固体表面排除空气而自行铺展的过程,即以液—固界面取代气—固表面同时液体表面也随之扩展的过程。若液体自发铺展的覆盖面积为 a,则相应的自由焓降低为:

$$\frac{-\Delta G_a}{a} = \sigma_{SG} - \sigma_{SL} - \sigma_{LG} = S_{L/S} = W_a - W_c \tag{5-22}$$

式中:($\sigma_{SG} - \sigma_{SL} - \sigma_{LG}$)——铺展过程的推动力,定义为铺展系数 $S_{L/S}$,在恒温恒压下,$S_{L/S} \geqslant 0$ 液体可自由铺展。

显然,对于同一系统,三种润湿可依次表示为 $W_a > A > S_{L/S}$。换言之,若 $S_{L/S} \geqslant 0$,必然 $W_a > A > 0$,即凡能铺展的必定能黏附润湿和浸湿,反之则未必。可见铺展是润湿程度最高的一种润湿。液体表面张力对三种润湿的贡献是不同的,增大 σ_{LG} 对黏附润湿有利,对于浸湿不起作用,而对于铺展润湿是不利的。借助 Young 方程,可将三种润湿的发生条件以能量判据和接触角判据的对应关系列出,见表 5-5。

三种润湿发生条件的判据 表 5-5

类　型	能量判据式	接触角判据
黏附润湿	$W_a = \sigma_{LG}(1+\cos\theta) \geqslant 0$	$\theta \leqslant 180°$
浸湿	$A = -W_i = \sigma_{LG}\cos\theta \geqslant 0$	$\theta \leqslant 90°$
铺展润湿	$S_{L/S} = \sigma_{LG}(\cos\theta - 1) \geqslant 0$	$\theta = 0°$或不存在

可见,只要已知液体的表面张力及接触角即可用以上能量判据公式求得 W_a、A 和 $S_{L/S}$。在以接触角表示润湿性时,习惯上规定 $\theta = 90°$ 为润湿与否的标准。$\theta > 90°$ 为不润湿,$\theta < 90°$ 为润湿,$\theta = 0°$ 时为铺展。对一定液体,$\theta > 90°$ 的固体称为憎液固体,$\theta < 90°$ 的固体称为亲液固体。对三种润湿,降低 σ_{SG} 与增加 σ_{SL} 均对润湿不利,反之则有利。

④固体表面的润湿性质。固体的表面张力 σ_{SG} 越大,越容易被一些液体所润湿。一般液体的表面张力除汞外都在 100mN/m 以下,以此为界可把固体表面分为高能表面和低能表面。高能表面如金属、硫化物、无机盐等,为几百至一万多 J/m^2;低能表面包括一般的有机固体及高聚物,为 0.025 ~0.1J/m^2。它们的润湿性能与液固两相的表面组成与性质密切相关。

高能表面原则上能被一般液体润湿或铺展。水、油液体在干净的金属、玻璃表面就是如此。但若这些表面被污染，就会呈现很差的润湿性。同理，钢桥面板防水黏结层施工时，为保证每一道后续涂层施工时能在前一道涂层上良好润湿，每一道涂层施工完毕后如何保护其不受污染至关重要。

3）黏结力的形成

黏结通常是利用固化的胶黏剂实现对被黏结物表面的黏附。胶黏剂的黏附是通过界面的相互作用而产生的。这种界面的相互作用可以是分子间的范德华力，如取向力、诱导力和色散力等，也可以是化学键力，如离子键、金属键和共价键等，还可以是界面上微观的机械结合力、界面静电引力以及扩散结合力等。以上形成黏结力的各种作用力中范德华力是普遍存在的，而其他作用力只有在满足某些条件的情况下才可能存在。对于黏结力形成的机理，虽然提出了各种理论解释，但均只能说明部分现象，较多的问题及相关关系仍在研究中。

2. 黏结的影响因素

理想的黏结是两个组分之间完全的紧密接触（无任何瑕疵），并且在接触面不存在任何可能减弱体系理想强度的污物（如湿气、污垢、油脂等），其强度在热力学原理可定义为克服跨界面的分子相互作用，将两个表面分开所需要的可逆功。基于热力学可逆分离过程的概念，虽然理想黏结强度可以通过理论计算得出，但是事实上这种理想状态几乎不可能存在。因为实际黏结过程中不可避免会出现空气残留、漏涂或污染等瑕疵，而黏结界面破坏过程也存在能量耗散的不可逆过程，这些都将大大减少体系实际的黏结强度。除此之外，黏结的影响因素还包括以下几点：

1）胶黏剂的组成与性质

（1）黏结强度受到交联树脂相对分子质量及分布的影响。交联树脂的相对分子质量过大，则向被黏结物表面层扩散的分子自由链端数目减少，影响黏结；相对分子质量减小，则有利于黏结表面的润湿，但相对分子质量过小，也会使胶黏剂的内聚强度下降。

（2）聚合物的结晶度影响黏结性能。一般聚合物的结晶度越高，强度、模量越大，脆性、各向异性增加，则黏结性能下降，因此我们常常希望用作胶黏剂的聚合物具有各向同性的性能，但适当的结晶也会对聚合物的内聚强度有利。

（3）对于表面能高的被黏结物，胶黏剂极性越大黏结强度越高，而表面能低的被黏结物，胶黏剂的极性将使黏结体系的润湿变得困难。

（4）胶黏剂的强度、刚性、黏度均与其组成和配比密切相关。

2）被黏结物表面状态

（1）被黏结物应具有清洁的表面。一般有机胶黏剂却具有低表面能，均能润湿被黏结物的高能表面，如果这些被黏结物的高能表面已吸附油脂等污染物，则黏结强度必然下降。

（2）表面粗糙度影响黏结性能。一般高能表面越粗糙，黏结强度越大，但过于粗糙，也会因凹凸不平产生空心或夹层，影响黏结，而低能固体表面作粗化处理是无效的。

3）黏结体系的内应力

（1）内应力产生的主要原因：一是胶黏剂在固化过程中因体积收缩而产生的收缩应力；二是胶黏剂和被黏结物二者的线膨胀系数不相同，在固化和使用过程中因遇到温度变化而产生的热应力。此外，两相分子的接触不均、介质对胶黏剂及被黏结物的作用也会产生内应力。

(2)内应力是影响黏结强度和耐久性的重要因素。当内应力大于黏结力时，黏结层会自行脱落。内应力主要存在于界面区且分布不均匀，一般被黏物端部的内应力要比其他部位大。胶黏剂层内部若有裂缝或气泡也会产生内应力和应力集中。

(3)内应力会随胶黏剂或被黏物分子的蠕动而逐渐下降。因此在胶黏剂中加入韧性较好的链段，如增韧剂或柔性单体，能有效减少或消除内应力；在胶黏剂中加入无机填料，调节线膨胀系数，也可以降低内应力；在工艺上采用逐步升温固化，逐步冷却的措施也可以减少应力集中。

4)弱界面层

所谓弱界面层是胶黏剂与被黏物界面上所能承受的应力远小于两本体相，它常成为黏结的断裂区。弱界面层的产生主要是由于胶黏剂、被黏物、环境介质如空气、水分、油污以及其他低分子物质彼此共同作用的结果。它们中的各种低分子物质如添加剂、助剂、聚合过程中的杂质及某些金属氧化物等通过吸附、扩散、迁移和凝聚等作用，在部分或全部界面上形成了结合强度差的低分子富集区。

5)工艺条件

工艺条件包括温度、压力和涂胶厚度等。

(1)黏胶涂覆时的温度对黏结强度有一定影响。如适当提高环氧树脂施工温度(在可施工范围内)，环氧胶黏剂内部分子热运动和扩散作用增强，有利于提高黏结强度；但是甲基丙烯酸树脂体系施工温度过高则会破坏胶黏剂表层的封闭隔氧作用层，降低胶黏剂聚合的程度降低，甚至出现表面发黏等现象。

(2)黏结压力增大有利于胶黏剂均匀的铺展在被黏物的表面，使胶黏剂与被黏物的表面的实际接触面积增加。压力的影响对流动性差的胶黏剂更为显著。

(3)胶层的厚薄对黏结强度也有一定影响。胶层过厚，胶层内形成的气泡会增加，胶层热膨胀量的增加也会引起热应力的增加。但胶层厚度也不是越薄越好，对受冲击负荷小而弹性模量不大的胶来说，胶层稍厚能提高抗冲击强度，对弹性模量较大的胶，抗冲击强度与胶层厚度无关。胶层的厚度可根据胶黏剂种类和实际条件经过试验来决定。

此外，工艺条件还有时间、湿度等因素。以上各因素使得实测黏结强度远低于可能具有的黏结强度，如图5-7所示。

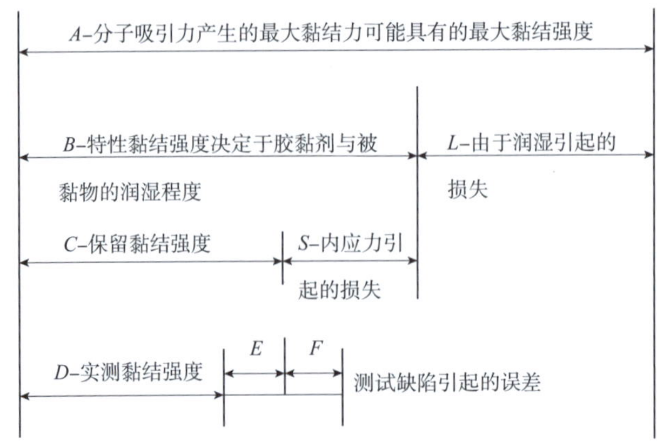

图5-7　理论黏结力与实际黏结力的差别

二、防水黏结层性能要求与分类

为了确保钢桥面板与沥青铺装层之间的有效黏结，钢板与沥青铺装层之间必须具有性能优良的防水黏结层。防水黏结层应同时具备良好的黏结作用和防水性能。所以将黏结与防水作用作为一个体系来考虑。

综合国内外钢桥面铺装黏结层的研究和应用现状，并结合我国具体的气候条件，提出钢桥面铺装防水黏结层必须满足的要求如下：

(1)具有良好的层间结合力和变形能力；

(2)具有良好的高温稳定性和低温抗裂性；

(3)要求防水黏结层具有良好的抗疲劳能力；

(4)具有良好的水稳性、抗化学腐蚀和防水能力；

(5)具有良好的施工和易性。

国内外钢桥面铺装防水黏结层主要有沥青类和反应性树脂类两类材料。

(1)沥青类

沥青类材料作为钢桥面铺装的防水黏结层，具有如下特点：

①防水黏结层是通过物理过程实现与钢板的有效黏结；

②防水黏结层材料随着温度的升高会出现软化或者融化，随着温度的降低又会出现凝结，整个过程具有一定的可逆性；

③防水黏结层和保护层(铺装下层)共同构成防水隔离体系。

目前作为防水黏结层的沥青类材料主要包括：热熔型聚合物改性沥青、溶剂型橡胶沥青和改性乳化沥青等。

(2)反应性树脂类

反应性树脂作为钢桥面铺装的防水黏结层，具有如下特点：

①防水黏结层是通过化学过程实现与钢板的有效黏结，该化学过程一般是不可逆的；

②防水黏结层材料不会随着温度升高而出现软化或者融化，黏结层一旦形成，就具有相对独立性和稳定性，对温度显示出良好的惰性；

③防水黏结层可以单独形成，也可以与缓冲层共同构成相对独立的防水隔离体系。

目前作为防水黏结层的反应性树脂类材料主要包括：环氧树脂、环氧沥青、聚氨酯及甲基丙烯酸树脂等。

目前国内外的防水黏结层主要因材料的种类不同而有所区别。不同的国家和地区都有适用于自身使用条件的防水黏结体系。钢桥面铺装也都自成体系，基本形成了各自的技术指标系统。

三、典型防水黏结材料

1. 溶剂型沥青黏结材料

1)主要特点

溶剂型沥青黏结材料防水体系，一般采用溶剂型沥青防水黏结材料 + 浇注式沥青混凝土保护层或溶剂型沥青防水黏结材料 + 改性沥青砂胶缓冲层 + 沥青玛蹄脂碎石混合料

(SMA)铺装保护层这两种防水体系的结构组成(图5-8)。其中部分钢桥上采用了富锌底漆,也有部分钢桥未采用,建议不采用防腐底漆为宜。由于溶剂型沥青防水黏结材料主要依赖溶剂挥发后的橡胶改性沥青成膜,而橡胶作为沥青的加筋材料,并没有形成化学上的直接反应,沥青和橡胶成为各自独立的结构相物质,沥青也没有因此而获得增强,在高温碾压作用下,沥青膜会被集料刺破,石料棱角将直接作用于钢板表面,溶剂型沥青黏结材料将失去对钢桥面板的防水保护作用。因此,当采用SMA等热碾压沥青混合料作为桥面铺装层时,需要使用沥青砂胶缓冲层对溶剂型沥青黏结材料进行保护。

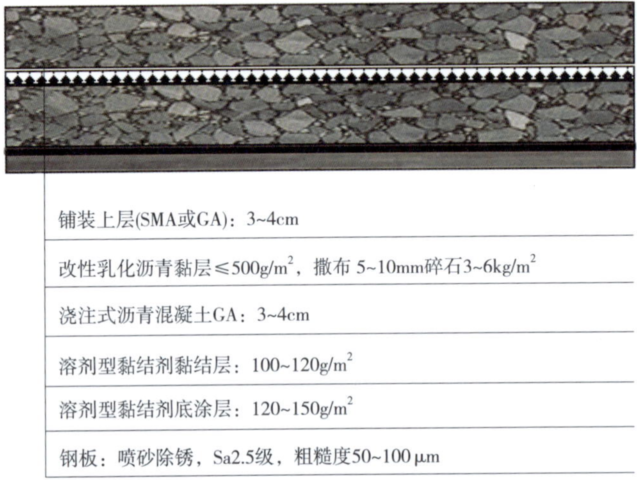

a)

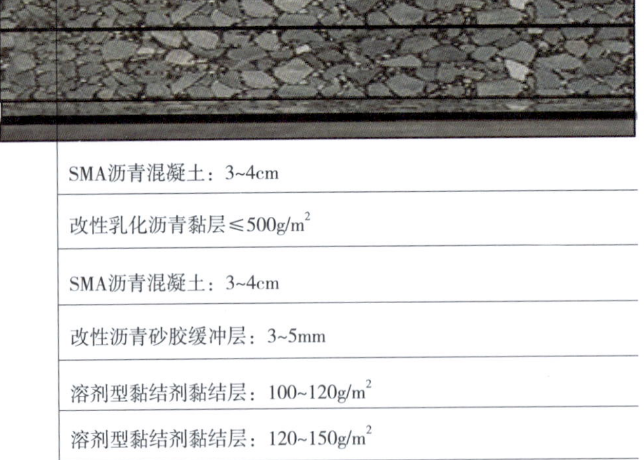

b)

图5-8 溶剂型黏结剂典型结构

a)富锌防腐底漆+溶剂型沥青防水黏结材料+浇注式沥青混凝土保护层;b)富锌防腐底漆+溶剂型沥青防水黏结材料+改性沥青砂胶缓冲层+沥青玛蹄碎石混合料

2）设计指标

在钢桥面铺装中使用的溶剂型沥青黏结剂技术指标要求见表5-6。

溶剂型沥青橡胶防水黏结层技术指标要求　　表5-6

<table>
<tr><th>试验项目</th><th>技术要求</th><th>试验方法</th></tr>
<tr><td>固体含量（%）</td><td>≥40</td><td>JC/T 975—2005</td></tr>
<tr><td>表干时间（h）</td><td>≤4</td><td rowspan="3">GB/T 16777—2008</td></tr>
<tr><td>实干时间（h）</td><td>≤8</td></tr>
<tr><td>不透水性</td><td>不透水</td></tr>
<tr><td>黏结拉拔强度（MPa），23℃</td><td>≥2</td><td>本章“拉脱法”</td></tr>
<tr><td>与铺装下层GA黏结强度（MPa）</td><td>≥1</td><td>见附录D</td></tr>
</table>

3）黏结性能

对于溶剂型黏结剂防水黏结体系，主要研究了溶剂型沥青黏结剂＋沥青砂胶和溶剂型沥青黏结剂＋浇注式沥青混合料两种体系。防水体系除了要求防水性能外，最重要的是在铺装后能否提供较大的层间抗剪切强度，两种体系均在25℃及60℃温度下测定剪切强度。试验方法见附录A，试验结果见表5-7。

两种体系在不同温度时的剪切强度（单位：MPa）　　表5-7

防水体系 \ 温度	25℃	60℃
溶剂型黏结剂＋沥青砂胶＋SMA	0.8	0.2
溶剂型黏结剂＋GA	1.32	0.2

由表5-7试验结果可知，25℃时溶剂型黏结剂＋沥青胶砂体系比溶剂型黏结剂＋浇注式沥青混凝土体系的剪切强度小。原因是沥青砂胶组成类似于砂粒式浇注式混合料结构，而其沥青含量比浇注式沥青混合料高得多，因而石料对强度的贡献减小。而在60℃温度下，沥青胶砂与浇注式沥青混合料沥青强度衰变都很明显，该温度下二者的剪切强度均较小。

通过60℃剪切强度试验，表明溶剂型沥青黏结材料应用于钢桥面板的防水体系高温稳定性明显不足。

2. 甲基丙烯酸树脂体系（MMA）

1）主要特点

甲基丙烯酸树脂体系防水材料最早在英国使用。目前，国内也已有十余年的使用经验，由于其固化迅速，具有良好的力学性能，与钢板能形成良好的变形追从效果，耐久性好，因而得到业内的一致好评。该材料体系中钢板底涂层是一种能在空气中自然固化的单一组分溶剂型树脂材料，并加入防锈助剂。在钢板喷砂除锈后3h内使用，可以增强甲基丙烯酸树脂膜与钢板表面的黏合。底涂层抗腐蚀性主要表现为隔离钢板与空气接触，防止表面被氧化或腐蚀；甲基丙烯酸树脂防水层是一种双组分树脂，施工时用一种粉末催化剂固化，直接喷涂在底涂层上形成一层坚韧、柔性的无缝防护层，它不含溶剂，直接通过化学反应固化成固态；黏结层是一种反应性树脂涂层，反应原理同甲基丙烯酸树脂层，施工时直接滚涂于甲基丙烯酸类树脂之上，固化后形成一个整体的封闭体系，并与其后热铺的浇注式沥青混合料紧密黏结。甲基丙烯酸树脂防水体系的典型结构如图5-9所示。

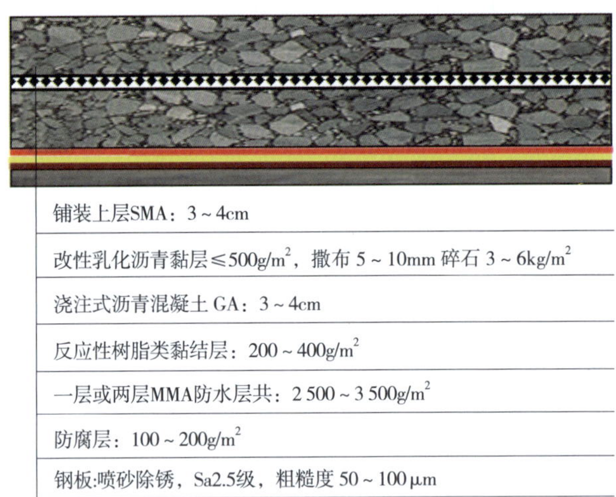

图5-9　甲基丙烯酸树脂防水体系典型结构

为确保甲基丙烯酸树脂体系对钢板的保护效果，甲基丙烯酸树脂防水层一般分一层或两层喷涂施工，厚度达到2mm左右。由于其良好的力学及变形性能，厚膜对于调节沥青混合料与钢板间的模量差异效果明显。甲基丙烯酸树脂体系中防水材料虽然分两次施工，但后一层材料仍能和前一层材料的表面活性基团进行反应，形成良好的化学黏结力。由于不同层次同属于甲基丙烯酸树脂类材料，防水体系能形成有机整体，黏结层表面通过预留的活性基团可与沥青混合料层形成有效黏结，因此，甲基丙烯酸树脂防水体系能使钢桥面铺装形成有机的整体受力结构，对于钢桥面板和沥青混合料铺装层均有较好的保护作用。

2）技术指标

在钢桥面铺装中使用时，甲基丙烯酸树脂防水体系技术指标要求见表5-8。

甲基丙烯酸树脂防水层技术指标要求　　表5-8

试验项目	技术要求	试验方法
固体含量(%)	≥95	GB/T 16777—2008
表干时间(h),23℃	≤0.5	
实干时间(h),23℃	≤1.0	
拉伸强度(MPa),23℃	≥12	
断裂伸长率,23℃	≥130	
不透水性,0.3MPa,24h	不透水	
低温柔性,－20℃,20mm圆筒	无裂纹	

续上表

试验项目	技术要求	试验方法
硬度,邵 D	50~70	GB/T 2411—2008
抗冲击性(1kg,50cm)	无裂纹	GB/T 1732—1993
与涂防腐漆钢板黏结强度(MPa),25℃	≥5	附录 D

3)相关性能

对于甲基丙烯酸树脂防水体系,主要研究了防腐底漆与防水材料组合层对钢板的附着力及耐腐蚀性能,防水层材料拉伸及低温性能,以及防水体系组合结构的黏结强度、剪切强度与抗疲劳性能。

(1)防腐底漆与防水材料组合层性能

甲基丙烯酸树脂防水黏结体系防腐底漆与防水材料组合层腐蚀前后黏结强度试验结果见表 5-9。

防腐底漆与防水材料组合层腐蚀前后试验结果 表 5-9

试验状态	试验温度(℃)	黏结强度(MPa)	破坏情况
腐蚀前	25	5.4	防水层 75% 内聚破坏,25% 与拉头之间黏附破坏
盐雾试验后	25	5.0	防水层 70% 内聚破坏,30% 与拉头之间黏附破坏

防腐底漆与防水材料组合层按照中性盐雾试验方法刻槽,刻划深度直至露出钢板,经盐雾试验后,刻槽周边及边缘表面虽然表现良好,但其底部锈蚀已向内部扩张,约延伸 3~5mm,刻槽两侧出现脱层;而在未刻槽部位,整体结构良好。对未刻槽部位腐蚀试验前后的黏结强度试验结果(表 5-9)表明,盐雾腐蚀试验对于甲基丙烯酸树脂体系黏结性能影响较小,因此,完整的甲基丙烯酸树脂防水体系对水具有较好的阻隔作用。如若防水层结构发生破坏,则体系防腐蚀性能将大大衰减。

(2)防水层基本性能

①防水层材料拉伸性能。防水层材料经标准状态及高温处理后,统一置于标准条件下作拉伸试验。试验方法见附录 B,试验结果见表 5-10。

防水材料在不同温度处理后的拉伸性能试验结果 表 5-10

试件养护状态	试验温度(℃)	拉伸强度(MPa)	断裂伸长率(%)	破坏情况	备注
25℃保温 4h	25	11.11	196	中部断裂	试件在两组不同养护状态下分别放置 4h 后,试验前统一置于 25℃条件下保温 4h
200℃保温 4h	25	12.92	176	中部断裂	

试验模拟浇注式沥青混合料施工时的高温条件下防水材料的老化作用,并进行了材料拉伸性能测试。表 5-10 的结果表明,材料拉伸性能未见显著劣化,甲基丙烯酸树脂防水材料具有较好的抗高温老化性能。

②防水材料低温性能。防水材料低温性能试验主要验证防水材料在使用过程中极端低温条件下抵抗开裂破坏的能力。进行甲基丙烯酸树脂防水层材料低温柔性试验。试验方法见附录 C,试验结果见表 5-11。

甲基丙烯酸树脂防水材料低温柔性试验结果　　表 5-11

试验温度(℃)	圆棒直径(mm)	试验结果	备注
-15	20	3s 内弯曲 90°不开裂	-15℃低温柔性合格

从表 5-11 可知,甲基丙烯酸树脂防水材料在 -15℃时,其低温韧性足以抵抗瞬间的 90°弯折冲击,而实际使用过程中正交异性钢桥面板有足够的刚度,能限制桥面板较大的挠度变形,桥面板弯曲角度一般不超过 15°,因此钢桥面铺装甲基丙烯酸树脂防水材料低温耐受极限将显著提高。

图 5-10　甲基丙烯酸树脂防水体系拉拔破坏

(3)甲基丙烯酸树脂防水体系组合结构性能

①防水体系黏结强度。试验测试了四种温度(0℃、10℃、25℃、60℃)条件下甲基丙烯酸树脂防水体系的拉拔黏结强度(图 5-10)。试验方法见附录 D,试验结果见表 5-12。

防水体系拉拔黏结强度　　表 5-12

试验温度(℃)	拉拔强度(MPa)	破坏面情况描述
0	3.96	黏结层表面 50%,与 GA 层间 50%
10	2.87	黏结层表面 30%,与 GA 层间 70%
25	2.12	黏结层表面 15%,与 GA 层间 85%
60	0.80	100% GA 混合料破坏

防水体系的黏结强度,反映了铺装体系整体的结合强度,与防水材料的自身强度、防水材料与钢板的结合强度、浇注式沥青混合料与防水材料的结合强度,以及浇注式沥青混合料的结合强度都有较大关系。从表 5-12 可知,防水体系破坏主要发生在黏结层与浇注式沥青混合料之间的界面处,且随温度的升高黏结强度呈下降趋势,温度越高浇注式沥青混合料自身的破坏也越明显。

②防水体系剪切强度。铺装层与钢板间的剪切强度是反映防水黏结层结合力的直接而关键的技术指标。测试不同温度(25℃、60℃)条件下,防水体系组合结构的抗剪切强度,测试结果见表 5-13。

不同防水体系组合结构剪切强度　　表 5-13

试验温度(℃)	剪切强度(MPa)	破坏面情况描述
25	2.56	GA 与黏结层界面间 100%
60	0.25	GA 与黏结层界面间 100%

由表 5-13 可知,常温(25℃)温度条件下防水体系组合结构抗剪强度大于 2.0MPa,高温(60℃)时,材料的破坏面基本都在黏结层与浇注式沥青混合料层间界面上,且浇注式沥青混合料底部沥青膜 100% 剥落于黏结层之上。由此可知,高温条件下甲基丙烯酸树脂防水体系的抗剪切强度主要受制于浇注式沥青混合料自身强度。

③组合结构疲劳试验。试验方法见本书第三章第三节,试验结果见表5-14。

组合结构疲劳寿命试验结果汇总表　　表5-14

试件编号	F_G (kN)	F_0 (kN)	静载挠度(0.01mm)	初始挠度(0.01mm)	终止挠度(0.01mm)	寿命(万次)	现　象
1	3.78	25.22	56	18	24	>100	结构层间均无裂纹及开裂
2	3.78	25.22	63	23	29	>100	结构层间均无裂纹及开裂

在加载力大小、铺装层厚度、试件尺寸、钢板材料均相同的情况下,静载时试件相对挠度值越大,表明组合铺装结构的综合弹性模量越小;反之,相对挠度越小,表明其组合结构的综合弹性模量越大。甲基丙烯酸树脂防水体系组合试件疲劳试验的结果表明,组合结构方案的疲劳寿命能满足路面车辆超载30%的使用要求。疲劳试验结束后,将铺装组合试件钻芯进行拉拔试验,试验结果见表5-15。

防水体系拉拔黏结强度　　表5-15

试验序号	试验温度(℃)	拉拔强度(MPa)	破坏面情况描述	部　位
1	25	1.40	黏结层表面15%,与GA层间85%	铺装中部
2	25	1.39	黏结层表面20%,与GA层间80%	铺装中部
3	25	1.63	黏结层表面25%,与GA层间75%	两端受力支点
4	25	1.61	黏结层表面30%,与GA层间70%	两端受力支点

表5-15所列疲劳试验后的黏结试验结果表明,组合结构的黏结强度依然较大,其防水体系在动载的反复作用下,未出现脱层开裂现象,较铺装组合结构未受疲劳动载作用之前下降的比例不大。说明甲基丙烯酸树脂防水体系具有较好的抵抗反复荷载冲击的能力。

3. 环氧树脂体系

1)主要特点

环氧树脂作为钢桥面铺装防水黏结层材料,在德国应用较为广泛,并取得了良好的使用效果,环氧树脂防水黏结层具有以下优点:

(1)材料配方及施工工艺成熟;

(2)材料固化后疲劳性能好;

(3)与桥面钢板及铺装层之间黏结力高;

(4)材料本身具有较高的强度;

(5)相对于沥青类材料,环氧树脂固化后接近于刚性,铺装不易产生车辙和脱层问题。

环氧树脂防水体系作为反应性树脂防水材料的代表,很早就引入国内,该体系为我国早期修建的桥面发挥了较好的保护作用。然而,由于国内材料技术及施工水平的限制,后来使用的该体系结构也出现了不少病害。究其原因,主要是材料选择、结构设计及施工控制等方面还存在一定的不足。用作防水材料的环氧树脂多为常温固化型材料,耐温能力及高温性能存在一定不足,常温环氧树脂体系在高温状态下力学性能衰减较快;在沥青混合料热碾压施工时容易出现高温剪切破坏;夏季极端高温时,重载车辆的频繁紧急制动也会导致环氧树脂材料的剪切破坏。因此,环氧树脂体系在选材时,应选择中高温型常温固化体系以提高耐高温能力,为避免环氧树脂直接受到热混合料碾压时的高温及荷载作用,在结构设计上应设置缓冲保护层。

环氧树脂防水体系使用性能的好坏还与施工控制工艺密切相关。首先,环氧树脂材料黏度随时间的延长不断增大,直接影响材料在钢板上的浸润与铺展,夏季高温时由于固化时间快,尤为明显;其次,在底板的微观粗糙界面上,难免存在污染,从而在环氧树脂与钢桥面板之间形成弱界面层;再次,随着环氧树脂的固化,其总表面能呈下降趋势,逐渐成为低表面能材料,固化后表面光滑,不利于与上层材料的黏结。由于这些特点,使得环氧树脂防水体系存在脱层风险。

综上所述,环氧树脂防水黏结层材料混合均匀后应及时施工,并尽量减少由于材料黏度增大带来的黏结不良现象;当采用双层环氧树脂防水黏结层时,第一层形成致密的防水屏障后,应立即在表面撒布细砂,从而在两层之间形成剪力键,以确保第二层植根于第一层。第二层环氧树脂的施工应严格控制在施工等待时间范围之内,施工完成后及时撒布粗砂,增加防水黏结层与沥青混合料之间的抗剪能力;环氧树脂材料中的各项原材料应能够全部参与固化反应,使用过程中不得有溶剂、增塑剂等非活性物质析出,否则将加速铺装结构的整体破坏。环氧树脂防水体系典型的铺装结构如图 5-11 所示。

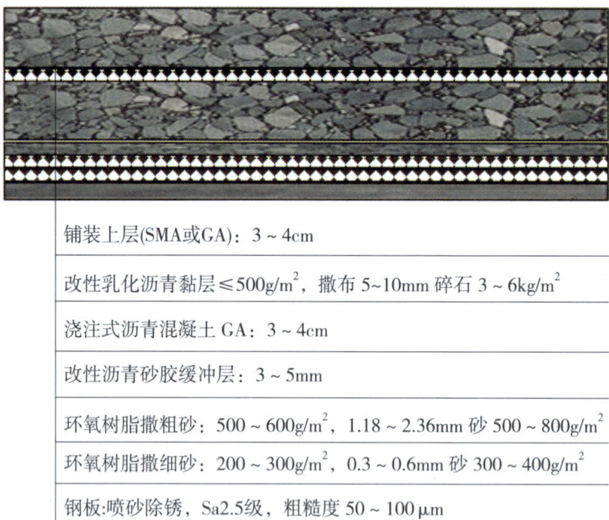

图 5-11 环氧树脂防水体系典型铺装结构示意图

2)技术指标

用于钢桥面铺装设计的环氧树脂防水黏结剂技术指标要求见表 5-16。

环氧树脂黏结剂技术指标 表 5-16

试验项目	技术要求		试验方法
	Ⅰ型	Ⅱ型	
拉伸强度(MPa),23℃	≥10.0	≥3.0	GB/T 16777—2008
断裂延伸率(%),23℃	≥10.0	≥190	

续上表

试验项目		技术要求		试验方法
		Ⅰ型	Ⅱ型	
与涂防腐漆的钢板黏结强度(MPa),25℃		≥5.0	≥3.0	附录D
与铺装下层黏结强度(MPa),25℃	铺装下层为热固性混合料	—	≥1.5	
	铺装下层为热塑性混合料	≥1.0	≥1.0	

3)力学性能

一阶反应型环氧黏结剂构成的黏结防水体系包括两层环氧树脂撒砂+沥青砂胶的铺装结构。该组合结构的黏结强度的试验结果见表5-17,剪切性能试验结果见表5-18。

环氧树脂防水体系黏结强度试验结果 表5-17

试件编号	试验温度(℃)	黏结强度(MPa)	破坏情况
1	25	0.76	沥青砂胶内聚破坏
2	60	0.20	沥青砂胶内聚破坏

环氧树脂防水体系剪切强度试验结果 表5-18

试件编号	试验温度(℃)	剪切力(N)	斜剪面积(mm^2)	剪切强度(MPa)	破坏情况
1	25	18445.5	100×100	1.19	沥青砂胶内聚破坏
2	60	5258.5	100×100	0.34	沥青砂胶内聚破坏

由表5-17和表5-18试验结果可知,环氧树脂防水体系铺装结构的薄弱层主要是沥青砂胶层。沥青砂胶对环氧树脂虽能提供一定的保护作用,但对力学性能的贡献较小。因此对环氧树脂防水体系缓冲保护层的材料选用及结构设计需进行深入研究。

四、防水黏结层常见病害类型

1. 涂膜起泡

通常认为,在钢板表面或防腐底漆之上涂装高性能有机涂层是钢桥面板防腐防水的有效措施,但实践证明无论是多致密的有机涂膜,也会经常发生起泡病害(图5-12)。通过调查及理论分析,涂膜起泡的主要原因包括五种,其中有的涂膜起泡是单一原因所致,更多的是由多种原因综合造成的。

(1)涂膜吸水膨胀。涂膜在浸水、凝露或高湿度环境下,会吸水膨胀使体积增大而形成内应力,当产生的应力大于附着力时,气泡产生。涂膜的附着力一般因受到水分的影响而降低,不同材料受影响的程度不同,如聚醚胺固化的环氧树脂体系受水分的影响较大,热固性丙烯酸树脂涂料受水分的影响较小,而聚酰胺固化的环氧树脂体系受水分的影响介于上述两者之间。

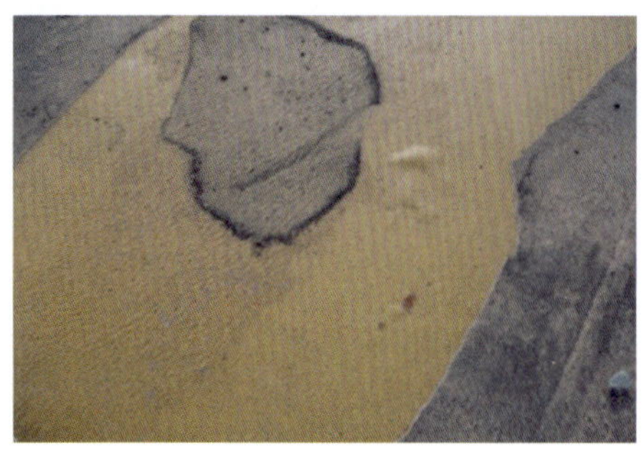
a)

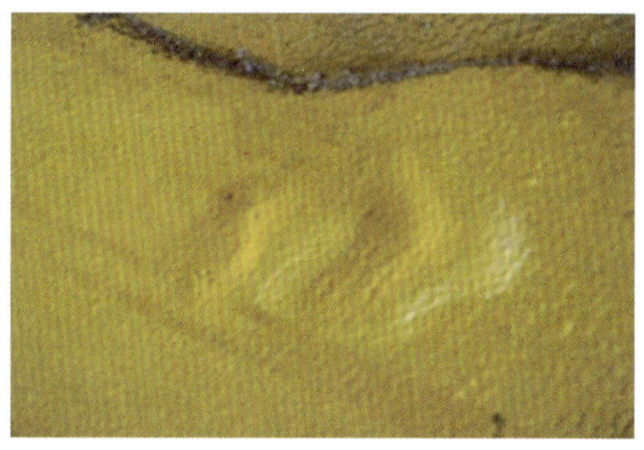
b)

图 5-12 钢桥面板防水涂膜起泡病害

(2)渗透压。将涂装试片浸入水溶液中,会出现吸水现象,水分被吸收至涂膜内部,或者在涂膜起泡时,在气泡内形成溶液。外部水分将通过涂膜不断渗入,溶液的渗透压越小,渗入速度和渗入量越大;若涂膜中有残留的溶剂,尤其是极性溶剂,将进一步促进水的吸收,从而加速涂膜起泡现象的发生。Van der Meer-Lerk 和 Heertjes 证实涂膜的起泡大多数是由于渗透压形成的。在钢板和涂膜界面间的可溶性物质,如工业大气(含 SO_2)所形成的硫酸盐"巢"、磷化处理时未洗净的残留盐、漆膜打磨后用水冲洗后残留的盐、某些水溶性太高的颜料、甚至手接触底材残留下的皮脂分泌物质等都可引起渗透压,促使涂膜起泡。

蒸馏水或去离子水的活性高,其渗透压容易引起涂膜起泡,而自来水、盐水的活性低则不易起泡。所以有些涂膜浸在盐水中尚未起泡,而浸在蒸馏水中却容易起泡。湿热试验就是通过蒸馏水凝露试验观察涂膜起泡现象的。

(3)电渗透。涂膜与电解质溶液接触时,界面上产生双电层,结果使涂膜具有一种在阴阳两离子中选择一方使之渗透的性质。电流通过涂膜流动时,容易透过的离子(如 Cl^-)起导电作用,产生了电渗透。电渗透是一种动电现象,是水或类似液体在电位梯度影响下通过毛细管或涂膜而移动。移动方向取决于涂膜电荷的正或负。若涂膜电荷为负(绝大多数涂膜为负),则液体迁移至阴极;若涂膜电荷为正,则液体移向阳极。水伴随离子迁移透过涂膜毛细孔,从而导致涂膜起泡。由于涂膜树脂种类及固化成型状态的差别,离子渗透速度并不是固定不变的。有些涂膜与水基本不发生作用,因而能在相当长时间内保持恒定的渗透速度;而某些涂膜能将吸收的水分形成自身基团,则渗透速度将会变小。对于环氧树脂/聚酰胺固化剂体系,因配比不同,渗透性能也会出现较大差别,二者质量比为 1∶1 时,因固化剂过剩,有游离氨基(正电荷)存在,所以亲水性很强,随着与水接触时间的延长,涂膜开始塑化,极性基团能够与水接触的部位增加,因而离子的渗透力增大;当二者质量比为 2∶1 时,因树脂与固化剂成当量配比,没有游离胺基存在,所以亲水性低,随时间的延长,离子在该涂膜内渗透速度变慢,渗透量逐渐减少以至基本不渗透。

(4)膜下腐蚀。涂膜下面底材金属腐蚀的发展,将促进涂膜的起泡、剥落。伴随膜下腐蚀发生的气泡,分为酸性和碱性两种(依据气泡中液体的 pH 值确定),前者多为小型气泡并伴有锈迹,后者多为大型气泡。W. G. O' Driscoll 用测定涂膜表面周围所含溶液中电位分布的方法,证实了酸性气泡是在局部电池的阳极部位生成,碱性气泡在阴极部位生成。以下按阳极区和阴极区分别叙述由于膜下腐蚀而引发的鼓泡机理。

如上所述，在有水分和溶解氧的中性条件下，阴极上的反应产物是 OH^-。因为既是阴极，又有 OH^-，Na^+ 便从外部穿过涂膜进行扩散，逐步生成高浓度的 NaOH。因电渗透而补充水分，同时也补充了溶解氧，这样反应得以继续进行，气泡便不断增长。呈现碱性的气泡周围涂膜的附着力将下降并有软化膨胀的倾向。碱性气泡的增长达到极限后，或者发生气泡破裂或者因碱性引起的附着力下降导致大面积剥落，造成大面积腐蚀。

阳极上的反应产物是 Fe^{2+}，因为这种铁离子在加水分解后可变成氢氧化物，所以附近区域趋于酸性。对阳极区补充的水分，只能靠渗透压而不是电渗透进行吸水，涂膜由于酸性化容易变脆破裂，并且还有锈蚀产生，所以气泡还未长大，在早期就破裂了。

(5)划伤处的起泡。涂装钢板在进行盐雾试验时，通常将样板划伤以测定其耐蚀性。盐雾试验划伤处的裸露腐蚀为阳极，划痕的临近有涂层处为阴极而呈碱性。此时若涂膜基料是环氧树脂等耐碱性强的树脂，则不易被碱破坏；若是耐碱性弱的树脂，则酯键易被碱所皂化，丧失附着力。由于皂化所生成的水溶性钠皂的渗透压及腐蚀引起的电渗透作用，伤痕附近涂层(阴极部位)极易起泡脱落。

从本书第二章病害分析可知，采用电弧喷锌防腐体系和环氧沥青铺装体系的钢桥面板常出现涂膜起泡病害，从涂膜起泡原理来讲，这两种防腐体系均存在渗透及电位分布不均的问题，前者喷锌呈点状堆积，空隙率较大，水汽被封闭层封闭于孔内，在分布不均的电位作用下产生了腐蚀电流，锌在水和溶解氧中在腐蚀电流作用下不断被消耗，随着电化学作用的进行，电渗透及膜下腐蚀加剧，腐蚀产物不断生成，同时产生的气体不断聚集，导致涂膜发生起泡。这也是电弧喷锌上用溶剂型封闭漆在施工过程中不易起泡，而在使用中经过一两个夏天便发生鼓包的可能原因。环氧沥青混凝土铺装体系由于环氧沥青施工时温度较低难以使封闭于其中的水分蒸发，同时混合料存在一定的空隙率，为腐蚀介质的渗透提供了通道，导致环氧沥青混合料铺装也容易出现环氧沥青鼓包的现象。为解决环氧沥青鼓包问题，首先环氧沥青材料应稳定，材料各组分应充分完全反应，不得有不参与反应的轻质组分存在；其次施工中应严格把关施工时的温湿度条件，杜绝外来污染物的影响。

2. 膜下腐蚀(丝状腐蚀)

丝状腐蚀是桥面钢板在有涂膜覆盖的情况下发生的腐蚀，其特征是膜下有如昆虫爬过的痕迹，头部朝前方曲折发展，留下丝状的腐蚀产物。其发生的条件是：相对湿度为65% ~ 95%，温度为15.5 ~ 26.5℃，其起因往往是涂膜受到机械损伤或底材的表面被污染等，氯化钠、氯化铵等盐类可以促进丝状腐蚀的发展。钢桥面板膜下腐蚀如图 5-13 所示。

通常若在钢板上涂一层清漆，在潮湿环境下储存，可见红棕色铁锈长丝蔓延板上；若涂一层色漆，虽正面被遮住不易察觉，但剥下漆膜也可看到膜下丝状腐蚀的蔓延。防止丝状腐蚀的措施有：

(1)采用渗透率较低的涂层，提高涂层厚度；

(2)漆膜中含缓蚀颜料；

(3)改善环境，降低湿度；

(4)防止盐类污染；

(5)金属预处理，采用耐蚀镀层。

W. H. Slabaugh 等阐明了丝状腐蚀机理，如图 5-14 所示。

a)

b)

图 5-13　钢桥面板膜下腐蚀

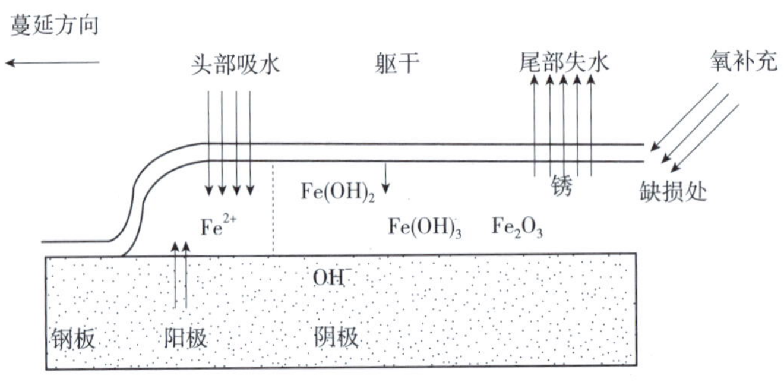

图 5-14　丝状腐蚀机理

钢板头部含有 38% ~50% 的亚铁盐溶液，所以渗透压很高，外部的水汽透过涂膜渗入头部，增加了溶液体积，而涂膜本身因吸潮而降低了附着力，所以被鼓起而向前蔓延。头部氧含量低是阳极，尾部氧补充量多，形成氧气的浓差电池，即躯干部是阴极。头部的 Fe^{2+} 离子与交界处的 OH^- 生成 $Fe(OH)_2$ 而沉淀，尔后再氧化成含水的 $Fe(OH)_3$ 沉淀，涂膜内溶液中盐的浓度大幅度下降，渗透压下降，膜内所含水反而透过涂膜向外扩散，$Fe(OH)_3$ 类沉淀失水而形成含水的铁锈。当桥面铺装出现锈水渗出时，往往钢桥面板膜下腐蚀已相当严重。为解决钢桥面板膜下腐蚀的问题，除以上措施之外，应将钢板除锈处治技术与钢桥面板长效防腐防水材料及施工应用技术结合起来共同研究。

3. *脱层*

钢桥面铺装防水黏结层一般包括防腐底漆、防水层及黏结层，当防水层具有黏结效果时，防水层和黏结层也可合并为一层。钢桥面铺装结构层次较多，层间界面也由此增加，某一界面黏结出现问题时常常会导致层间界面出现脱层病害。究其原因，一般都是由涂膜起泡或膜下腐蚀病害进一步发展所致，但防水黏结层的材料选择、设计与施工因素也与脱层病害有密切关系，层间脱层病害如图 5-15 所示。

防水黏结层材料的选择一般应考虑交通使用环境及交通量的发展。若防水黏结层抗剪切能力不足，在重载交通或高温条件下，极易发生层间剥离病害；施工选用材料类别不同，则施工性能及控制参数各有差异，如环氧树脂体系在冬季气温较低时，固化时间将会大大增加，如过早进行后续施工，材料固化程度不够，会造成材料界面的施工污染和早期强度不足，容易造成施工损伤；甲基丙烯酸树脂体系防水层采用厌氧型自由基聚合方式固化干燥，若温度过高，其表面隔氧层失去阻隔作用，将导致防水材料表面固化程度偏低，影响层间黏结。而现有甲基丙烯酸树脂体系防水层常采用两层施工，进一步加大了固化不良的影响，同时界面增多，污染难以避免。因此，进行甲基丙烯酸树脂防水层一层施工工艺的研究，将有助于避免两层防水层间因施工原因导致的脱层病害。

a)

b)

图 5-15　防水黏结层脱层

防腐层或防水层与钢板之间产生脱层病害一般都是由于钢板界面处理存在问题及处理后受到污染，或施工时钢板表面存在结露，防腐层或防水层与钢板黏结存在缺陷。防水层与黏结层之间的脱层病害原因是这两种材料或其中之一固化存在问题，也有的是由于黏结层表面早期承受的剪应力超过其极限强度。黏结层与浇注式沥青混合料之间的脱层病害，一般表现为黏结界面破坏和被黏结材料破坏。黏结界面破坏原因可能是高温混合料开始铺筑时设备及黏结层表面温度较低，混合料与黏结层接触时封闭了部分空气，导致黏结层与浇注式混合料底部接触不完全；另一种则可能是黏结层涂层内部残留有不能溶解沥青的溶剂，在混合料覆盖时溶剂未能完全挥发，导致黏结层与浇注式混合料底部由面接触变为点接触，这两种情形均降低了浇注式沥青混合料与黏结层的黏结强度。后者可能的原因是浇注式沥青混合料级配设计不合理，自由沥青过多，界面黏结处自由沥青取代黏结层，导致浇注式沥青混合料与黏结层黏结强度不足。

对于甲基丙烯酸树脂体系黏结层与浇注式沥青混合料之间界面破坏问题，笔者在借鉴国外进口材料经验教训的基础上，对黏结层材料进行了一定的改进研究，改进后材料作用原理与原溶剂型黏结材料完全不同，其反应机理与防水层相似，依然通过自由基反应获得固化涂层，但结合了自分层涂料设计原理，黏结层通过热塑性丙烯酸树脂进行阻氧封闭完成固化反应，大部分热塑性丙烯酸树脂通过自分层在表面形成与沥青混合料具有良好黏接的黏结物质，少量热塑性丙烯酸树脂参与自由基固化反应，黏结层一次施工，在同一个宏观层面内却拥有了与防水层及浇注式沥青混合料同时具有优秀黏结的功能，且该层内部拥有分子层级的过渡却无弱界面层。

4. 铺装混合料的推移、开裂

在我国早期铺筑的钢桥面中，因防水黏结层失稳导致的铺装混合料推移、开裂病害最为常见（图 5-16）。下面以湖北武汉军山长江大桥为例进行说明。

军山长江大桥是京珠、沪蓉国道主干线共用的跨越长江的一座特大型高速公路桥梁，主桥为五跨连续半漂浮钢箱梁斜拉桥。军山大桥承受着极为繁重的交通，交通量大，纵坡大，在大桥通行的重载集装箱车或大、中型载货车占60%以上。同时，军山大桥桥位所处的气候恶劣，极端最高气温为41.3℃，极端最低气温-18.1℃，夏季平均相对湿度约为80%。综合以上特点，军山大桥所处的环境对桥面铺装提出了极高的要求。

a)

b)

图5-16 铺装混合料的推移和开裂

a）推移；b）开裂

军山大桥桥面铺装于2001年施工，原桥面结构采用双层SMA铺装结构，上层为35mm厚的SMA-13，下层为40mm的SMA-10。考虑到军山大桥铺装层对热稳定性、抗裂性及抗疲劳性能的要求，两层SMA都采用了SBS改性沥青，铺装上下层之间采用改性乳化沥青黏层。钢桥面铺装层结构自下而上依次为钢板喷砂除锈Sa3.0级、40~80μm，电弧喷锌120~180μm，然后涂刷0.1~0.2L/m^{2}的溶剂型沥青橡胶黏结剂作为封闭层，再在0.8~1.2mm厚黏结剂上满布一层沥青预拌碎石作为防水黏结层，最后为40mm厚改性沥青SMA-10+0.4~0.6L/m^{2}改性乳化沥青+35mm改性沥青SMA-13。大桥建成通车三年后，桥面铺装相继出现大面积的推移、开裂等病害。其中推移病害为军山桥最严重的病害，推移主要发生在7~8月份的高温时段，往往在持续高温3~5天就已发生推移，随之引发大面积的破坏，推移发展时间快，面积大，目测最大推移面能达到10m^{2}以上。经检测，推移面基本位于下层SMA10与桥面钢板结合面之间，挖出后可见钢板与下层原黏结层完全失效，有水侵蚀迹象，局部钢板已锈蚀。开裂则分为两类，一类为由于推移而产生的横向或圆弧形裂缝。下宽上窄；另一类则为行车道轮迹线位置的纵向裂缝，上宽下窄，此类裂缝的产生为U形肋上钢板在行车荷载轮压作用下反复垂直变形，沥青面层随之产生变形而导致面层反复弯拉产生疲劳开裂，并逐步扩展而形成纵向裂缝。纵向裂缝主要在低温季节出现，且随着时间的延长逐渐增加。主要裂缝一般与防水黏结层的破坏没有直接关系。同时通过对多座桥梁类似病害调查发现，在纵向肋顶开裂附近肋顶开口靠内距离肋顶纵缝15cm或30cm处常会出现伴生纵缝，将铺装层挖开后可以发现肋顶纵缝15cm处的伴生纵缝底部防水黏结层一般已出现脱层病害，而30cm处则不一定，伴生纵缝见图5-16b）。军山大桥原铺装结构为典型双层SMA铺装体系，其缺点是该结构采取了电弧喷锌+溶剂型黏结剂封闭的方式进行防腐，电弧喷锌属于电化学防腐，利用其阴极保护作用对钢板进行防护，然而自身阳极不断溶解，腐蚀电池附近的锌表面生成一层氧化物粉末，疏松的氧化膜不能阻止腐蚀溶液的渗透。腐蚀反应进一步进行，产生的腐蚀产物的聚集和气体的生成使黏结层起泡。起泡使防腐蚀层与黏结层结合力降低,桥面沥青混凝土铺装层赖以附着生根的基础将不复存在,在桥面行车时车轮的剪切力的作用下,必然会出现桥面铺装层位移或破损现象。局部产生轻微推移后,水浸入氧化锌层,沿氧化层粉末的微孔渗透,产生水剥离作用,从而导致局部脱层,进而产生推移,因此也就出现了像军山大桥那样的大面积推移病害。

图 5-17 铺装混合料表面伴生纵缝

通过其他多座桥梁伴生纵缝(图 5-17)的调查也发现,在正常交通条件下,防水黏结层设计合理,且桥面系刚度满足行车荷载需求的钢桥,病害发生概率较小;同时若能改善防水黏结层与钢板的协同受力效果,保证防水黏结层的温度稳定性,钢桥面铺装其他纵缝产生的时间也将延长,如钢板厚度在14mm 以上的桥面板,铺装 2mm 厚甲基丙烯酸树脂防水黏结层,同时采用 30 ~ 40mm 聚合物改性沥青浇注式混合料作为保护层,表面铺装使用 SMA 或浇注式沥青混合料,能有效地防止病害的发生。大多数采用这种方案铺装的钢桥面使用年限已达到 5 年或 10 年之久,使用状态依然较好。

5. 施工过程中出现的其他病害

1)防水黏结层局部未固化

多组分反应性树脂防水层或黏结层材料施工拌和前应将各组分材料充分搅拌均匀,然后严格按照配比进行正确称量或泵送,需要重新分装的混合材料应采用干燥洁净的新容器分装,同时施工环境条件应符合该材料施工控制参数。然而施工过程中操作人员经常会忽视上述要求中的一项或多项,最终导致防水层或黏结层出现固化干燥不佳或完全不固化的情况。如环氧树脂体系材料配比不正确或基面存在较多积水或污染时,便极有可能导致其固化程度偏低或不固化的情况出现。

2)防腐底漆返锈

钢桥面板防腐一般采用屏蔽隔离型防腐,其防腐效果一般需借助防水层的协助,故底漆施工完毕并干燥后,应及时覆盖防水层,否则间隔时间过长则很有可能出现返锈现象。施工过程中若底漆用量不够,遮盖率太低,防腐底漆也会很快出现锈点。防腐底漆返锈的出现,也可能是由于防腐底漆选用不合理。合格的防腐底漆涂层应比较致密,能够对钢板实行绝对封闭,能对钢板进行良好浸润和铺展,并与钢板和防水层形成强有力的黏结。防腐底漆应能较好地阻挡水和离子的渗透,长期保持其良好的使用性能。

3)施工期间的污染

防水黏结层各层施工前,界面应保持干燥洁净,防止给涂层带来附着或固化问题。在施工后的等待时间内,应避免污染物对涂层的玷污,防止行人、车辆及设备污染涂层,及时清除昆虫、树叶、鸟类粪便等外来物对未固化涂层的污染。

4)返工过程中对防水黏结层的损伤

施工过程中因种种原因,常常会出现返工现象,返工时不仅施工层材料存在缺陷,施工层下界面层也很有可能已经受到损伤,返工修补时应考虑到整个层面的破坏,包括破坏深度及范围。事实上,无论多么细致的返工,修补处的防水黏结层由于重新搭接、重新黏结,其性能很难达到原来的要求,因此,为了防止返工对黏结层的损伤,设计及施工处理的各个环节均应严格按照规范及技术要求进行。

本章参考文献

[1] 小西一郎. 钢桥:第一分册[M]. 北京:人民铁道出版社,1983.

[2] 徐滨士,等. 中国材料工程大典:第16卷. 材料表面工程(上)[M]. 北京:化学工业出版社,2006.

[3] 佐藤靖,陈贵富,黄世督,译. 防锈防蚀涂装技术[M]. 北京:化学工业出版社,1987.

[4] 李金桂,吴再思. 防腐蚀表面工程技术[M]. 北京:化学工业出版社,2003.

[5] 黄建中,等. 材料的耐蚀性和腐蚀数据[M]. 北京:化学工业出版社,2003.

[6] 虞兆年. 防腐蚀涂料与涂装[M]. 北京:化学工业出版社,1994.

[7] 胡福增,等. 材料表界面[M]. 上海:华东理工大学出版社,2007.

[8] 任必年,等. 公路钢桥腐蚀与防护[M]. 北京:人民交通出版社,2002.

[9] 徐君兰,孙淑红. 钢桥[M]. 北京:人民交通出版社,2011.

[10] 陈仕周. 钢桥面铺装关键技术指标的研究[D]. 东南大学,2003.

[11] Drew Myers 著. 吴大诚等译. 表面、界面和胶体—原理及应用[M]. 北京:化学工业出版社,2005.

[12] 翟海潮,等. 粘结与表面粘涂技术[M]. 北京:化学工业出版社,1997.

[13] 张燕,王贤民. 超疏水表面制备技术的研究进展[J]. 现代涂料与涂装,2009,(2).

[14] 招商局重庆交通科研设计院有限公司. 公路钢桥面铺装设计与施工技术规范(征求意见稿)[M]. 北京:人民交通出版社,2014.

[15] 王德奎,等. 钢桥面沥青混凝土铺装层下热喷锌涂层的腐蚀行为[J]. 腐蚀与防护 2007,(9).

[16] 赵国云,闫东波,王军. 江阴长江大桥钢桥面铺装防水黏结层设计与施工[J]. 中国建筑防水,2012,(21).

[17] 赵国云,闫东波. 钢桥面铺装系统防排水技术探讨[J]. 中国建筑防水,2013,(5).

第六章　钢桥面铺装设计

第一节　钢桥面铺装设计原则

一、钢桥面铺装的特点

钢桥面铺装一直受到工程界的普遍关注，主要基于以下特点：

(1)钢桥一般采用正交异性板作为桥面板系统，正交异性板的构造特征使得铺装受力状态极其复杂。出于减少恒重，降低造价的考虑，钢桥桥面板厚度一般取12～20mm，并采用纵向加劲肋、纵向腹板以及横隔板来增加其抗弯刚度，提高钢桥面板的承载能力。但是纵、横向加劲体系的存在又导致桥面系局部刚度分布存在很大差异，使铺装层表面承受较大的负弯矩，铺装层底部承受较大的水平剪应力，因此铺装层容易出现裂缝和脱层等病害。

(2)大跨径钢桥，桥面系相对较柔，铺装层易受反复振动作用而脱层。从整体上看，承重梁所支撑的桥面系结构柔度较大，其振动变形较水泥混凝土桥更为剧烈，外加风荷载等可变荷载的影响，钢桥面铺装性能衰减较快，铺装与钢板之间易脱层。

(3)大跨径钢桥所处地理环境较为复杂。一般来说，大跨径钢桥地处大江大河流域，湿度大，早晚温差大，季节交替时温差更为突出。钢桥面铺装处于这样的恶劣环境中，易加速破坏，耐候性要求极高。

(4)钢桥面板界面光滑，易腐蚀生锈。与路面不同，由于振动作用和局部刚度差异，桥面铺装层承受比路面大得多的剪应力，对界面黏结性能要求更高。钢桥面板作为铺装下承层，界面光滑，如何使铺装层与钢板黏结成整体，协同受力，是一大难点。

另外，钢板如果暴露在湿度较大的空气中，易腐蚀生锈，严重降低铺装与钢板之间的黏结能力，所以防腐是保证黏结性能的前提。

(5)钢箱梁有储热效应，热传导速率高，铺装层易出现高温稳定性和低温开裂及冻融损坏等问题，铺装层与钢板之间因黏结力不足易出现滑移。绝大多数钢桥采用钢箱梁作为承重梁。钢箱梁封闭的空间具有储热效应，夏季温度长时间高达70℃左右，由于钢材的热传导功能强，铺装底部温度几乎同钢箱梁内的温度相同，铺装与钢板之间黏结性能易受高温影响而降低，常出现车辙、推拥等病害。同时，由于钢板热传导速度快，冬季铺装层的温度比气温还低。

(6)大跨径钢桥一般又是重要交通枢纽，交通量大，重载超载车辆多，桥上交通能否通畅会直接影响整个路网的正常运行。桥面铺装一旦发生破坏，对交通的影响远比公路路面损坏的影响大得多，而且维修也更困难。

二、钢桥面铺装技术要求

基于钢桥面铺装的技术特点,其功能必须能满足各方面的技术要求。

1. 铺装层对桥面板钢结构体系应具有良好的保护作用

桥面铺装除了为车辆提供行驶道面,还能保护桥面板钢结构系统免受水、盐类侵蚀,这一理念已逐渐被工程技术人员接受。水渗透会使钢板腐蚀、生锈,既会损害桥面板,也会影响桥面铺装,使铺装层防腐油漆腐蚀剥落;锌涂层会变成氧化锌及锌盐,致使桥面板的层间结合力丧失,引起铺装层脱层和推移。

2. 沥青铺装层应具有良好的高温稳定性

大跨径钢桥交通量大,重载车多,在高温环境下,因钢桥面的热储作用和热传导作用强烈,容易出现高温稳定性问题。高温稳定性的要求也包括黏结材料的稳定性。

3. 沥青铺装层应具有良好的抗疲劳开裂性能

钢桥面铺装易受振动变形,加上温度应力和重载的反复作用,铺装层表面承受着较大的水平拉应力,铺装层必须具有良好的抗疲劳开裂性能。

4. 沥青铺装层与钢板之间应具有良好的层间结合能力

因钢板材料特性与铺装材料特性的差异,在反复弯曲变形及振动作用下,接触界面上容易产生引发脱层与变形的法向应力及纵、横向剪切应力,因此,铺装结构各层间特别是防水黏结层材料不仅应具有较高的结合力,而且应有较好的韧性。

5. 沥青铺装层应具有良好的低温抗裂性能

钢桥面铺装层经受着钢箱梁的整体变形、吊索和斜拉索之间桥面系的变形以及 U 形加劲肋及横隔板间钢板的变形等。低温下,铺装层本身变硬、变脆,如不能随从桥面板系统一起变形,铺装层与钢板之间就会产生脱层,同时在荷载作用下也会产生纵、横向开裂。

6. 钢桥面铺装应具有良好的随从性和行车安全性

良好的随从性要求钢桥面铺装的沥青混凝土模量不能过大,能够与钢板协同变形。行车安全性要求铺装层表面具有足够的粗糙度以保证行车、制动安全。

7. 钢桥面铺装应易于施工及养护

桥上交通影响整个路网的交通畅通,故不宜经常停止交通进行桥面铺装翻修养护。不同的铺装技术有各自的性能特点,也需要有不同的施工环境、地材要求、养护技术、工期安排和施工装备,设计时应充分注意协调一致。

三、钢桥面铺装结构层次要求

钢桥面铺装结构层设计与钢板结构系统的特性、平纵几何特征、交通量及其组成、气候环境特点、施工条件等密切相关。根据钢桥面铺装层的功能要求,桥面铺装结构主要由防水黏结层、保护层和磨耗层等组合而成,如图 6-1 所示。

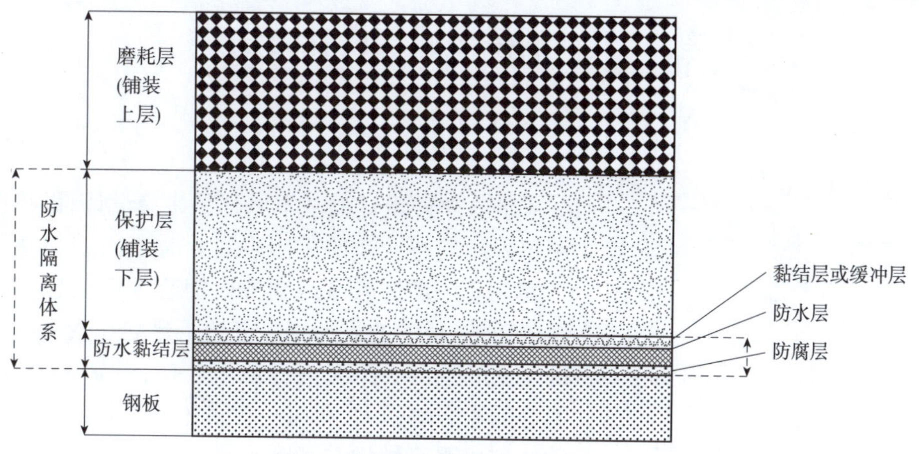

图6-1 钢桥面防水体系铺装结构示意图

1. 防腐层

防腐层位于钢板表面,由涂料或热喷金属类材料等组成,用于防止钢板生锈腐蚀。

2. 防水层

防水层保护桥面板不受路表水的侵害,由具有防水、黏结性能的材料组成,与桥面钢板和相邻铺装层共同形成抗剪组合体。此外,根据需要还可以设置缓冲层。

3. 黏结层

黏结层是指在相邻层之间起黏结作用的层次,材料应具有良好的黏结性能。

4. 缓冲层

缓冲层是用于反应性树脂防水层与沥青混凝土铺装下层之间的层次,能发挥防水、隔热、缓冲荷载、提供施工平台等作用,取材可用改性沥青砂胶和沥青玛蹄脂等。

5. 保护层

保护层,也称为铺装下层,除了应具有良好的承重和传递荷载的性能之外,还应具有良好的热稳性、抗水损害性能、适应变形的能力和良好的密水性。它与防水层一起共同形成防水隔离体系。通常,保护层应采用空隙率小,抗渗水性好的混合料类型。

6. 磨耗层

磨耗层,也称为铺装上层,它直接与车辆轮胎及大气接触,应提供平整、抗滑、耐久的行车表面。因此,磨耗层表面应具有一定的粗糙度、足够的纹理,以提供耐久的抗滑功能。磨耗层直接承受阳光照射与高温作用,也直接与雨水、酸雾等接触,因此应具有足够的热稳性、抗老化性能、抗水损害性能、抗裂性能等。

针对桥梁特点进行设计时,应结合桥梁的桥面系刚度分布、道路线形的几何特征、交通量及其组成、气候环境、施工条件等因素,分别选择合理的防水黏结层组合体系、铺装下层材料及厚度、铺装层材料及厚度并综合设计铺装层组合结构。

第二节　钢桥面铺装设计方法

一、设计流程

沥青路面设计的基本原则是疲劳设计,即将设计使用年限初期与设计使用年限终止时路面相关性能指标之间建立一定的联系。钢桥面铺装本质上也属于路面结构系统,科学的设计方法仍然是建立在疲劳设计的基础之上。但由于路面工程地域较广,受施工、环境和交通等因素影响很大,所以一般采用理论与经验相结合的方法完成路面结构与材料设计。钢桥面铺装设计一般都是针对特定桥梁特点,更精确地完成结构与材料的详细设计。钢桥面铺装设计流程如图6-2所示。

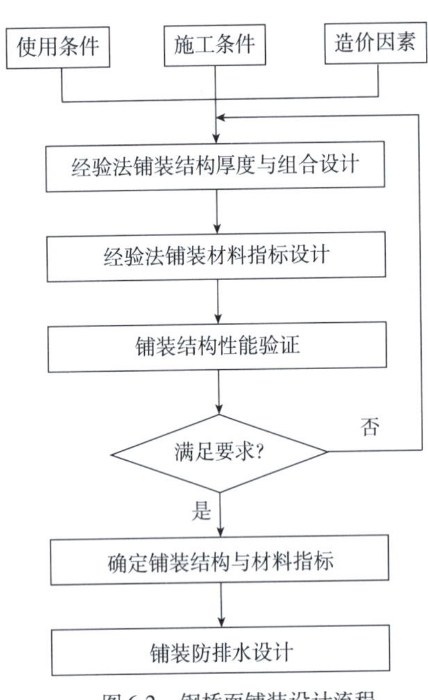

图6-2　钢桥面铺装设计流程

二、经验法铺装结构厚度与组合设计

1. 经验法设计流程

经验法设计的主要优点是结果可靠,能够兼顾结构、材料、环境等各种因素,在充分论证的基础上,使铺装结构与材料达到比较完备的统一,如图6-3所示。

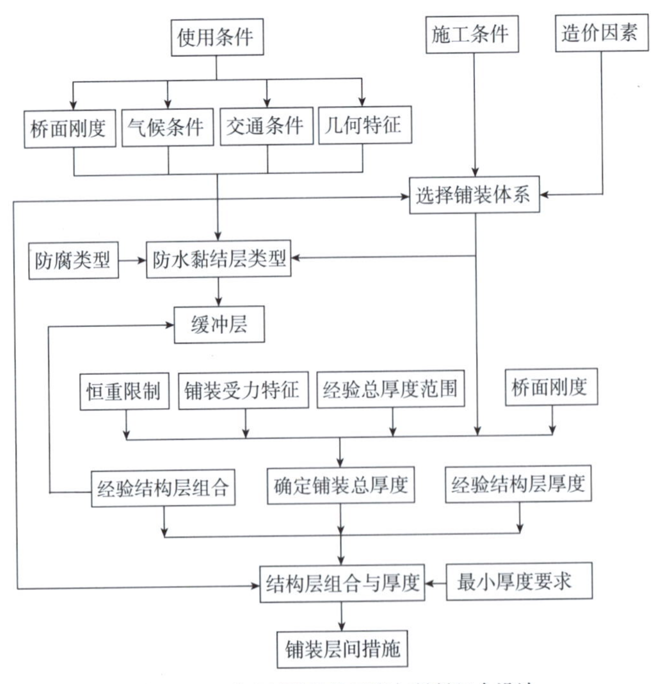

图6-3　经验法铺装结构厚度与材料组合设计

铺装结构厚度与材料组合设计的主要环节及设计依据见表6-1。

经验法铺装结构厚度和材料组合设计依据

表6-1

主要环节	设计依据
铺装体系	使用条件、施工条件和造价因素
防水黏结层类型	使用条件、防腐类型和铺装体系
防水体系	防水黏结层类型
铺装总厚度	恒重限制、铺装受力特征、经验总厚度和桥面刚度
缓冲层	防水黏结层种类和铺装下层种类
结构层材料与厚度组合	使用条件、经验结构层材料与厚度组合
铺装层间措施	结构层混凝土类型

2. 铺装体系选择

1)使用条件

(1)气候条件

我国南方和北方气候差异大,气温和降水条件各不相同。南方气候炎热且降水量丰富,平均月最高气温一般超过30℃,年均降水量多在1 000mm以上,广东、香港地区甚至达到2 000mm以上。北方地区一般气候比较寒冷,降水量较少,极端低温一般都在-10℃以下,年均降水量也多在1 000mm以下。但无论是南方和北方,冬夏气温差异均比较大。

对于夏季炎热且降水量丰富的南方,钢桥面铺装除应考虑共性特征以外,还应着重考虑高温稳定性和防排水性能。而北方除应注意防排水性能之外,应注重铺装的低温抗裂性,即铺装沥青混凝土应具有更好的柔韧性。由于沥青混凝土在低温下模量较高,铺装底部水平剪应力也较大,因此对防水黏结层的黏结性能要求更高。

(2)交通条件

我国大部分地区交通条件比较恶劣,重载和车辆超载问题严重。而交通荷载是钢桥面铺装病害的首因,繁重的交通要求铺装沥青混凝土具有良好的耐疲劳性能。在重载和超载车辆较多的钢桥上,铺装的抗车辙性能是最为突出的问题。车辆轴载增加会导致铺装层表面拉应力和层底剪应力增大,对黏结层的黏结性能和铺装上层混凝土的抗疲劳开裂性能要求也更高。

(3)桥面系刚度

桥面系刚度是铺装使用性能优劣的决定性因素。我国早期修建的钢桥桥面钢板厚度一般小于12mm,横隔板间距也很大,桥面系刚度严重不足。桥面系刚度不足会导致铺装表面出现较大的应力和应变,层底剪应力也因此增大,最后出现脱层和疲劳开裂病害,进而导致一系列其他病害出现。对于桥面系刚度过低的钢桥,铺装应具有更高的抗裂性,防水黏结层应具有更好的黏结性能。

(4)几何特征

某些钢桥纵坡度较大,平曲线半径较小,这会导致铺装层出现推拥、车辙病害,铺装混凝土的抗剪性能要求更为突出。

2)施工条件

各典型铺装体系都有自身的施工条件。环氧沥青混凝土铺装施工控制特别严格,对混合料的温度控制及运输、摊铺和碾压时间有严格限制,该沥青混合料拌和站距离摊铺现场不宜过远,施工期间雨雾天气不宜过多,车辆与机械设备应随时处于良好使用状态;浇注式沥青混凝土铺装中对防水黏结层的施工温度、湿度也有严格要求。

3)造价因素

在相同条件下,环氧沥青混凝土铺装比浇注式沥青混凝土铺装造价高出25%~40%,而浇注式沥青混凝土比双层SMA沥青混凝土铺装造价高出40%~50%。

4)铺装体系的选择方法

实际上,多数钢桥都受上述各种不利因素中几种因素的综合影响,所以铺装体系的选择较为困难。可以通过综合评分的办法选择铺装体系。表6-2中a、b、c分别代表技术性权重、可行性权重和经济性权重,总权重为1,由主管单位根据实际情况自行设定,然后根据钢桥所在地使用条件、施工条件和经济条件选择分项权重,与总权重相乘,再将乘积和表6-3中铺装性能各项评分相乘,取总分,分数高者即为所要选择的铺装体系。

铺装体系权重因素计算表 表6-2

<table>
<tr><th colspan="3">设计依据</th><th colspan="4">分项权重</th><th>总权重</th></tr>
<tr><td rowspan="16">使用条件</td><td rowspan="6">气候条件</td><td>年均降水量(mm)</td><td><1 000</td><td>1 000~1 500</td><td colspan="2">>1 500</td><td rowspan="2">0.08a</td></tr>
<tr><td>权重</td><td>0.4</td><td>0.7</td><td colspan="2">1.0</td></tr>
<tr><td>最高平均气温(℃)</td><td><30</td><td>30~36</td><td colspan="2">>36</td><td rowspan="2">0.08a</td></tr>
<tr><td>权重</td><td>0.4</td><td>0.7</td><td colspan="2">1.0</td></tr>
<tr><td>极端低温(℃)</td><td><-20</td><td>-20~-10</td><td colspan="2">>-10</td><td rowspan="2">0.08a</td></tr>
<tr><td>权重</td><td>1.0</td><td>0.8</td><td colspan="2">0.6</td></tr>
<tr><td rowspan="4">交通条件</td><td>交通等级</td><td>轻</td><td>中</td><td>重</td><td>特重</td><td rowspan="2">0.15a</td></tr>
<tr><td>权重</td><td>0.2</td><td>0.5</td><td>0.8</td><td>1.0</td></tr>
<tr><td>超载率</td><td><15%</td><td>15%~30%</td><td colspan="2">>30%</td><td rowspan="2">0.21a</td></tr>
<tr><td>权重</td><td>0.4</td><td>0.7</td><td colspan="2">1.0</td></tr>
<tr><td rowspan="2">桥面刚度</td><td>钢板厚度(mm)</td><td>≤12</td><td>14</td><td colspan="2">≥16</td><td rowspan="2">0.20a</td></tr>
<tr><td>权重</td><td>1.0</td><td>0.7</td><td colspan="2">0.5</td></tr>
<tr><td rowspan="4">几何特征</td><td>纵/横坡坡度</td><td><2.0%</td><td>2%~3%</td><td colspan="2">>3%</td><td rowspan="2">0.10a</td></tr>
<tr><td>权重</td><td>0.5</td><td>0.8</td><td colspan="2">1.0</td></tr>
<tr><td>曲线半径(m)</td><td><500</td><td>500~1 000</td><td colspan="2">>1 000</td><td rowspan="2">0.10a</td></tr>
<tr><td>权重</td><td>1.0</td><td>0.8</td><td colspan="2">0.5</td></tr>
<tr><td rowspan="4" colspan="2">施工条件</td><td>气候总体评价</td><td>差</td><td>一般</td><td colspan="2">好</td><td rowspan="2">0.50b</td></tr>
<tr><td>权重</td><td>1.0</td><td>0.9</td><td colspan="2">0.7</td></tr>
<tr><td>场地、交通</td><td>差</td><td>一般</td><td colspan="2">好</td><td rowspan="2">0.50b</td></tr>
<tr><td>权重</td><td>1.0</td><td>0.9</td><td colspan="2">0.7</td></tr>
</table>

续上表

设计依据		分项权重			总权重
经济因素	造价限制	严格	一般	宽松	0.50c
	权重	1.0	0.7	0.4	
	维修费用	缺乏	一般	宽松	0.50c
	权重	1.0	0.7	0.4	

典型铺装体系性能评分表　　表6-3

性能分项		相应性能	铺装体系评分		
			环氧沥青混凝土	浇注式沥青混凝土	双层SMA沥青混凝土
技术条件	气候条件	防水和防腐	40	100	20
		抗高温车辙	100	70	50
		抗低温开裂	80	100	50
	交通条件	耐疲劳	80	100	50
		耐重、超载	100	100	50
	桥面刚度	黏结和疲劳性能	70	100	30
	几何特征	纵坡抗剪	100	50	70
		曲线段抗剪	100	50	70
施工条件	气候	施工便易性	50	80	100
	场地、交通	施工便易性	50	80	100
经济条件	造价		45	70	100
	维修费用		50	80	100

3. 防水黏结层类型选择

1）铺装体系因素

防水黏结层一般分为沥青类和反应树脂类两种类型，选择时必须考虑铺装体系、使用条件和防腐种类等因素。

典型铺装体系所用防水黏结层类型的选择有习惯性因素，主要考虑防水黏结材料与铺装沥青混凝土材料的相容性、黏结性、防水性和施工可行性。

（1）相容性

通常，同类型材料总是相容的，相近材料的相容性次之，不同类型材料的相容性可能存在比较大的问题。相容性问题主要出现在树脂类材料中，环氧沥青铺装混凝土防水黏结层应使用环氧沥青或性质相近的环氧树脂，甲基丙烯酸树脂类混凝土的防水黏结层应使用甲基丙烯酸树脂防水材料。一般情况下每一种铺装方案都是成体系的，其相容性需要经过实际工程验证。

（2）黏结性能

沥青类防水黏结层的特性实际上是处于“半黏结”状态，黏结能力相对较弱。由于沥青类材料黏弹性特征中的黏性特征更为明显，在车辆荷载反复作用下容易出现流动变形，高温情况下这样的特性更为突出。所以在使用条件较为严峻的钢桥上,使用沥青类材料铺装时,容易出现层间滑移、车辙和推拥等病害,如汕头礐石大桥的浇注式沥青混凝土铺装和大部分双层 SMA 沥青混凝土铺装都出现了比较严重的高温稳定性问题。沥青类防水黏结材料的优点是具有强度"自修复"能力,由于处于"半黏结"状态,铺装层较少出现脱层,但易出现层间滑移。

反应性树脂类材料的优点是固化后抗拉强度和黏结强度高;由于反应性树脂材料固化后黏弹性特征中的黏性特征不明显,所以在车辆荷载作用下不容易出现流动变形。但是由于该材料固化反应属于不可逆反应,无强度"自修复"能力;固化需要一定温度,对环境条件具有较高依赖性;环氧树脂类材料对温度很敏感且易受湿气影响,用在浇注式沥青混凝土铺装时需设置缓冲层,施工时对湿度等施工条件的要求较高。

MMA 防水黏结体系在浇注式沥青混凝土铺装中得到了广泛应用。MMA 本质上也属于反应性树脂类材料,它的断裂伸长率达到 130%。MMA 防水体系上层胶黏层因采用了热塑性树脂材料,在铺装层混合料高温作用下,不发生化学反应,其融合了沥青类材料和环氧树脂类材料的优点,取得了良好的使用效果。

笔者研究的 MMA 体系,对黏结层材料进行了一定的改进,改进后材料作用原理与原溶剂型黏结材料完全不同,其反应机理与防水层相似,依然通过自由基反应获得固化涂层;但结合了自分层涂料设计原理,黏结层通过热塑性丙烯酸树脂进行阻氧封闭完成固化反应,大部分热塑性丙烯酸树脂通过自分层在表面形成与沥青混合料具有良好黏结作用的黏结物质,少量热塑性丙烯酸树脂参与自由基固化反应,黏结层一次施工,在同一个宏观层面内拥有与防水层及浇注式沥青混合料相同的优秀的黏结功能,且该层内部拥有分子层级的过渡却无弱界面层。

(3)柔韧性

通常要求防水黏结层材料具有一定的柔韧性以适应桥面钢板变形,但更重要的是考虑在铺装层疲劳开裂时,防水层仍然能够完好无损,为裂缝修补等维护工作赢得时间。裂缝一旦开裂至钢板,雨水和空气作用会引起钢板锈蚀,裂缝修补将变得非常困难。MMA 类材料变形能力远大于钢材,沥青类和反应性树脂类材料次之。

(4)防水性

防水黏结层的防水性能要求除了应具有憎水性和密实性特征之外,还需具有一定的防水可靠性,因此要求防水黏结层具有良好的延展性和一定的厚度。一定的延展性使防水黏结层不易被拉裂或拉断而失去防水作用,一定的厚度也能保护其不被拉裂或拉断,免受石料等外物的伤害。

(5)施工可行性

环氧树脂或环氧沥青防水黏结层上通常撒布一定数量的等粒径碎石(环氧沥青混凝土铺装层上一般不撒布碎石),其作用除了增加层间抗剪能力外,还能提供施工平台供车辆、摊铺机行走。环氧树脂防水黏结层中的环氧树脂不耐高温,而英国的 Eliminator 甲基丙烯酸树脂防水黏结体系上层胶黏层则需要借助铺装层混合料摊铺时的高温熔化来达到黏结的目的。

但是,铺装混合料施工温度过高会导致富锌漆层受损,桥面钢板在高温作用下会产生较大的温度应力和应变而使支座和螺栓等部位发生破坏。防水黏结层应具有一定的厚度从而起到过渡作用。防水黏结层的选择应兼顾上述施工可行性因素。

2)使用条件

(1)温度

温度对防水黏结层的黏结性能会产生影响。高温条件下,由于沥青等热塑性材料黏结强度的降低,易出现流动性变形而引起层间滑移、车辙和推拥等病害;低温条件下,由于材料变硬变脆,逐渐接近于反应性树脂等热固性材料。相对而言,反应性树脂等热固性材料受温度变化的影响较小。

沥青类防水黏结层更适合于北方寒冷天气,而反应性树脂材料的适应性较广。

(2)降水

桥面钢板腐蚀主要有雨水和空气作用下的氧化腐蚀和酸性腐蚀,无论降水量大小,防水黏结材料的防水性能都不可忽视,但降水量较大的地方,更应加强钢桥面铺装防水黏结层的防水性能。

采用防水膜形式的防水黏结层,最好能够与铺装层形成防水体系,即要求铺装层具有较小的空隙率。甲基丙烯酸树脂防水体系因厚度较大从而具有较高的防水可靠性。

(3)交通

交通因素主要有交通量过大和重载超载两种因素。交通量大的钢桥对防水黏结层的抗拉、抗剪等耐疲劳性能要求高,重载超载车辆较多的钢桥,防水黏结层应具有更高的抗拉和抗剪强度,良好的柔韧性,以及较大的厚度来增强铺装层的抗裂性能和抗脱层性能。

(4)桥面系刚度

桥面系刚度过低引起的力学响应类似于交通轴载的加重,此时同样要求防水黏结层具有较高的抗拉和抗剪强度,良好的柔韧性和较大的厚度,以增强铺装层的抗裂、抗脱层性能。而较高的桥面系刚度会延长铺装层的使用寿命。

3)防腐类型

防腐类型包括屏蔽型防腐和电化学防腐。这两种防腐类型在钢桥上均有应用,电化学防腐能够提供有效的阴极保护作用,也有在钢桥桥面板上与屏蔽型防腐搭配使用。防腐类型选择不当会导致钢桥面铺装出现鼓包病害。

从第二章病害分析可知,鼓包出现的条件包括界面存在孔隙且相互连通、有水分存在且铺装空隙率小于3%等,防水黏结层释放的气体也是鼓包病害的主要诱因。浇注式沥青混凝土铺装层在高温施工时能使水分蒸发,混合料较高的流动性又能使界面无孔隙,因此较少出现鼓包现象;环氧沥青混凝土因施工温度较低难以使水分蒸发,空隙率达2% ~3%,界面还存在连通的条件,因此环氧沥青混凝土容易出现鼓包病害。

电弧喷锌属于电化学防腐,在施工工艺中会形成较大的空隙(近15%),通常会采用一定的封闭措施,但是这些封闭措施也封闭了空隙内的水分和空气。在铺装混合料施工高温作用下,空隙内被封闭的水分汽化、空气膨胀,最后导致封闭层被撑破从而出现孔隙连通,无论是浇注式沥青混凝土还是环氧沥青混凝土铺装,使用电弧喷锌均会出现大规模鼓包病害,再加上封闭层易释放气体,更加剧了这种病害的产生。

反应性树脂类防水黏结层材料强度形成是不可逆过程,且其延展性有限,直接用于电弧喷锌后的封闭层容易被撑破且无法自修复。因此,大跨径钢桥面板应尽量不使用电化学防腐,如果要使用,则宜采用沥青类封闭材料。

4)防水黏结体系性能

综上所述,防水黏结层应满足表6-4所列选择标准,适用性见表6-5,具体应用可参照后文典型铺装体系。其中,表6-5对各种防水黏结层材料采用评分方式描述其相应性能的优劣。

桥面防水黏结层的选择标准　　表6-4

选定条件	主要区域	桥面防水层选定的标准
交通条件	重交通路线	选择具有剪切强度高、耐荷性较好的防水黏结层
道路线路	曲线路段或坡道	考虑到车辆运动时离心力、加速度引起的剪切力较大,宜选用剪切强度以及拉拔强度较高的防水黏结层
气候条件	高温地带	考虑夏季路面温度较高,选用剪切强度、拉拔强度较高的防水黏结层
	寒冷地带	考虑冬季路面温度较低,选用低温时抗拉、抗剪强度高,延展性较小的防水黏结层

典型防水黏结层的适用性　　表6-5

设计依据		相应性能	防水黏结材料性能评分与适用性					
			沥青类		反应性树脂类		沥青反应性树脂类	
			橡胶沥青	溶剂型黏结剂	环氧树脂	MMA	环氧沥青	沥青类/树脂类组合
使用条件	气候条件	防水性	40	50	30	90	35	60
		抗高温	30	50	90	90	60	60
		抗低温	70	60	40	90	50	50
	交通条件	耐重载	30	40	70	90	50	50
	桥面刚度	抗裂、抗脱	30	40	70	90	50	50
	几何特征	抗剪切	30	40	70	90	50	50
铺装体系	环氧沥青混凝土		不适用	不适用	不常用	可用	常用	不适用
	浇注式沥青混凝土		不适用	常用	不常用	常用	可用	不常用
	双层SMA沥青混凝土		不常用	不常用	可用	可用	可用	可用
	ERS		不适用	不适用	常用	可用	不适用	不适用
防腐种类	屏蔽型防腐		可用	可用	常用	常用	可用	可用
	电化学防腐		可用	不适用	不适用	不适用	可用	不适用

4. 缓冲层设置

缓冲层设置的主要目的是为了缓冲铺装层施工时高温与荷载的振动冲击作用,同时兼具防水功能并提供施工平台。

环氧树脂类防水黏结层由于不耐高温，施工温度过高时，会影响该防水黏结层的黏结性能，并易挥发气体引起鼓包。同时，环氧树脂防水黏结层一般采用撒砂以形成剪力键，砂中易含水分；施工前铺装层与防水黏结层的界面上也易吸附水分，水分汽化很容易形成鼓包病害。

环氧树脂防水黏结层撒砂后摊铺碾压式沥青混凝土铺装，特别是采用骨架式沥青混凝土 SMA 时，施工机械的作用力会导致防水黏结层上的裸露砂发生松动，并穿透防水黏结层而形成过水通道，混合料中的大粒径集料在压路机作用下也可能对防水黏结层造成损伤。

采用缓冲层可以缓解以上问题。如果防水黏结层采用环氧树脂撒砂或环氧沥青撒砂，不论铺装下层采用 SMA 沥青混凝土或浇注式沥青混凝土均需设置缓冲层。

缓冲层材料一般可用改性沥青砂胶或碎石增强改性沥青砂胶（加入粒径≤2.36mm 砂），厚度一般为 3 ~5mm，改性沥青砂胶技术指标见表 6-6。推荐油石比为 18% ~24%。

改性沥青砂胶技术指标　　表 6-6

试验项目	气候分区（七月份平均最高气温）			试验方法
	≥30℃	20 ~30℃	<20℃	
与下卧层结合力（MPa，25℃）	≥2.0	≥2.0	≥2.0	拉脱法
环球法软化点（℃）	≥120	≥110	≥100	T 0606
热稳流淌性（mm，75℃，1h）	0	≤0.5	≤1.0	JC/T 203 -5
抗剪强度（MPa）	≥0.5（60℃）	≥0.5（50℃）	≥0.5（40℃）	附录 B
流动性（s）	≤3	≤3	≤3	附录 E

5. 铺装总厚度

铺装总厚度设计主要依据恒重限制、铺装受力特征、桥面刚度和经验，经综合平衡后决定。

（1）恒重限制

桥面铺装的总厚度不应超过桥梁结构的恒载限制，并预留一定的保证率，以确保桥梁结构的稳定性和安全性。

（2）铺装受力特征

我国尚无正式的钢桥面铺装设计与施工技术规范和成熟的铺装结构设计方法。对铺装结构厚度的分析应建立在力学分析和实践经验的基础上。

力学计算结果表明，在铺装层模量较高时[3 400MPa，见图 6-4a]，表面最大横向拉应力随着铺装厚度的增加而降低，而层底最大横向剪应力在厚度为 40mm 时达到峰值，随着厚度的增大有所降低，但降幅不大。铺装层模量较低时[470MPa，见图 6-4b]，表面最大横向拉应力在厚度为 5.5 ~6.0cm 时达到峰值，而随着厚度的增加层底最大剪应力继续增大。

冬季温度较低时铺装层弹性模量一般较高，从抗裂性考虑，选用较大的铺装厚度比较有利。夏季温度较高时，沥青混凝土铺装层弹性模量较低，为增加铺装层的抗裂性应选用 5cm 以下或者 7cm 以上的铺装厚度。虽然从抗脱层性能考虑应选用较小的铺装厚度，然而从应力的量值来看，夏季剪应力和拉应力远低于冬季的最大应力值，而且较高温度下沥青混凝土具有较大的变形能力，不易发生破坏。因此，铺装层厚度宜大于7～8cm。从钢桥的承重能力考虑，铺装总厚度设计取7～8cm较为合适，此时铺装与钢板之间的横向剪应力基本上小于0.6MPa，对多数防水黏结层，抗剪强度能基本满足指标的要求。

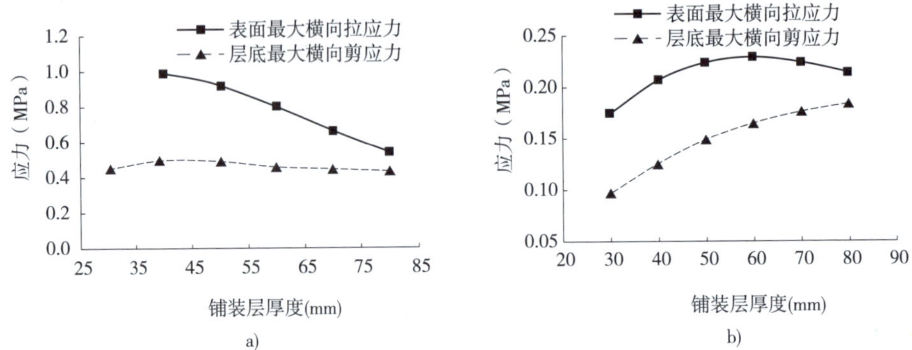

图6-4　铺装层模量对铺装受力的影响

a）铺装层模量为3 400MPa时铺装层受力；b）铺装层模量为470MPa时铺装层受力

（3）桥面刚度

正交异性板纵向和横向加劲肋的设置引起了局部刚度的差异，车辆在铺装层上行驶时，铺装层和钢板产生协同变形，导致铺装层顶部产生较大的横向拉应力，铺装层底部或防水黏结层上产生较大的横向剪应力。因此，桥面铺装必须具有一定的补强能力，控制铺装表面横向拉应力和层底横向剪应力不致过大，以防止疲劳开裂和脱层病害。

日本对桥面系刚度提出了相关要求，桥面铺装须满足肋间最大相对挠度和最小曲率半径的限制要求，其概念如图6-5所示，计算可用有限元法或简化公式完成，详见本书第三章。实际上，肋间最大相对挠度和最小曲率半径主要受纵向加劲肋位置和桥面钢板厚度的影响，若满足这两个参数的要求，则钢桥面铺装表面最大横向拉应力和应变都很小。同时，这两个参数也是影响剪应力的主要因素，满足要求时铺装与钢板之间的剪应力也相对较小。

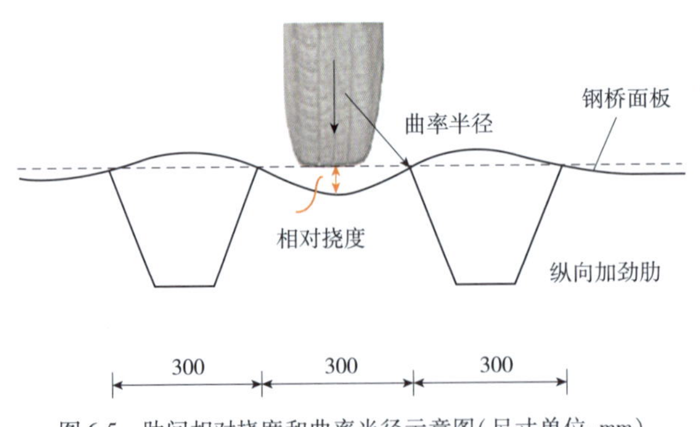

图6-5　肋间相对挠度和曲率半径示意图（尺寸单位：mm）

由于各种防水黏结层的黏结性能差异很大，仅根据肋间最大相对挠度和最小曲率半径尚无法判定防水黏结层的性能是否满足要求，因此必须把铺装与钢板之间剪应力具体化，桥面系刚度的大小应能确保防水黏结层的抗剪性能满足相应要求。

综上所述，桥面系刚度控制指标见表6-7，铺装总厚度至少应满足桥面系刚度的要求。

钢桥面铺装桥面系刚度控制指标 表 6-7

刚度控制指标	单位	技术要求
肋间最大相对挠度	mm	≤0.4
最小曲率半径	m	≥20
铺装与钢板之间剪应力	MPa	不大于黏结层抗剪强度

(4)经验厚度

在钢桥面铺装技术发展过程中,通过理论计算和不断实践总结,逐渐形成了经验厚度的范围,尽管这些厚度范围尚缺乏足够的理论支撑,但是实践证明是有效和可靠的,能够满足钢桥面铺装的使用要求。各国典型铺装体系的经验总厚度见表 6-8。

各国典型钢桥面铺装体系经验总厚度(单位:cm) 表 6-8

铺装体系 \ 国家名称	中国	英国	美国	德国	日本
单层浇注式沥青混凝土	4.0~5.0	3.8	—	—	5.0~7.0
复合浇注式沥青混凝土	7.0~8.0	—	—	5.0~7.5	6.5~8.5
单层环氧沥青混凝土	—	—	3.0~4.0	—	—
双层环氧沥青混凝土	5.0~5.5	—	5.0~7.0	—	—
双层 SMA	7.0~8.0	—	—	—	8.0~9.0
ERS	6.0~8.0	—	—	—	—

注:中国单层浇注式沥青混凝土主要应用在香港地区。

6. 结构层材料与厚度组合

结构层材料和厚度组合主要包括单层沥青混凝土的最小和最大厚度要求、钢桥面铺装使用条件以及以往的实践经验。

1)单层铺装沥青混凝土最小和最大厚度要求

单层铺装沥青混凝土最小和最大厚度要求主要考虑混合料的施工可行性。

碾压型沥青混合料的单层最小厚度一般为最大公称粒径的 3 倍,最少不小于 2.5 倍,这样的混合料易压实,结构致密。浇注式沥青混凝土虽然不需要碾压,但存在一定的收缩功能使内部集料更为致密,其厚度也遵循上述规律。对钢桥面铺装常采用的 9.5mm 和 13mm 最大公称粒径混合料,其单层铺装最小厚度分别为 3~4cm。

过厚的单层碾压式混合料不易压实,在胶黏料黏度过大的情况下碾压尤为困难,环氧沥青混合料最大厚度不应超过 4cm。浇注式沥青混合料最大厚度并无严格要求,但一般认为不宜超过 5cm。各种典型铺装混合料最小厚度可参考表 6-9。

典型钢桥面铺装混合料单层最小厚度和适宜厚度 表 6-9

混合料类型	公称最大粒径(mm)	最小厚度(mm)	适宜厚度(mm)
SMA 或 AC	9.5	30	35~40
	13.2	35	40~45

续上表

混合料类型	公称最大粒径(mm)	最小厚度(mm)	适宜厚度(mm)
浇注式沥青混合料	9.5	25	30~50
环氧沥青混合料	9.5	25	25~35
树脂沥青混合料	4.75	20	20~30

2)使用条件

(1)温度和降水

高温多雨地区要求材料具有优良的防水性能和高温抗车辙性能。

通常铺装下层应具有良好的防水性能,并与防水黏结层共同构成可靠的防水体系,多雨地区(以年均降水量>1 200mm 为界)更应遵守这一设计原则。几种典型铺装沥青混凝土的防水性能优劣依次为:浇注式沥青混凝土>环氧沥青混凝土>其他沥青混凝土。

高温主要影响结构层的抗车辙性能。单从动稳定度指标来看,各种典型铺装沥青混凝土的抗车辙性能依次为:环氧沥青混凝土>SMA 沥青混凝土>AC 沥青混凝土>浇注式沥青混凝土。但是从实际应用效果来看,各种典型铺装沥青混凝土抗车辙性能优劣依次为:环氧沥青混凝土>浇注式沥青混凝土>SMA 沥青混凝土>AC 沥青混凝土。因为多数双层 SMA 沥青混凝土铺装都出现了高温稳定性病害,而大多数复合浇注式沥青混凝土铺装都未出现高温稳定性病害。

当铺装面层的设计着重考虑高温抗车辙因素时,应遵循“铺装沥青混凝土刚度越大,越宜采用较大的厚度”的原则,反之应采用较小的厚度。

(2)交通和桥面系刚度

交通因素和桥面系刚度因素能够导致相同的结果。浇注式沥青混凝土和环氧沥青混凝土分别具有更大的柔韧性和更大的强度及刚度而具有较强的适应重载交通的能力。从材料和厚度组合角度来看,环氧沥青混凝土用在表面层更能适用于承受重载和超载交通的钢桥,浇注式沥青混凝土和 SMA 沥青混凝土用于表面层时也具有优良的抗车辙性能。

3)材料与厚度经验组合

双层环氧沥青混凝土、双层 SMA 和 ERS 铺装结构的材料与厚度组合是确定的,结构层厚度组合可参照表 6-8 选定,详见本章第三节钢桥面铺装典型结构。浇注式沥青混凝土铺装结构组合种类比较多,见表 6-10。

钢桥面铺装浇注式沥青混凝土结构层材料组合　　表 6-10

铺装下层	GA			
铺装上层	GA	SMA	EA	AC
主要性能	防水、抗重载、抗裂、抗脱层	性能适度	抗重载、抗裂、抗脱层、抗剪切	性能稍低
使用情况	不常用	常用	不常用	不常用

7. 铺装层层间措施

(1)黏层

铺装层层间措施的目的是为了保证铺装上下层之间黏结良好，增加铺装层之间的抗剪能力。通常采用洒布黏层油和撒布等粒径碎石两种措施。

选择黏层油种类时，黏层油除了应具有较好的路用性能和黏结性能之外，还应特别注意材料的相容性。黏层油作为铺装层之间的黏结层材料，应与上、下层沥青混凝土所用胶结料的种类尽量相同。此外，黏层油的洒布量不宜过大，否则反而造成层间黏结力不足。

浇注式沥青混凝土摊铺施工温度大于220℃，沥青含量高达7%以上，施工时由于石料的重力作用，表面会形成约1mm厚的富油层，如果上层沥青混合料施工温度较高(≥160℃)，通常会使该富油层受热融化，起到黏层油的作用，因此可不另外洒布黏层油。当浇注式沥青混凝土作为面层时，由于其本身流动性非常好，表面密实平整无须再进行处理。如果浇注式沥青混合料流动性较差，摊铺后表面粗糙贫油，或者下层浇注式沥青混凝土与上层施工时间间隔较长，可洒布少量黏层油。各典型铺装体系黏层油种类及用量见表6-11。

典型铺装体系黏层油洒布措施　　表6-11

铺装上层	GA	SMA	EA	EA	SMA	SMA
铺装下层	GA	GA	GA	EA	SMA	RA05
黏层油种类	—	改性乳化沥青	环氧沥青	环氧沥青	改性乳化沥青或热熔改性沥青	热熔改性沥青
洒布量(g/m^2)	不洒布	≤500	400~500	300~500	300~600	900~1 100

其中改性乳化沥青和热熔改性沥青技术指标分别见表6-12、表6-13，其他见第五章。

改性乳化沥青技术要求　　表6-12

试验项目		技术要求	试验方法
1.18mm筛余量(%)		≤0.1	T0652
储存稳定性(%)，5d		≤5.0	T0655
沥青标准黏度$C_{25,3}$(s)		8~25	T0621
蒸发残留物含量(%)		≥55	T0651
蒸发残留物性质	软化点(℃)	≥55	T0606
	针入度(0.1mm)	40~100	T0604
	延度(cm)，5℃	≥20	T0605

热熔改性沥青技术要求　　表6-13

试验项目	技术要求	试验方法
软化点(℃)	≥85	T0606
5℃延度(cm)	≥25	T0605
针入度0.1mm	30~60	T0604
25℃弹性恢复率(%)	≥80	T0662

(2)撒布碎石

浇注式沥青混凝土铺装施工时,下层摊铺完毕后宜紧接着撒布5~10mm等粒径预拌碎石,并采用滚筒或小型压力机碾压,以形成剪力键使铺装上、下层之间骨料充分啮合,达到抗剪抗滑动的目的。但在双层浇注式沥青混凝土铺装结构中,层间可不撒布碎石。

试验表明,碎石撒布量的小幅变动并不会显著影响铺装上、下层之间的抗剪强度,但过多撒布碎石会在铺装上下层之间形成隔离层从而出现脱层病害,碎石撒布量宜在3~6kg/m^2。撒布碎石的技术要求见表6-14。

层间撒布碎石技术要求 表6-14

试验项目	技术要求	试验方法
吸水率(%)	≤2.0	T0352
含水率(%)	≤0.3	T0305
细长扁平颗粒含量(%)	≤8.0	T0312
用量(kg/m^2)	7~12	—

三、经验法铺装材料指标设计

铺装结构厚度与材料组合设计完成后,可根据使用条件和铺装结构参数进行材料指标设计。材料指标设计应首先在满足本书第四章“混合料及原材料指标”的基础上进行调整。本处只针对浇注式沥青混凝土铺装材料指标设计进行论述。

浇注式沥青混凝土铺装分为复合浇注式沥青混凝土铺装和双层浇注式沥青混凝土铺装。复合浇注式沥青混凝土铺装一般采用浇注式沥青混凝土下层+SMA沥青混凝土铺装上层组合而成,其浇注式沥青混凝土铺装下层主要起防水作用和力学过渡作用,但其高温稳定性仍然是关注的重点;铺装上层SMA沥青混凝土则应同时具备较强的抗车辙能力和良好的抗疲劳性能。双层浇注式沥青混凝土常用于交通量大和桥面系刚度较低的钢桥,铺装上层除应具有良好的高温稳定性之外,还应具有良好的耐疲劳性能。

浇注式沥青混凝土铺装下层所用胶结料可选用高黏度聚合物改性沥青以提高其高温稳定性和抗裂性,交通量较小且重载、超载情况不太严重的钢桥也可选用湖沥青改性沥青。但浇注式沥青混凝土铺装上层须选用高黏度聚合物改性沥青,所选用的高黏度聚合物改性沥青必须适应浇注式沥青混合料高温拌和时的抗老化要求。

防水黏结层除应具有良好的抗剪切和抗拉拔性能外,还应具有较低的温度敏感性和较强的适应重载交通的能力。双层浇注式沥青混凝土一般用于气温较高以及交通量繁重或桥面系刚度较低的钢桥,其防水黏结层必须采用甲基丙烯酸树脂体系。

对于使用条件比较苛刻的钢桥,可参照表6-15和表6-16所示的特殊要求目标值进行材料指标设计或施工控制,其中:

(1)高温,以最高气温≥40℃为界;

(2)低温,以极端低温≤-10℃为界;

(3)交通状况繁重,指重交通、特重交通以及重载和超载车辆较多的中等交通;

(4)桥面系刚度较低,指桥面板厚度≤12mm或纵向加劲肋宽度≥320mm。

复合式浇注式沥青混合料性能指标建议 表 6-15

条件严苛的因素	建议目标值					
	浇注式沥青混凝土下层			SMA 上层		防水黏结层种类
	贯入度（mm）	贯入度增量（mm）	低温弯曲破坏应变（με）	动稳定度（次/mm）	低温弯曲破坏应变（με）	
(1)或(3)或(4)	≤3.5	≤0.35	—	≥5 000	—	MMA 或 ER
(1)(3)(4)中2～3项	≤3.0	≤0.30	—	≥6 000	—	MMA
(2)	—	—	≥5 000	—	≥5 000	均可
(2)和其他	≤3.5	≤0.35	≥4 500	≥4 500	≥4 500	MMA 或 ER

双层浇注式沥青混合料性能指标建议 表 6-16

条件严苛的因素	建议目标值					
	浇注式沥青混凝土下层			浇注式沥青混凝土上层		
	贯入度（mm）	贯入度增量（mm）	低温弯曲破坏应变（με）	贯入度（mm）	贯入度增量（mm）	低温弯曲破坏应变（με）
(1)或(3)或(4)	≤3.5	≤0.35	—	≤3.5	≤0.35	≥4 000
(1)(3)(4)中2～3项	≤3.0	≤0.30	—	≤3.5	≤0.35	≥4500

本书第四章所示浇注式沥青混凝土铺装体系所用高黏度聚合物改性沥青和高弹性聚合物改性沥青技术指标能够满足常规工程需要，在使用条件非常严格（前述①③④中 2～3 项）时，软化点可酌情提高 5～10℃，但不宜超过 90～100℃。

四、钢桥面铺装结构性能验证

1. 交通量计算

（1）计算参数

在确保铺装各层层间连续条件可靠，保证不产生严重车辙、推拥和抗滑性能的前提下，荷载作用下的抗疲劳开裂性能是决定铺装使用寿命的主要指标。脱层和开裂主要受铺装表面横向拉应力（或拉应变）和层底横向剪应力的影响。对于热塑性沥青混凝土铺装，车辙也是主要破坏类型之一；但车辙预估方程及参数的确定比较复杂，且主要受材料设计的控制，目前还难以纳入钢桥面铺装结构设计中。

钢桥面铺装以路面标准轴载 BZZ—100 作为设计荷载，计算参数见表 6-17。

钢桥面铺装标准轴载 BZZ—100 计算参数 表 6-17

标准轴载 P_1	轮胎接地压力	每侧轮胎简化为当量单轮接地面积 S
100kN	0.707MPa	460mm×200mm

(2)轴载换算

计算和试验表明,由于表面横向拉应力与层底横向剪应力的轴载当量换算公式中的参数差别很小,对于单轴双轮荷载,两者可以统一用式(6-1)进行换算。

$$N_1 = \left(\frac{P_i}{P_1}\right)^n \times N_i \tag{6-1}$$

式中:N_1——标准轴载当量作用次数;

N_i——各级轴载作用次数

P_1——标准轴载(kN);

P_i——被换算的各级轴载(kN);

n——换算指数。

考虑轮型系数和轮轴系数,标准轴载当量作用次数按式(6-2)计算。

$$N_1 = \sum_{i=1}^{m} C_1 \times C_2 \times \left(\frac{P_i}{P_1}\right)^n \times N_i \tag{6-2}$$

式中:N_1——标准轴载当量作用次数;

C_1——轴型系数;

C_2——轮组系数;

P_i——各级轴载,kN;

N_i——各级轴载作用次数;

m——各级轴载级位总数。

钢桥面铺装常用环氧沥青混凝土、浇注式沥青混凝土和 SMA 沥青混凝土,各相关参数的取值见表 6-18。

钢桥面铺装层种类和组合设计依据 表 6-18

铺装体系	C_1			C_2		n
	双联轴	三联轴	四联轴	单轮组	双轮组	
环氧沥青混凝土	0.028	0.003	0.001	112.0	1.0	6.25
浇注式沥青混凝土	0.104	0.206	0.011	28.0	1.0	4.35
SMA 沥青混凝土	0.057	0.010	0.003	56.0	1.0	5.30

(3)一个车道累计当量标准轴次

$$N_{eq} = \frac{[(1+r)^t - 1] \times 365}{r} \times N_1 \times \eta \tag{6-3a}$$

或

$$N_{eq} = \frac{[(1+r)^t - 1] \times 365}{r(1+r)^{t-1}} \times N_t \times \eta \tag{6-3b}$$

式中:N_{eq}——设计年限内一个车道标准轴载 BZZ—100 的累计当量作用次数;

t——设计年限;

N_1——竣工后第一年标准轴载 BZZ - 100 双向日平均当量作用次数,次/d;

N_t——设计年限末年标准轴载 BZZ - 100 双向日平均当量作用次数,次/d;

r——设计年限内交通量平均增长率,%;

η——车道系数,见表 6-19。

车道系数 η 表 6-19

车道特征	单车道	双车道		四车道	六车道
		无分隔	有分隔		
车道系数 η	1.0	0.60 ~ 0.70	0.5	0.40 ~ 0.50	0.30 ~ 0.40

2. 铺装结构疲劳性能验证

对交通任务繁重的大跨径桥梁铺装工程,完成铺装结构厚度与材料组合设计、确定铺装材料性能指标后,建议对铺装上层混凝土和铺装结构的疲劳性能进行验证。验证分别采用四点弯曲疲劳试验和复合梁疲劳试验方法,前者用于检验铺装上层混凝土疲劳性能,后者用于检验防水黏结层的黏结疲劳性能。加载方式可采用本书第三章所示应变谱和变形谱进行加载,其中,四点弯曲疲劳试验也可采用一个车道累计当量标准轴次进行加载,但其最大拉应变应采用标准轴载进行计算。

根据我国钢桥面铺装技术水平和使用状况,采用应变谱和变形谱进行加载时,5 年的加载水平基本上能够代表实际工程 7 ~ 8 年以上的使用寿命,因此可以按 5 年应变谱和变形谱加载而不产生疲劳破坏,作为结构性能的最低要求。我国提出的 5 年应变谱和变形谱分别见表 6-20、表 6-21。

适用于沥青混凝土应变控制的 4 点弯曲疲劳试验 5 年应变谱 表 6-20

应变分级(με)	5 年加载次数	百分比(%)
140 ~ 185	341 360	33.01
185 ~ 230	344 540	33.31
230 ~ 275	186 975	18.08
275 ~ 320	105 705	10.22
320 ~ 365	41 130	3.98
365 ~ 410	10 135	0.98
410 ~ 455	2 385	0.23
455 ~ 500	1 985	0.19
总计	1 034 215	100.00

适用于沥青混凝土 5 点弯曲复合梁疲劳试验的 5 年变形谱 表 6-21

变形分级(mm)	5 年加载次数	百分比(%)
0.15 ~ 0.25	348 910	20.33
0.25 ~ 0.35	332 815	19.40
0.35 ~ 0.45	341 360	19.89
0.45 ~ 0.55	344 540	20.08
0.55 ~ 0.65	186 975	10.90
0.65 ~ 0.75	105 705	6.16
0.75 ~ 0.85	41 130	2.40

续上表

变形分级(mm)	5年加载次数	百分比(%)
0.85~0.95	10 135	0.59
0.95~1.05	2 385	0.14
1.05~1.15	1 985	0.12
总计	1 715 940	100.0

当荷载谱作用下混凝土4点弯曲疲劳试验和复合梁疲劳试验结果难以满足设计年限要求时,需重新设计铺装结构和铺装材料,再做试验,直至达到要求。当铺装上层浇注式沥青混凝土疲劳性能不能满足设计年限要求时,可采用以下措施:

(1)采用较高的沥青和矿粉用量,但级配组成中0.075mm筛孔通过率应不高于27%;

(2)尝试添加纤维等外加剂;

(3)增加铺装总厚度或增加铺装下层模量,或尝试采用环氧沥青混凝土。

当浇注式沥青混凝土铺装结构复合梁疲劳试验结果不满足要求时,可采用以下措施:

(1)更换防水黏结层的种类,增加抗拉拔和抗剪切能力;

(2)增加铺装层总厚度或降低铺装层模量。

五、防排水设计

防排水是保证桥面铺装和桥梁结构耐久性的关键措施。根据相关试验结果,在湿润状态下桥面铺装的破坏速率是干燥状态的50~300倍。

钢桥面铺装防排水设计包括防水和排水两部分。防水措施主要通过致密的铺装保护层和防水黏结层共同来实现,排水措施则通过铺装层和桥面钢板的纵、横坡和排水系统来实现,设计要点详见表6-22。

钢桥面铺装防排水设计要点　　表6-22

桥面防水		桥面排水	
铺装层防水	空隙率≤3%并尽量无缺陷	铺装层排水	具有一定纵、横坡度
桥面板防水	可靠的防水黏结层	桥面板排水	具有一定的纵、横坡度
排水设施	尽量采用竖向排水管,降水量较大时铺装层埋置排水管道		

浇注式沥青混凝土空隙率接近于0,施工采用浇注方法,混凝土粒料分布均匀无缺陷。另外,浇注式沥青混凝土铺装通常采用2mm厚的防水黏结层,防水可靠度高,具有优良的防水性能。碾压式沥青混凝土一般空隙率较大,摊铺时难以保证无缺陷,再加上所用的防水黏结层厚度较小,防水效果并不好。

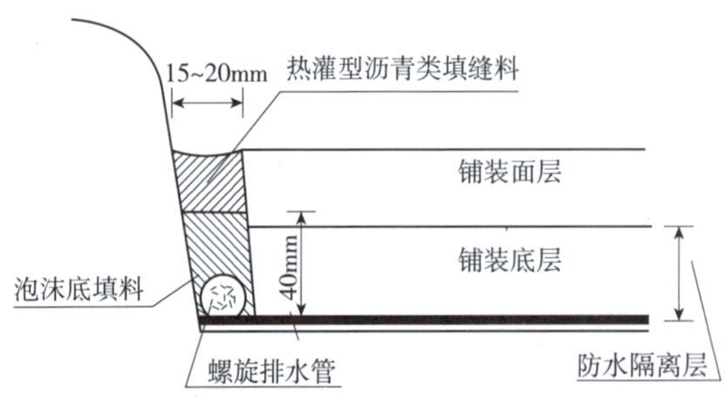

图6-6　铺装层排水系统

铺装层通常设置螺旋排水管以排除铺装层内部的积水,如图6-6所示。填缝采用沥青类材料,技术指标见表6-23。

沥青填缝料技术要求 表 6-23

试验项目	技术要求	试验方法
25℃锥入度(0.1mm)	≤90	JT/T 589—2004
25℃×5h 流动度(s)	0	
25℃弹性恢复率(%)	≥60	
25℃拉伸率(%)	≥250	

第三节 钢桥面铺装典型结构

一、浇注式沥青混凝土铺装典型结构

1. 我国浇注式沥青混凝土铺装应用情况

我国在引进国外浇注式沥青混凝土铺装时，曾尝试过多种浇注式沥青混凝土铺装结构类型。我国浇注式沥青混凝土铺装结构和德国类似，主要分为铺装层、缓冲层、防水黏结层和防腐层，由于防腐层、防水层和黏结层均具有防水作用，并具有良好的黏结能力，所以统称为防水黏结层，如图 6-7 所示。缓冲层设置与否，根据防水黏结层的类型来决定。防水体系各层次并不一定都要使用，可根据防水黏结层的种类进行选择。

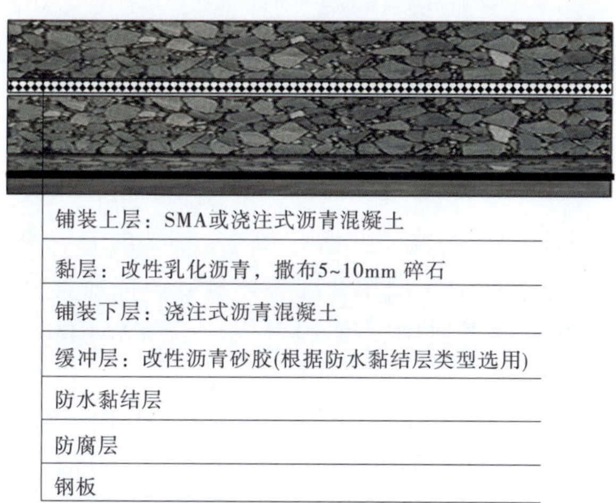

图 6-7 我国钢桥面浇注式沥青混凝土铺装结构

我国也尝试过多种铺装层的组合结构，绝大部分取得了良好的使用效果。不同浇注式沥青混凝土铺装结构使用情况的统计结果见表 6-24。

我国钢桥面浇注式沥青混凝土铺装结构组成 表 6-24

类型	磨耗层(铺装厚度)	保护层(铺装厚度)	钢桥数量
一	浇注式沥青混凝土(2.5cm)	浇注式沥青混凝土(2.5cm)	1
二	环氧沥青混凝土(2.5cm)	浇注式沥青混凝土(3.5cm)	1

续上表

类型	磨耗层(铺装厚度)	保护层(铺装厚度)	钢桥数量
三	SMA 沥青混凝土(3~4cm)	浇注式沥青混凝土(3~4cm)	75
四	单层浇注式沥青混凝土(3.8cm)		3

其中,双层浇注式沥青混凝土虽然只铺筑了试验段,但使用效果良好,充分验证了浇注式沥青混凝土具有优良的抗高温车辙性能,同时也验证了 MMA 防水黏结体系的优良性能。

2. 典型铺装结构

1)沥青类防水黏结层典型铺装结构

根据我国近 80 座浇注式沥青混凝土铺装钢桥的使用情况,可统计出较为成功的铺装结构组合形式和防水黏结体系类型。其中沥青类防水层浇注式铺装结构如图 6-8 所示。

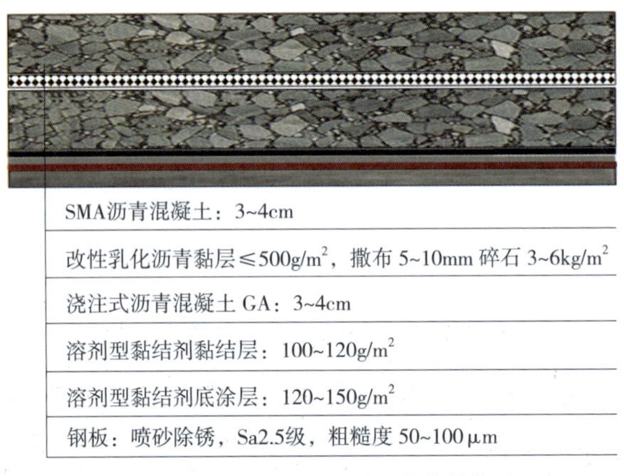

图 6-8 我国沥青类防水层铺装结构

使用该防水黏结层的钢桥约占浇注式沥青混凝土铺装的 7%,典型钢桥有汕头礐石大桥和安庆长江大桥,这两座钢桥铺装使用情况整体良好。但前者上坡段出现了较为严重的车辙、推拥等变形类病害;后者使用将近 10 年,除一条纵向裂缝外未出现其他形式的破坏。

实践表明,使用溶剂型沥青橡胶黏结剂的桥面铺装不宜在桥梁纵坡较大和平曲线半径较小的钢桥上使用,纵坡应≤2.5%,平曲线半径应≥1 000m。同时,该防水黏结层也不宜用在交通量大、重载超载车辆多、常年处于高温状态的钢桥上。

2)反应性树脂类防水黏结层典型铺装结构

(1)MMA 防水黏结体系

MMA 防水黏结体系的钢桥面铺装结构如图 6-9 所示。

MMA 体系反应性树脂类防水黏结层铺装结构的应用最为广泛,使用的桥梁超过 50 座,约占 80%。最为典型的有无锡 342 国道立交、重庆菜园坝长江大桥和永川长江大桥等,目前正在修建的港珠澳大桥也采用该防水黏结层。在所有使用该材料的钢桥面铺装中,仅福建鼓山大桥钢混结合段出现过一条裂缝,赣江大桥出现过 2~3 处裂缝和脱层,经过调查,都是因施工不良造成的,其他钢桥则使用情况良好。

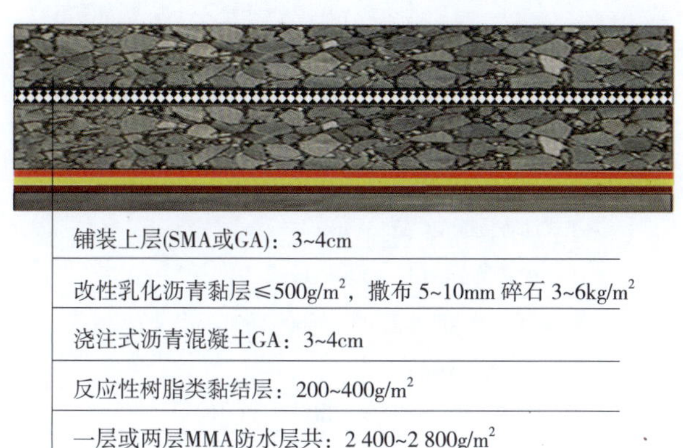

图 6-9　我国反应性树脂类(MMA 体系)防水层铺装结构

(2)环氧树脂撒砂防水黏结层典型铺装结构

环氧树脂撒砂防水黏结层典型铺装结构如图 6-10 所示。

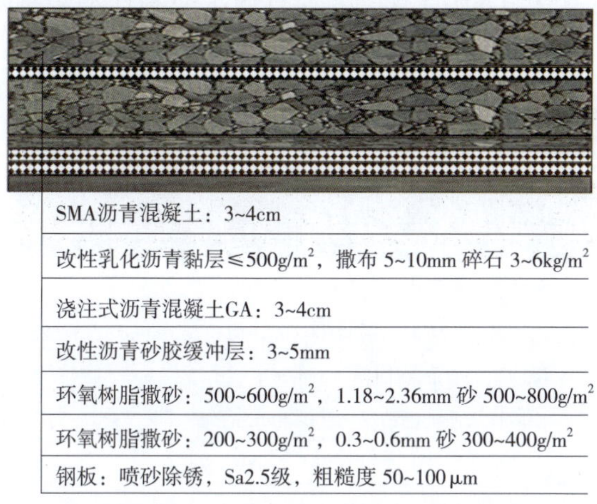

图 6-10　我国沥青/树脂类复合防水黏结层铺装结构

该种铺装结构在德国应用较多，在我国早期的浇注式沥青混凝土铺装中也曾经使用过，约占 5%。典型钢桥有长沙三汊矶大桥和重庆石板坡大桥，距今 7～8 年，未出现任何病害。

3)重载交通钢桥面浇注式沥青混凝土铺装结构

双层浇注式沥青混凝土铺装结构在我国重载交通钢桥的铺装工程中展现出了良好的路用性能，其结构如图 6-11 所示。

该结构曾于 2009 年应用于江阴长江大桥试验段。江阴长江大桥使用条件较为苛刻，最高温度达 40℃，极端低温达 -15℃，桥面板厚度仅为 12mm，交通量繁重，重载和超载车辆多。严格施工的段落使用至今，无病害发生。

该结构在设计浇注式沥青混凝土铺装时采用了专用高黏度聚合物改性沥青，在保证高温稳定性的同时兼顾流动度和疲劳性能，其 60℃ 贯入度应不大于 3.5mm。

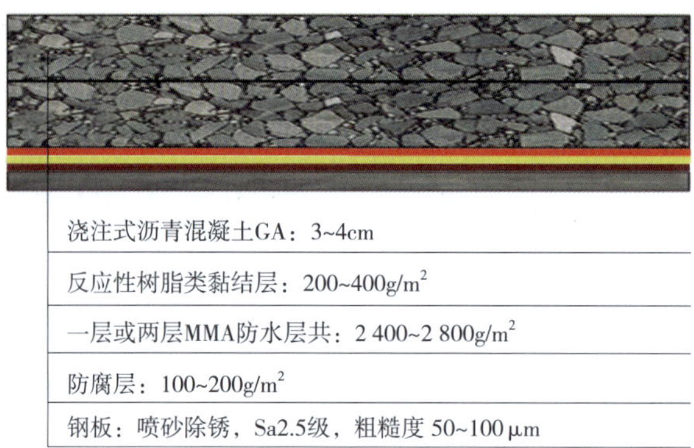

图 6-11　我国重载交通钢桥面浇注式沥青混凝土铺装结构

3. 浇注式沥青混凝土典型铺装结构推荐意见

浇注式沥青混凝土铺装结构在国内外已普遍应用，且大部分取得了良好的使用效果。随着研究和实践的深入，我国浇注式沥青混凝土铺装结构和材料已逐步定型，甲基丙烯酸树脂防水黏结体系 + 浇注式沥青混凝土 + SMA 沥青混凝土铺装结构已成为广泛使用的典型结构类型。该结构不但具有优良的使用性能，而且施工便利性和经济性都具有明显优势，如图 6-12所示。

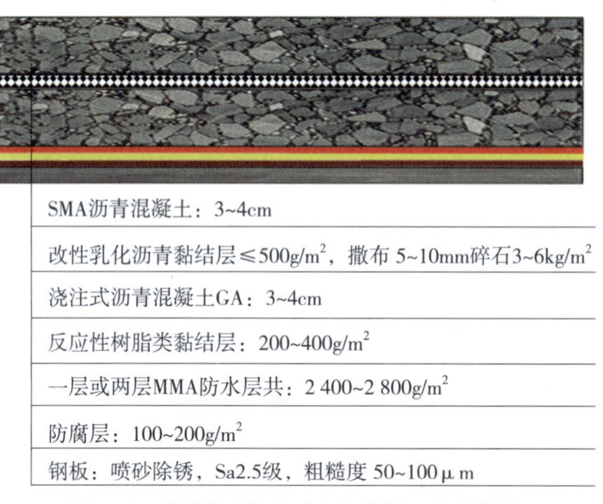

图 6-12　推荐典型浇注式沥青混凝土铺装结构

二、其他钢桥面铺装典型结构

1. 环氧沥青混凝土铺装结构

东南大学等科研机构自 20 世纪末引进和研究环氧沥青混凝土铺装技术以来，环氧沥青混凝土铺装技术在我国得到了大量推广，并在几十座大型钢桥得以应用。国外环氧沥青混凝土铺装有单层、双层之分，总厚度一般在 3 ~ 8cm 之间；我国的环氧沥青混凝土铺装厚度一般在 5 ~ 6cm 之间，绝大多数为 5cm，分两层设计和施工。所使用的防水黏结层一般为环氧沥青。我国环氧沥青混凝土典型铺装结构如图 6-13 所示。

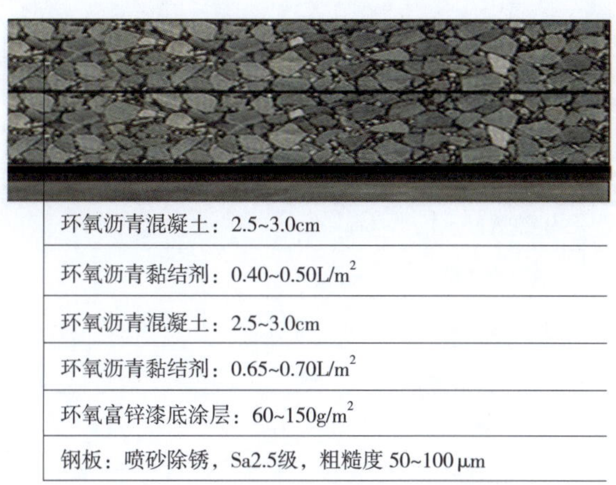

图 6-13　我国钢桥面 EA 铺装典型结构

目前我国环氧沥青混凝土所采用的环氧沥青主要有美国产、日本产和我国自产 3 种。由于各种环氧沥青性能不尽相同，环氧沥青混凝土胶结料用量也有所不同。

2. ERS 铺装结构

ERS 是我国自主研发并大量应用的钢桥面铺装技术，自宜昌长江公路大桥首次使用以来，经过多次技术改进已逐渐成熟，目前在浙江地区应用较多。

ERS 铺装主要采用 EBCL 防水黏结层（环氧树脂上撒布碎石），下层采用 RA05 树脂混凝土以增强铺装与钢板之间的界面黏结，厚度在 2.0 ~ 2.5cm 之间。早期的 ERS 铺装上层采用双层 SMA 沥青混凝土，总厚度为 4 ~ 6cm，近来逐渐趋向于采用单层 SMA 沥青混凝土，厚度约为 4cm。其典型铺装结构如图 6-14 所示。

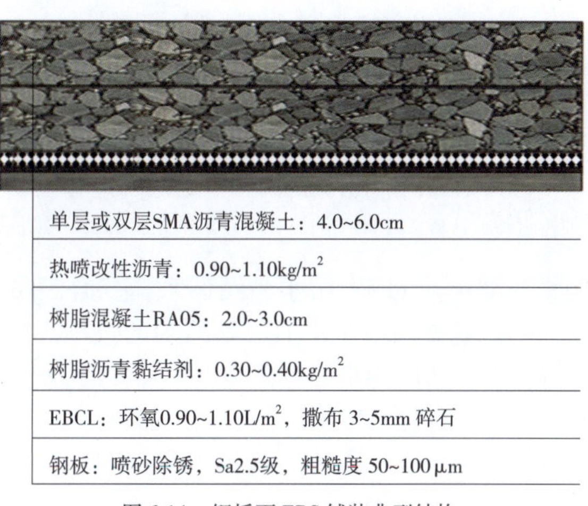

图 6-14　钢桥面 ERS 铺装典型结构

3. 双层 SMA 沥青混凝土典型铺装结构

双层 SMA 沥青混凝土铺装在我国早期应用较多，但效果欠佳。从使用情况较好的钢桥面双层 SMA 沥青混凝土铺装来看，防水黏结层的类型选择至关重要。双层 SMA 沥青混凝土铺装总厚度一般为 6 ~ 8cm，每层厚度在 3 ~ 4cm 之间，典型结构如图 6-15 所示。

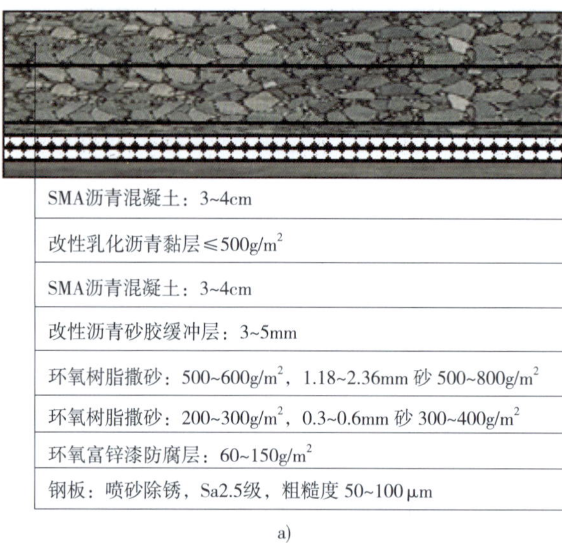

a)

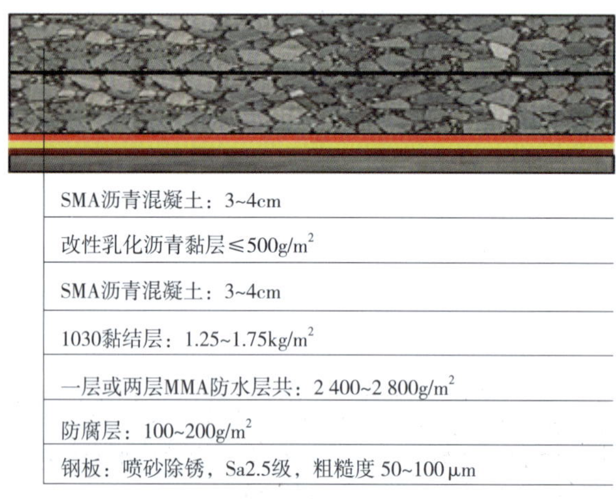

b)

图 6-15　我国双层 SMA 典型铺装结构

a）反应性树脂防水黏结层铺装结构；b）甲基丙烯酸树脂防水黏结层铺装结构

图 6-15b）所示的防水黏结层为 MMA 防水黏结体系，它和浇注式沥青混凝土铺装所用 MMA 防水黏结体系有所不同，主要区别在于上层黏结剂的选用。由于 SMA 沥青混凝土为骨架结构，主骨料突出，与防水黏结层的接触界面为点—面接触，所以采用沥青类黏结剂，用量较大，以增加 SMA 沥青混凝土与防水层的接触面积。而浇注式沥青混凝土与防水黏结层的接触界面为面—面接触，不会产生上述破坏现象，可采用反应性树脂类黏结剂，用量也较小。

本章参考文献

[1] 株式会社. 南京长江第四大桥浇注沥青桥面铺装设计方案[R]. 日本：株式会社長大，2009.

［2］日本道路协会. 铺装试验法便览［S］. 日本,1978.
［3］刘振清. 大跨径钢桥桥面铺装设计关键技术研究［D］. 南京:东南大学,2004.
［4］招商局重庆交通科研设计院有限公司. 公路钢桥面铺装设计与施工技术规范［M］. 北京:人民交通出版社,2014.
［5］赵国云,王军. 钢桥面铺装防水黏结层常见病害类型与设计应考虑的因素［J］. 中国建筑防水,2014,(24).

第七章　钢桥面铺装施工技术

第一节　钢板界面处治

钢结构桥梁构件在预制出厂前已完成初始防腐涂装，在运输、吊装、焊接过程中，桥面板表面的涂装会受到不同程度的损伤，因此在钢桥面铺装前，要求对钢桥面板进行完全彻底的处治。

图 7-1　钢桥面板喷砂除锈处治

一、界面处治标准

钢板界面处治必须在防水黏结层施工前进行，一般采用喷砂除锈（又称抛丸除锈）方式进行处治，喷砂除锈宜采用全自动无尘喷砂机，如图 7-1 所示。

钢桥面板界面处治要求达到以下标准：

（1）喷砂除锈后，钢桥面板应清洁、干燥，无焊瘤、飞溅物、针孔、飞边和毛刺等现象。

（2）喷砂除锈后，钢桥面板表面应达到《涂覆涂料前钢材表面处理　表面清洁度的目视评定的第一部分：未涂覆过的钢材表面和全面清除原有图层后的钢材表面的锈蚀等级和处理等级》（GB/T 8923.1—2011/ISO 8501—1:2007）规定的 Sa2.5 除锈等级要求，即“非常彻底的喷射清理，在不放大的情况下观察时，表面应无可见的油、脂和污物，并且没有氧化皮、铁锈、涂层和外来杂质。任何污染物的残留痕迹应仅呈现为点状或条纹状的轻微色斑”。

（3）喷砂除锈后，钢桥面板粗糙度应达到 Rz:50 ~ 100μm。

二、施工控制要点

界面处治应注意以下细节：

（1）喷砂除锈前，应全面检查钢板界面，对钢板残留的吊耳、焊瘤、飞溅物、针孔、飞边和毛刺等缺陷，用角磨机或焊接工具清理干净，确保残存的凸起高度不超过钢板界面 5mm，无棱角。

（2）喷砂除锈前，钢板表面的油污、油斑等用洗涤剂清洗干净。

（3）喷砂除锈施工，应在合格的环境条件下进行，基体温度应高于露点 3℃以上，空气相对湿度应不大于 85%。

（4）工作界面应保持清洁，进入施工区域的相关人员，必须穿戴干净的鞋套，并限定在指定区域活动，进入施工区域的喷砂机和发电机等设备，必须确保将设备清理干净。

(5)对于大型喷砂设备处理不到的部位(如防撞护栏边角),可使用手动压缩式喷砂机或小型自动喷砂机进行处理,与铺装厚度高度相同的钢制防撞护栏基座立面也应进行除锈处理。边角处治时,采取遮挡措施保护护栏和其他构造物不受污染和破坏,一般可用钢制挡板悬挂于防撞护栏之上,既可保护护栏不受损伤,又可使护栏基座立面喷砂除锈分界线整齐明晰。

(6)对喷砂除锈后已达到要求的钢板界面,必须及时涂覆防锈漆,以防二次返锈,一般喷砂处治后的界面晾置时间不应超过4h。因此,喷砂除锈施工应密切注意天气情况,天气情况不良时,应缩小施工段落,以确保防腐涂层能及时覆盖。

(7)遇异常天气(突然降雨或湿度增大等情况)时,应立即停止施工;施工中突然降雨时,除立即停止施工外,对已涂覆而尚未固化的防腐层,应重新进行喷砂除锈处治。

三、施工质量检测

1. 检测方法

(1)外观:肉眼观测。

(2)清洁度:处理前将表面处理标准对照板放置在未处理的工作界面上做比对,以确定钢板锈蚀等级。处理后,将对照板放置在处理过的界面上做比对,以判断处理后的钢桥面板是否达到 Sa2.5 的标准。

(3)粗糙度:印模法或触针法。①印模法。将拓片纸平坦放置于测量表面,用配套的塑料棒,先以适当的压力涂抹拓片纸上的圆圈部位,然后取下拓片纸,用测量规测量拓片纸圆圈部位的厚度,即为钢板的粗糙度。②触针法。将触针粗糙度仪放置于测量表面,表盘显示的读数即为钢板粗糙度。

2. 检测频率

(1)外观:随时检查。

(2)清洁度:1 次/100m^2,每个单体结构至少有 6 个测试点。

(3)粗糙度:1 次/200m^2,每个单体结构至少有 6 个测试点。

第二节 防水黏结层施工

用于钢桥面防水黏结层的材料包括溶剂型黏结剂、甲基丙烯酸树脂体系、环氧树脂体系、环氧沥青体系等多种类型。不同防水黏结材料有不同的施工参数,现以甲基丙烯酸树脂体系材料为例,对防水黏结层施工技术进行具体阐述,其他类型的防水黏结层施工可以此为参考。

一、施工工艺流程

甲基丙烯酸树脂是一种高分子化工材料,聚合反应后具有优良的强度和柔韧性能。甲基丙烯酸树脂防水黏结体系通常由一层防锈底漆、一层或两层防水膜和一层黏结剂等共 3 ~ 4 层材料组成,每一层均在体系中承担相应的防护作用。防锈底漆确保钢桥面板不被腐蚀,一层或两层防水膜完全防止水分侵入钢板与沥青铺装界面,黏结剂在浇注式沥青混凝土高温摊铺时熔化并发生一定程度的固化反应,形成层间黏结力。每一层材料施工后均能够与前一完工界面产生啮合反应,从而使得每一层次之间具有良好的黏结效果,其组合结构如图7-2所示。常温条件下甲基丙烯酸树脂防水黏结体系与钢板之间的黏结力大于5MPa。该体系具有完善的防腐、防水和黏结功能,有效阻断了水分和空气侵入钢板与铺装界面,使得铺装与钢板有效连接,提高了铺装结构使用的耐久性。

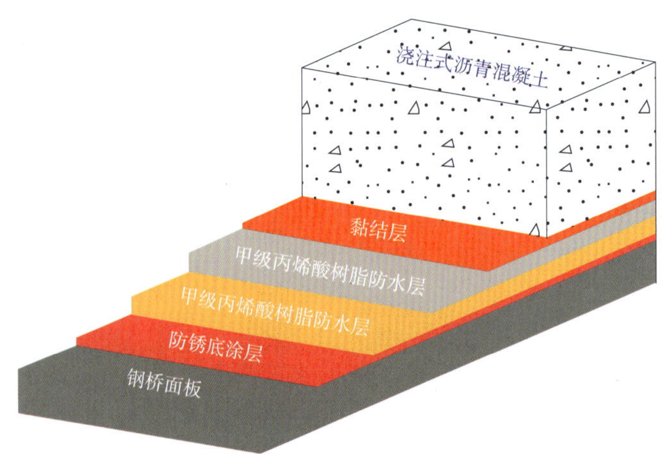

图7-2　甲基丙烯酸树脂防水黏结体系结构组合示意图

甲基丙烯酸树脂防水黏结体系施工前,要求对钢桥面板进行彻底的处理,使钢桥面板表面达到GB/T　8923.1—2011/ISO　8501—1：2007标准Sa2.5的要求,钢桥面板粗糙度到Rz:50～100μm。

(1)防腐底漆的施工

喷砂除锈检验合格后,在4h内实施防腐底漆涂层,可采用刷涂、滚涂或无气喷涂的方法施工,一般采用滚筒滚涂施工。

防腐底漆的干燥时间视现场环境而定,常温条件下固化时间约为30min,其他温度固化时间参考产品说明书。

(2)甲基丙烯酸树脂防水层膜的施工

待防腐金属底漆固化后,喷涂甲基丙烯酸树脂防水材料,可一次施工或分两层施工。如果分两层施工,两层材料用量应平均分配,待首涂层表干后,直接喷涂下一层,间隔时间取决于温度,常温条件下一般为30min。

(3)黏结剂的施工

甲基丙烯酸树脂防水膜喷涂结束并表干后,立即施工黏结剂,可采用刷涂、滚涂或无气喷涂的方法施工,一般采用滚涂方式。黏结剂固化后,搁置或进行下一道工序施工。

二、施工质量标准

甲基丙烯酸树脂防水黏结层施工质量需达到如下标准。

(1)涂布量

①防腐底漆:180～220g/m^2,一般用量200g/m^2。

②甲基丙烯酸树脂防水膜(两层):2 500 ~ 3 500g/m^2,一般用量 3 000g/m^2。

③黏结剂:单组分溶剂型用量 100 ~ 200g/m^2,一般用量 150g/m^2;多组分反应型用量 200 ~ 300g/m^2,一般用量 250g/m^2。

(2)性能要求

甲基丙烯酸树脂防水黏结层材料性能及施工要求:

①防腐底漆与钢板的黏结强度(25℃)≥5.0MPa;

②甲基丙烯酸树脂防水材料拉伸强度(23℃)≥12MPa;

③甲基丙烯酸树脂防水材料拉伸伸长率(23℃)≥130%;

④甲基丙烯酸树脂防水材料低温柔性(-20℃,Φ20mm 弯曲):表面无裂纹;

⑤甲基丙烯酸树脂防水膜湿膜厚度:一次施工时≥2mm;分两层施工时每层≥1.2mm;

⑥黏结剂干固时间(23℃)≤60min。

三、施工控制要点

钢桥面防水黏结层的有效性决定钢板与沥青铺装层界面的黏结效果,也决定了钢桥面铺装整体结构的使用耐久性。钢桥面防水黏结层施工过程中必须严格控制施工质量。

1. 施工组织设计

钢桥面防水黏结层施工必须充分考虑工程项目的具体特征、防水黏结材料的反应特性、施工环境条件、特殊情况下的技术处治预案等因素,在此基础上编制可操作的施工进度计划。

对于工程项目的具体特征,首先要考虑项目整体工期的紧迫程度,多数工程项目为沥青铺装层所预留的时间十分有限,而防水黏结层施工工艺所需要的时间不可压缩。此时,为保证工期,需要从人员、设备、材料等多方面进行权衡,充分考虑防水黏结层施工中多因素的干扰,如交叉施工、雨季施工以及监理流程障碍等,尽量避免间断施工。

2. 施工环境条件

施工环境条件对钢桥面防水黏结层的施工质量有决定性的影响,尤其对反应类防水黏结材料,如甲基丙烯酸树脂防水黏结体系、环氧树脂类防水黏结体系等,施工环境条件对体系各层次之间的黏结效果有重要影响。

(1)温度

施工环境温度和界面温度影响黏结效果,其原理为:①钢板界面有一定的粗糙度,防水黏结体系材料通过充分填充钢板界面空隙,由材料与钢板界面的黏结和界面不平整形成的剪力键效应两方面的作用力,共同提供界面黏结力。②钢板温度对于黏结材料的黏度和固化速度有明显影响。黏结材料的黏度过大,将难以完全填充界面空隙;钢板温度过高,将导致黏结材料尚未充分渗入填充界面空隙,即已提早干固(或固化),这都将降低界面剪力键的作用,影响黏结效果。③当防水黏结体系为多层反应类树脂体系时,下层施工完毕并充分干固后,往往形成一个强度高而表面光滑的界面,上层施工时易出现两层之间黏结力不足的现象,通常可通过撒布小粒径碎石人为提高粗糙度和剪力键作用。也可以在下层尚未完全干固(或固化)的条件下提前施工上层,即在下层表干后立即开始上层施工。每层的干固(或固化）速度与温度有直接关系，温度越高，干固（或固化）速度越快，各层次施工的时间间隔，应根据温度情况而定。④甲基丙烯酸树脂类防水材料中含有溶解性物质成分，上层施工时，材料中的溶解性物质能够侵入下层已干固的材料中通过“胶联”效应获得较高的黏结力。但是，在温度过高的条件下，该溶解性物质挥发及反应速度过快，来不及与下层材料“胶联”即已干固，于是严重削弱了两层材料之间的黏结力，如图7-3所示。

图7-3显示，某典型进口MMA体系两层不同颜色的防水膜之间黏结力丧失而导致铺装脱层，其主要原因是防水膜施工时，钢板温度和环境温度过高，严重影响了层间材料的“胶联”效果。因此，可以通过降低施工温度和将两次施工改为一次施工来解决。

（2）湿度与露点

空气湿度高会产生两方面的不利影响：①在钢板界面完成喷砂除锈处治后，防锈底漆尚未施工之前，即出现部分锈蚀，降低了界面黏结强度；②环境温度和湿度达到一定程度界面将出现露点，界面温度若低于露点时，则界面将结露形成水汽，这既不利于界面黏结，又容易引发高温摊铺时的气泡现象，如图7-4所示。

图7-3　两层防水层之间的黏结力丧失

图7-4　浇注式沥青混凝土施工气泡

界面水汽和钢板初始锈蚀的存在，致使桥面铺装投入运营后，钢板表面锈蚀继续发展，降低钢板与防水黏结体系之间的黏结力，导致铺装层产生脱层病害，如图7-5所示。

（3）风速

风速大小对于喷涂施工效果有较大影响，主要影响施工材料的均匀性。风速过大会导致喷涂材料在钢桥面板形成集聚，防水层表面形成大量褶皱，如图7-6所示。严重时，将形成局部点状堆积，而其他部分则厚度不足，严重影响防水黏结效果。

图7-5　钢板锈蚀引起脱层病害

图7-6　防水材料集聚形成褶皱

甲基丙烯酸树脂类防水黏结层各层施工均可采用喷涂工艺，防腐底漆涂层和黏结层材料用量较少，且可操作时间较长，因此多采用滚涂施工工艺；但甲基丙烯酸树脂防水膜材料用量大（1.5kg/m^{2}以上），且甲基丙烯酸树脂防水材料双组分或多组分混合后的反应时间不足10min，无法采用滚涂工艺施工，必须采用喷涂工艺，风速过大的影响无法避免。

据现场施工记载，当风力大于4级（即风速为5.5～7.9m/s）时，如不采取遮挡措施，防水材料喷涂均匀性将受到严重影响，应立即停止施工。

（4）环境条件要求

防腐底漆和黏结剂施工温度为0～45℃（基体温度）。

甲基丙烯酸树脂防水材料施工，要求基体温度为0～35℃，超出该温度区间，严禁施工。

甲基丙烯酸树脂防水黏结层施工，基体温度应高于露点3℃以上，相对湿度≤85%。

遇雨雪、浓雾、结露等天气时，严禁甲基丙烯酸树脂防水黏结层施工；施工过程中突遇阵雨时，应立即停止施工，并铲除已喷涂未干固的防水黏结层。

风力大于4级时，严禁甲基丙烯酸树脂防水层喷涂施工。

3. 施工厚度与均匀性

防水黏结材料的施工厚度与材料用量呈对应关系。施工过程中，可以根据检测施工厚度或材料消耗量来控制。由于各种材料特性和功能的差异，不同材料的用量控制原则亦不相同。甲基丙烯酸树脂防水黏结体系中，防腐底漆和黏结层材料用量约为200g/m^2，由于厚度测试比较困难，倾向于控制材料用量；而甲基丙烯酸树脂防水膜厚度为1～2mm，采用湿膜厚度仪测试厚度十分方便，喷涂施工过程中不宜以材料用量进行控制。

（1）防腐底漆

喷砂处治后钢桥面板具有一定的粗糙度，如果防腐底漆不能完全覆盖整个钢板界面，将出现局部锈蚀（图7-7），影响界面的黏结力，将埋下安全隐患。

因此，防腐底漆施工必须全面积覆盖，这要求防腐底漆材料的用量必须达到全面积覆盖的最低标准，宜多不宜少。通常按照不少于200g/m^{2}进行控制，每完成1桶材料（25kg左右）的施工，均需对单位面积用量进行核算，这样在满足材料总量控制的同时，也能控制施工均匀性。如果采用滚涂施工工艺，宜进行纵、横两个方向的滚涂，如图7-8所示。

图7-7 防腐底漆施工后钢板反锈

图7-8 防腐底漆纵、横向滚涂施工

防腐底漆不宜添加二甲苯等溶剂进行稀释，因为添加溶剂后滚涂施工的效果会变差，涂完后作业面缺乏光泽。另外，添加溶剂将导致防腐底漆实际用量不足，影响钢板防腐效果。有经验表明，防腐底漆用量不足时，在自然环境中放置7d将会出现不同程度的钢板锈点。添加溶剂后如果放置时间过长，防腐底漆会过于黏稠而难以滚涂施工，所以溶剂添加量不能超过10%，使用前应搅拌均匀，过保质期的材料禁止使用。

(2)甲基丙烯酸树脂防水膜

甲基丙烯酸树脂防水膜采用喷涂工艺施工，如图7-9所示。

甲基丙烯酸树脂防水膜厚度不足，将影响其化学反应效果，黏结强度会受较大影响，难以达到应有的性能要求。甲基丙烯酸树脂防水膜施工最小湿膜厚度应达到1.2mm，在喷涂施工过程必须随时检测喷涂湿膜厚度，如图7-10所示。

图7-9 甲基丙烯酸树脂喷涂施工

图7-10 甲基丙烯酸树脂湿膜厚度检测

当甲基丙烯酸树脂防水膜单层施工时，湿膜厚度要按照不小于2mm进行控制。

(3)黏结剂

甲基丙烯酸树脂防水黏结体系所采用的黏结剂可以为单组分溶剂型或多组分反应型。不同类型的材料用量不同，不论采用何种类型的黏结剂，均需与防水黏结体系相匹配，要求材料供应商提供相应的检测报告和工程案例的使用经验。

图7-11 单组分溶剂型黏结剂单方向施工

单组分溶剂型黏结剂受温度影响较大，温度升高时黏结力下降明显，因此材料用量应严格控制。设计用量为100～200g/m^{2}时，实际用量切勿超过上限，在滚涂施工时应防止局部材料堆积。如果采用滚涂施工工艺，可以单方向施工(图7-11)或纵、横向两个方向施工。

多组分反应型黏结剂固化反应后的强度受温度影响不明显，材料用量应严格控制，宜多不宜少，设计用量为250g/m^{2}左右时，实际用量不应低于250g/m^2，滚涂施工时局部材料的少量堆积对黏结强度影响不大。通常可沿纵、横两个方向进行滚涂施工。

4. 施工界面保护

甲基丙烯酸树脂防水黏结体系由多层次构成，对各个层次界面清洁程度均有较高要求，灰尘、油污或残留钢砂等污染物的存在，将极大降低界面黏结效果。对钢板表面、防腐底漆涂层表面、双层甲基丙烯酸树脂防水膜之间及其表面的施工界面要求如下：

(1)钢板表面、防腐底漆表面、甲基丙烯酸树脂防水层表面均不得有钢砂、脚印、灰尘、油污、杂物等污染，如果有上述污染，应及时采用吹风机、清洁剂、溶剂或高压清水彻底清除。

(2)因各层表面材料在没有完全固化之前，有可能吸附灰尘，所以，施工期间应对施工区域周边用彩条布覆盖，形成隔离区，杜绝污染源进入施工区域。

(3)进入施工区域的相关人员，应穿戴干净的鞋套，并限制在指定区域活动。

(4)避免其他工序交叉施工的干扰。

在不受污染的环境下，甲基丙烯酸树脂防水体系的黏结剂施工完毕并固化后，可以一直暴露，直至浇注式沥青混凝土摊铺施工，但必须杜绝车辆、行人通行。浇注式沥青混凝土施工前如果发现黏结层表面有污染现象，应根据污染严重程度采用吹风机、拖把、洒水车和高压水枪等工具清理干净。

5. 材料使用方法

防水黏结层施工前，必须详细掌握各层次材料的使用方法，方能保证防水黏结层材料施工的连贯性，据此确定各层次施工时的效率，并以此指导施工组织设计的制订。

(1)防腐底漆

甲基丙烯酸树脂防水黏结体系防腐底漆一般为溶剂型单组分材料，储存过程中可能会产生轻微离析，使用前仅需简单搅拌即可均匀，由大桶分装至小型容器后，可立即进行滚涂施工，施工效率高，每小时可完成1 000m^2。

防腐底漆在常温条件下的可操作时间为30min，随着温度的升高，可操作时间将缩短，为延长防腐底漆的可操作时间，应避光储存。当环境温度高于35℃时，应当不断洒水降温或放置在制冷环境中。

(2)甲基丙烯酸树脂防水材料

甲基丙烯酸树脂防水材料是一种双组分物质，即A组分和B组分。在使用前B组分需提前添加二酰基有机过氧化物BPO粉催化剂，B组分与BPO粉的比例根据产品的不同有所差异。B组分与BPO粉混合后需充分搅拌均匀，BPO粉宜缓慢添加，添加过程中用电动搅拌钻不停地搅拌，直至BPO粉完全分散。搅拌过程中电动搅拌钻应刮擦容器的侧边及底部，以确保材料彻底搅拌均匀。

甲基丙烯酸树脂防水材料喷涂施工前，A组分和B组分(已加入BPO粉)均需要彻底搅拌均匀，此时，应采用各自专用的电动搅拌钻分别搅拌A组分和B组分，否则会引起材料在各自容器中提前反应。

甲基丙烯酸树脂防水材料A组分和B组分应采用喷涂施工，A组分和B组分(含BPO粉)按1∶1比例取料。A组分和B组分混合后的物质反应速度较快，常温下的可操作时间为5min，随着温度升高，可操作时间将缩短。一般要求A组分和B组分混合后的材料瞬间即通过管线和喷头喷出，这就要求掌握施工节奏，切勿出现停滞现象，避免防水材料滞留管线中而堵塞管线。

为延长甲基丙烯酸树脂防水材料的可操作时间，应将其储存于干燥及阴凉的环境，避免阳光直射，储存环境温度应不超过35℃，否则应采取降温措施。

当加入BPO粉后，B组分会变得不稳定，材料应当天用完。未当天用完的材料，必须在混合后材料的使用寿命期内使用,否则必须废弃。不同厂家的产品加入 BPO 粉后的使用寿命略有不同,需根据产品说明书准确认定。

甲基丙烯酸树脂防水材料喷涂施工的准备工作较为复杂,需要严格控制,否则施工过程中出现意外情况会降低施工效率。准备工作完成后,每个施工班组正常喷涂效率约为 $200m^2/h$。

(3)黏结剂

甲基丙烯酸树脂防水黏结体系所采用的黏结剂可分为单组分溶剂型和多组分反应型,单组分溶剂型黏结剂的使用方法和施工效率与防腐底漆基本相同,多组分反应型黏结剂在使用前需要将各组分混合并充分搅拌,混合后的材料可操作时间一般会大量缩短,通常要求混合后的材料 10min 内完成施工,施工效率与防腐底漆基本相同,每个施工班组每小时可完成 $1\ 000m^2$。

黏结剂的储存同样需要遵循防腐底漆的储存规定。

6. 施工缺陷处治

甲基丙烯酸树脂防水材料可一次施工,厚度为 2mm,若分两层施工,每层厚度 1.2mm,两层施工必须连续进行。若因天气、设备故障等原因第一层和第二层防水层未能实现连续施工,在第二层施工时,应清除所有水分、灰尘、油渍等污染,保证第一层表面完全清洁,方可喷涂第二层防水膜。第二层喷涂施工宜在偏低的温度条件下进行,以增加两层防水膜之间的胶联反应时间,提高黏结效果。

每层防水膜固化后,应随即目测潜在缺陷,如针孔、气泡、飞角、局部不固化等,如发现缺陷,立即标示位置,随后用角磨机、刀片等将缺陷区域的防水膜清除,取混合后的防水材料人工均匀刮涂修补。

浇注式沥青混凝土摊铺施工过程中,如果发现甲基丙烯酸树脂防水膜被破坏的情况,必须立即暂停摊铺施工,用刀片将破坏的防水膜割除,边缘修理整齐,人工修复防水膜。如果仅仅是黏结剂出现破损,破损处清洗干净后,补涂黏结剂即可。

四、施工质量检测

防水黏结体系施工质量检测原则为“事前准备,过程控制”。即施工前对材料性能进行充分检测,施工过程中着重于施工参数的控制。避免使用不合格的材料,减少返工浪费。

1. 检测方法

1)材料用量

(1)防腐底漆:根据材料用量和施工面积计算。

(2)甲基丙烯酸树脂防水膜:将一块称过重量的薄板放置于施工区域,按正常程序喷涂防水膜后,称取薄板和防水膜的总重量,根据防水膜的重量和薄板面积计算材料用量。

(3)黏结剂:根据材料用量和施工面积计算。

2)性能检测

(1)甲基丙烯酸树脂防水材料及黏结剂性能检测

①防水材料拉伸强度:《建筑防水涂料试验方法》(GB/T 16777—2008);

②防水材料拉伸伸长率:《建筑防水涂料试验方法》(GB/T 16777—2008);

③防水材料低温柔性:《公路钢箱梁桥面铺装设计与施工技术指南》或本书附录 C。

④黏结剂干固时间:《建筑防水涂料试验方法》(GB/T 16777—2008)。

(2)甲基丙烯酸树脂防水黏结层施工性能要求

①防腐底漆与钢板的黏结强度:《公路钢箱梁桥面铺装设计与施工技术指南》或附录 D。

②甲基丙烯酸树脂防水膜单层湿膜厚度:测量针或标准梳状厚度测量尺。

2. 检测频率

1)涂布量

(1)防腐底漆:1 次/施工段落。

(2)甲基丙烯酸树脂防水膜:1 次/施工段落。

(3)黏结剂:1 次/施工段落。

2)性能检测

(1)甲基丙烯酸树脂防水材料及黏结剂性能检测

①防水材料拉伸强度:1 次/批;

②防水材料拉伸伸长率:1 次/批;

③防水材料低温柔性:1 次/批;

④黏结剂干固时间:1 次/批。

(2)甲基丙烯酸树脂防水黏结层施工性能检测

①防腐底漆与钢板的黏结强度:6 点/1 000m^2,小于 1 000m^2 的单体桥最少检测 6 点。

②甲基丙烯酸树脂防水膜单层湿膜厚度:1 点/10m^2。

第三节　浇注式沥青混凝土施工

一、浇注式沥青混凝土施工流程

浇注式沥青混凝土施工工序包括配合比设计、浇注式沥青混合料生产、浇注式沥青混合料运输和浇注式沥青混合料摊铺。主要施工流程如下。

1. 配合比设计

工程中常用的基于经验法的浇注式沥青混合料配合比设计流程如图 7-12 所示。

(1)原材料选择:根据设计文件和相关规范要求,选择改性沥青、集料、矿粉和其他添加剂,检测各种原材料性能。

(2)初定级配:在设计允许级配范围内选择粗、中、细三种级配。

(3)选择最佳级配:拟定 8% 的油石比作为初始油石比,拌和浇注式沥青混合料,进行刘埃尔流动性测试,并成型贯入度试件,完成贯入度试验。根据刘埃尔试验和贯入度试验结果,选定最佳级配。

(4)选择最佳油石比:采用选定最佳级配,以初始油石比的混合料性能为基准,以 0. 3% 为步长,选择 5 个油石比,拌和浇注式沥青混合料,完成刘埃尔流动性试验和贯入度试验。根据试验结果,确定最佳油石比。

(5)进行低温弯曲试验,验证混合料的低温抗裂性。

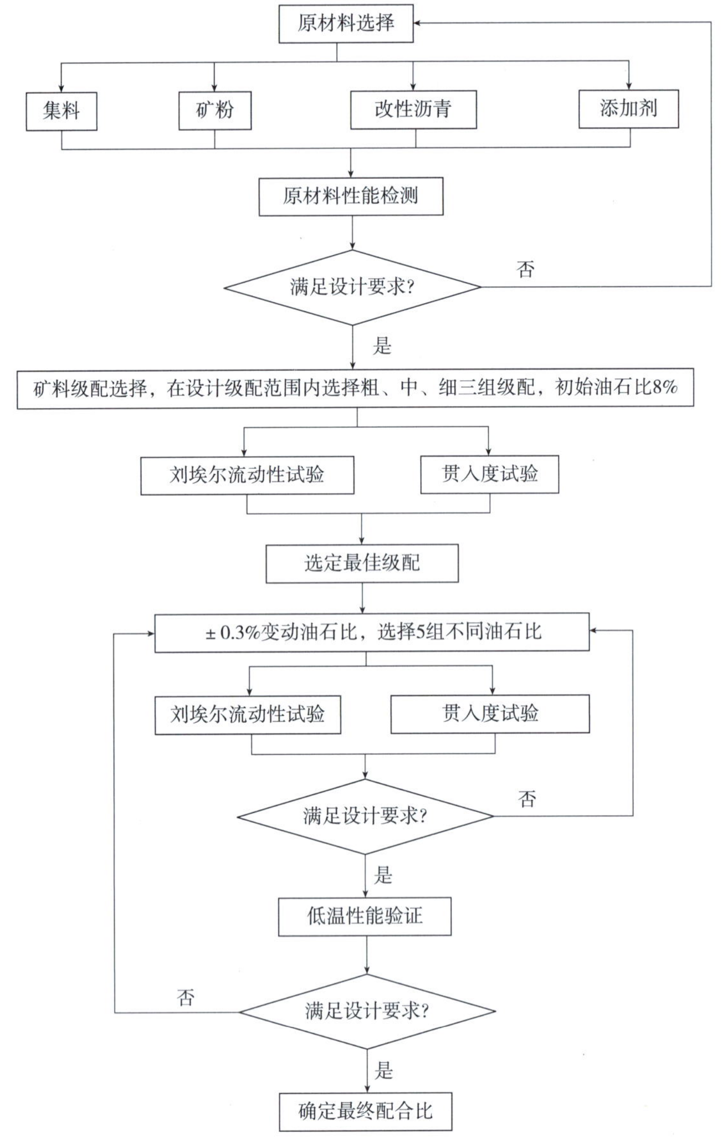

图 7-12　浇注式沥青混合料配合比设计流程图

2. 浇注式混合料生产

浇注式沥青混合料的生产流程与普通沥青混合料基本相同，只是在生产参数设置上有所区别，具体如下：

(1)如果矿粉未加热，则石料加热温度控制在 330℃左右；如果矿粉加热，则石料加热温度控制在 250～280℃，具体应根据矿粉加热温度确定。

(2)由于混合料中矿粉含量很大，而浇注式沥青混合料搅拌完成后必须具有基本流动性，因此混合料在拌和站拌缸内的拌和时间比较长，通常为干拌 15s，湿拌 90s。

(3)浇注式沥青混合料湿拌过程中，可以根据需要加入适量改善流动性的温拌材料。

(4)浇注式沥青混合料拌和后出料温度控制在 220～250℃。

(5)浇注式沥青混合料在搅拌缸内搅拌完成后不能储存,必须立即装入浇注式沥青混合料运输车。

(6)工程量较大的重大工程,为保证浇注式沥青混合料的连续施工,可使用专用的浇注式沥青混合料保温、搅拌和储存设备存储,储量需考虑施工的连续性,同时注意到浇注式沥青混合料适宜的搅拌储存时间。

3. 浇注式混合料运输

浇注式沥青混合料的运输与普通沥青混合料完全不同,浇注式沥青混合料是一种流动状态的混合料,运输过程中必须不间断地搅拌和加热。浇注式沥青混合料的运输采用专用运输车,如图 7-13 所示。

图 7-13 浇注式沥青混合料专用运输车(Cooker)

与普通沥青混合料运输车相比,Cooker 除了增加搅拌和加热系统之外,还有容量较小的特点,通常一辆 Cooker 能够装入 10 ~ 13t 浇注式沥青混合料,远远低于普通沥青混合料的运输效率。

浇注式沥青混合料在运输过程中,Cooker 的加热和搅拌系统是独立运行的,不受汽车行驶的影响。

浇注式沥青混合料在高温的 Cooker 车中不宜停留太长时间,一般不超过 4h,使用聚合物改性沥青温度超过 250℃时,停留时间不能超过 1h。但混合料在 Cooker 中的搅拌时间至少应大于 40min。使用天然沥青时,Cooker 车内温度不能高于 250℃。

4. 浇注式混合料摊铺

浇注式沥青混合料是自流成型、无须碾压的沥青混合料,需要使用浇注式专用摊铺机。具体施工工艺如下。

(1)边侧限制

浇注式沥青混合料在高温摊铺时具有流动性,需设置边侧限制,防止混合料侧向流动。边侧限制采用与设计浇注式沥青混凝土铺装层厚度相同的钢制或木制挡板,设在车道连接处的边缘。根据桥面钢板表面平整度的情况,用不同厚度的铁片或木片进行调节,以保证铺装表面达到平整的目的。

(2)厚度控制

摊铺之前,根据钢板表面情况进行测量放样,按一定间隔确定某一点的摊铺厚度,然后调整摊铺机整平板及边侧限制板的高度。摊铺机整平板装有水平自动控制设备,能按照侧限板高度摊铺一定厚度的路面。

(3)浇注式摊铺

应根据摊铺机及桥面宽度设定合理的摊铺宽度,尽量避免行车道轮迹带内出现接缝。

Cooker 倒行至摊铺机前方,通过卸料槽把混合料直接卸在桥面板上。摊铺机整平板的前方布料板左右移动,将浇注式沥青混合料铺开。摊铺机向前移动将沥青混合料摊平到控制厚度。

紧跟摊铺机后，由工人对接缝进行加热并使用木刮板进行修整。摊铺机应带有红外加热设备用于对相邻先铺的路面加热，保证与新铺的沥青混凝土形成整体，接缝连接可靠。在摊铺机行走过后，再用喷枪进行加热，使新旧混合料软化；再用手工工具搓揉，使结合部位进一步结合良好，消除接缝。

在浇注式沥青混凝土摊铺过程中，可能会产生部分气泡，可用带尖头的工具刺破，排出泡内空气，使其充分致密。

如果设计需要撒布预拌沥青碎石，在摊铺的浇注式沥青混凝土尚未失去流动性之前，人工或机械撒布粒径为5～10mm或10～15mm、沥青用量为0.5%～1%的单规格预拌碎石（用量为5～10kg/m^2），并用人工滚筒将碎石压入浇注式沥青混凝土中。

铺装层冷却后，再拆除边侧限制，以留下轮廓清晰的边侧连接。摊铺机行走速度应尽可能放慢，并与拌和运输能力相匹配（整平能力适当低于拌和能力）。

二、浇注式沥青混凝土施工特性

浇注式沥青混凝土从混合料生产到现场摊铺，与普通沥青混凝土相比，各环节的效率偏低，将制约工程总体进度。另外，浇注式沥青混凝土施工质量对于铺装整体使用耐久性具有决定性影响。

1. 生产效率

浇注式沥青混合料的生产效率受限于矿粉仓的容量和矿粉称量系统。浇注式沥青混合料矿粉用量一般在25%左右，1t混合料的矿粉用量约为250kg。通常，沥青拌和楼矿粉仓容量不超过500kg，即每一锅浇注式混合料的最大产量不能超过2t。因此对于大跨径钢桥面铺装工程，拌和楼矿粉仓一般都需要进行扩容，矿粉称量系统（计量传感器）也要进行更换，并调整拌和楼操作软件，使得一次矿粉称量达到750kg，通过调整拌和楼的配置，解决生产效率较低的问题。

每锅浇注式沥青混合料产量的提高，也会带来新的问题，即增加了Cooker接收混合料的难度。浇注式沥青混合料从拌和楼拌缸卸料时，只具有基本的流动性，尚不足以达到比较理想的流动状态，而需要通过Cooker的加热和持续搅拌，最终才能形成流动性良好的混合料。浇注式沥青混合料单锅产量提高为3t，混合料进入Cooker瞬间，因混合料数量过大流动性不足，极易导致Cooker压力瞬间上升至极限状态，搅拌系统将立即停止工作，停止工作的Cooker搅拌系统在混合料负荷条件下很难再次启动。所以，单锅浇注式沥青混合料的生产数量不宜过大，最好不超过2.5t，一般情况下以2t为宜。

另一方面，浇注式沥青混合料在拌和楼拌缸里的搅拌时间较长，平均计算，约2min能够完成一锅浇注式沥青混合料的生产，即每小时理论上能够生产30锅浇注式沥青混合料。

由此可见，对于一台拌和楼，浇注式沥青混合料的生产效率为：理论最大量为75t/h，一般为60t/h，整体生产效率低。

2. 运输效率

浇注式沥青混合料的运输采用专用的加热搅拌车（Cooker），一辆Cooker容量为10～13t，运输效率较低，Cooker数量的多少直接影响整体施工进度。

对于一般钢桥面铺装项目，投入的 Cooker 数量需结合混合料运输距离和混合料摊铺速度确定。首先应保证浇注式沥青混合料生产和摊铺的连续性，即 Cooker 的数量需要满足浇注式沥青混合料生产和摊铺不间断的要求。

3. 摊铺效率

浇注式沥青混合料的摊铺效率低，主要表现在两方面：一是摊铺行进速度较慢，通常为 1 ~ 2m/min，摊铺行进速度慢主要受限于混合料的流动状态，同时还受限于浇注式沥青混合料的来料速度；二是浇注式沥青混合料的摊铺无法实现全路幅施工，需要人工摊铺。目前最宽的摊铺机为 12m，一般桥梁单侧施工仍需分成 3 幅，即中间 12m 整体摊铺宽度和两侧的摊铺机履带宽度。12m 宽摊铺机按照 1m/min 的行进速度计算，摊铺面积仅为 $720m^2/h$。如果采用 7.5m 宽摊铺机，桥梁单侧则需要分成 4 幅，总的摊铺施工时间几乎加倍。

如图 7-14 所示，单侧行车道纵向分为 5 幅施工，机械摊铺 3 幅，边带 2 幅人工施工。摊铺效率相对于碾压沥青混凝土低很多。

4. 施工质量对铺装耐久性的影响

浇注式沥青混凝土因沥青用量高，混合料结构为悬浮—密实结构，施工和易性与高温稳定性匹配的难度大，施工质量控制要求比普通沥青混凝土更高。浇注式沥青混凝土施工质量直接关系到桥面铺装的使用耐久性。

(1)高温稳定性的影响

浇注式沥青混合料沥青含量高，高温稳定性难以控制，若配合比设计和生产过程中忽略了高温性能的试验验证，通车运营之后必将出现早期车辙病害(图 7-15)，严重影响桥面铺装的使用耐久性。

图 7-14　桥面铺装浇注式沥青混凝土分幅施工

图 7-15　某桥面铺装车辙病害

(2)施工均匀性的影响

浇注式沥青混合料是一种要求兼顾流动性和高温稳定性的混合料，混合料的流动性表征了摊铺施工的和易性，流动性越好，施工难度越小，但是对高温稳定性越不利。所以浇注式沥青混合料的流动性并不是越高越好，而是以满足施工需求为宜。

浇注式沥青混合料流动性控制不良，则容易出现混合料摊铺的不均匀现象；混合料流动性过好，摊铺时易出现离析现象，如图 7-16 所示。

混合料流动性过差(混合料干涩)，摊铺时易出现表面拉裂或麻面现象，而且往往会出现混合料摊铺不密实、局部强度不足等现象，如图 7-17 所示。

图 7-16　浇注式沥青混合料离析

图 7-17　浇注式沥青混合料麻面

三、配合比设计

浇注式沥青混合料的配合比设计过程较简单，主要考虑混合料流动性与高温稳定性之间的兼容，配合比设计所得的浇注式混合料配方，能否适合拌和楼大规模生产，还得根据试验室各项试验参数来选取。而试验参数的确定，主要取决于试验室检测结果与现场混合料实际状况之间的关联性。

配合比设计结果是否合理，直接影响浇注式沥青混凝土的施工质量。如果浇注式沥青混合料配合比设计不当，极容易导致浇注式沥青混合料出现干燥或离析现象。因此，必须重视浇注式沥青混合料的配合比设计。

1. 原材料选择

浇注式沥青混合料配合比设计阶段应重视原材料的选择，尤其是改性沥青和石灰石矿粉的选用。集料选择除满足设计要求外，还应要考虑300℃高温条件下石料强度的衰减。

浇注式沥青混合料沥青用量高达7% ~9%，矿粉用量为25%左右，混合料属于典型的悬浮—密实结构，混合料强度来源于沥青—矿粉胶浆自身的强度和胶浆与集料之间的黏附性能。因此，沥青和矿粉的品质直接影响浇注式沥青混合料的高温稳定性。

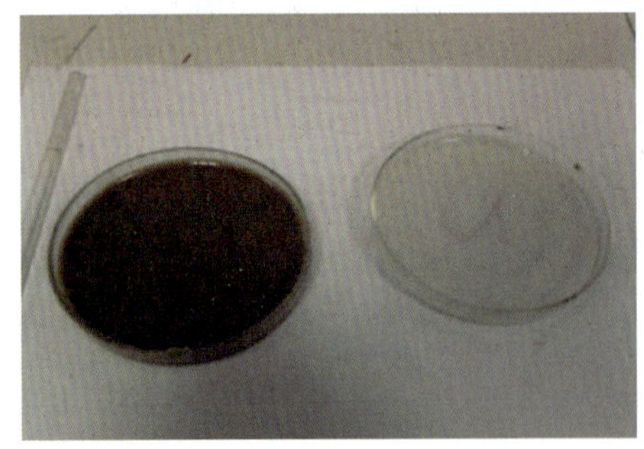
图 7-18　矿粉清洁程度对比（盐酸浸泡）

浇注式沥青混合料所用改性沥青通常为硬质（或高强）改性沥青，要求有较高的软化点和较低的针入度。为保证低温性能和疲劳性能，改性沥青的低温延度也必须保证。目前，普遍应用的浇注式专用沥青包括湖沥青复合沥青和高强度聚合物改性沥青。要求沥青除满足常规指标之外，还需要通过SHRP试验确定沥青的PG等级，以便更可靠地选择合适的沥青材料。

浇注式沥青混合料的矿粉通常采用石灰石矿粉，矿粉用量高达25%左右，必须保证其纯净度（图7-18），严格控制杂质含量，0.075mm通过率应达到85%以上，并保持矿粉颗粒组成的相对稳定。

2. 配合比设计注意事项

浇注式沥青混合料高沥青用量和无需碾压摊铺的特征，决定了混合料高温稳定性和施工和易性之间的矛盾，为了提高浇注式沥青混合料的高温稳定性，除了选择优质的高性能改性沥青、优质矿粉等原材料之外，配合比设计的合理性，对浇注式沥青混合料性能和耐久性有重要影响。

浇注式沥青混合料性能评价指标主要包括高温稳定性和流动性两项，配合比设计流程比较简单，矿料级配和混合料油石比的选择比普通沥青混合料更加容易，但在综合权衡两项评价指标之间是否平衡的判断上容易出现偏差。根据大量浇注式沥青混合料室内试验结果、桥面铺装施工状况和实际应用效果之间的关联，配合比设计的控制应注意下列要点：

①评价指标的平衡。浇注式沥青混合料配合比设计的基本原则是，在满足混合料流动性要求的前提下，尽可能提高高温稳定性。当几个级配和油石比的混合料均能够满足流动性和高温稳定性要求时，推荐选择高温稳定性更优的配合比。

②试验参数的选择。试验参数包括混和料拌和温度和拌和时间。

试验室拌和温度按照设计文件要求，一般取 240℃，混合料流动性试验温度按设计要求也取 240℃。为使拌和过程混合料温度保持稳定，一般控制集料和矿粉加热温度为 240℃，改性沥青加热温度为 185℃，拌和机设置温度为 240℃。

试验室内采用沥青混合料搅拌机拌和浇注式沥青混合料时，总搅拌时间一般控制在 10min，集料干拌 30s，添加改性沥青后搅拌 30s，添加矿粉后连续搅拌 9min，随即取样进行流动性试验，并成型贯入度试件。

③其他细节控制。浇注式沥青混合料流动性试验采用日本刘埃尔流动性试验法，我国《公路钢箱梁桥面铺装设计与施工技术指南》也将该方法引入浇注式沥青混合料配合比设计。刘埃尔流动性试验法中，关于落锤与浇注式混合料表面之间的距离没有明确规定，为保持试验结果的真实和稳定，通常将落锤底面与浇注式沥青混合料表面接触作为起始状态，如图7-19所示。

浇注式沥青混合料贯入度试件的成型，应在混合料温度和流动性试验确定之后进行，先将贯入度试模装满，在松装状态下人工振动 10 次，然后再用刮刀将试件表面多余的混合料刮除，试件中央略微高出试模，冷却收缩后确保界面不低于试模高度（图 7-20）。

图 7-19　刘埃尔流动性试验

图 7-20　贯入度试验

贯入度试验误差较大，对于相同试件，不同人员测得的试验结果也有很大差异，这对于评判浇注式沥青混合料高温稳定性有影响。因此，对于特定项目浇注式沥青混合料贯入度的试验细节应进行严格控制。第一，严格检查试件受压面的状态，有明显缺陷的试件不得用于试验；第二，统一规定试件保温和预压时间，预压前应确保试件放置平稳；第三，试件加载时，应均匀慢速，避免荷载对试件形成冲击力；第四，统一规定贯入度试验数据采集的起止时间。

3. 目标配合比设计和生产配合比设计

浇注式沥青混合料目标配合比设计和生产配合比设计应有良好的相关性，否则生产过程中将出现热料仓溢料现象。

生产配合比设计前，对拌和楼筛分后的热料仓取样必须具有代表性，要求做到如下3点：

①冷料仓上料速度需进行标定，确保计量所得数据与实际送料数量一致；

②事先确定工程项目整体施工进度，确定浇注式沥青混合料的生产效率，冷料上料总量应略大于生产需求量，如果项目拟定按照75t/h的产量生产，确定冷料上料总速度控制在90t/h，生产配合比设计所用热料的取样工作宜在拌和楼的运行参数已按正常生产阶段的参数完成设置的情况下进行。

③热料取样时，去除热料仓底部和面部材料，取中间部分作为样品。

生产配合比设计所用级配按照目标配合比最佳级配拟合，其他流程和评定与目标配合比设计相同。

4. 配合比设计验证（试生产）

浇注式沥青混合料配合比设计结果必须通过拌和楼试生产验证，按照目标配合比设计和生产配合比设计所确定的各种生产参数对拌和楼进行设置，至少生产30t混合料，卸入Cooker中继续升温和搅拌，测试不同搅拌时间（40min、1.5h、2h、4h、5h、6h）的浇注式沥青混合料性能，包括流动性和贯入度。

如果检测结果出现异常，必须从目标配合比设计开始，逐个环节检查和调整。

四、浇注式沥青混合料生产

浇注式沥青混合料的生产与普通沥青混合料在工序上基本相同，但在生产参数设置上有较大区别。拌和楼生产出来的浇注式沥青混合料要求具有基本流动性，混合料组成状况应与配合比设计结果一致，混合料温度满足浇注式沥青混合料的基本要求。

除了确保浇注式沥青混合料生产质量满足要求之外，在生产过程协调控制上还必须满足桥面铺装施工对浇注式沥青混合料生产连续性和稳定性的需求。

为此，浇注式沥青混合料的生产需要控制如下几个方面：

1）原材料品质控制

浇注式沥青混合料生产过程中，必须严格控制原材料品质，尤其是改性沥青和矿粉。

改性沥青储存温度应控制在175～185℃之间，并间断性进行搅拌或循环，避免改性沥青出现离析现象。生产期间，每天至少对改性沥青进行一次抽样检测，防止使用过度老化的改性沥青。

石灰石矿粉应做好进场质量检测，对于石灰石矿粉外观，主要通过肉眼观察色泽；对于洁净程度，通过验算浸渍法进行简单试验；对于颗粒组成，进行筛分试验，保证粗细程度相对稳定。石灰石矿粉的样品获取应在运输车向拌和楼泵送过程中分3次进行。

2）拌和楼的标定

拌和楼计量装置的标定，除了必须通过计量检测单位的标定之外，浇注式沥青混合料生产前和生产过程中，仍需用适当的、现场易于操作的方法对称重系统和温控系统进行检测和标定，以确保材料称量和温度控制的准确性。对拌和楼的矿粉计量仓、沥青计量罐、温度传感器的计量精度误差要小于1%。

对于同一种集料，冷料仓实际上料速度取决于单仓下料仓门开口大小和单仓电动机转动速度（多数以频率表示），浇注式沥青混合料生产前，冷料仓上料速度必须进行严格标定，具体步骤如下：

（1）根据本项目浇注式沥青混合料生产进度需要，首先由拌和楼操作人员初步确定拌和楼冷料仓放料口的开口大小，并加以初步固定。

（2）分别采用拌和楼额定的最低转速到最高转速操作运转，其间分5点对某一冷料仓单独上料5min，采用拌和楼计量系统对所上石料进行计量，从而确定该料仓在该开口大小情况下，转速与上料速度的关系曲线。对每一冷料仓均应绘制出转速与上料速度的关系曲线。

（3）当某种级配混合料需要的某种上料转速高于或低于拌和楼允许转速范围时，应重新调整冷料仓的开口大小，重新完成上述测定，使所有需要量的上料速度相应的转速均控制在机械设备允许的范围内。

（4）在拌制混合料时，可根据估计的拌和楼拌和能力及混合料目标配比计算结果，从上述转速与上料速度关系曲线中查得需要的相应转速，并按此速度上料，确保冷料仓上料速度的平衡。

（5）需要调整上料速度时，应从上述关系曲线中查得相应的各冷料仓上料转速，保持冷料仓供料平衡。试验完成后，冷料仓开口大小必须完全固定，一旦改变开口大小，上述曲线必须重新标定。

3）生产参数控制

浇注式沥青混合料生产过程中，必须实时严格监控生产温度、计量数据等参数，控制浇注式沥青混合料的集料用量、矿粉用量和油石比。

（1）温度控制：改性沥青温度控制在175～185℃之间，集料加热温度控制在320～340℃之间。集料的加热温度较高，操作人员应仔细掌握加热技巧，采用循序渐进的方式，逐步实现合理控制引风参数和油量供应参数，避免一次性加大引风和油量导致干燥筒尾气温度过高的情况发生，该调试过程需要损耗较多石料，应提前做好相应准备工作。

（2）热料仓热集料的称量：采用二次称量的计量方式，精确称重。

（3）级配的准确性：除热集料的精确称量外，还需要随时关注冷料仓下料的均匀性，尤其是潮湿的细集料，应派专人对冷料仓进行监控，保证集料下料的均匀性，避免集料仓出现局部堆积起拱现象。

（4）矿粉和沥青用量：需要在拌和楼操作室对每一锅的矿粉和沥青实际称重过程进行监测，应尽量避免手动补料，如果不得已采用手动补料，应随时记录补料种类和数量。

（5）混合料实际重量与拌和楼操作室的记录数据应随时进行校对复核，集料、矿粉、改性沥青均需要在拌和过程中实时监控，而不能完全依赖于事后拌和楼的打印记录。浇注式沥青混合料进入Cooker之后，每一车料在出厂前过磅时，均需与拌和楼操作室的记录数据进行总量校核。

（6）浇注式沥青混合料在拌和楼搅拌缸的搅拌时间拟定为干拌15s，湿拌90s，该数据在试拌时进行检验并作适当调整，具体参数确定后加以固定，不得随意调整。

4)混合料生产质量监控

浇注式沥青混合料经过拌和楼拌和后,在进入 Cooker 之前,应检测每一锅料的实际温度,保持稳定在 220～250℃之间,温度检测结果应及时反馈给拌和楼操作人员。

浇注式沥青混合料进入 Cooker 的瞬间,Cooker 压力会陡然增加,此时务必根据 Cooker 压力情况,及时调整转动速度,避免一次性下料过多导致的搅拌系统暴停。如 Cooker 搅拌压力出现异常,应及时取样观测混合料状况,如无法立即查明原因和克服故障,必须即停机排查。

当混合料质量正常,但 Cooker 接料压力过高时,可采用多辆车排队循环接料的方式接收浇注式沥青混合料,这需要车队安排专人配合 Cooker 技术人员及时调度运输车辆,场地应有足够的空间,保证 4～5 辆 Cooker 运输车顺序连续作业,在拌和楼下料口排队运行。

五、浇注式沥青混合料摊铺

浇注式沥青混合料的摊铺效果直接影响施工进度和工程质量,摊铺工艺应充分考虑浇注式沥青混合料的生产和运输效率,合理设置摊铺参数,尽量减少不必要的停顿和接缝(尤其是横向接缝)。

1)摊铺前的准备工作

铺装层底整治,浇注式沥青混合料摊铺前,必须对桥面整体高程进行复测,对桥面明显凸起的局部区域进行重点处理。浇注式沥青混凝土设计厚度一般仅为 3～4cm,因此对桥面基面平整度有较高的要求,局部凸起将导致该区域摊铺厚度不足,甚至摊铺机熨平板直接剐蹭桥面钢板。对于桥面局部凸起区域,需调整侧模高度,使其满足最小摊铺厚度的要求。

浇注式沥青混合料摊铺过程中使用的主要设备包括摊铺机和运料车(Cooker)以及其他小型机具,如手推车、铁锹、抹板、滚筒(或小钢轮)、长杆针等。浇注式沥青混合料摊铺前,应确定摊铺机和 Cooker 的运行参数,如果浇注式沥青混合料摊铺计划采用 12m 宽摊铺机,则 7.5m 宽摊铺机可作为备用设备。12m 宽摊铺机摊铺的具体运行参数和 Cooker 的运行参数按下列方式计算:

(1)浇注式沥青混合料运输车按照 5 盘料(2.5×5＝12.5t)考虑,每盘料耗时 2min,生产 1 车混合料的时间为 10min。

(2)浇注式沥青混合料摊铺宽度为 12m,如图 7-21 所示,摊铺机前 2 辆 Cooker 同时卸料,现场到达 4 辆车,前两辆车在完成搅拌 40min 后,开始摊铺。

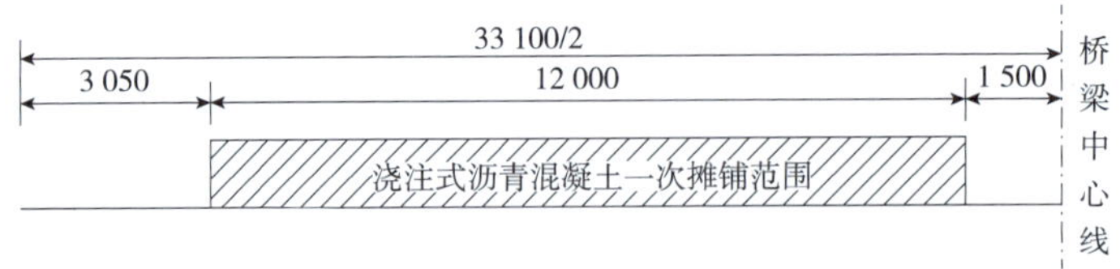

图 7-21　浇注式沥青混合料摊铺分幅宽度(mm)

(3)浇注式沥青混合料摊铺机行进速度按 1m/min 考虑,每 2 辆 Cooker 的卸料和摊铺时间为 15min。

(4)从沥青拌和站至铺装现场运距取平均值为 40min。

根据上述原则,铺装参数计算见表 7-1。

摊铺施工参数计算表　　表 7-1

工　　序	节点时间(min)	备　　注
浇注式沥青混合料开始生产	0	—
4 辆 Cooker(50t)混合料生产完成	40	
4 辆 Cooker 混合料运输至桥面	80	
开始摊铺	80	
2 辆 Cooker 混合料摊铺完成	95	
2 辆 Cooker 返回拌和站	135	第 135min 已完成混合料生产 67 锅,共 167.5t,可装 14 辆 Cooker

从上表可以知道,Cooker 数量达到 14 辆,即可以满足连续生产与摊铺需要,考虑设备的利用效率(设备容量不一定能够完全装满且需要考虑设备故障率),备用 6 辆 Cooker,Cooker 需要按照 20 辆准备。其他摊铺宽度的摊铺机施工时,参数可以参照上述原则计算。

浇注式沥青混合料摊铺前,用于接缝处理的沥青预拌碎石和沥青类嵌缝条应提前就位,并按照摊铺需求量均匀存放于摊铺机两侧桥面的相应位置,但不得影响施工设备运行和人员操作。

浇注式沥青混合料摊铺前,还应该检查混合料的流动性和均匀性,不合格混合料的运输车辆不允许退行至摊铺机前。

2)摊铺施工

受伸缩缝的影响,大多数桥梁的浇注式沥青混合料摊铺都不能直接从桥梁端头开始,伸缩缝边缘至熨平板起始位置约有 1.5m 距离需要用人工提前摊铺。于摊铺机向前端开出一段距离,留出人工摊铺操作空间,在距伸缩缝边缘 1.5m 的位置,设置横向限高挡板,采用小 Cooker 运材料,人工完成表面平整处理。

端头处理完成后,立即将横向限高挡板拆除,摊铺机退行,使熨平板对齐已完成的端头浇注式混合料边缘,调整熨平板高度,正式开始摊铺。

浇注式沥青混合料摊铺过程中,应该严格控制行进速度,切勿大幅度调整摊铺效率,以免打乱混合料生产、运输和摊铺速度的总体平衡。

Cooker 车辆退行时,必须设置专人指挥,Cooker 与摊铺机之间的距离宜保持 1m 左右,切勿碰撞摊铺机;Cooker 卸料速度应均匀,严禁在摊铺机前过量卸料,导致摊铺机行进速度受影响,且增加人工处理工作的难度。

摊铺过程中,必须随时关注混合料的流动性和均匀性,若出现异常,必须立即停止该车混合料的卸料。

沥青预拌碎石采用机械撒布或人工撒布,有的浇注式沥青混合料摊铺机与碎石摊铺机联成一体,应安排专人分散碎石仓内的碎石,避免结团或空仓,局部漏撒的地方采用人工方式及时补撒。碎石撒布后,及时采用滚筒或小钢轮进行碾压,使碎石嵌入浇注式沥青混凝土的深度达碎石粒径的 2/3 以上。

3）其他细节处理

（1）浇注式沥青混合料摊铺过程中，应加强对桥面防水黏结层的保护，可以采用覆盖彩条布等方式，防止运料车、摊铺机等设备对防水黏结层的损伤。一旦出现损伤，必须立即修补。

（2）对于浇注式沥青混凝土纵向接缝和横向接缝的处理方式为，在新的浇注式沥青混合料摊铺前，沿已摊铺完成的浇注式沥青混凝土边缘侧面粘贴沥青类嵌缝条，新的浇注式沥青混合料摊铺后，依靠自身温度使沥青类贴缝条融化，达到密封和新旧界面良好连接的效果，如图7-22、图7-23所示。

a)

b)

图7-22　浇注式沥青混凝土接缝处理
a）贴缝条；b）接缝处理效果

图7-23　浇注式沥青混凝土鼓包处理

但是，沥青类贴缝条粘贴之后，在环境温度较高时（如30℃以上），经常出现塌落现象，严重影响接缝效果，施工时应设专人管理。另外，某些贴缝条质量存在缺陷，在高温条件下难以融化，夹在新旧界面之间，反而成为防水和传递荷载的薄弱环节。因此，贴缝条的使用效果，必须事先进行确认。

（3）浇注式沥青混合料摊铺过程中，因为基面上局部存在水汽，在混合料施工的高温条件下，使摊铺好的浇注式沥青混凝土表面出现鼓包现象，施工过程中的鼓包如果不及时处理，虽然冷却后一般会自动恢复至水平状态，但鼓包底面的黏结力基本丧失，通车之后在车辆荷载作用下，将迅速出现环形网状裂缝，因此，在施工过程中必须专人负责及时处治。浇注式沥青混合料摊铺过程中气泡的处理方式较简单，仅需使用带尖头的工具刺破气泡，排出内部空气，使其充分致密即可。及时处理后的鼓包对于通车后使用耐久性没有影响。

（4）缺陷处治预案。浇注式沥青混合料摊铺施工过程中，难免出现麻面、离析等缺陷，一旦出现问题,应立即停工进行处理。否则,待浇注式沥青混合料冷却后,强度增高,去除缺陷的难度很大,且很容易伤及桥面防水黏结层。

尚未冷却的浇注式沥青混凝土缺陷处理比较容易,仅需人工用铲刀或铁锹等简易工具铲除即可。缺陷铲除时,需要注意不要伤及防水黏结层,基面上残留的浇注式沥青砂胶无需清理,待作修补摊铺时,残留的沥青砂胶自然被融化,能够再次与基面良好结合。

(5)浇注式沥青混合料摊铺完成后,应对界面加强保护,防止泥土粉尘污染,以免影响与上层 SMA 之间的黏结力。

六、浇注式沥青混凝土养护

浇注式沥青混凝土施工过程必须保证施工质量,如果出现麻面和离析等施工缺陷,必须及时处理。摊铺完成后的浇注式沥青混凝土下面层,应具有良好的整体性(图 7-24)。在桥面铺装设计使用年限内,浇注式沥青混凝土铺装下面层无须考虑养护工作。

图 7-24　浇注式沥青混凝土铺装层表面

第四节　环氧沥青混凝土施工

环氧沥青混凝土铺装结构是一种常用钢桥面铺装结构,环氧沥青混凝土施工对环境条件和工序衔接的要求极为严格。本节以中温固化体系的环氧沥青混凝土为例,对施工工艺作简单介绍。工程实际施工时,应由专业施工单位或材料供应商提供详细的施工技术和工艺要求。

一、混合料拌制

1. 储油罐内材料的预热

在拌制环氧沥青混合料的前一天晚上,预先将 A 组分和 B 组分加热脱筒,分别泵入相应储油罐中。

储油罐内的加热温度为:A 组分热至(87 ±3℃);B 组分加热至(128 ±3)℃,使用前应始终保持这一温度。

2. 矿料加热温度

热料仓的矿料温度应稳定在 115 ~123℃范围内,出料温度经调整稳定在规定范围内,方可进行混合料的拌和。

3. 混合料的拌制

混合料的拌和时间应经过试拌确定,环氧沥青混合料每锅的拌和时间宜控制在 40 ~50s,其中干拌时间不得少于 3s。

拌和后的环氧沥青混合料应均匀一致,矿料颗粒应全部裹覆环氧沥青结合料,无花白料、死料、无结团成块或粗细集料离析现象。混合料温度应稳定在110～121℃范围内，不符合要求的混合料必须废弃，并及时查明原因进行调整。

二、混合料运输

将满足规定温度要求的混合料由临时热料斗卸入运料车内，一般情况下，一辆车可装7～8盘料。装料的过程中应采取分堆堆放等切实有效的方式，防止混合料的离析。

每盘料的温度应记录在送料单上。送料单上还应填写第一盘料及最后一盘料的装料时间。

运料车装满后，从车厢侧壁插入三支温度计，温度计距料车底板的高度不低于30cm，不高于80cm。

为便于调度与管理，每辆运料车均应有醒目的编号，粘贴在驾驶室前玻璃和后挡板上。

三、混合料摊铺

环氧沥青混合料摊铺采用侧向喂料机协助摊铺机进行摊铺，如图7-25所示。

a)

b)

图7-25　环氧沥青混凝土摊铺机

a)摊铺机；b)侧向喂料机

1)摊铺宽度

①每幅摊铺应根据"每个工作日内能连续完成摊铺"的原则选择合适的摊铺宽度。

②纵缝宜设置在车道线位置，与腹板或纵向加劲肋的横向间距不应小于10cm。

③摊铺层侧向若为自由边时，摊铺宽度应比铺装层设计宽度超宽10cm。

2)摊铺速度

摊铺机必须缓慢、均匀、连续不间断地进行摊铺。

摊铺速度应根据供料能力及各料车送料单上的"容许卸料时间"确定，以匀速摊铺为原则，并尽可能减少摊铺过程中出现拉料和鱼尾纹等现象，非特殊情况不得随意变换摊铺速度或中途停顿。

3)调平系统

自动调平装置采用非接触式平衡梁。在摊铺前先用4m直尺测量桥面钢板的纵向平整度，若均在3mm内，可取原桥面板为摊铺基准，否则应另外挂线作为基准。

4)摊铺顺序

环氧沥青混凝土摊铺施工前应预先设置纵向分幅,因混合料固化需要一定的时间,相邻分幅之间的摊铺施工不得连续进行,即纵向分幅宜间隔摊铺施工,以避免料车及机械在刚刚摊铺碾压完成的环氧沥青混凝土表面行驶,摊铺方向及顺序的安排应能保证摊铺作业的顺利进行。

5)料车调度

料车行驶至前场时,应停放在测温专用区域,进行料温测试,混合料的温度应在110~121℃范围内。

根据所测得的混合料平均温度按表7-2确定容许卸料时间,合理进行料车调度。

对于超温或超时的混合料应坚决废弃,混合料温度和容许卸料时间见表7-2。

混合料的容许卸料时间 表7-2

混合料温度(℃)	110	115	121
容许卸料时间(min)	69~94	56~76	45~57

6)混合料摊铺

采用履带式沥青摊铺机按预定的速度均匀、连续不间断地摊铺。对于摊铺机无法摊铺的部位,应随摊铺机之后及时用人工摊铺。

摊铺的混合料表面应无明显的离析、波浪、裂缝、拖痕、鱼尾纹等现象。出现此类问题时,应分析原因,并及时消除。

摊铺过程中应派专人均匀翻动螺旋布料器与熨平板之间的混合料,并及时清除“死料”。

沥青混合料的松铺系数应根据试铺段试验确定。摊铺过程中应随时检查摊铺层厚度及路拱、横坡,并按要求填写松铺厚度记录表,根据混合料使用总量与面积校验平均厚度。

摊铺时,应及时详细记录施工过程中所出现的异常摊铺情况;摊铺结束时,记录当天摊铺总量及监理工程师对当天摊铺工作的评价。

四、混合料的碾压及成型

1. 压路机组合及碾压遍数

碾压应紧跟摊铺机后进行。碾压过程分初压、复压、终压三个阶段。各阶段使用的压路机组合及碾压遍数可参照表7-3选定。并通过试铺段测试,最后在正式施工时,根据现场情况可作适当调整。

压路机组合及碾压遍数 表7-3

铺装层位	初压	复压	终压
铺装下层	轮胎压路机4遍	双钢轮压路机4遍	轮胎压路机4遍
铺装上层	双钢轮压路机4遍	轮胎压路机4遍	双钢轮压路机4遍

注:碾压一遍的定义:碾压范围内,摊铺层表面的任一点都通过了一次压路机(不含叠轮)。

使用轮胎压路机时,必须检查各轮胎的磨耗及胎压是否相等,轮胎胎压不一将影响面层的横向平整度。

2. 碾压路线

碾压时压路机驱动轮面向摊铺机，由低到高，依次连续均匀碾压，相邻碾压带重叠1/3轮宽。禁止压路机在沥青混合料表面突然转向或调头。压路机启动、停止必须减速缓行，禁止紧急制动。

压路机碾压按阶梯形路线进行作业。

3. 碾压速度

初压时，压路机的第一碾必须进行至接近摊铺机时，才可后退。第一碾的控制速度，以不产生横向裂纹和推移为原则。

复压的碾压速度不宜太快，不得超过8km/h；但也不得太慢，一次碾压长度应控制在20～50m范围内。

压路机的起步、停止过程必须减速缓慢地进行。

4. 碾压温度

碾压温度应由专人负责检测，初压终了温度不得低于82℃，终压终了温度不得低于65℃。

当温度不满足要求时，应查明原因，及时处理，并杜绝再次发生。

5. 特殊部位的压实

压路机压不到的铺装层局部位置，如钢路缘、泄水口附近、护栏基座周围，可用人工夯实或小型手扶振动压路机、手持式振动夯等小型机具振捣密实。

对于钢箱梁端部铺装层，宜按垂直车道方向进行碾压，碾压时应保护好铺装层的纵向边缘。

所有进入碾压现场的人员都必须穿平底鞋，碾压完成后的铺装表面不得停放任何车辆、机械，并防止矿料、杂物、油料等污染新铺的铺装表面。

终压后如发现表面仍有横向微纹，应立即用轮胎压路机碾压，然后再用钢轮压路机碾平。

五、接缝处理

铺装层的施工缝采用45°～60°的斜接缝。

铺装上层纵缝应设置在车道线位置，与腹板或纵向加劲肋的间距不应小于10cm。严禁将纵缝设置在行车道主轮迹带内或纵隔板、纵向加劲肋上翼缘的上方。铺装上下层的纵向施工缝应错开设置，间距应不小于15cm。

钢箱梁长度范围内的单幅铺装应按“连续不停顿”的要求进行摊铺作业，避免设置横向施工缝。对铺装下层，如确实无法避免时，横向施工缝与最靠近的横隔板之间的距离应保持在1.2～1.8m，且相邻两幅的横缝应错开至少1m。对铺装上层，应尽可能不设置横向施工缝。

切缝到摊铺压实自由边的距离不少于10cm，铺装切缝深度按单层厚度减薄0.5cm控制。

切缝前应预先画线，不得带水切割。切割时间应通过试切确定，当试切缝侧面平顺、不拉料、切割面光洁平整时，即可开始正式切割。

切缝时，必须在新铺装层上方紧贴切缝机的位置铺设纤维板，以隔离切缝带来的粉尘。

切缝后，将缝边铺装的多余部分撬走，并用细铜丝刷刷除不稳定的颗粒，用鬃毛刷扫清灰尘，必要时用湿拖把擦拭，最后用高压空气将所有颗粒及灰尘清除干净。

六、开放交通及其他

环氧沥青混凝土铺装的养护期一般为30～45d，具体时间应根据环境温度与现场试件强度的检测试验结果确定。

第五节　树脂沥青混凝土施工

ERS是一种专利技术的钢桥面铺装结构，由EBCL防水黏结层、RA05树脂混凝土结构层和SMA结构层组成。树脂沥青混凝土现场拌和、常温施工，具有独特的特点，近年来使用案例较多。本节对其施工工艺进行简单介绍。工程实际应用中，应由专业施工单位或材料供应商提供详细的技术和工艺要求。

一、混合料拌和

1. 拌和机、场地和动力

树脂混合料采用专用拌和机进行生产。如无场电供应，则应配备专用发电机及备用发电机。拌和机离桥面铺装作业区不超过500m，以保证拌和好的树脂混合料能及时摊铺和碾压。

2. 材料供应和计量添加

树脂混合料RA05包括0～3mm和3～5mm两种集料，集料在施工前应保持干燥。两种集料分别置于树脂沥青混凝土专用拌和机的两个冷料斗中，根据树脂混合料配合比设计中两种集料所占比例分别放入称量斗进行称量。树脂混合料每一盘的拌和量应事先确定，以保证精确控制油石比。

树脂混合料的胶结料由定量包装的A组分和B组分组成。聚酯纤维应在A、B组分混合后加入胶结料并搅拌均匀。聚酯纤维的掺加量为混合料的1‰（质量比）。在施工过程中将已分装完毕的A、B组分倒入拌和桶，用电动搅拌机进行搅拌，时间不少于45s（搅拌时间根据现场温度状况，需要进行适当调整），然后提升至拌锅平台上，待集料干拌结束后直接倒入拌锅内。树脂混合料拌和流程如图7-26所示。

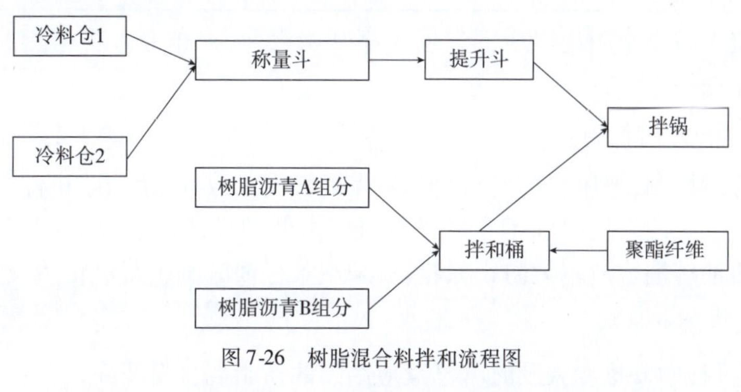

图7-26　树脂混合料拌和流程图

3. 拌和时间,干拌和湿拌

树脂混合料干拌时间控制在 5 ~ 10s,湿拌不少于 60s,以混合料均匀为准。

4. 卸料和运输及时间控制

拌和完毕的树脂混合料直接放入运料车,运料车装卸料均按照先后侧再前侧进行,保证摊铺过程中先拌和完毕的混合料先摊铺。为保证树脂混合料在规定时间内施工完毕,需根据现场树脂混合料拌和时间、运输时间和摊铺碾压时间确定合理的料车装料数量,以保证树脂混合料摊铺过程不等料,每盘料在规定时间内摊铺碾压完毕。

5. 防风雨措施

树脂混合料施工应安排在有连续晴天的时段进行。摊铺时遇雨应立即停止作业,并清除未压实成型的混合料,遭受雨淋的混合料应予以废弃。碾压成型尚未固化的混合料要及时用彩条布覆盖,并根据地形采取防排水措施,保证未完全固化树脂混凝土层不被水浸泡。

二、混合料摊铺和碾压

1. 摊铺时间控制

树脂混合料摊铺应连续全幅进行。

摊铺机行走速度控制在 2 ~ 3m/min,一车料摊铺时间不超过 30min。

2. 厚度控制

树脂混合料摊铺厚度采用平衡梁进行控制,保证树脂混合料最小厚度 1.5 ~ 2.0cm。

3. 摊铺宽度

树脂混合料摊铺宽度依据拌和机产量和桥面宽度等现场实际情况确定。

4. 碾压方式

在初压后,立即安排专人在树脂混凝土表面均匀撒布一层 10 ~ 13mm 粒径的碎石,碎石撒布量按满布面积的 50% 控制,然后用胶轮压路机进行碾压,要求撒布石料粒径的 1/2 以上嵌入树脂混凝土表层(表 7-4)。

压路机组合及碾压遍数　　表 7-4

初　压	复　压
胶轮 1 ~ 2 遍	胶轮 3 ~ 4 遍

在树脂混凝土层完全固化以后下一层工序开始之前,安排专人将树脂混凝土层表面黏结不牢固的石子扫除。

5. 碾压顺序和时间控制

碾压采用分段控制,碾压长度要与每车料摊铺长度一致,严禁压路机停放在已碾压完毕的树脂混凝土上。每段碾压时间不宜过长。碾压由低到高,紧跟慢压。碾压过程中严禁抛洒水、柴油、废机油等混合液。为防止黏轮,可采用菜籽油涂刷压路机轮胎表面。

6. 摊铺、碾压注意事项

摊铺、碾压过程中安排专人及时将已反应结团的树脂混合料清除;

摊铺碾压结束后及时用专用清洗液清洗摊铺机、压路机上粘连的树脂混合料，避免胶结料完全固化后难以清洗。

7. 施工缝处理

树脂混凝土按一次性摊铺成型，不留施工缝。如因天气等原因形成施工缝，可将接缝处理后再进行摊铺。接缝处理一般可用切缝法，切开后清除残余混合料，并在接缝处涂刷 RA 胶结料，继续摊铺。

8. 养护及保护，初期防雨和临时排水

树脂混凝土施工结束后根据气温条件养护 2 ~ 3 天，并根据地形地势做好防排水工作。防水黏结层洒布前应保证树脂混凝土层表面不受雨淋。被雨水淋过的树脂混凝土层必须等充分干燥后方可洒布界面沥青。

三、施工检测

在现场施工过程中，取样成型马歇尔试件，并置于桥上同步养生，3 天后检测马歇尔稳定度。

第八章　钢桥面铺装施工温度应力

第一节　钢桥面板温度分布规律

钢箱梁桥铺装施工过程中,因温度不均匀分布和传递所产生的温度应力可以通过计算机模拟计算。其计算结果应通过实桥测试结果进行验证,特别是用于检验温度应力的温度分布和传递必须进行现场检测,以确保计算结果的可靠性。本章以重庆青草背长江大桥为例,说明相关参数的测试方法和施工温度应力验算结果。

一、测试方案

1. 测试方法

(1)在钢箱梁内预设测点处安装温度传感器,用高温导线连接测试仪器,在示意图上标出每个传感器所对应的测点及具体位置。

(2)摊铺前调试校对测试仪器,并读取室温数据。

(3)摊铺开始后,以测点位置温度出现明显变化为起点,开始间断读数并做记录,直至各测点中最高温度降至与环境温度相等为止。

2. 测试参数

(1)钢箱梁基本参数。钢箱梁梁高 3.5m,宽 30.7m,钢箱梁标准梁段长 16m,内设 6 道实体式横隔板,横隔板间距为 2.7m,纵向 U 形肋间距 600mm。

(2)浇注式摊铺方案。铺装施工采取半幅施工,摊铺宽度为 8.5m,如图 8-1 所示。

(3)测试时的环境温度:$T=6℃$,微风。

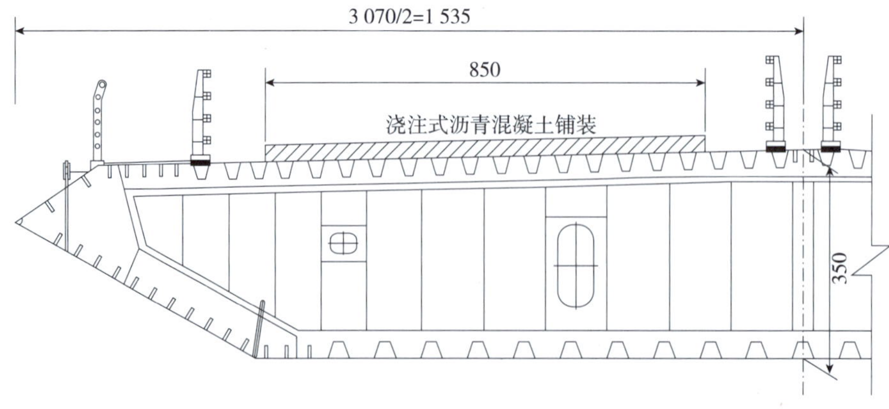

图 8-1　浇注式摊铺范围示意图(阴影部分)(尺寸单位:cm)

3. 测点布置

根据温度应力计算需要，设置25个测点分别布置在A、B、C 3个钢箱梁横断面内，其中：

断面A距离钢箱梁端部$L=13.5$m，测点设10个。

断面B距离钢箱梁端部$L=14.85$m，测点设6个。

断面C距离钢箱梁端部$L=16.2$m，测点设9个。

各断面测点布置如图8-2所示，其中①~㉕为测点编号。

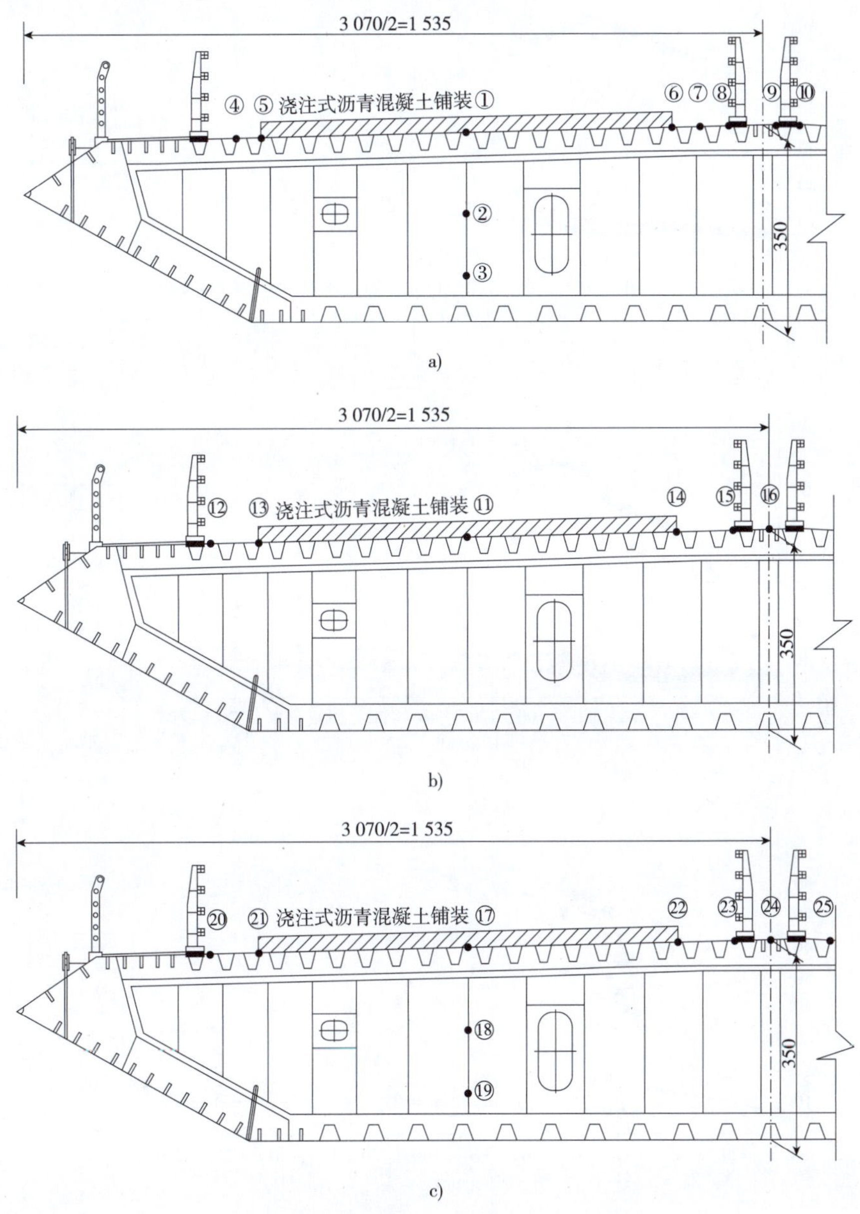

图8-2　断面传感器布设示意图(尺寸单位:cm)

a)A断面;b)B断面;c)c断面

二、钢桥面板温度测试及分析

1. 数据采集与分析

浇注式沥青混凝土摊铺施工前，按计划将温度传感器布设在钢箱梁既定位置，并进行调试和标定。浇注式沥青混凝土开始摊铺时，当 9 号测点出现温度变化时，即开始采集各测点的温度数据，采集的数据经整理后绘制在坐标图中，如图 8-3 所示。

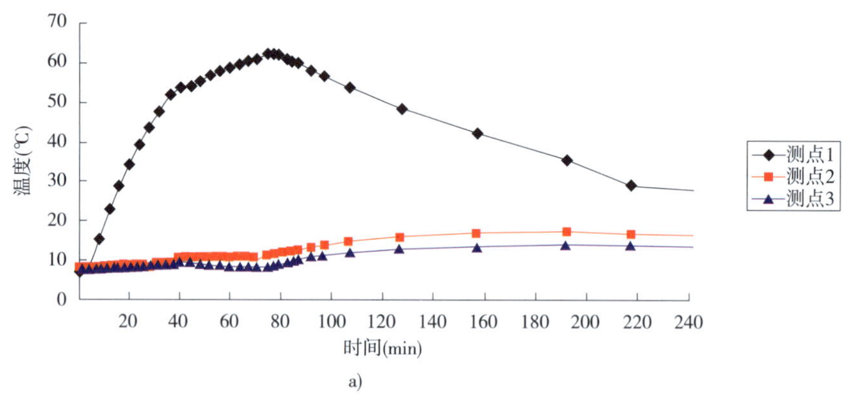

a)

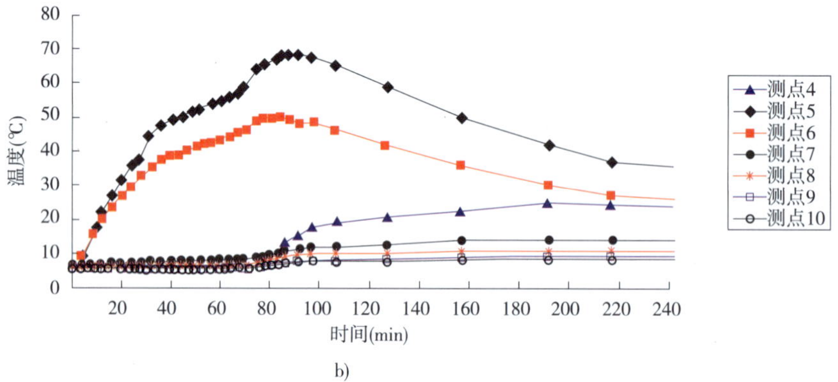

b)

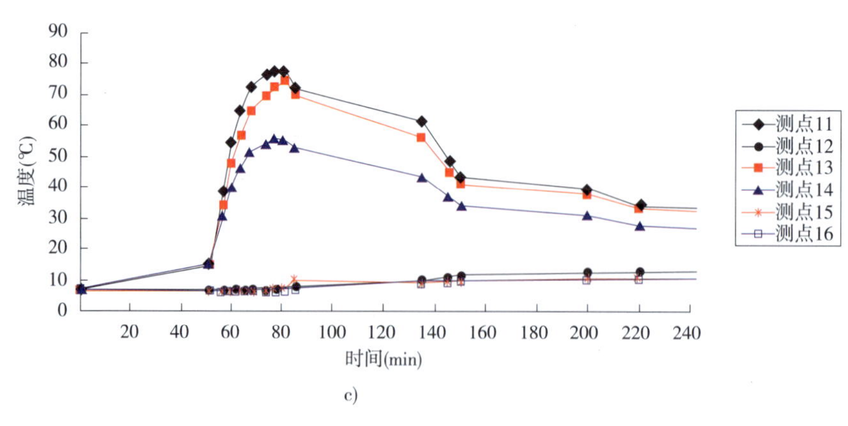

c)

图 8-3

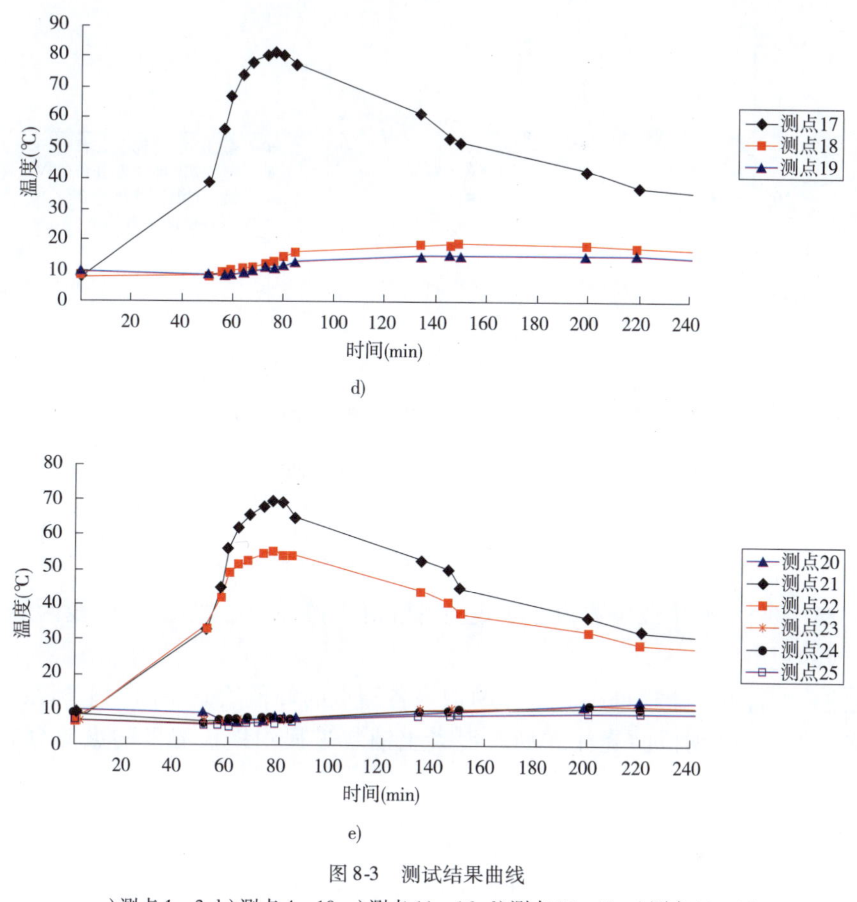

图 8-3 测试结果曲线

a)测点 1 ~ 3;b)测点 4 ~ 10;c)测点 11 ~ 16;d)测点 17 ~ 19;e)测点 20 ~ 25

分析各测点的温度数据进可得出如下基本规律:

(1)浇注式沥青混凝土摊铺范围内的钢箱梁顶板底面的温度变化幅度较大,温度峰值在环境温度的基础上提高约 80℃;各测点的温度变化规律基本相同,从温度开始产生变化起算,80min 左右达到峰值,然后呈现降温态势,且在约 220min 之前降温速率较大,之后降温速率变慢,至约 600min 时回落到环境温度。

(2)浇注式沥青混凝土摊铺范围以外区域的钢板温度变化幅度较小,横隔板上各测点与浇注式沥青混凝土摊铺区域外的钢箱梁顶板底面各测点的变化规律相同;浇注式沥青混凝土摊铺范围以外区域各测点同样存在一个升温过程,但其峰值明显降低,升温时间明显延缓,后期仍缓慢持续升温,反映了温度沿钢板向远处传递的过程;此外,离浇注式沥青混凝土摊铺范围的距离越远,钢板温度受铺装温度的影响越小。

2. 温度梯度分析

将断面 A、断面 B 和断面 C 各测点的峰值(浇注式沥青混凝土摊铺范围内各测点取温度峰值,摊铺范围外各测点取 80min 时的温度值)绘制于同一坐标系中,依据峰值分布曲线拟合钢桥面浇注式沥青混凝土铺装过程中钢板温度的横向分布规律,如图 8-4 所示。

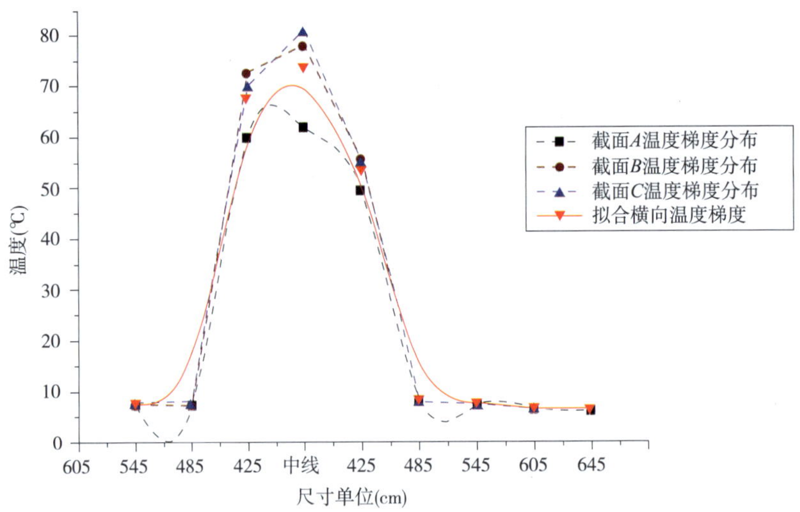

图 8-4　钢桥面铺装横向温度梯度

其中，横向坐标中，中线位置为浇注式沥青混凝土摊铺中心线位置，中线两侧数据为离摊铺中心线的距离。

将浇注式沥青混凝土摊铺中心线和两边缘各测点的峰值绘制于同一坐标系中，依据峰值数据分布曲线拟合钢桥面浇注式沥青混凝土铺装过程中钢板温度的纵向分布规律，如图 8-5所示。

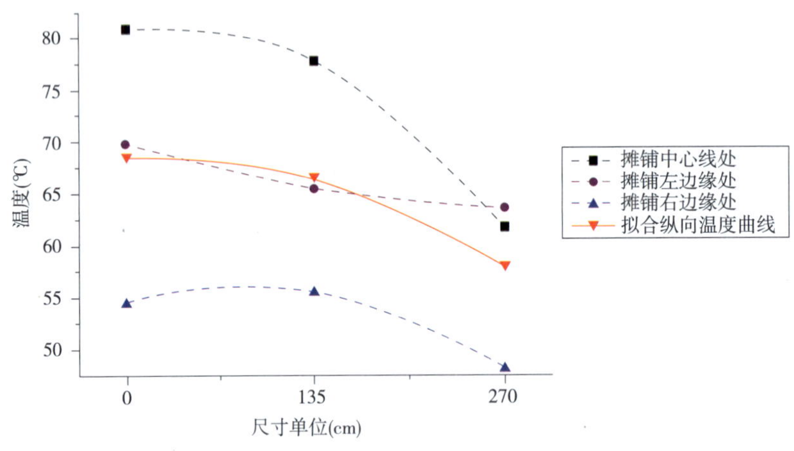

图 8-5　钢桥面铺装纵向温度梯度

其中，0cm、135cm 和 270cm 分别为断面 *A*、断面 *B* 和断面 *C* 的位置。

3. 摊铺温度梯度分布三维分析

将各测点数据转换为三维坐标进行分析，其中横坐标为测点在横断面中距摊铺中心的距离，纵坐标为测点在纵断面中距摊铺起始端的距离，竖坐标为测点的实测温度，见表 8-1。

三　维　坐　标　　表 8-1

编号	测点	坐标	编号	测点	坐标	编号	测点	坐标
A0	1	0,0,61.7	B0	11	0,135,77.7	C0	17	0,270,80.8
A1	6	60,0,48.2	B1	14	60,135,55.5	C1	22	60,270,54.7
A2	7	120,0,8.5	B2	15	180,135,7.7	C2	23	180,270,7.7
A3	8	180,0,7.2	B3	16	240,135,7.2	C3	24	240,270,7
A4	9	240,0,6.4	B4	13	-60,135,72.4	C4	25	300,270,6.4
A5	10	300,0,6	B5	12	-120,135,7.2	C5	21	-60,270,69.8
A6	5	-60,0,63.5	—	—	—	C6	20	-120,270,7.9
A7	4	-120,0,7.2	—	—	—	—	—	—

各测点三维点状分布如图 8-6 所示，其中用红色虚线标出三个断面所在大致位置。另外，为更真实反映出桥面铺装时各面温度梯度分布情况，又分别拟合出实测温度三维线型分布图与实测温度三维 MAP 分布图，如图 8-7、图 8-8 所示。

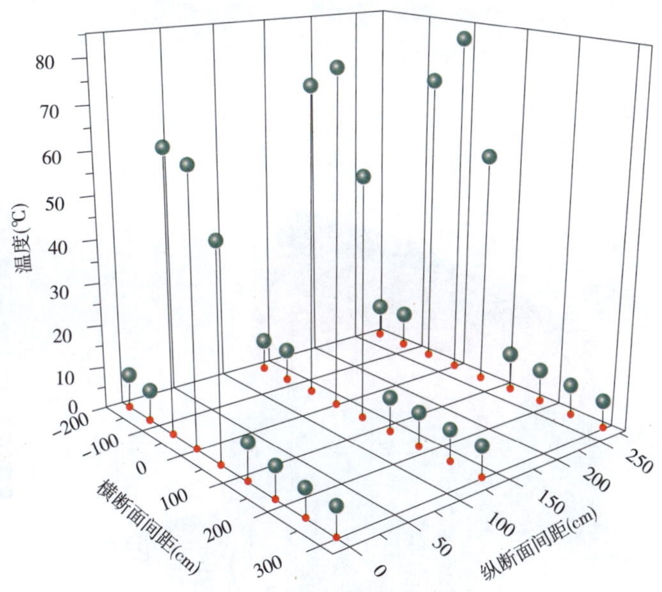

图 8-6　测点实测温度三维点状分布图

通过上述图表中测点数据可得出以下结论：

(1)桥面摊铺过程中，桥体温度梯度并非呈线性分布。从以上三维曲线的趋势来看，温度梯度是呈马鞍状分布，其中曲率与摊铺温度、外界环境与摊铺速度均有关系。

(2)摊铺温度的影响范围与施工现场实际情况大致相符，从浇注式沥青混合料摊铺边缘至受温度影响范围的边界处，其实际影响范围约为 1m。

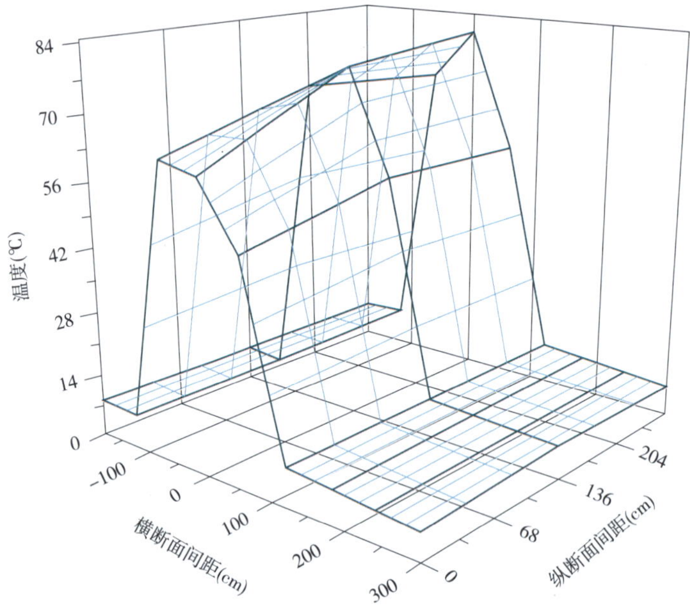

图 8-7　测点实测温度三维线型分布图

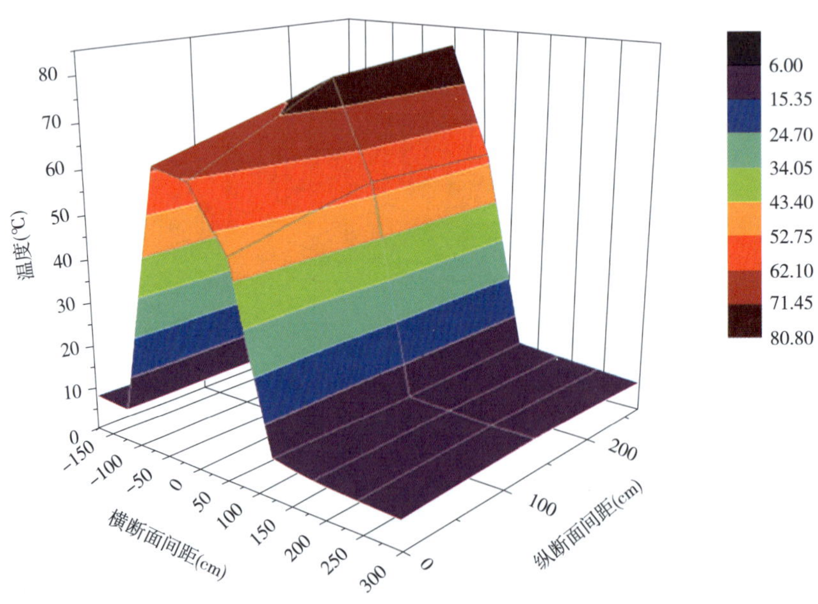

图 8-8　测点实测温度三维 MAP 分布图

第二节 钢桥面铺装温度应力计算

采用实测钢箱梁结构温度参数，以某桥钢箱梁桥面浇注式沥青混凝土铺装为例，计算高温沥青混凝土摊铺过程中钢箱梁温度应力所引起的支座位移和推力。

一、基本参数

1. 桥面系

计算案例为 3×21m 三跨一联连续钢箱梁桥。具体布置为，钢箱梁全长为 3×21+2×0.54=64.08(m)，钢箱梁横断面设计如图 8-9 所示。

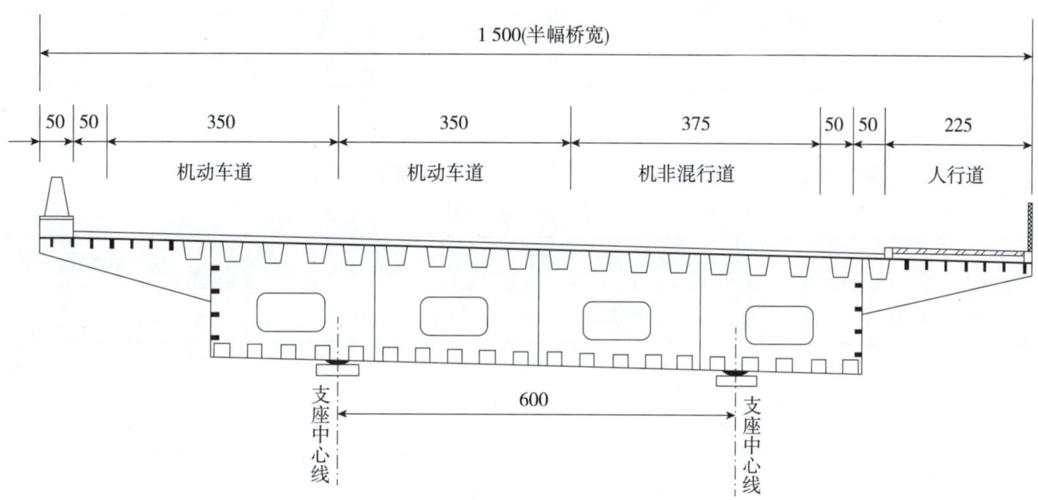

图 8-9 横断面图(尺寸单位:cm)

钢桥面系设计参数：钢箱梁宽 15m，主梁截面中心处梁高 1.5m，悬臂长 2.5m。钢箱梁采用单箱四室结构形式，箱室宽 2.5m，箱梁顶板、底板、腹板钢板厚度为 16mm。顶板加劲肋采用 8mm 厚 U 形肋，间距 60mm；底板加劲肋采用 T 形肋，间距 40cm。箱梁每隔 2.5m 设置一道横隔板，横隔板厚 20mm。除横隔板外，悬臂端每隔 1m 设置横向加劲肋。主梁斜向支座处横隔板加密，每隔 1.2m 设置一道横隔板，支座处横隔板设置竖向加劲肋。

2. 支座布置

全桥采用抗震支座—GPZ(KZ)系列支座，支座布置如图 8-10 所示。

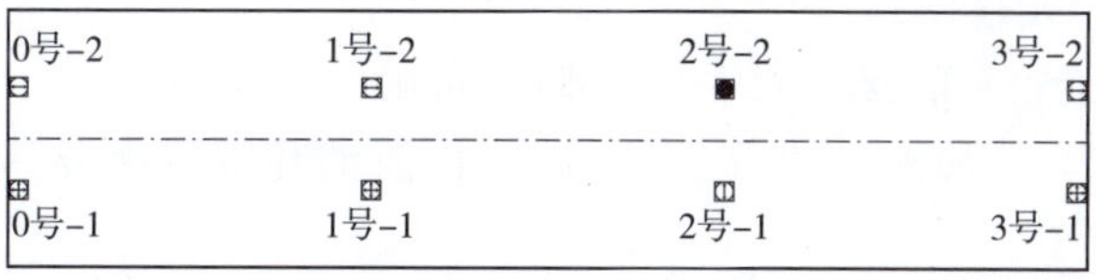

0号-2 1号-2 2号-2 3号-2

0号-1 1号-1 2号-1 3号-1

图 8-10 支座布置平面图

各支座型号及参数见表 8-2。

支座参数表

表 8-2

序号	支座位置	支座型号	纵向位移(mm)	横向位移(mm)	转角(rad)	支座平面尺寸(mm)	
						上钢板	下钢板
1	0号-1	GPZ(KZ)2.5SX	±150	±40	0.02	660×440	430×430
2	0号-2	GPZ(KZ)2.5DX	±150	±3	0.02	780×455	455×455
3	1号-1	GPZ(KZ)5SX	±150	±40	0.02	790×605	605×605
4	1号-2	GPZ(KZ)5DX	±150	±3	0.02	970×635	635×635
5	2号-1	GPZ(KZ)5DX	±150	±3	0.02	970×635	635×635
6	2号-2	GPZ(KZ)5GD	0	0	0.02	635×635	635×635
7	3号-1	GPZ(KZ)2.5SX	±150	±40	0.02	660×440	430×430
8	3号-2	GPZ(KZ)2.5DX	±150	±3	0.02	780×455	455×455

3. 材料参数

钢桥面铺装下桥梁支座处温度应力计算时,采用的材料参数见表 8-3。

材 料 参 数

表 8-3

材料	弹性模量	泊松比	热膨胀系数
钢材	210 000MPa	0.3	1.2×10^{-5}

二、基本假设

为模拟实际的钢桥面铺装过程,沿桥梁纵向依次划分 6 段 7 个点位(记为第Ⅰ点,第Ⅱ点,…,第Ⅶ点)来分析不同摊铺位置处温度对钢桥支座位移与受力的影响,如图 8-11 所示。

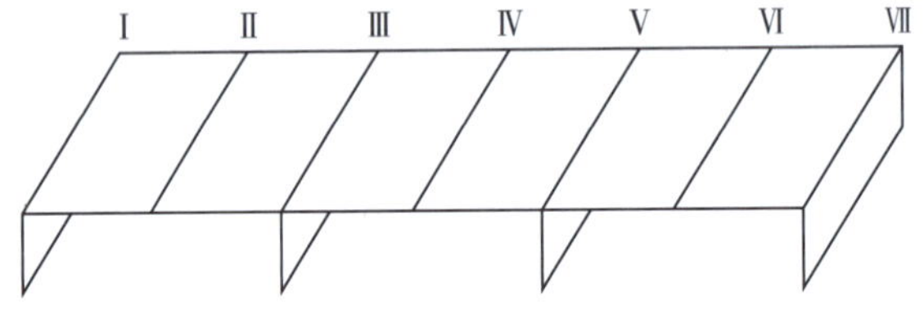

图 8-11 摊铺位置划分示意图

在建立钢桥面铺装温度应力计算有限元模型的过程中,采用了以下基本假设:

(1)模型中钢箱梁结构及支座的材料均为各向同性线弹性,其中钢箱梁结构采用壳单元模拟,支座则用实体单元建模;

(2)支座与钢箱梁底板的接触采用 tie(绑定)接触;

(3)温度场加载时,环境温度选取 25℃,即除桥面铺装范围内及其影响范围之外,模型其他位置的温度取 25℃;

(4)参照钢箱梁桥桥面铺装实测温度梯度曲线,本计算为便于建模及温度场加载,将温度变化梯度沿桥纵向和横向简化为线性折线形式,即除摊铺范围外,采用 15m 过渡区域。桥横向因边界原因不足 15m 时,按折线斜率进行折算。

三、计算结果及分析

计算案例中,浇注式沥青混凝土摊铺速度按 1.5m/min 计算,考虑 5 种摊铺施工工况,如图 8-12 所示。

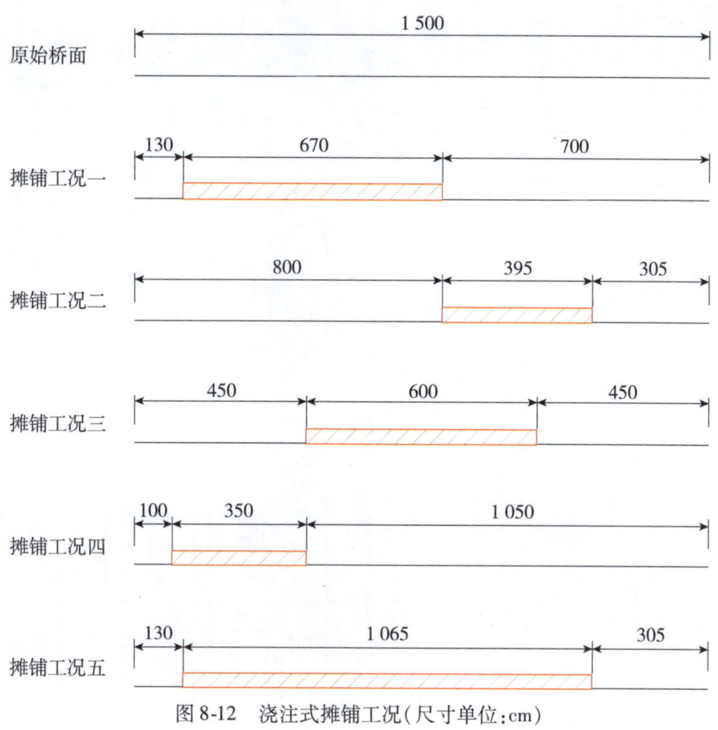

图 8-12 浇注式摊铺工况(尺寸单位:cm)

针对上述各工况,采用有限元模拟计算,得出各支座的位移和受力状况,见表 8-4 ~ 表 8-8。

对各工况由浇注式沥青混凝土摊铺温度所引起的桥梁支座处的位移和推力计算结果进行分析,有如下规律:

(1)各种工况条件下,当摊铺机行驶至桥梁中段时,温度应力对桥梁支座处的位移呈现最不利影响。

(2)本计算案例中,各种工况下,由温度应力所引起的各支座位移和推力均不大,除工况一中第Ⅳ点位处支座横向位移达到容许位移之外,其余各种工况下,所有支座位移均未达到容许位移。工况一对达到容许位移的支座按照容许位移量(3mm)进行限制,由于位移限制所产生的推力接近于零,计算数据未予有效采集。因此,在所有施工工况下,支座处均未出现钢板温度升高所产生的推力。

(3)根据各种工况下各支座产生的最大位移,推算出对应温度应力,大小排序:工况一 > 工况四 > 工况五 > 工况二 > 工况三。其中,工况一为偏心施工严重且摊铺宽度较大的情况,工况三为沿桥梁中心线对称摊铺施工的情况。

(4)根据计算结果,可以判定,本案例在各种摊铺工况条件下,浇注式沥青混凝土施工温度所引起的钢板不均匀变形对桥梁结构的影响有限,不足以造成破坏性损伤。

工况一计算数据

表 8-4

支座编号	I						II						III						IV					
	位移(mm)			支座力(kN)			位移(mm)			支座力(kN)			位移(mm)			支座力(kN)			位移(mm)			支座力(kN)		
	X	*Y*	*Z*	*X*	*Y*	*Z*	*X*	*Y*	*Z*	*X*	*Y*	*Z*	*X*	*Y*	*Z*	*X*	*Y*	*Z*	*X*	*Y*	*Z*	*X*	*Y*	*Z*
1	0.287	0	-0.139	0	56.67	0	1.207	0	-0.570	0	-29.02	0	1.572	0	-0.896	0	-107.2	0	3.0	0	-0.346	0	-28.23	0
2	0.123	0	0.148	0	-43.33	0	1.148	0	0.116	0	-26.44	0	1.328	0	-0.355	0	13.79	0	3.0	0	-0.171	0	-24.82	0
3	0.092	0	0.120	0	-52.25	0	-0.121	0	-0.293	0	60.01	0	0.565	0	-0.661	0	234.4	0	1.017	0	-0.102	0	29.81	0
4	0.044	0	0.065	0	24.68	0	-0.095	0	-0.231	0	55.24	0	0.087	0	-0.171	0	-32.61	0	1.013	0	0.109	0	27.25	0
5	-0.003	0	43.62	0	-0.69	0	0.060	0	-0.035	0	-36.75	0	0.182	0	0.145	0	-138.6	0	0.057	0	0.397	0	26.35	0
6	0	0	0	0	15.81	0	0	0	0	0	-27.52	0	0	0	0	0	14.98	0	0.033	0	0	0	18.76	0
7	0	0	0.008	0	-2.57	0	0.021	0	-0.013	0	1.29	0	0.041	0	-0.046	0	-11.35	0	0.158	0	0.625	0	-27.53	0
8	-0.008	0	0.005	0	1.68	0	0.027	0	-0.019	0	3.19	0	0.078	0	-0.092	0	26.60	0	0.103	0	0.229	0	21.59	0

支座编号	V						VI						VII					
	位移(mm)			支座力(kN)			位移(mm)			支座力(kN)			位移(mm)			支座力(kN)		
	X	*Y*	*Z*	*X*	*Y*	*Z*	*X*	*Y*	*Z*	*X*	*Y*	*Z*	*X*	*Y*	*Z*	*X*	*Y*	*Z*
1	1.513	0	-0.304	0	-7.82	0	-0.178	0	-0.185	0	1.24	0	-0.111	0	0.068	0	-4.21	0
2	1.55	0	-0.089	0	23.83	0	-0.176	0	-0.211	0	3.92	0	-0.109	0	0.061	0	2.74	0
3	0.919	0	-0.511	0	-134.5	0	-0.119	0	-0.241	0	-37.42	0	-0.084	0	0.077	0	-7.84	0
4	0.739	0	-0.134	0	6.51	0	-0.136	0	-0.258	0	-35.05	0	-0.101	0	0.095	0	-31.88	0
5	0.493	0	-0.352	0	290.9	0	-0.154	0	0.141	0	77.12	0	-0.125	0	-0.117	0	-94.61	0
6	0	0	0	0	-83.43	0	0	0	0	0	52.67	0	0	0	0	0	50.84	0
7	0.855	0	0.568	0	-115.0	0	1.400	0	0.345	0	34.84	0	0.449	0	0.241	0	106.6	0
8	0.592	0	0.251	0	19.46	0	1.342	0	-0.320	0	-27.63	0	0.239	0	-0.191	0	-85.44	0

注：表中 *X*、*Y* 和 *Z* 分别代表横桥向、竖桥向和纵桥向。

工况二计算数据　　表 8-5

支座编号	Ⅰ						Ⅱ						Ⅲ						Ⅳ					
	位移(mm)			支座力(kN)			位移(mm)			支座力(kN)			位移(mm)			支座力(kN)			位移(mm)			支座力(kN)		
	X	Y	Z	X	Y	Z	X	Y	Z	X	Y	Z	X	Y	Z	X	Y	Z	X	Y	Z	X	Y	Z
1	0.40	0	0.35	0	42.03	0	0.51	0	-0.31	0	-15.08	0	0.80	0	-0.58	0	-45.94	0	1.56	0	-0.49	0	-17.07	0
2	0.26	0	0.42	0	-30.97	0	0.45	0	-0.20	0	-14.02	0	0.57	0	-0.22	0	3.88	0	1.52	0	-0.27	0	-14.26	0
3	0.10	0	0.15	0	-39.02	0	-0.10	0	-0.18	0	31.68	0	0.37	0	-0.47	0	106.70	0	0.54	0	-0.35	0	18.84	0
4	0.06	0	-0.04	0	16.09	0	-0.09	0	-0.14	0	29.04	0	0.09	0	-0.11	0	-17.26	0	0.50	0	-0.08	0	16.59	0
5	-0.01	0	-0.02	0	-0.01	0	0.04	0	0.05	0	-20.37	0	0.11	0	-0.16	0	-66.40	0	0.05	0	-0.06	0	15.06	0
6	0	0	0	0	12.78	0	0	0	0	0	-14.00	0	0	0	0	0	13.56	0	0	0	0	0	8.05	0
7	-0.003	0	-0.002	0	-1.97	0	0.04	0	0.02	0	1.25	0	0.06	0	-0.04	0	-4.84	0	0.11	0	0.15	0	-16.79	0
8	-0.003	0	-0.002	0	1.15	0	0.05	0	0.02	0	1.49	0	0.08	0	-0.14	0	10.34	0	-0.08	0	0.19	0	-10.43	0

支座编号	Ⅴ						Ⅵ						Ⅶ					
	位移(mm)			支座力(kN)			位移(mm)			支座力(kN)			位移(mm)			支座力(kN)		
	X	Y	Z	X	Y	Z	X	Y	Z	X	Y	Z	X	Y	Z	X	Y	Z
1	0.45	0	-0.11	0	-4.12	0	-0.01	0	-0.09	0	0.71	0	-0.05	0	0.04	0	-3.26	0
2	0.50	0	-0.13	0	10.54	0	-0.01	0	-0.11	0	1.78	0	-0.04	0	0.04	0	1.65	0
3	0.30	0	-0.20	0	-65.87	0	-0.04	0	-0.11	0	-16.07	0	-0.04	0	0.04	0	-4.47	0
4	0.20	0	-0.06	0	8.82	0	-0.03	0	-0.11	0	-14.43	0	-0.07	0	0.06	0	27.01	0
5	-0.22	0	0.36	0	135.50	0	0.07	0	0.08	0	33.69	0	0.11	0	-0.22	0	-68.75	0
6	0	0	0	0	-40.53	0	0	0	0	0	20.05	0	0	0	0	0	28.44	0
7	0.64	0	0.45	0	-49.67	0	0.51	0	0.15	0	-15.66	0	0.59	0	0.48	0	75.74	0
8	0.28	0	0.20	0	5.36	0	0.44	0	-0.17	0	-10.06	0	0.40	0	-0.67	0	-56.35	0

注：表中 X、Y 和 Z 分别代表横桥向、竖桥向和纵桥向。

表 8-6

工况三计算数据

支座编号	I						Ⅱ						Ⅲ						Ⅳ					
	位移(mm)			支座力(kN)			位移(mm)			支座力(kN)			位移(mm)			支座力(kN)			位移(mm)			支座力(kN)		
	X	Y	Z	X	Y	Z	X	Y	Z	X	Y	Z	X	Y	Z	X	Y	Z	X	Y	Z	X	Y	Z
1	0.277	0	0.310	0	12.19	0	-0.223	0	-0.333	0	-22.11	0	-0.293	0	-0.499	0	-31.63	0	0.304	0	-0.559	0	-24.26	0
2	-0.201	0	0.329	0	9.94	0	-0.285	0	-0.539	0	24.31	0	-0.362	0	-0.714	0	-33.35	0	0.279	0	-0.680	0	-25.27	0
3	0.070	0	0.125	0	-23.35	0	-0.142	0	-0.249	0	46.12	0	0.184	0	-0.396	0	66.14	0	0.175	0	-0.334	0	26.30	0
4	0.067	0	0.116	0	-22.56	0	-0.149	0	-0.254	0	50.71	0	-0.340	0	-0.455	0	71.26	0	0.132	0	-0.301	0	29.48	0
5	-0.027	0	-0.034	0	13.61	0	0.060	0	0.074	0	-29.99	0	0.088	0	0.109	0	-45.09	0	0.073	0	-0.064	0	23.01	0
6	0	0	0	0	11.94	0	0	0	0	0	-24.75	0	0	0	0	0	-35.21	0	0	0	0	0	14.04	0
7	-0.035	0	-0.018	0	-1.11	0	0.074	0	0.036	0	2.51	0	0.108	0	0.048	0	4.33	0	-0.188	0	0.242	0	-24.84	0
8	-0.034	0	-0.013	0	-0.66	0	0.073	0	0.028	0	1.82	0	0.109	0	0.044	0	3.55	0	-0.182	0	0.340	0	-18.45	0

支座编号	Ⅴ						Ⅵ						Ⅶ					
	位移(mm)			支座力(kN)			位移(mm)			支座力(kN)			位移(mm)			支座力(kN)		
	X	Y	Z	X	Y	Z	X	Y	Z	X	Y	Z	X	Y	Z	X	Y	Z
1	0.685	0	-0.270	0	2.51	0	-0.091	0	-0.158	0	1.50	0	-0.030	0	0.136	0	2.20	0
2	0.723	0	-0.251	0	7.34	0	-0.094	0	-0.189	0	2.60	0	-0.026	0	0.133	0	-0.84	0
3	0.490	0	-0.353	0	-51.60	0	-0.097	0	-0.190	0	-24.51	0	-0.047	0	0.150	0	14.52	0
4	0.435	0	-0.253	0	-36.64	0	-0.085	0	-0.204	0	-25.38	0	-0.059	0	0.169	0	28.49	0
5	0.368	0	-0.252	0	104.3	0	0.102	0	0.104	0	50.74	0	-0.105	0	-0.147	0	-61.96	0
6	0	0	0	0	42.95	0	0	0	0	0	37.04	0	0	0	0	0	15.07	0
7	-0.431	0	0.327	0	-44.86	0	0.289	0	0.135	0	-23.88	0	0.453	0	0.509	0	46.63	0
8	-0.361	0	0.442	0	-23.97	0	0.190	0	0.208	0	18.11	0	-0.228	0	-0.406	0	-9.56	0

注：表中 X、Y 和 Z 分别代表横桥向、竖桥向和纵桥向。

表 8-7

工况四计算数据

支座编号	Ⅰ						Ⅱ						Ⅲ						Ⅳ					
	位移(mm)			支座力(kN)			位移(mm)			支座力(kN)			位移(mm)			支座力(kN)			位移(mm)			支座力(kN)		
	X	Y	Z	X	Y	Z	X	Y	Z	X	Y	Z	X	Y	Z	X	Y	Z	X	Y	Z	X	Y	Z
1	-0.121	0	0.101	0	-13.62	0	-1.051	0	0.162	0	-12.68	0	-1.352	0	-0.033	0	2.60	0	-2.79	0	0.099	0	-13.30	0
2	-0.112	0	-0.249	0	14.80	0	-1.109	0	-0.595	0	-18.23	0	-1.628	0	-0.920	0	-46.57	0	-2.86	0	-0.726	0	-18.13	0
3	-0.024	0	-0.030	0	9.83	0	-0.082	0	-0.139	0	26.95	0	-0.178	0	0.073	0	-11.13	0	-0.906	0	0.164	0	14.92	0
4	-0.025	0	0.040	0	-12.29	0	-0.103	0	-0.200	0	37.45	0	-0.279	0	-0.459	0	104.5	0	-0.923	0	-0.450	0	21.48	0
5	-0.005	0	0.010	0	3.54	0	0.037	0	0.048	0	18.11	0	0.021	0	0.086	0	2.78	0	0.036	0	0.048	0	11.89	0
6	0	0	0	0	-2.13	0	0	0	0	0	-18.19	0	0	0	0	0	-58.05	0	0	0	0	0	9.57	0
7	0.004	0	0.005	0	0.51	0	0.053	0	0.027	0	2.02	0	0.149	0	0.101	0	10.50	0	-0.086	0	0.163	0	-13.47	0
8	0.005	0	0.009	0	-0.64	0	0.048	0	0.016	0	0.79	0	0.120	0	0.083	0	-4.65	0	-0.102	0	0.243	0	-12.97	0

支座编号	Ⅴ						Ⅵ						Ⅶ					
	位移(mm)			支座力(kN)			位移(mm)			支座力(kN)			位移(mm)			支座力(kN)		
	X	Y	Z	X	Y	Z	X	Y	Z	X	Y	Z	X	Y	Z	X	Y	Z
1	-1.421	0	-0.117	0	7.47	0	-0.068	0	-0.121	0	1.21	0	-0.012	0	0.034	0	0.90	0
2	-1.391	0	-0.301	0	-1.95	0	-0.066	0	-0.134	0	1.17	0	0.013	0	0.040	0	-1.07	0
3	-0.695	0	-0.101	0	3.44	0	-0.063	0	-0.136	0	-12.87	0	0.025	0	0.039	0	6.70	0
4	-0.780	0	-0.362	0	-57.25	0	-0.064	0	-0.150	0	-17.33	0	0.015	0	0.039	0	-4.28	0
5	-0.075	0	-0.087	0	-9.45	0	-0.054	0	-0.082	0	27.00	0	-0.023	0	0.062	0	13.98	0
6	0	0	0	0	100.8	0	0	0	0	0	26.43	0	0	0	0	0	-18.35	0
7	-0.051	0	-0.032	0	-6.00	0	-0.794	0	-0.209	0	-13.60	0	-0.204	0	-0.121	0	-21.81	0
8	-0.721	0	0.0526	0	-37.04	0	-0.796	0	0.282	0	-12.02	0	-0.144	0	0.349	0	23.93	0

注：表中 X、Y 和 Z 分别代表横桥向、竖桥向和纵桥向。

工况五计算数据

表 8-8

支座编号	Ⅰ						Ⅱ						Ⅲ						Ⅳ					
	位移(mm)			支座力(kN)			位移(mm)			支座力(kN)			位移(mm)			支座力(kN)			位移(mm)			支座力(kN)		
	X	Y	Z	X	Y	Z	X	Y	Z	X	Y	Z	X	Y	Z	X	Y	Z	X	Y	Z	X	Y	Z
1	0.246	0	0.303	0	12.18	0	-0.502	0	-0.472	0	-39.18	0	-0.857	0	-0.728	0	-47.20	0	-1.868	0	-0.801	0	-42.52	0
2	0.170	0	0.273	0	12.53	0	-1.156	0	-1.139	0	-45.96	0	-1.578	0	-1.566	0	-73.14	0	-2.001	0	-1.427	0	-46.92	0
3	0.075	0	0.136	0	-24.85	0	-0.251	0	-0.443	0	82.22	0	-0.303	0	-0.495	0	97.44	0	-0.576	0	-0.386	0	46.75	0
4	0.077	0	0.133	0	-26.40	0	-0.276	0	-0.483	0	95.31	0	-0.472	0	-0.724	0	157.4	0	-0.631	0	-0.696	0	55.23	0
5	-0.031	0	-0.038	0	15.47	0	0.108	0	0.135	0	-53.84	0	1.143	0	-0.194	0	-68.37	0	0.120	0	-0.087	0	38.89	0
6	0	0	0	0	13.07	0	0	0	0.111	0	-46.42	0	0	0	0	0	-81.25	0	0	0	0	0	25.46	0
7	-0.039	0	-0.019	0	-1.18	0	0.139	0	0.067	0	4.78	0	0.237	0	0.121	0	11.65	0	-0.294	0	0.445	0	-42.88	0
8	-0.038	0	-0.014	0	-0.80	0	0.134	0	0.051	0	3.09	0	0.200	0	0.063	0	3.44	0	-0.298	0	0.628	0	-34.01	0

支座编号	Ⅴ						Ⅵ						Ⅶ					
	位移(mm)			支座力(kN)			位移(mm)			支座力(kN)			位移(mm)			支座力(kN)		
	X	Y	Z	X	Y	Z	X	Y	Z	X	Y	Z	X	Y	Z	X	Y	Z
1	-0.372	0	-0.411	0	-7.83	0	-0.146	0	-0.293	0	2.79	0	-0.031	0	0.158	0	-2.14	0
2	-0.364	0	-0.517	0	8.55	0	-0.148	0	-0.340	0	4.12	0	-0.030	0	0.159	0	-1.28	0
3	-0.289	0	-0.497	0	-6.84	0	-0.159	0	-0.345	0	-40.40	0	-0.054	0	0.177	0	18.13	0
4	-0.281	0	-0.578	0	-86.61	0	-0.146	0	-0.370	0	-45.18	0	-0.061	0	0.193	0	30.00	0
5	0.309	0	-0.316	0	136.8	0	0.167	0	-0.177	0	84.44	0	-0.110	0	-0.142	0	-63.67	0
6	0	0	0	0	124.7	0	0	0	0	0	66.51	0	0	0	0	0	-22.55	0
7	-0.877	0	0.498	0	-65.97	0	-0.713	0	-0.278	0	-40.70	0	0.383	0	0.461	0	44.29	0
8	-0.914	0	0.944	0	-56.88	0	-0.673	0	0.465	0	-31.58	0	-0.160	0	0.324	0	-2.78	0

注：表中 X、Y 和 Z 分别代表横桥向、竖桥向和纵桥向。

第三节　钢桥面铺装摊铺方案建议

浇注式沥青混凝土施工温度高达240℃，又因受工艺限制，难以做到全幅摊铺，所以必须充分考虑高温和偏心施工所引起的温度应力对桥梁结构的影响。本案例仅为特定条件下的一种情况，而钢结构桥梁受温度影响所产生的变形，除了与钢板温度有关外，还与纵横向加劲肋等桥面系构造和支座结构形式有较大关系，不能完全排除因各种不利因素的组合而导致桥梁结构受到破坏性损伤的可能。据相关记载，曾经出现过因温度应力导致钢箱梁桥支座开裂现象，如图8-13所示。

图8-13　某桥梁支座开裂

因此，钢结构桥梁在进行高温沥青混凝土摊铺前，建议：

(1)一般情况下，对于悬索桥、斜拉桥等处于悬浮状态采用拉索的钢结构桥梁，由于桥梁自身消减应力应变的能力较大，桥面沥青混凝土摊铺施工时，温度应力可以不做验算；但如果钢结构桥梁本身有特殊要求时，可根据需要验算温度应力。

(2)简支或连续钢箱梁桥、钢箱梁与桥梁墩台有刚性连接的桥梁以及弯坡斜桥等，桥面高温沥青混凝土摊铺时，应根据钢箱梁桥面系参数、桥梁支座布置形式和钢板温度分布规律，计算钢板不均匀变形对桥梁结构的影响。

(3)钢箱梁桥面高温沥青混凝土摊铺时，宜选取桥梁中心线(两支座中心线)为摊铺机摊铺宽度的中心，尽量做到全宽对称摊铺。

(4)当不能以桥梁中心线(两支座中心线)为摊铺中心、钢箱梁桥面沥青摊铺需沿纵向分幅时，对于偏离桥梁中心线(两支座中心线)的纵向分幅，宜尽量减小摊铺宽度。

第九章　钢桥面铺装维修

第一节　钢桥面铺装检测与评价

一、检测方法

1. 检测手段

钢桥面铺装工程规模较小，一般采用人工调查法进行铺装检测。条件允许时也可以采用路面自动检测系统进行全面检测。

2. 检测频率

(1)定期巡查

钢桥一般属于交通要道的控制性工程，全面维修会严重影响车辆通行。因此钢桥面铺装应定期进行人工巡查，对破损的铺装病害拍照备份并详细记录。对于未发生任何破损的桥面铺装层，检测频率可以放宽到每月一次；如发现铺装层出现裂缝或坑槽类破损，除立即进行现场处理以外，还必须提高巡查频率，以每2周1次为宜。

(2)全面检测

目前我国钢桥面铺装出现早期病害较多，因此通车后第1年应检测1～2次，以后每年1次。

二、评价方法

目前尚未建立钢桥面铺装有效的检测和评价系统，检测和评价钢桥面铺装，可按照《公路技术状况评价标准》(JTG H20—2007)相关方法和要求进行。

1. 评价指标

《公路技术状况评价标准》(JTG H20—2007)中对于沥青路面的病害分类、检测和换算方法基本适合于钢桥面铺装维修工程。评价时可采用路面破损率DR、横向力系数SFC和车辙深度RD三个指标。

2. 评价单位

鉴于钢桥面铺装的特点和重要性，可根据桥长来选择评价单位，桥长小于1km时全桥选择一个车道；桥长大于1km时，全桥选择一个车道中500m长的铺装作为一个评价单位。

三、维修对策

根据铺装层的损坏率DR指标可采用以下维修措施：

(1)路面破损率 DR≤11%:可选择小修措施。主要是对日常巡查所发现的裂缝、坑槽和鼓包等现象进行及时维修;当车辙深度 RD≥1.5cm 时应对车辙地段铣刨磨耗层并重新铺筑。

(2)路面破损率 11%≤DR≤14%或横向力系数 SFC 不满足使用要求时:可选择中修措施。需挖除铺装磨耗层重新铺筑或选择在既有铺装上采取提高抗滑能力措施。

(3)路面破损率 DR≥14%:可选择大修措施。需全面挖除铺装层,防水黏结层若经检验合格,可继续保留使用;若挖除后防水黏结层破损过多,则需更换防水黏结层。

第二节 钢桥面铺装裂缝维修

一、维修方法

钢桥面铺装裂缝是一种常见的次生病害形式,也是能量集中释放的表现。某种意义上,钢桥面铺装裂缝是结构趋于更加稳定的自调整行为,路面出现裂缝后行驶性能和路用性能并不一定会很快大幅降低。但裂缝会导致水分渗入铺装层间和铺装层与钢板之间,加速脱层和其他病害的产生与扩展。在裂缝出现初期即应封闭,能有效防止雨水和其他杂物进入裂缝,从而延长铺装的使用寿命。

环氧沥青混凝土铺装早期易出现不规则裂缝,但在裂缝得到及时处治后,铺装依然能保持完好的路用性能而运营多年,南京长江二桥即为典型案例。

裂缝维修主要采用灌缝材料进行灌缝,但裂缝宽度≥5mm 时,应采用开槽灌缝,并回填混合料等措施。裂缝维修也可采用下文所述注浆方式进行维修。

二、灌缝材料

1. 基本性能要求

(1)渗透能力

部分钢桥面铺装裂缝是自上往下开裂的,这主要是因加劲肋顶部较大的表面水平拉应力所引起,裂缝一般呈上宽下窄的形状;也有的裂缝是自下而上裂开的,这主要是脱层之后铺装底部弯拉应力过大引起,裂缝底部较宽而顶部较窄。

灌缝材料应具有良好的渗透能力,以便充分渗入较窄的缝隙或缝隙底部的小面积脱层,以及裂缝附近小面积碎裂的缝隙。良好的渗透能力取决于灌缝材料的黏度和接触角。前者依靠灌缝材料自身重力渗入裂缝,黏度越低则渗透能力越高;后者则依靠表面张力逐步浸润,接触角越小则表面张力越大,浸润能力越强,灌缝材料也越易渗入裂缝内部。

(2)延展性

裂缝随着使用时间的延长将逐步拓宽,随着荷载作用或温度升降,裂缝也会出现反复开合。文献[2]实测结果表明,道路沥青路面裂缝一年中的宽度变化可达 10mm 之多,因此灌缝材料应具有良好的延展性以适应裂缝不断开合的变化,保证裂缝张开时灌缝材料不被拉断,同时也使灌缝材料与原铺装混凝土的接触界面受力较小。

(3)干界面和湿界面黏结性能

灌缝材料与铺装混凝土间应具有良好的黏结能力,以确保灌缝材料与铺装混凝土形成整体。由于裂缝内部通常会渗入一定量的雨水或水汽,灌缝材料应具有局部的亲水性和整体排水性。不具备该性能的灌缝材料,在有水分存在时不能与铺装混凝土充分黏结成整体。

(4)力学强度和耐候性

灌缝材料自身应具有良好的力学强度和耐候性。耐候性主要包括材料耐高温和低温性能、抗水损性能、耐紫外线老化性能和耐酸腐蚀性能。良好的耐候性会使灌缝材料在气候条件反复作用下保持良好的使用性能。

2. 评价指标

(1)沥青混凝土铺装灌缝材料

沥青混凝土桥面铺装裂缝类似于沥青混凝土路面,因此沥青混凝土路面所用的灌缝材料也适用于钢桥面沥青混凝土铺装。沥青混凝土的线收缩系数在 -5℃左右低温区间内达到 3.5×10^{-5},而环氧沥青混凝土则低于 1.5×10^{-5}。另外,沥青混凝土和反应性树脂类混凝土的模量差异很大,因此沥青混凝土钢桥面铺装只能采用沥青类或性质相近的材料进行灌缝。

美国 ASTM D5329—04 中规定了沥青路面灌缝材料应进行锥入度试验、流动试验、低温拉伸试验、弹性试验、沥青兼容性试验等。美国所采用的沥青橡胶及橡胶改性沥青路面裂缝密封剂,采用针入度、弹性恢复率、软化点和沥青相容性等指标。我国水泥混凝土路面嵌缝材料采用锥式针入度、弹性复原率、流动度和拉伸量 4 个指标,见表 9-1。

中国水泥混凝土接缝加热施工式填缝料技术要求　　表 9-1

试验项目	技术要求	
	低弹性型	高弹性型
锥式针入度(0.1mm)	<50	<90
弹性(复原率)(%)	>30	>60
流动度(mm)	<5	<2
拉伸量(mm)	>5	>15

钢桥里程及铺装面积很有限,工程管控较路面更加严格及时,可以在裂缝出现之初即迅速进行灌缝处理,因此对灌缝材料的技术性能要求更高。综合国内外规范和研究情况,建议采用表 9-2 中所列钢桥面沥青混凝土铺装沥青灌缝材料的基本技术要求。

沥青类灌缝材料技术要求　　表 9-2

试验项目	技术要求		试验方法
七月平均最高气温(℃)	≥30℃	<30℃	
针入度(0.1mm),25℃	≤70	≤90	T 0604
软化点(环球法)(℃)	≥80	≥75	T 0606
延度(cm),5℃	≥30	≥40	T 0605
弹性恢复率(%),25℃	≥85	≥85	T 0662
黏度(Pa·s),135℃	≤3.0	≤2.5	T 0605

(2)环氧沥青混凝土铺装灌缝材料

相对于沥青混凝土铺装,环氧沥青混凝土铺装的模量和线收缩系数更大,其性质更接近水泥混凝土路面。环氧沥青混凝土铺装的灌缝可采用沥青类材料,灌缝后的裂缝部位形成了柔性连接,具有较强的变形能力。也可采用反应树脂类材料,灌缝后的裂缝主要依靠黏结强度和材料本身强度达到铺装的完整统一。反应性树脂材料与环氧沥青混凝土胶结料性质相近,因而材料有较好的相容性,力学性质也类似。

反应性树脂材料一般具有较高的力学强度和黏结强度,但要求有一定的固化时间和固化环境(温度)。因此,树脂类灌缝材料在力学强度、黏结强度、柔韧性和固化时间等方面应达到表9-3的技术要求。

反应性树脂类灌缝料技术要求　　表9-3

试验项目		技术要求	试验方法
断裂伸长率(%)	刚性	≥50	ASTM D638
	柔性	≥200	ASTM D638
拉伸强度(MPa),7d		≥10	ASTM D638
黏结强度(MPa)	与钢板	≥5	ASTM C882
	与环氧沥青混凝土	≥2.5	
23℃黏度(Pa·s)		≤2.0	ASTM D2393

3. 典型灌缝材料

1)沥青混凝土铺装灌缝材料

(1)沥青橡胶和橡胶改性沥青

这两种灌缝料具有优良的弹性恢复能力及延伸率,一定程度上能够消除应力。这两种灌缝材料适合于3~5mm宽度的裂缝。橡胶改性沥青和沥青橡胶技术指标见表9-2。

(2)高弹改性沥青

高弹改性沥青常用于复合浇注式沥青混凝土铺装上层SMA中,它具有较高的软化点、延度和弹性恢复率,也具有优良的耐老化能力,适合于裂缝宽度≤5mm的灌缝工程中,其技术指标见表9-4。

高弹改性沥青灌缝料技术要求　　表9-4

试验项目		技术要求	试验方法
针入度(0.1mm),25℃		50~100	T 0604
软化点(℃)		≥90	T 0606
延度(cm),5℃		≥50	T 0605
黏度(Pa·s),135℃		≤3.0	T 0625
弹性恢复率(%),25℃		≥90	T 0662
闪点(℃)		≥250	T 0611
旋转薄膜烘箱老化	质量变化(%)	±0.5	T 0610
	针入度比(%),25℃	≥65	
	弹性恢复率(%),25℃	≥80	
	延度(cm),5℃	≥40	

2)环氧沥青混凝土铺装灌缝材料

(1)环氧树脂

双组分反应性环氧树脂主要应用于裂缝宽度≤5mm 的灌缝工程中,其指标见表 9-5。

双组分反应性环氧树脂灌缝料技术指标 表 9-5

试验项目		技术要求	试验方法
黏度(Pa·s),(23±1℃)		≤2	ASTM D2393
不挥发物含量(%)		≥99	GB/T 14683
有效使用时间(min)		≥30min	ASTM C881
黏结强度(MPa)	2d	≥7	ASTM C882
	14d	≥10	
吸水率(%),24h		≤1	ASTM D570
线性收缩系数		≤0.005	ASTM C883
压缩强度(MPa),7d		≥70	ASTM D695
压缩模量(MPa)		≥1400	ASTM D695
拉伸强度(MPa),7d		≥10	ASTM D638
断裂伸长率(%)		≥20	ASTM D638

(2)高渗透环氧树脂(KH-3)

相对于双组分环氧树脂和环氧沥青,高渗透环氧树脂充分体现了“高渗透性、高黏结性和高耐久性”三大技术优势,具有适用于潮湿基面的性能。

①高渗透性。高渗透环氧树脂通过降低接触角增加表面张力,能灌入渗透系数 $K \leq 10^{-6} \sim 10^{-8}$cm/s的低渗性软弱含泥地层、软弱岩体和泥化夹层中,涂刷一定用量后能够渗入不同强度等级的混凝土或砂浆内 3 ~ 10mm。用于钢桥面铺装灌缝时,高渗透环氧树脂能够充分渗入裂缝的微缝(≤0.006mm)以及小块脱层内,形成立体高强体系,强度比原来提高 30% 以上。

②高黏结性。由于高渗透环氧树脂具有很小的湿润角,具有局部亲水和整体排水功能,增渗剂的加入使材料对混凝土的亲和力大于水对混凝土的亲和力,使材料在潮湿的基面上有排水置换功能(图 9-1)。

a)

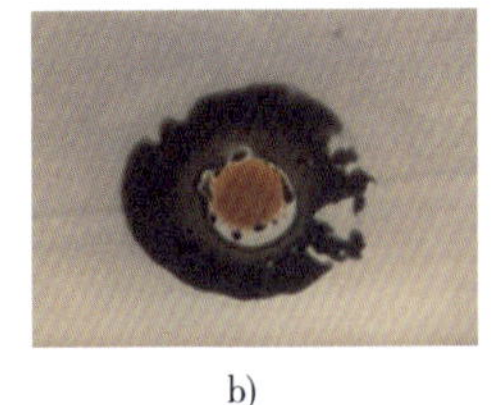
b)

c)

图 9-1 高渗透环氧树脂排水置换功能

a)染上颜色的水;b)在水中央滴上一滴浆液;c)浆液在水中扩展排水的情形

钢桥面铺装裂缝内一般会进入一定的雨水和水汽,由于高渗透环氧树脂具有排水置换功能,能够使环氧树脂与基面充分黏结而不受水分影响。另外,高渗透环氧树脂加入耐水解偶联剂后,即使存在少量水分也能够充分胶结而形成高强度。

③高耐久性、高韧性和较强的抗腐蚀、耐老化性。高效催化剂的应用使材料体系中非活性稀释剂丙酮活化生成预聚丙酮并参加体系反应，从而进一步减小了固结体的收缩性，增加了韧性，提高了固结体耐老化、耐腐蚀的性能和力学性能。因而收缩性较小，抗冻融、抗冲磨、抗开裂性能较优。

高渗透环氧树脂可应用于钢桥面铺装裂缝宽度≤5mm 的灌缝工程中，技术指标见表9-6。

高渗透环氧树脂 KH－3 灌缝料技术指标 表9-6

试验项目		技术要求	试验方法
浆液密度(g/cm^3)		≥1.03	GB/T 13354—1992
初始黏度(10^{-3}Pa·s)		≤8.6	GB/T 2794—1995
可操作时间(h)		≥2.0	
抗压强度(MPa)		≥65	GB/T 2569—1995
拉伸剪切强度(MPa)		≥7.5	GB 7124—1986
抗拉强度(MPa)		≥20	GB/T 2568—1995
黏结强度(MPa)	干燥基面≥	≥4.0	ASTM D4541—09
	潮湿基面≥	≥3.0	ASTM D4541—09
透水压力比(%)，≥		≥400	GB 18445—2001
抗渗压力(MPa)，>		≥1.3	

(3)环氧沥青

环氧沥青主要应用于裂缝宽度在 3～5mm 之间的铺装灌缝工程中，其技术指标见表9-7。

环氧沥青灌缝料技术指标 表9-7

试验项目	技术要求	试验方法
拉伸强度(MPa)，23℃	≥3.0	GB/T 16777—2008
断裂延伸率(%)，23℃	≥220	GB/T 1034—1998
热固性，300℃	不熔化	小试件放热钢板上
浸耗率(%)，23℃	≤35	ASTM D570
吸水率(%)，7d，25℃	≤0.3	ASTM D648
黏度增加至 1.0Pa·s 的时间(min)，180℃	≥50	T 0625

(4)甲基丙烯酸树脂(RIPE)

RIPE 甲基丙烯酸树脂类灌缝材料由 2～3 种组分配制而成。相对于环氧树脂和环氧沥青，RIPE 更适合于细密裂缝的灌缝工程，技术特点如下：

①可操作时间长：由于加入了特殊外加剂，黏度较低，灌缝材料可操作时间达 30min；

②渗透性好：操作时间内黏度低至 100Pa·s，渗透性极强，封水效果好。

③强度形成周期短：使用 RIPE 灌缝后 2h，即形成强度可以开放交通。

④使用性能好:固化后黏结强度高,能牢固黏附在混凝土表面;韧性好,变形能力远超过沥青混凝土的变形能力;低温弯曲性能好,在 -10℃的环境中经重复弯曲试验未发现裂纹。

RIPE 技术指标见表 9-8。

甲基丙烯酸树脂灌缝料(RIPE)技术指标　　表 9-8

试验项目	试验结果	试验方法
黏度(Pa·s),23℃	0.1	T0625
有效使用时间(min),23℃	30.0	ASTM C881
与环氧沥青混凝土的黏结强度(MPa),23℃	>2.8	ASTM D4541—09
与钢板的黏结强度(MPa),23℃	7.8	ASTM D4541—09
拉伸强度(MPa),23℃	11.0	ASTM D638—08
拉伸伸长率(%),23℃	300	ASTM D638—08
低温弯曲性能,-10℃	ϕ20 圆棒弯曲 90°无裂纹	GB/T 16777—2008

RIPE 主要应用于裂缝≤3mm 的环氧沥青混凝土铺装灌缝工程中,该材料在鄂东长江大桥和杭州湾大桥环氧沥青混凝土铺装层的裂缝修补中得到检验,使用效果良好。由于甲基丙烯酸树脂能够溶解沥青类材料,因此 RIPE 不能应用于沥青混凝土铺装中。

三、回填材料

较宽裂缝经开槽灌缝后,需回填混合料。一般可采用环氧砂浆、橡胶沥青砂胶和 GA05 回填,这三种材料都具有良好的流动性和黏结力。

(1)浇注式沥青混合料 GA05

浇注式沥青混合料 GA05 所用集料粒径较小,胶结料用量高,高温下混合料呈流淌状态,能够充分渗入裂缝周边微小碎裂部分,达到充分黏结的目的,详见本书第四章。

(2)环氧砂浆

环氧砂浆采用环氧和石英砂冷拌施工,具有良好的力学强度和黏结能力,详见本章第四节“钢桥面铺装其他维修技术”部分。

(3)改性沥青砂胶

改性沥青砂胶由改性沥青与矿粉在高温条件下拌和而成。为增加改性沥青砂胶的热稳性,也可适量掺加粒径≤2.36mm 的细集料,称为碎石加强改性沥青砂胶。技术指标见表 6-10。

四、施工工艺

1. 前处理工艺

(1)选择处理方案

裂缝处理前应判定铺装是否脱层,如果是脱层引起的铺装开裂则应先处理脱层病害,然后再做灌缝处理。如果是施工裂缝引起的开裂或加劲肋顶部比较规则的纵向和横向裂缝,则只需采用灌缝胶灌缝即可,见图 9-2。

对于裂缝宽度≤5mm 的裂缝可直接灌缝处理,对于裂缝宽度≥5mm 的裂缝可采用开槽灌缝处理。

a)

b)

图9-2　裂缝前处理

a)开槽机开槽;b)高压气枪清扫

(2)开槽

裂缝宽度≥5mm的裂缝应做开槽处理。开槽时根据标示出的裂缝位置,调整开槽机的开槽宽度和深度,对准裂缝中线切割出均匀U形凹槽。凹槽的深宽比不应超过2∶1,但至少达到1cm宽和1.2cm深。

(3)清扫

裂缝宽度≤5mm时,应观察裂缝内是否有杂物、水分和油污。杂物可采用高压气枪冲扫,如果泥土过多则应采用高压水枪冲扫,水分可在高压水枪冲扫后,连续烈日暴晒或采用加热气体烘干。油污应采用肥皂水清洗,再做干燥处理。

宽度≥5mm的裂缝开槽后应采用高压气枪或钢丝刷清理残渣,如果有水分和油污同样应清理干净并干燥。

(4)钻孔

桥面铺装灌缝和路面有所不同,灌缝材料应尽可能填入裂缝内部,尽量排除裂缝内的空气。因此,在条件允许时,可在裂缝一端打孔,斜向45°,孔底端和缝隙连通,用于排气。

2. 灌缝施工

1)灌缝环境条件

灌缝应选择晴朗天气,在无风或微风条件下施工,气温温度在10~20℃之间为宜。

2)宽度≤5mm灌缝施工

(1)选择灌缝材料

面层为SMA的复合浇注式沥青混凝土宜首先选择高弹改性沥青,裂缝宽度较宽时(3~5mm)可选择橡胶沥青或橡胶改性沥青。裂缝竖向贯穿铺装层且宽度为3~5mm时,如果又经过长时间降雨,可选择高渗透环氧树脂KH-3与沥青类材料搭配使用;如果未遇有降雨,可选择沥青灌缝料。

环氧沥青混凝土铺装宜首先选择高渗透环氧树脂KH-3和RIPE灌缝料,前者更适用于长时间降雨后受潮的基面,后者较为适合干燥基面。也可选择环氧树脂和环氧沥青,前者适合于宽度≤5mm的裂缝,后者适合于宽度为3~5mm的裂缝。环氧沥青混凝土铺装允许使用沥青类灌缝材料。

(2)材料调配

沥青橡胶、橡胶改性沥青以及高弹改性沥青可根据需要,加热至 180 ~ 200℃ 后用于施工。

反应性树脂类材料一般采用双组分,使用前需进行材料配置和性能调整。

①RIPE 材料配置。材料取用前应将各组分充分搅拌均匀,使用时先将催化剂按照比例加入 B 组分,溶解均匀后,再将 A 组分和已加入催化剂的 B 组分按质量比 1∶1 混合,迅速搅拌约 2min 后即可进行裂缝修补。

由 A 组分和 B 组分混合时开始计算,RIPE 修补材料的可操作时间与周围环境温度有关,见表 9-9。建议材料在 15 ~ 35℃ 温度范围内使用,超出此温度范围之外,使用时应进行可用性试验。当材料配制完毕后,应在可操作时间内用完,超过可操作时间的剩余物应废弃。

RIPE 灌缝材料可操作时间与固化时间 表 9-9

环境温度(℃)	可操作时间(min)	固化时间(min)
15	25	100
20	20	90
30	8	60
35	6	40

②KH-3 材料配置。KH-3 分甲乙两个组分按比例分别包装,使用前先阅读使用说明,配浆时先将甲组分全部(或按配浆量称重后)倒入配浆桶内,边搅拌边缓慢加入相应质量的乙组分,再搅拌 3 ~ 5min 即可使用。当配浆环境温度 >35℃ 时,应将配浆桶置于水浴盆中操作,以控制桶内混合浆液的温度≤35℃。配制的浆液应在 2h 内用完。

③环氧沥青和环氧树脂。按照产品推荐比例混合后使用。

(3)灌缝

前处理完成后,可采用人工注射或灌缝机灌缝,灌缝顺序是从裂缝未钻孔端逐步向钻孔端进行(图 9-3)。灌缝时应慢速谨慎操作,尽量排除裂缝内空气。对于沥青橡胶、橡胶改性沥青及环氧沥青,以 30cm/min 左右的速度为好;对于 RIPE、KH-3 和高弹改性沥青,以 30 ~ 50cm/min 左右的速度为好。灌至斜孔附近时稍作停顿,观察已灌缝的效果,如果渗入情况良好,则需要多次灌缝,直至裂缝内灌缝料与铺装表面齐平。打孔部位放在最后进行灌注。

对于沥青混凝土铺装较宽的裂缝,以反应性树脂和沥青类材料搭配使用时,可先用反应性树脂类灌缝材料进行灌缝,灌入数量以能够填充裂缝下小块脱层或微裂缝而又不聚集在裂缝内为准,然后再用沥青类灌缝材料灌缝处理。

3)裂缝宽度≥5mm 的灌缝施工

对于宽度≥5mm 的裂缝,经开槽清理后,用前述灌缝材料进行灌缝处理,最好采用KH-5进行处理。灌缝深度应与凹槽底面相平,然后再回填混合料。

回填混合料可采用环氧砂浆、橡胶沥青砂胶和 GA05。环氧砂浆适用于环氧沥青混凝土,后两者适用于沥青混凝土或环氧沥青混凝土铺装,这三种沥青混合料均不需要过分压实即可达到较高强度和较小的空隙率。其中,环氧砂浆不需要大型拌和设备,可在现场做常温拌和,橡胶沥青砂胶的拌和工艺比 GA05 更简单。

a)

b)

图 9-3　RIPE 灌缝

a)人工注射灌缝;b)灌缝后效果

第三节　钢桥面铺装脱层及鼓包维修

一、脱层病害检测方法

钢桥面铺装维修前先对铺装应用情况做详细调查。初步调查用目视法对铺装表面进行观察记录,第二步对铺装内部情况如脱层等病害进行调查。

钢桥面铺装病害大多会表现在铺装表面,但脱层病害却隐藏在铺装层底而难以检测。脱层是钢桥面铺装最基本也是危害最大的一种病害形式,是防水黏结层使用效果最直接的反映,脱层病害面积大小和位置对制订钢桥面铺装维修措施有重要意义。目前用于路面脱层的检测方法有无损检测和有损检测两种,两种方法都能用于钢桥面。

1. 有损检测方法

有损检测方法主要是钻芯取样,通过芯样可观察铺装层、铺装与防水黏结层之间以及防水黏结层与钢板之间的黏结状况,同时可对芯样的混合料进行相关性能试验。但钢桥面铺装属精细化作业工程,钻心取样后留下的坑洞难以修复。另外,钻心取样只能观测局部个别点的状况,难以对全桥铺装情况作全面分析,难以确定脱层面积和位置。

2. 无损检测方法

用于路面无损检测的方法主要有电磁波法和声波法,最典型的是探地雷达和冲击回波,两种方法的主要优点是不易受外界干扰,脱层定位准确。

(1)探地雷达

探地雷达(Ground Penetrating Radar,GPR)又称透地雷达、地质雷达,是用频率介于 900MHz ~ 3GHz 的微波来确定地下介质分布的一种无损探测方法。微波很容易穿透非导电物质如水泥和沥青混凝土等,但遇见金属则基本上完全反射不能穿透。微波的传播特征因绝缘材料的特性而不同,从而能够较为准确的完成探测和定位。

(2)冲击回波

冲击回波法(Impact Echo,IE)是一种基于应力波的检测结构厚度、缺陷的无损检测方法。IE方法不仅能够快速确定混凝土、砌体结构中的孔洞、蜂窝、裂缝、剥离以及其他缺陷,而且能够确定结构构件的厚度以及缺陷的深度。IE法的一个重要的优点是只需要一个测试面就可进行测试。

IE方法是用一个小锤或冲击器作为激振源,在混凝土表面冲击形成压缩波,然后用放置在冲击器附近的接收传感器接收反射回来的压缩波。经过分析后可计算混凝土的厚度、探测内部的孔洞、裂隙、剥离等缺陷。对于无缺陷的平板、路面,冲击回波试验中就会得到一个底面反射波,这样在已知压缩波的波速时,就可以计算结构的厚度。

目前,探地雷达和冲击回波这两种方法在中国钢桥面铺装检测中尚无使用案例,而且由于桥面钢板对微波的全反射,尚不能确定探地雷达是否能够应用于钢桥面铺装检测。美国在钢桥面铺装中有使用拖链和回声锤检测脱层的案例,这两种方法都属于弹性回波法。

(1)拖链法

拖链法是一种最为常用的声波检测技术,如图9-4所示。在检测水泥混凝土板脱层时使用较多。该方法是通过拖动铁链听辨其回声,当铁链在没有脱层的铺装上行进时,会发出回铃声,反之则会发出沉闷空洞的声音。通过这种方法,技术人员可以迅速检查全桥。确定脱层的区域,简便快捷。但检测时,至少需要封闭检测车道,而临近车道车辆行驶的声音在一定程度上也会影响检测结果。

(2)回声锤法

铁链法可粗略确定全桥的脱空位置,但对于脱空区域的边界难以准确定位。此种情况下,可由经验丰富的工程师采用锤击方式通过回声判断脱空区域的边界,如图9-5所示。

图9-4　用于检测的拖链

图9-5　锤击法检测脱空

严重脱层状态测得的弹性波谱峰值为3~6kHz,连续状态测得的弹性波谱峰值为6~18kHz,这两种状态用拖链法和锤击法均能检测出来;但半脱层状态引起的弹性波谱峰值超出18kHz时,采用这两种简易方法均无法有效检测。

3. 经验判断法

在缺少必要设备的前提下,可依据经验对钢桥面铺装表层病害进行“诊断”,综合判断是否有脱层及脱层的面积,如发现脱层再用钻芯取样方法加以确认。

(1)鼓包位置

鼓包会出现明显的局部隆起,鼓包破裂后会形成明显的放射状和环状裂缝(详见第二章病害现象和原因)。根据隆起部位的边缘及出现裂缝或塌陷区域的边缘,进行目测定位,把鼓包部位边缘扩大10~15cm。

(2)网裂位置

明显的网裂或块状裂缝一般均由脱层引起。可根据裂缝出现的范围作综合判断,并把需要维修的部位边缘扩大15~20cm。

(3)纵向裂缝密集的位置

以间距15cm为基准进行判断,多数裂缝间距小于15cm时可以认为出现了脱层。

二、维修方法

脱层是钢桥面铺装最为常见且影响较大的一种原生病害类型,是鼓包病害的后续结果,因此两者可作为同一种病害进行处理。脱层病害必须先行处理才能够保证其他维修措施的有效性。

脱层病害维修的特点是工程量虽小但工艺复杂,对交通影响大。因此方案的选择除应考虑维修措施的有效性之外,应尽量不动用大型拌和及运输设备,封闭交通的时间尽可能短。

脱层病害分为小面积脱层和大面积脱层,两者以3m^{2}作为分界。脱层病害的维修也分注浆和挖补两种方式。

(1)注浆

注浆适用于小面积脱层病害和鼓包维修,包括出现脱层的单条裂缝。注浆法不宜采用MMA防水体系的铺装工程,除非能够确认脱层病害仅发生在铺装层与MMA防水体系之间方可采用注浆法处理。

(2)挖补

挖补维修方式适用于大面积脱层的铺装工程。小面积脱层和鼓包虽然也可采用挖补维修方法,但大量修补后,平整度较差,表面不美观,且修补边界经常会出现开裂。对于采用MMA防水体系的铺装工程应采用挖补方式进行维修。

开挖后应采用混合料进行回填,混合料应尽量采用原铺装材料。环氧沥青混凝土铺装可采用环氧沥青混合料、环氧砂浆、灌注式环氧树脂混合料和树脂沥青混合料,浇注式沥青混凝土可采用浇注式沥青混合料和灌注式环氧树脂混合料。对于复合铺装层所用SMA等沥青混凝土层可采用原沥青混合料进行维修。

三、注浆材料及工艺

1. 注浆材料

(1)基本性能要求

注浆材料基本技术要求类似于灌缝材料,但注浆材料不过分强调其延展性,而更注重可操作性与可操作时间。可操作性主要指注浆材料的可操作黏度,可操作时间主要指注浆材料黏度升高至可操作黏度时的时间间隔。注浆材料应达到表9-10的基本技术指标。

注浆材料基本技术要求 表9-10

试验项目		技术要求	试验方法
断裂伸长率(%)		≥50	ASTM D638
拉伸强度(MPa),7d		≥10	ASTM D638
黏结强度	与钢板(MPa),23℃	≥5	ASTM C882
	与沥青混凝土(MPa),23℃	≥1.5	
可操作黏度(Pa·s),23℃		≤0.5	GB/T 2794—1995
可操作时间(min),23℃		≥30	

(2)常用注浆材料选择

脱层病害一般是由防水黏结层脱层和施工因素引起的。反应性树脂类防水黏结材料力学强度高、黏结性能好和温度敏感性低,适用于各种铺装工程。考虑到材料的相容性,注浆材料宜采用反应性树脂类材料。

脱层病害一般会引起裂缝,裂缝又导致雨水渗入,并夹带泥土等杂质浸入脱层部位。因此,注浆材料应具有优良的湿界面黏结性能和一定的排水置换能力。具备这些功能的首选材料是高渗透环氧树脂 KH-3,该种注浆材料能够渗入含水的泥土和破碎面中,使脱层内的杂质、破碎混凝土和脱层上下表面形成高强网络体系。在确定脱层中无雨水和杂质存在时,注浆材料也可采用 RIPE 和普通环氧树脂。

鼓包病害和脱层病害类似,但经过较长时间运营后,鼓包部位铺装内部混合料一般会出现破碎,采用反应性树脂类材料、特别是 KH-3 能够充分恢复强度,从而有效恢复其使用性能。

2. 注浆工艺

1)前处理工艺

(1)确定脱空区域

根据前述方法确定脱空区域,并进行标识。

(2)钻孔布置

①钻孔分为排气孔和注浆孔,排气孔宜分布在脱空区域四周,注浆孔呈梅花状布置,如图9-6所示。

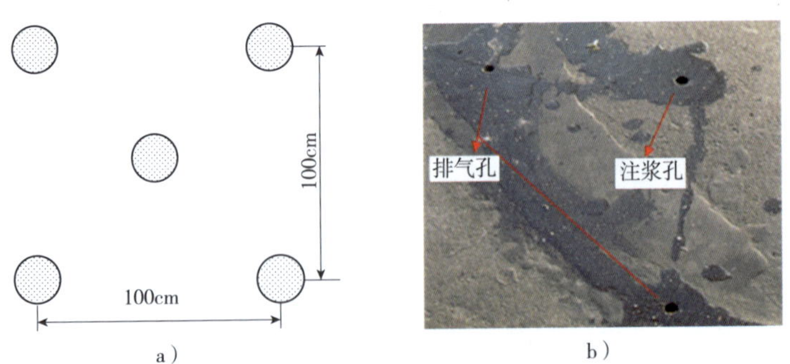

图9-6 钻孔布置

a)脱层注浆孔布置;b)鼓包注浆孔与排气孔布置

②排气孔宜呈45°斜角，孔底位于脱空边缘内侧约2～3cm。周边排气孔的布置应稍密，与邻近注浆孔的距离可设置为20cm左右，排气孔最终可作为注浆孔使用。

③脱空区域有裂缝时，裂缝可作为排气通道。注浆孔设置应距离裂缝10cm以上。

④对于单条裂缝两侧都有脱层时，可在裂缝两侧15～30cm范围内设置一排或两排排气孔。

⑤对于鼓包部位，钻孔间距应稍密，可设置为20～40cm。

(3)打孔

可采用直径小于1cm的风钻或手提电钻进行钻孔。钻孔应完全穿透铺装层，孔内无残渣堵塞，有残渣时可用空气压缩机吹干净。

2)注浆

(1)注浆环境条件选择

由于注浆采用了反应性树脂材料，温度越高固化形成强度的速度越快。若急于开放交通，可选择高温天气时灌注；不急于开放交通则可选择10～20℃常温天气进行灌浆，这样的温度条件能取得最佳注浆效果。

(2)插管

把注浆管头插入注浆孔，必要时应采用快凝水泥或环氧浆液等材料封闭管外空隙。开始注浆时插头应确保插进孔内，距离孔底约0.5～1.0cm。

(3)配浆

详见本章第二节“灌缝施工”。

(4)注浆

①注浆顺序。注浆时应遵循由中心向四周扩展的原则，有裂缝时应遵循由远到近的原则。

②注浆程度。每个注浆孔都应确保灌注充盈，直至附近注浆孔或裂缝冒浆为止，注浆时间应保持2min以上，至进浆量为0时结束注浆。注浆完毕后缓慢提升注浆管，以保证注浆孔内充满浆液无空隙。如果注浆情况不理想，也可稍微提升或下降注浆管继续注浆。

裂缝附近的注浆孔和周边排气孔应放在最后灌注。裂缝附近注浆时如果冒浆情况严重，可先封闭裂缝，只留裂缝末端3～5cm以利于排气。

③注浆压力。灌浆压力的设定应遵循从小到大的原则，从0.1MPa起缓慢升至0.2～0.3MPa即可。KH-3因容易灌注，应遵循低压慢灌的原则，以保证浆液能充分灌满细微裂缝。KH-3浆液自渗能力强，无须高压，在桥面铺装注浆工程中，一般不应超过0.3MPa。

④复灌。当浆液充填满裂缝后，浆液会往裂缝壁内渗透3～5mm深度，这在固化后会形成一个固结增强层并与缝内的固结体连为一体。这正是KH-3耐久性高于低渗透功能浆液几倍的原因。但脱层内浆液往缝壁内渗透后，裂缝内浆液会填充不满，因此，在第一次开始灌浆后2h停止灌浆，在浆液黏度还不太大时再进行第二次灌浆，以保证裂缝内充满浆液(图9-7)。

3)后处理工艺

(1)表面处理

注浆后操作面一般会有浆液流出，可采用撒砂方式增加表面摩擦力。对封闭用得快凝水泥等杂物应及时清除，表面突起高度应小于2mm。

a)

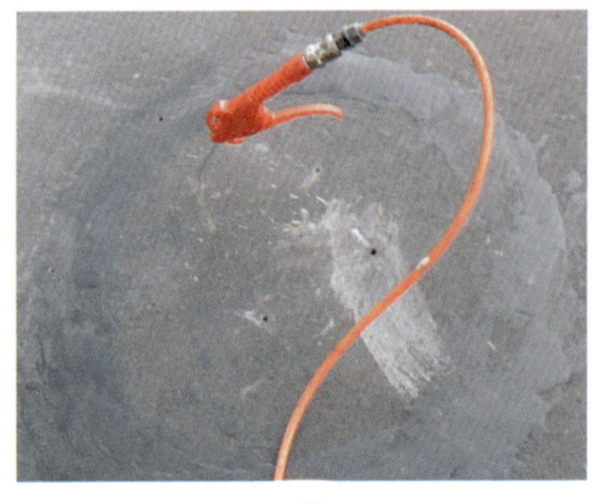

b)

图 9-7 钻孔与注浆

a)钻孔;b)注浆

(2)检测

灌浆结束 48h 后,用锤击法或钻芯取样法观察脱层内部是否注满浆液。

(3)开放交通

空气温度≥30℃时,1d 后开放交通,否则应 2d 后开放交通。

四、挖补回填材料

1. 回填材料种类

对于大面积脱层或采用 MMA 防水黏结体系的钢桥面铺装发现脱层时,应采用挖补方式进行修补。回填主要采用原铺装材料,但环氧沥青混合料需要大型拌和、运输和碾压设备,浇注式沥青混合料虽然可以采用人工摊铺且不需要碾压,但需要大型拌和设备和特殊运输设备。挖补工程规模一般较小,所需铺装混合料数量较少,动用大型拌和、运输、摊铺和碾压设备不经济。

为克服以上问题,可采用环氧沥青混凝土冷补料、灌注式环氧树脂混凝土、树脂沥青混凝土和环氧砂浆作为回填材料。温拌沥青混合料因疲劳性能和耐水损害性能尚存在一些问题,不建议使用。灌注式环氧树脂混凝土可用于浇注式沥青混凝土铺装下面层,环氧沥青混凝土冷补料、环氧砂浆和树脂沥青混凝土可用于环氧沥青混凝土上面层和下面层。

2. 环氧砂浆混合料

1)技术特点

考虑材料的相容性,环氧沥青混凝土铺装宜采用环氧砂浆进行回填。环氧砂浆有以下技术优势:

(1)具有较好的耐久性和力学性能,其抗拉强度、抗压强度、抗弯强度均高于普通混凝土,其抗冲击性、耐磨性、抗冻性、抗渗性、耐水性和耐化学腐蚀性能良好。

(2)强度增长速度快,可以在常温和低温下固化,24h 的强度可以达到最终强度的 80%。

(3)由于树脂混凝土与大多数材料有很好的黏附性,是一种理想的快速修补材料。

2)材料要求及施工

详见本章第四节“环氧沥青混凝土薄层加铺”。

3. 灌注式环氧树脂混合料

1)技术特点

灌注式树脂混合料通过向预设集料骨架灌注环氧树脂的方法施工,具有以下技术优势:

(1)采用常规设备,不需采用专业特种设备,施工方便。

(2)铺装所用材料的温度敏感性较低,可施工的温度范围大,施工难度低。

(3)铺装性能稳定,完全适用于大纵坡、小半径等特殊桥面的铺装使用要求。

(4)综合成本比常规钢桥面铺装降低20%左右。

(5)整体结构强度较高,完全适用于特重交通荷载钢桥铺装,不会出现高温热稳性破坏。

2)技术参数

(1)胶结料技术指标及固化参数:见表9-11、表9-12。

环氧树脂技术指标要求　　表9-11

试验项目	性能要求	试验方法
黏度(Pa·s),60℃	≤6 000	T 0625
胶化时间(min),60℃	≥30	ASTM C881
与底层黏结强度(MPa),25℃	≥6.0	ASTM D4541—09
拉伸强度(MPa),25℃	≥8.0	ASTM D638—08

环氧树脂固化时间　　表9-12

温度(℃)	凝胶时间	固化时间
25	18h	15d
40	10h	8d
60	6h	1d
80	1.5h	3.5h
100	1h	1.5h
130	30min	50min

(2)集料技术指标:灌注式混凝土需要先制作大空隙骨架,对集料的要求较一般沥青混合料高。粗集料技术指标要求见表9-13;细集料和矿粉满足高速公路或一级公路上面层技术要求即可。

灌注式环氧沥青混凝土粗集料技术要求　　表9-13

试验项目	技术要求	试验方法
石料压碎值(%)	≤12	T 0316—2005
洛杉矶磨耗值(%)	≤18	T 0317—2005
吸水率(%)	≤1.5	T 0308—2005
坚固性(%)	≤5	T 0314—2000

续上表

试验项目	技术要求	试验方法
针片状颗粒含量(%)	≤5	T 0317—2005
水洗法<0.075mm 颗粒含量(%)	≤0.8	T 0303—2005
软石含量(%)	≤1	T 0320—2000
石料磨光值(%)	≥48	T 0321—2005

(3)骨架混合料技术指标:见表9-14。

骨架混合料技术指标　　表9-14

试验项目	技术要求	试验方法
马歇尔试件尺寸(mm)	ϕ101.6mm×63.5mm	T 0702
双面击实次数(次)	50	T 0702
空隙率(%)	18~25	T 0708
马歇尔稳定度(kN)	≥3.5	T 0709
析漏损失(%)	≤0.3	T 0732
肯特堡飞散损失(%)	≤20	T 0733

(4)灌注式环氧树脂混合料指标要求:见表9-15。

灌注式环氧树脂混合料技术指标　　表9-15

试验项目	技术要求	试验方法
空隙率(%)	≤3	T 0705
冻融劈裂强度比(%)	≥85	T 0729
车辙动稳定度(次/mm),60℃	≥6 000	T 0719
极限弯曲应变($\mu\varepsilon$),-10℃,50mm/min	≥4 000	T 0715

五、挖补施工工艺

1. 前处理工艺

1)开挖

(1)开挖方法。按照前述脱空判别办法确定脱空修补范围并进行标识。采用切缝机和风钻等工具挖除脱层的铺装混凝土。开挖施工中结合铺装层内部情况判定脱层原因,观察脱层层位和脱层性状。

实际开挖部位应确保周边无脱层为止。开挖边界应形成台阶或凿毛处理,双层铺装的台阶应设置在铺装层中间的界面上,宽度为5~10cm,单层铺装可设置在一半深度处。

非MMA防水黏结体系铺装层开挖时应尽量清除防水黏结层。

(2)MMA防水黏结层铺装开挖。对于MMA类防水黏结体系,开挖和挖除铺装混凝土时要谨慎处理,尽量不伤及防水黏结层。如果防水黏结层良好无破损,应保留防水黏结层,并尽量清除防水黏结层上残留的松动沥青混凝土。如果防水黏结层内部已有脱层，则应挖除并清理干净脱层部位的 MMA 防水黏结层(图 9-8)。

a)

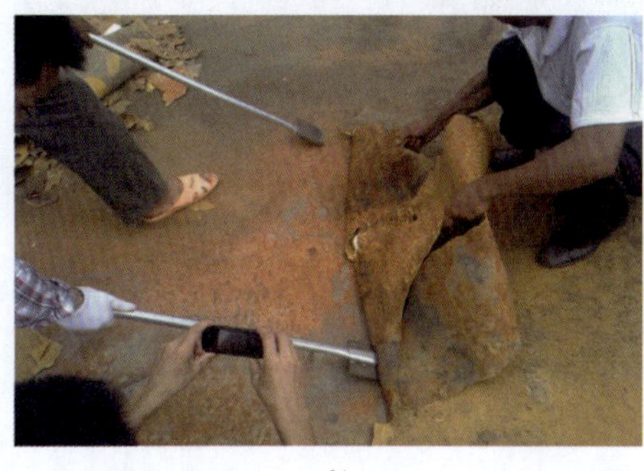
b)

图 9-8　MMA 防水体系浇注式沥青混凝土开挖
a)开挖后;b)挖除破损 MMA 防水层

2)选择回填方案

(1)脱层原因判断。脱层原因主要有材料、设计、施工和工艺等方面。施工原因除可以在开挖时直接观察之外，也可根据铺装整体使用情况判断：如果脱层破坏在全桥分布不均匀，属于个体性事件，则可认为是施工原因造成的破坏，否则为材料、设计或工艺原因。

材料和设计原因主要有防水黏结层种类不适宜用于抵抗重载、大纵坡或弯道；不适应高温和多雨等使用条件；铺装与防水黏结体系不配套以及材料均匀性不佳等因素。工艺原因主要指铺装体系施工控制条件过于严格，气候环境条件无法适应。

(2)回填方案

①针对脱层原因选择方案：施工原因造成的脱层可选择原铺装方案，二次施工应避免首次施工出现的缺陷。因设计、施工不当形成的脱层病害应重新考虑设计施工方案。

②材料相容性原则：相同铺装材料有较强的相容性，应尽量采用原铺装材料进行修补，或采用性质相近的材料进行维修。环氧沥青混凝土铺装可采用环氧沥青混凝土(或冷补料)、环氧砂浆、灌注式环氧树脂混凝土以及树脂沥青混凝土进行修补；复合浇注式沥青混凝土铺装可采用浇注式沥青混凝土、灌注式环氧树脂混凝土做底层；单层浇注式沥青混凝土铺装，只能采用浇注式沥青混凝土进行修补，若条件不具备，也可选择 AC 和 SMA 沥青混凝土进行修补。

③经济性和施工便利性：钢桥面脱层维修一般工程量较小，不宜动用大型设备进行维修，施工工艺应尽量简单，原材料易于准备。

2. 回填工艺

1)桥面钢板处理

包括防水黏结层在内的铺装层开挖地段，应重新进行喷砂除锈及防腐漆施工(图 9-9)，工艺及要求见本书第七章第一节和第二节。

施工面积较小时可用手持打砂机打磨，防腐底漆也可用人工喷砂清除。防腐底漆再次涂刷时应注意与原铺装周边的底涂层相接或稍为覆盖 2 ~ 5cm 宽度。

a)

b)

图 9-9　MMA 防水体系复合浇注式沥青混凝土钢板处理
a)喷砂除锈;b)底涂层施工后

2)防水黏结层施工

防水黏结层施工同样应注意与周边原防水黏结层的衔接,并尽量避开潮湿或下雨等恶劣天气。如果不能避开,也应采用遮盖等防护措施,重新施工应待界面干燥或用压缩空气吹干后进行。

若原 MMA 防水黏结体系能够继续使用,应重新喷洒黏结剂。对于开挖时受损的位置,应重新按照 MMA 防水体系施工工艺进行处理,处理过程中应注意新旧防水黏结层的搭接(图 9-10)。

a)

b)

图 9-10　MMA 防水体系复合浇注式沥青混凝土防水黏结层施工
a)防水层施工;b)黏结层施工

3)灌注式环氧树脂混凝土施工

(1)骨架混合料施工。按照前述灌注式环氧树脂混凝土技术要求和现行规范中的方法配置和生产骨架沥青混合料,并按照规范方法进行施工。施工完毕后应检测空隙率,空隙率应在 18% ~25% 之间。施工时周边衔接界面应洒布环氧树脂材料(图 9-11)。

(2)灌注环氧树脂。灌注时按试验确定的用量,反复铺洒在骨架混合料表面,并用刮板将低洼处富余胶料向高处和未灌满的地方刮平,让其自由下渗,直至空隙灌满并无积液为止。纵坡位置应从低处向高处灌注,以防止漏灌。灌胶的合适温度为 100 ~150℃,温度过高则凝胶速度过快,温度过低则由于混合料表面灌注胶黏度过大而难以灌入。因此,当骨架沥青混凝土表面温度高于160℃,又不能确保灌胶后混合料内部温度介于80~135℃之间,均应停止灌胶施工。当骨架沥青混凝土温度低于90℃时,应加热灌注材料至70~80℃或选择黏度较低的材料进行灌注(图9-12)。

a)

b)

图9-11　SBS改性沥青骨架混合料施工

a)施工过程;b)施工后

a)

b)

图9-12　灌注环氧树脂

a)灌注施工;b)灌注后效果

(3)上层SMA沥青混合料施工。在SMA混合料施工前为防止灌胶流动性过大,碾压不实,灌注式树脂混凝土施工完成后应根据表9-12所示环氧树脂固化规律,确定等待时间。等待结束后洒布灌注胶或TCO2胶黏剂,用量为1.0~1.4kg/m^2。然后按照钢桥面铺装SMA沥青混合料施工工艺和施工要求进行施工,施工时应在周边界面洒布高弹改性沥青或改性乳化沥青,或在立面位置使用贴缝条;回填部分应高出周边铺装2~3mm以防积水和车辆自然压实导致的路面高程偏低现象(图9-13)。

4)环氧砂浆施工

由于环氧砂浆中环氧树脂用量高达25%以上,可直接采用防腐漆作为底涂层而不再重新铺设。环氧砂浆可采用现场混凝土搅拌机或砂浆搅拌机搅拌,时间为3min,也可采用专门的拌和设备进行生产。搅拌后应用人工或自制刮平设备迅速摊铺(图9-14)。

当环氧砂浆作为上面层时,铺筑后应立即在表面撒布质地坚硬、棱角性好、干净且干燥的10~15mm玄武岩碎石以增加表面抗滑性,撒布量为7~8kg/m^2,撒布后可用人工或小型滚筒碾压,将碎石嵌入环氧砂浆约1/2。

a)

b)

图 9-13　SMA 沥青混凝土施工

a）施工完毕后；b）施工后周边灌缝

a)

b)

图 9-14　环氧砂浆生产与施工

a）生产；b）施工

开放交通的时间可根据环境温度确定，空气温度≥30℃时，1 天后开放交通；空气温度 20～30℃时 2 天后开放交通。

第四节　钢桥面铺装其他维修技术

一、其他修复性养护措施

1. 坑洞

坑洞的维修类似于挖补，维修前应确定维修边界，应尽量挖除周边底部脱空的铺装层和松动的铺装混凝土，建议维修面积的周边扩大至完好铺装层 10cm 左右。拓展后周边边界最好能形成台阶并凿毛（图 9-15）。

回填前周边边界应涂刷与回填料相同的胶结料，工艺可参照本章第三节挖补回填所述原则和工艺施工。

2. 层间滑移

钢桥面铺装层间滑移一般与防水黏结层的黏结性能有关。维修时，应挖除层间滑移部分并分析滑移原因。如果属于防水黏结层施工原因，根据设计规则确定该种防水黏结层还能满足使用要求时，可继续使用暂不维修；否则应更换原防水黏结层，以反应性树脂类防水层取代，最好采用MMA防水体系。其他按照前述挖补原则和工艺进行维修。

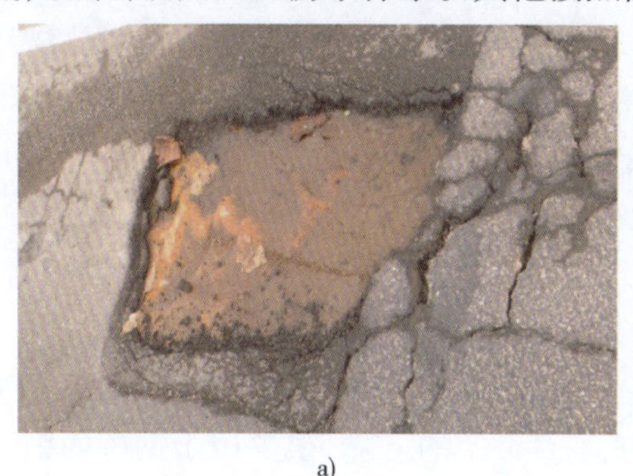
a)

b)

图9-15　坑洞开挖
a)开挖前；b)开挖后

3. 车辙和推拥变形

车辙和推拥变形与铺装混合料的高温稳定性有关。但与防水黏结层的黏结性能也有较大关系，脱层和层间滑移会促使车辙与推拥变形的产生和扩展。对于因防水黏结层引起的车辙和推拥，可按照挖补和层间滑移维修原则和工艺进行修复。

如果确认车辙和推拥是由铺装沥青混凝土高温性能不足所致，则应挖除车辙和推拥部分的铺装混凝土，然后按照挖补维修原则和工艺选择高温稳定性较好的铺装混凝土进行维修。

车辙和推拥变形不宜采用罩面或其他表面处治等维修措施，如果车辙已基本稳定而不再扩展，可考虑采用微表处理和浇注式沥青混合料等非碾压沥青混合料进行维修。

4. 松散和泛油

1)松散

对于表面松散的铺装混凝土，可采用挖补方式进行维修。如果不宜采用挖补方式，则可仔细刨除表面松散的混合料，深度最小为2cm。刨除后如有泥土等杂质时，用高压水枪进行清洗，再经过烈日暴晒以消除渗入的积水。环氧沥青混凝土铺装可在刨除后的界面上撒布高渗透环氧树脂或普通环氧树脂，然后回填环氧砂浆等材料。复合浇注式沥青混凝土需在界面上撒布高弹改性沥青或改性乳化沥青然后回填沥青混合料。

2)泛油

泛油部位若无其他病害，可直接撒布粗砂以增加表面抗滑能力；若有其他病害时按照前述维修方法进行维修。

二、中修养护措施

1. 复合浇注式沥青混凝土铺装更换面层

1)原理

浇注式沥青混凝土沥青用量为7%～9%，矿粉用量为25%左右，空隙率接近于0，因此浇注式沥青混凝土具有优良的耐疲劳性能、抗裂性和防水性能。当用作铺装下层时，与防水黏结层共同构成有效的防水体系,保护钢板免受雨水和酸性气体腐蚀。

浇注式沥青混凝土常采用MMA防水黏结体系,其抗高温和抗重载能力强,再加上浇注式沥青混凝土本身的优良性能,铺装层较少出现裂缝和脱层等结构性病害。国外浇注式沥青混凝土铺装使用时间一般在15年以上。当表面层功能降低到可用范围以下时,仅须刨除表面层重新铺筑,铺装整体结构得以继续使用,能够有效改善铺装表观,降低维修费用,缩短施工工期,降低封闭交通带来的不利影响。

2)工艺简介

(1)表面层刨除

可采用机械加人工的方式进行刨除。刨除的旧沥青混合料可用于热再生,但由于热再生沥青混合料均匀性、力学强度和抗水损坏性能均有一定的下降,很少用于钢桥面铺装维修工程中。

(2)铺装下层病害处理

对铺装下层浇注式沥青混凝土及防水黏结层病害应按本章前述相应的病害维修方式进行维修,重点治理脱层和高温稳定性不足病害,对出现的裂缝应及时采取灌缝处理,以免引发反射裂缝。

(3)撒布黏层油

铺装下层浇注式沥青混凝土病害处理经检验合格后,表面撒布改性乳化沥青,用量为0.3kg/m^2。撒布应均匀无流淌。

(4)铺筑面层沥青混合料

按照常规施工工艺铺筑面层混合料。

2. 环氧沥青混凝土铺装薄层加铺——聚合物混凝土

1)常用结构

聚合物混凝土薄层铺装(Thin polymer overlay,TPO)在美国水泥混凝土桥上应用较多,世界上也有较多钢桥面铺装案例(表9-16)。聚合物混凝土用于钢桥面铺装时主要有两种结构(图9-16),分别是聚合物砂浆和以撒播方式施工的多层聚合物混凝土(简称树脂撒碎石)。在水泥混凝土桥上,也有预拌聚合物混凝土代替聚合物砂浆(图9-17)。树脂撒碎石铺装和预拌聚合物混凝土铺装主要用于基面不太平整的桥梁工程,而钢桥面铺装加铺层的基面若为沥青混凝土层,也可以采用预拌聚合物混凝土铺装上层。

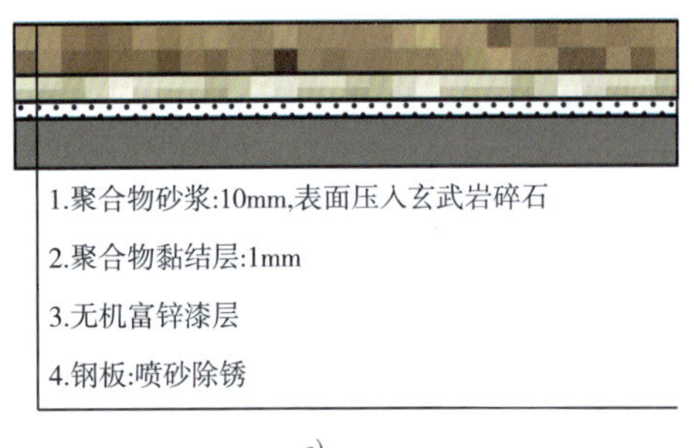

a)

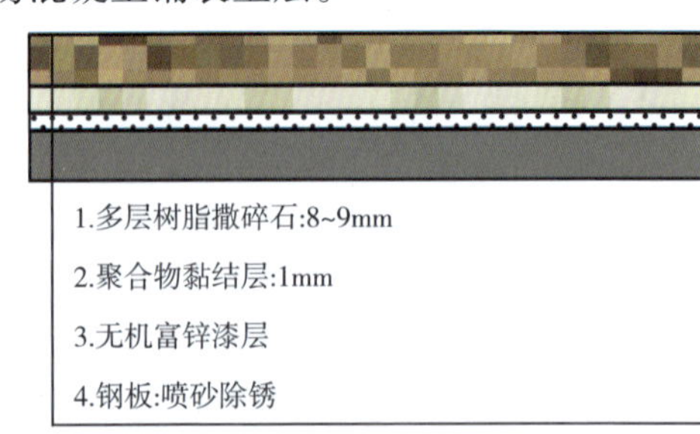

b)

图9-16　钢桥面聚合物混凝土薄层铺装结构

a)聚合物混凝土砂浆铺装结构;b)多层聚合物混凝土铺装结构

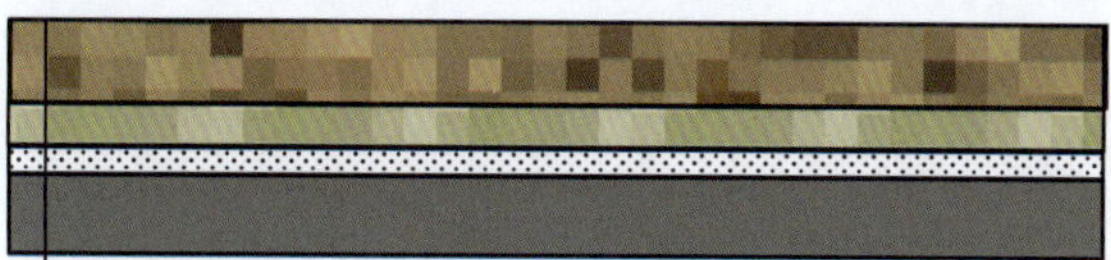

1.预拌聚合物混凝土:19~20mm,表面撒玄武岩碎石
2.聚合物黏结层:1mm
3.无机富锌漆层
4.水泥混凝土板:喷砂处理

图 9-17　水泥混凝土桥面预拌聚合物混凝土薄层铺装结构

钢桥面聚合物混凝土薄层铺装案例　　表 9-16

桥　梁　名　称	地　　点	钢板厚度(mm)	铺装结构及使用时间
Bronx Crossing Span of Triboro	New York	16	聚合物黏结层,9mm 聚合物砂浆压入玄武岩碎石,1999 年至今
Bronx Whitestone	New York	16	聚合物黏结层,3 层树脂撒碎石,共 9mm,2006 年至今
East River Suspension Span of Triboro	New York	16	聚合物黏结层,3 层树脂撒碎石,共 9mm,2003 年至今
Poplar Street	ST. Louis, Mo	14	聚合物黏结层,12mm 聚合物砂浆压入玄武岩碎石,1992~2006 年,2006 年维修后至今

TPO 基本性能主要有两点,一是封闭基面空隙,防止基面受雨水、氯化盐的侵蚀与腐蚀。二是表面具有较高的摩擦力,能为车辆提供一个安全的行驶环境。另外,相对于沥青混凝土铺装,TPO 单层铺装结构能降低桥梁的恒载,施工时采用冷拌施工法,不需要大型设备。而以上性能对钢桥面铺装结构是有益的。

薄层加铺在我国鲜有使用。薄层加铺虽然在一定程度上增加了桥梁恒载,但在通过验算能满足要求的前提下,薄层加铺层能够改善铺装结构的使用功能。聚合物混凝土薄层铺装可用于环氧沥青混凝土铺装加铺层和新建钢桥面铺装工程中。

2)薄层铺装材料

(1)胶结料

聚合物薄层铺装的胶结料主要采用环氧树脂(ER)、甲基丙烯酸树脂(MMA)和聚酯(Polyester)三种材料,三种薄层罩面结构对胶结料性能的要求不尽相同(表 9-17、表 9-18)。另外也可采用乙烯基脂(vinyl ester)、聚亚安酯(polyurethane)等材料。

TPO 薄层铺装聚合物胶结料性能要求　　表 9-17

试　验　项　目	环氧树脂	聚酯	甲基丙烯酸树脂	试　验　方　法
黏度(Pa·s)	0.7~2.5	0.1~0.5	1.1~1.3	ASTM D2393
胶凝时间(min)	15~45	10~25	15~45	AASHTO T237
7d 拉伸强度(胶结料)(MPa)	13.8~34.4	13.8~34.4	3.4~8.3	ASTM D638
7d 延伸率(胶结料)(%)	30~80	30~80	100~200	ASTM D638
3h 抗压强度(PC)(MPa)	≥6.9	≥6.9	≥6.9	ASTM C579

续上表

试验项目	环氧树脂	聚酯	甲基丙烯酸树脂	试验方法
24h 抗压强度(PC)(MPa)	≥34.4	≥34.4	≥34.4	ASTM C579
24h 黏结抗拉强度(PC)(MPa)	≥1.7	≥1.7	≥1.7	ASTM 1583
32°C 固化时间(PC)(h)	2	2	2	ASTM C109
24°C 固化时间(PC)(h)	3	3	3	ASTM C109
16°C 固化时间(PC)(h)	6~8	5~6	4	ASTM C109

注:PC 为聚合物混凝土的简称。

TPO 材料用量 表 9-18

罩面种类		环氧砂浆	MMA 砂浆	预拌聚酯混凝土
底涂层(kg/m^2)		1.1±0.14	0.41±0.14	0.41±0.14
铺装层	树脂(kg/m^2)	6.0±0.4	2.7±0.27	5.29±0.4
	集料(kg/m^2)	6.5±0.5	6.5±0.54	38.6±0.54
压入碎石(kg/m^2)		—	7.6±2.7	—
封层聚合物树脂(kg/m^2)		—	0.68±0.14	—

①聚合物砂浆罩面:适用于基面平整度较好的罩面工程。聚合物砂浆罩面施工前要求将树脂材料与集料一起拌和。对于一些黏度比较低的胶结料,如环氧树脂和甲基丙烯酸树脂,应使用级配良好的细集料用以提供支撑,使颗粒较大的集料在厚度方向均匀分布。该种罩面可使用环氧树脂和甲基丙烯酸树脂。

②多层树脂撒碎石罩面:适用于基面整体性和耐久性好但表面不太平整的罩面工程。为了保证树脂涂布均匀与下层黏结良好,同时撒布碎石能和罩面层胶结料黏结,胶结料的黏度要求略低。另外,胶结料中溶剂或非聚合化学成分(Nonpolymerizing chemicals)的含量应尽量少,以防止出现小孔和水渗透。胶结料固化时间应覆盖聚合物混凝土的施工时间,在碎石层撒布后开始固化。该种罩面可采用环氧树脂。

③预拌聚合物混凝土罩面:预拌聚合物混凝土罩面适用于表面平整性较差的桥面维修。预拌聚合物混凝土罩面的胶结料性能要求和多层树脂撒碎石罩面类似,但为了保证预拌均匀,便于胶结料渗入集料表面空隙,树脂的黏度要求较低,以能够提供良好的工作性为低限。该种罩面可使用环氧树脂和聚酯—苯乙烯(Polyester-styrene)。

多层环氧树脂撒碎石薄层铺装施工,在环氧富锌漆涂布后洒布环氧树脂,然后撒布一层碎石。重复上述过程直至满足设计厚度。第一层碎石为第二层环氧树脂的基面,因此树脂撒布量应比第一层略多,以后各层则与第二层相同(表 9-19)。

多层环氧树脂撒碎石材料用量 表 9-19

第一层树脂(kg/m^2)	第一层集料(kg/m^2)	第二层树脂(kg/m^2)	第二层集料(kg/m^2)
1.1±0.14	5.4±0.54	2.2±0.14	7.6±0.54

(2)集料技术要求

总体要求集料干净、干燥且坚硬。如棱角性较好的硅砂、玄武岩、暗色岩(Trap rock)或燧石(Flint)等。可采用包装好的集料,不易受粉尘、油污和湿气的影响,并且能够保证随时调整级配。拌和时,集料的含水率应小于1%(AASHTO T84 和 T85)。

TPO 的耐久性和表面抗滑性能主要取决于集料在树脂中的分布状况和相对含量。有的主要依靠底涂层来保证集料和混凝土基面的黏结,甲基丙烯酸树脂砂浆体系表面需要撒布碎石,以提高表面的摩擦系数。

①聚合物砂浆罩面:罩面对集料的要求和预拌聚合物混凝土罩面类似,要求集料较细且具有良好的级配,硅粉和其他填料也必须有良好的级配以形成表观黏度、增加流变性,支撑浆体中较粗的集料。

②复合层聚合物混凝土罩面:集料要求坚硬(摩氏硬度表中,玄武岩要求大于6,其他岩类大于7)、不易破碎、棱角性强。可采用单一粒径集料或间断级配集料。铝氧化物含量大于10%的玄武岩、铝土石灰(Calcined bauxite)、花岗岩和有棱角的磨细硅砂都得到了广泛应用。通常集料粒径接近于8号筛,以保证罩面较薄而且抗滑性能好。

③预拌聚合物混凝土罩面:罩面需要一些粒径较细的集料分散、嵌入和支撑粒径较大的粗集料,从而提供耐久的表面摩擦力。集料需要良好的级配,并且为有规则的形状,如硅质河沙等。这样的集料易于压密,能降低胶结料含量,但是用于表面撒布的碎石却需要具有良好的棱角性。

集料除满足上述要求外,还应满足我国现行施工技术规范高速公路或一级公路用于上面层集料的技术要求。各集料级配应满足表9-20要求(美国筛孔标准)。

TPO 集料级配要求　　　　表9-20

筛　孔	环氧树脂撒碎石	聚合物砂浆罩面		预拌聚合物混凝土
		砂	填料	
0.13	—	—	—	100
0.10	—	—	—	83~100
No.4	—	—	—	62~82
No.8	30~75	—	—	45~64
No.16	0~5	100	—	27~50
No.20	—	90~100	—	—
No.30	0~1	60~80	—	12~35
No.40	—	5~15	—	—
No.50	—	0~5	—	6~20
No.100	—	—	—	0~7
No.140	—	—	100	—
No.200	—	—	98~100	0~3
No.270	—	—	96~100	—
No.350	—	—	93~99	—

(3)底涂层材料技术要求

预拌聚合物混凝土罩面和聚合物砂浆罩面施工时,通常要求先涂布一层底涂层以保证聚合物玛蹄脂与面板间具有良好的黏结能力。对于聚酯-苯乙烯树脂混凝土,底涂层通常采用高分子甲基丙烯酸树脂,能够充分渗入混凝土表面,使聚合物混凝土与水泥混凝土之间具有良好的力学性能。另外,底涂层还能够保护聚酯,在潮湿状态下不受碱性环境的长期腐蚀。

底涂层材料和基面修补材料以及上层聚合物混凝土均应具有相容性,最好采用同类材料。

3)薄层铺装施工

(1)基面准备

施工前,对旧有铺装做修复性养护维修。由于薄层铺装厚度很小,对基面平整度要求高,因此对原有铺装表面应做一定的处理以保证大致平整。对高出周边的"补丁"应凿除,并彻底清除周边松动部分。

(2)底涂层施工

底涂层施工前必须确定基面干燥、无污染。底涂层树脂完全固化 15 ~ 30min 后开始树脂混凝土施工。

(3)铺装层施工

图 9-18　度量耙施工聚合物砂浆

罩面层需在底涂层固化后 2h 内施工完毕。聚合物砂浆应具有较好的流动性,采用度量耙(Gauge rake)控制施工厚度。表面撒布断级配集料,随后洒布 0.68kg/m^{2}树脂材料(图 9-18)。

树脂撒碎石薄层罩面施工,在上一层固化完毕后准备下层施工时,应扫除松动的集料。集料的撒布可采用石料撒布机。

经过预拌的聚合物混凝土,采用振动刮平板(Vibratory screed)或摊铺机施工。聚合物混凝土摊铺完毕后,为增加表面摩擦力,可采用划痕或撒布集料的方式进行表面处治。混凝土的预拌和摊铺有多种方法,可采用桨叶式搅拌器(Electric power drills with paint paddle mixer)在容器里拌和,也可采用滚筒式搅拌器(Drum mixer)拌和;摊铺可采用电力刮平(Power screed)、手工刮平(Manual screed)和静力刮平(Static screed)等方法。

4)其他铺装事项

(1)温度

树脂和催化剂应严格按照厂商要求进行处置。美国伊利诺伊州要求树脂的储存温度为 16 ~ 32℃,周围环境必须干燥,为此,树脂应储存在可调温的仓库中。使用时,应该对容器采取可靠的保护措施。施工温度应在 10 ~ 16℃以上,美国北卡罗来纳州认为施工温度应在 24℃以上。

(2)预包装集料

湿气是影响 TPO 使用寿命的主要因素,为防止集料受湿气、灰尘和油污的影响,很多工程采用经过包装的集料。因不含杂质,预包装集料的级配能够满足预定要求,为保证集料级配的准确性,应采用标准容量袋包装。

(3)局部处理

边缘部位需要用手工方式撒布或摊铺聚合物混凝土,表面撒布碎石应在树脂固化之前撒布完毕。泄水孔部位应在施工时采取保护措施,施工完毕4h后可撤除。

(4)混合料拌和

预拌树脂混凝土罩面施工时,催化剂的用量应保证为混凝土内的树脂提供30~120min的固化时间,初始固化时间可按照ASTM C66进行测定。为调节固化时间,需要准备一定数量的催化剂或缓凝剂。树脂和集料应充分拌和,最至少在摊铺前2min拌和完毕,并在加入引发剂后15min内施工完毕,未在这个时间范围内施工完的树脂混凝土应废弃。

3. 热塑性沥青混凝土铺装薄层加铺及表面处治

目前常用的沥青混凝土路面薄层铺装技术均可应用于钢桥面热塑性沥青混凝土铺装工程,主要有薄层加铺、微表处和稀浆封层。表面处治技术主要指雾封层和表面再生处治(洒布再生剂等)。其中超薄磨耗层和微表处可应用于使用条件严峻的大型桥梁,稀浆封层和雾封层可应用于中小桥梁工程,见表9-21。

热塑性沥青混凝土铺装薄层加铺和表面处治措施适用性 表9-21

适用项目	薄层加铺	微表处	稀浆封层	雾封层和再生剂
适用条件	交通严峻	交通严峻	交通不严峻	交通不严峻
适用桥梁	大型、特大型	大型、特大型	中小型	中小型
适用病害	各种中等以下病害	各种轻微病害	各种轻微病害	轻微裂缝

其中,微表处和稀浆封层技术应满足我国现行沥青路面施工技术规范要求,薄层加铺可采用热拌沥青混凝土和超薄磨耗层。

雾封层施工前24h内应对乳化沥青进行稀释,稀释可用饮用水,稀释率推荐为1:1。采用非饮用水稀释前应进行相容性试验,经检验合格或做水质处理后方可使用。加水后用离心泵搅拌以保证其均匀性。

稀释乳化沥青的喷洒量为0.54~0.82L/m^2,并可按照下述方法确定:将1L经稀释的乳化沥青(1:1)均匀喷洒在1m^{2}的铺装上,如果2~3min内乳化沥青不能完全被路面吸收,则减少喷洒量并重复以上方法直到找出合适的喷洒量,如过早被吸收则增加喷洒量再做试喷。

本章参考文献

[1] 宗海. 环氧沥青混凝土钢桥面铺装病害修复技术研究[D]. 南京:东南大学交通学院,2005.

[2] 于飞. 基于失效特性的沥青路面灌缝材料性能研究[D]. 哈尔滨:哈尔滨工业大学交通科学与工程学院,2013.

[3] 余梁署,王文进,许庆余. 沥青混凝土低温线收缩系数试验研究[J]. 水力发电学报,

2006,25(3):1-4.

[4] 王晓,程刚,黄卫.环氧沥青混凝土性能研究[J].东南大学学报,2001,31(6):1-4.

[5] 李峰,黄颂昌,徐剑.沥青路面灌缝胶性能评价及技术要求[J].交通运输工程学报,2009,9(2):2-3.

[6] 金玉杰.改性环氧树脂混凝土(砂浆)及应用研究[D].长春:吉林建筑工程学院,2013.

[7] Dinitz,Arthur M. ,and Michael S. StenkO. The Successful Use of Thin Polysulfide Epoxy Polymer Concrete Overlays on Concrete and Steel Orthotropic Bridge Decks[J]. Proceedings of the 2010 Structures Congress,2010.

[8] Furr, H. L. . Highway Uses of Epoxy with Concrete [R]. Transportation Research Board, Washington,D. C. ,1984.

[9] Neil J. Pedersen,Sandra Rosenbloom,Robert E. Skinner et al. Long-Term Performance of Polymer Concrete for Bridge Decks [R]. WASHINGTON, D. C.: Transportation research board,2011.

[10] Logan M. Young, Stephan A. Durham, Ph. D. et al. Bonded Epoxy Overlays on Concrete Bridge Deck Surfaces Word Count[J]. Annual Meeting Proceedings of TRB,2012.

[11] 上海市市政工程管理局专业标准.Z-G-D01—2007　公路沥青路面预养护技术规程[S].上海:上海市市政工程管理局,2007.

[12] 赵国云,慕海瑞.国外薄层聚合物混凝土罩面在水泥混凝土桥面上的应用[J].现代交通技术,2013,(4).

第十章　钢桥面铺装技术的未来发展展望

我国钢桥面铺装技术发展到今天，基本上形成了浇注式沥青混凝土、环氧改性沥青混凝土（高温、中温和常温固化三种体系）、SMA（及 ERS）三大类铺装体系，初步解决了钢桥面铺装这一难题。但是，与国外发达国家相比，我国仍然是发展中国家，社会经济处于高速增长中，重载及超载车辆比例大，一些交通负荷繁重的钢桥桥面铺装仍然有车辙、开裂等病害；一些早期建成的钢桥，如虎门大桥、江阴大桥、军山大桥和白沙洲大桥等，还存在桥面钢板较薄，桥面系刚度不足等问题；桥面铺装的使用寿命只有 3 ~5 年，桥梁的桥面系仍有补强的需要；在工程中应用的一些进口材料也发现了必须进一步改善的缺陷。这些问题都有必要进一步深入研究。

一、环氧改性沥青浇注式混凝土的开发与应用

浇注式沥青混凝土是一种性能优良且适用于钢桥面铺装的混合料，由于其性能——特别是热稳性受胶结料性能影响很大。有研究机构曾经用美国进口的环氧沥青在室内配制成了环氧改性沥青浇注式混凝土，具有优良的抗车辙性能和较长的疲劳寿命等优点，但由于可施工的时间太短，施工设备难以满足其施工条件的要求而未能在工程中大量应用。

环氧改性沥青浇注式混凝土技术开发的第一个难题是耐高温。其混合料的拌和温度高达 220 ~240℃。第二个难题是反应时间的控制，在这种高温条件下需要有约 2h 的时间完成施工。只有在 2h 内不发生固化且反应黏度增加很小，才能确保施工的流动性；但是摊铺完工后，固化养生期又不能太长，也就是要尽可能快地完成固化，这两者是矛盾的。第三个难题是施工设备，即搅拌运输车中混合料的精确控温问题。因此，采用现有环氧沥青的生产条件和设备研发环氧改性沥青浇注式混凝土几乎是不可能实现的，需要在材料、工艺、设备等方面有重大突破才有可能研制出成熟的环氧改性沥青浇注式混凝土。这将是一次革命性的进步，对于解决我国重载交通条件下钢桥面铺装的技术难题有重大意义。

如果该技术能有所突破，则采用双层环氧改性沥青浇注式混凝土铺装（总厚度约 5.5 ~6.5cm），可以获得热稳性优良、抗疲劳能力极强、不产生水损害的桥面铺装理想结构，形成真正的长寿命铺装技术，铺装结构如图 10-1 所示。

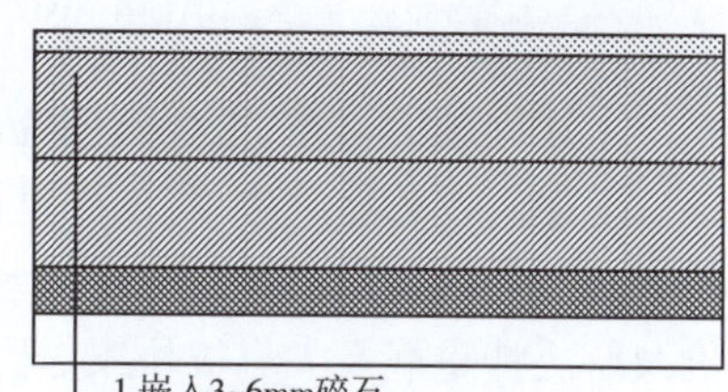

图 10-1　双层环氧改性沥青浇注式混凝土铺装结构

二、现有进口 MMA 防水黏结体系缺陷的解决

甲基丙烯酸树脂防水体系在全世界已经使用了近 40 年，在我国也已成功使用了 15 年以上，但是仍然有缺陷。在我国工程实践中曾产生三次问题：其一是采用甲基丙烯酸树脂防

水黏结体系的浇注式沥青混凝土铺装，在长期使用破坏后挖除浇注式沥青混凝土后，观察发现界面潮湿，并有水汽沿界面浸润和蔓延（该问题在英国也大量存在），如图 10-2a）所示。其二是在施工条件比较恶劣的条件下，产生了一次因两层 MMA 层间结合不良导致的铺装破坏，挖开后观察发现，防水层破裂处钢板生锈，锈蚀沿界面往防水层与钢板之间的界面侵蚀和蔓延（即产生膜下腐蚀），如图 10-2b）所示。其三是当铺装层采用两层高黏度改性沥青 SMA 时，发现该铺装体系专用的 1030 改性沥青类黏结层的抗剪能力差、施工中黏轮等问题如图 10-2c）所示。

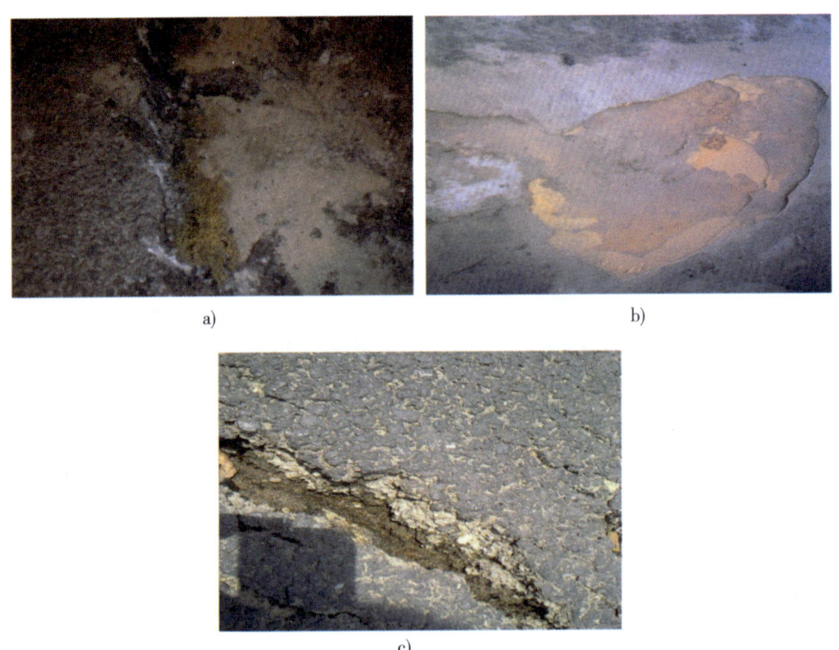

a)　　b)

c)

图 10-2　甲基丙烯酸树脂防水黏结层存在的缺陷

a）水汽沿界面浸润、蔓延现象；b）两层 MMA 防水层之间黏结不良现象；c）1030 改性沥青黏结剂抗剪能力差导致的裂缝

上述问题的存在，主要是因为我国钢桥面铺装使用条件比发达国家更为严酷。

上述问题若能解决，将使甲基丙烯酸树脂防水体系能真正有效的保护钢板，且大幅度延长铺装的使用寿命；双层 SMA 铺装中 MMA 与 SMA 层间界面问题解决后，对于降低铺装造价及解决特重载及大纵坡桥梁、弯道桥梁等使用条件严酷的钢桥面铺装等难题将取得重大突破。

三、超薄超耐久铺装技术研究

通常环氧沥青混凝土和浇注式沥青混凝土铺装层的厚度为 5 ~ 8cm。对于特大跨径桥梁，若能减薄铺装厚度，将大幅度降低恒载，从而降低桥梁全寿命周期造价，并可进一步加大桥梁跨径，这对于跨海大桥的建设有重要意义。

过去，曾尝试过采用超薄环氧树脂混凝土技术（总厚度小于 1cm），但最终由于耐久性、脱层和气候稳定性等问题而未能广泛使用。

如若能开发成功超薄超耐久的铺装技术，则铺装层可以长久的与钢板结合成整体，不产生钢板生锈及脱层病害，耐油，耐化学品污染，随着行车的反复作用，铺装只产生磨耗，使用多年后，只需更换或加铺磨耗层即可正常使用。

四、桥面系补强技术的开发研究

图 10-3 所示为一种玻璃纤维复合材料增强桥面系刚度的铺装结构。室内试验表明，可将 12mm 钢板增强为相当于 15mm 钢板的强度。该结构若能解决工艺上一系列问题，不失为钢桥桥面系刚度补强的一种方法。

使用玻璃纤维复合材料进行补强可以多次修复和多次补强，能降低铺装重量，减小恒载，对于解决虎门大桥、江阴大桥和白沙洲大桥等桥梁桥面系刚度不足问题有重大意义。

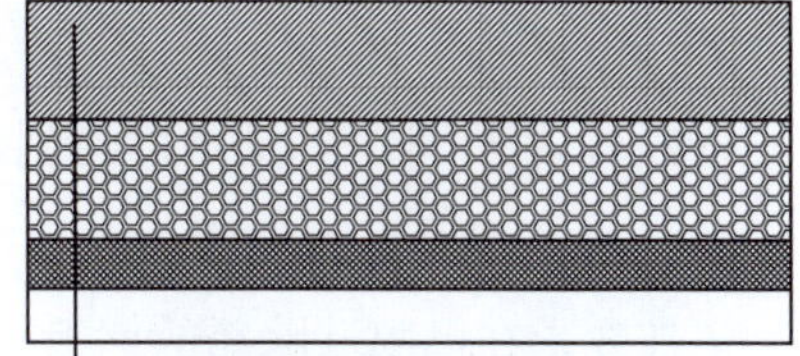

图 10-3 用玻璃纤维复合材料补强钢桥桥面系的结构

在桥面钢板上焊接剪力钉、加钢筋网及采用高强水泥混凝土等方式也能对桥面钢板进行补强，但是大幅度增加铺装层重量，使恒载增加，不利于 U 形肋及桥面系其他部位焊缝的耐久性。

此外，有多座桥梁在重载和严重超载情况下，桥面系 U 形加劲肋焊缝发生崩坏等病害，如何在钢箱梁内部不利环境条件下进行加固，也是一个急待解决的重要问题。

总之，由于我国钢桥面铺装使用条件的特殊性，有许多问题需要解决，在广大工程技术人员的不懈努力下，我国钢桥面铺装将会有更多的新技术、新成果产生，使钢桥面铺装技术更加成熟，更加完善。

附录 A　防水黏结层组合试件剪切强度试验

1. 基体(钢板)准备

按要求准备 100mm×100mm 钢板若干块,厚度为 12mm,并按钢桥面铺装技术要求对其进行喷砂清洁和除锈,清洁度达到 Sa 2.5 级,粗糙度控制在 50~100μm 之间。

2. 防水黏结层的涂装

按要求在已喷砂除锈的钢板表面涂布各种防水黏结层,各防水黏结层的施涂方法及施涂厚度应严格按设计要求控制,完毕后应该按照材料供应商的要求进行养护。

3. 铺装层敷设

在已完成防水黏结层的钢板上铺筑浇注式沥青混合料,养护至规定时间。

4. 试验

测试仪器为材料万能试验机,最大荷载为 100kN。剪切试验加载装置如图 A-1 所示。

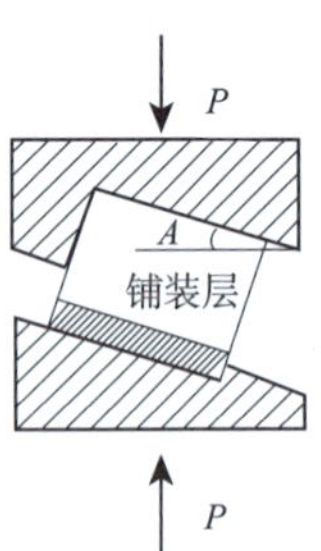

图 A-1　铺装混合料抗压剪切强度试件示意图

剪切试验的加载速度为 10mm/min。本装置使试件的受力面与加载方向成一定角度 A,当对试件施加荷载 P 时,试件受剪切面上的剪应力 τ 为:

$$\tau = \frac{P \cdot \sin A}{S} \tag{A-1}$$

式中:P——试件受轴向压力(N);

A——剪切面与水平方向夹角,即剪切角;

S——剪切面积(mm^2)。

附录 B　防水膜拉伸强度试验

1. 试样制备

按要求制备哑铃状拉伸条若干，固化后涂膜厚度为 1.8 ~2.2mm。

2. 试样的测量

用测厚计在试件长度的中部和两端测量试件的厚度，用游标卡尺在试验长度的中部和两端测量试件的宽度，精确至 0.1mm，各取其 3 个数值的平均值作为试件的厚度和宽度。

3. 试验仪具

拉力试验机：具有 2 级测力精度，能在规定拉伸速度下拉伸试件。

4. 试验

试验前，需将试件在规定的温度条件下养护 3h，然后在拉力试验机上进行试验，加载速度取 200mm/min。

(1)拉伸强度

$$T_L = \frac{P}{B \cdot D} \tag{B-1}$$

式中：T_L——拉伸强度(MPa)；

P——最大拉力(N)；

B——试件宽度(mm)；

D——试件厚度(mm)。

取 5 个试件的算术平均值作为试验结果，精确至 0.01MPa。性能要求参照相关规范。

(2)断裂伸长率

$$E = \frac{L_1 - L_0}{L_0} \times 100 \tag{B-2}$$

式中：E——断裂伸长率(%)；

L_0——试件起始标距(25mm)；

L_1——试件断裂时标距(mm)。

取 5 个试件的算术平均值作为试验结果，精确至 1%。

附录 C　防水黏结层低温弯曲试验

1. 目的

确认桥面防水层在低温时的开裂变形。

2. 试验条件

①试验温度:(−10 ±2)℃,(−15 ±2)℃(根据环境温度选择)。

②试件个数:3 个。

3. 试验器具

①低温弯曲试验装置:放试验片的圆轴,其直径为 10mm。

②恒温槽(表面温度能保持在 −10 ±2℃)。

4. 试件的制作方法

在 150mm ×30mm ×0. 5mm 的钢板上制作桥面防水层。

注:在本试件的制作中,不使用黏结剂,以免影响防水层弯曲试验结果。

5. 试验方法

①试验片在(−10 ±2)℃的恒温槽里静置 4h。

②取出试验片,将冷却到(−10 ±2)℃的试验片的中间部分快速地放在直径为 10mm 的圆轴上,并在 3 秒钟以内以缠绕的方式将其折弯 180°。

6. 校对方法

①观察防水材料有无折损或开裂发生。

②判断是否合符标准,在 3 个试件里,有两个以上的试件合格就算合格,除此之外其他的情况都不合格。

合格:桥面防水层没有折损的情况为合格。

不合格:桥面防水层折损的情况。

附录 D　防水黏结层拉拔强度试验

1. 基体(钢板)准备

按要求准备 100mm×100mm 钢板若干块,厚度为 12mm,并按钢桥面铺装技术要求对其进行喷砂清洁和除锈,清洁度达到 Sa 2.5 级,粗糙度控制在 50~100μm 之间。

2. 防水黏结层的涂装

按要求在已喷砂除锈的钢板表面涂布各种防水黏结层,各防水黏结层的施涂方法及施涂厚度应严格按设计要求控制,完毕后应该按照材料供应商的要求进行养护。

3. 钻孔

本项目黏结强度拉头采用 ϕ20mm 或 ϕ50mm 的圆形拉头。在已成型试样的防水层中间需要钻取 ϕ20mm 或 ϕ50mm 的圆形区域,如图 D-1 所示。

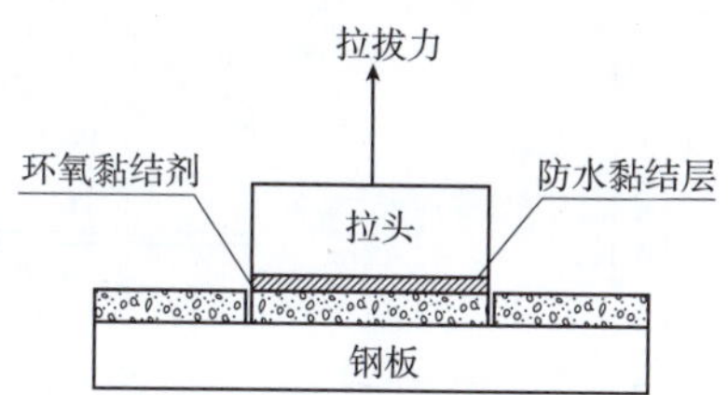

图 D-1　防水黏结层与钢板之间的黏结强度测试

4. 试验仪具及加载速度

拉拔仪:能按照规定拉伸速度拉伸试件,且拉伸时无明显振动和偏心的拉拔仪均可使用。

拉头:采用不锈钢或黄铜制作,直径为 ϕ20mm 或 ϕ50mm 的圆形拉头。

5. 试验

试验前,需将试件在规定的温度条件下养护 5h,然后在材料万能试验机上进行试验,加载速度取 10mm/min。

$$P = \frac{F}{S} \tag{D-1}$$

式中:P——黏结强度(MPa);

F——拉拔力(N);

S——剪切面积(mm^2)。

对于同一批试件,平行试验不得少于 5 个;对于现场试验,不得少于 3 个。单个试件的试验结果,其允许误差不超过平均值的 20%,超过此误差范围的试验结果应舍弃。试验后应仔细观察断裂面产生的位置(即破坏界面的结构层位及其所处的位置),并详细记录。

附录 E　浇注式沥青混合料流动性试验

1. 试验目的

用刘埃尔流动性测试方法表示浇注式沥青混合料的黏度，用以评价浇注式沥青混合料的施工和易性。

2. 适用范围

用以判定浇注式沥青混合料的施工和易性，适用于试验室和现场配合比设计和品质管理。

3. 试验器具

流动性试验器，用铜制锤，量程为300℃的温度计，如图 E-1 所示。

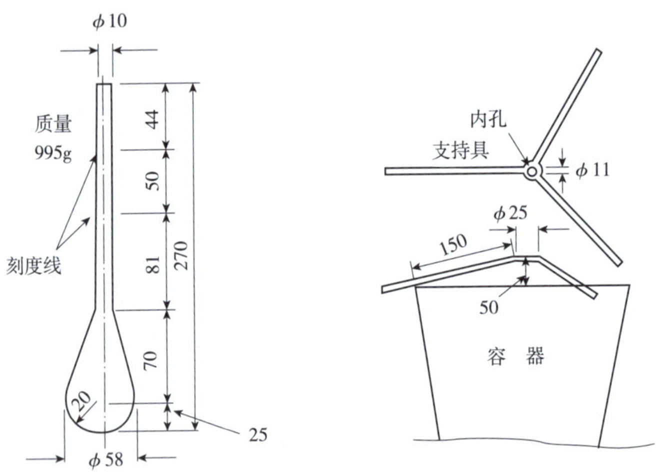

图 E-1　流动性试验器（尺寸单位：mm）

4. 试验方法

室内拌和浇注式沥青混合料：把烘干后的各种规格矿料按比例称量，置于 230℃ ± 5℃的烘箱中加热（一般不少于 4 ~ 6h），将加热后的集料放入搅拌锅，当采用天然沥青改性沥青时，按比例加入沥青，搅拌约 3min 后，加入天然沥青，再搅拌约 3min 后，放入加热后的矿粉，并搅拌约 30 ~ 40min，拌和温度为 230 ~ 250℃。当采用高黏度聚合物改性沥青时，按比例加入沥青，约 3min 后，放入加热后的矿粉，并搅拌约 30 ~ 40min，拌和温度为 230 ~ 250℃。

试验顺序，将拌和好的试样沿桶的边沿注入桶内，达到试样的目标温度后，将锤通过支架的倒孔放入垂直于试样表面的正中央；放下锤，靠锤的自重通过倒孔以上两个刻度线的时间，为该混合料的流动性。并记录下试样此时的温度。

5. 结果整理

(1)配合比设计时的流动性试验

配合比设计时的流动性试验，测出200~260℃范围内3~4个温度下的流动性，画出温度与流动性之间的关系曲线，求出240℃时混合料的流动性。

(2)施工时的流动性试验

施工时的流动性试验就是测量从浇注式专用运输车中放出的混合料的温度和流动性。

6. 报告

应在试验报告中注明沥青混合料的类型、试验温度及测定的流动性。

附录F　浇注式沥青混合料贯入度及贯入度增量试验

1. 试验目的

通过贯入度的测定来评价高温时浇注式沥青混合料的稳定性。

2. 适用范围

评价浇注式沥青混合料的高温稳定性，适用于配合比设计及品质管理。

3. 试验器具

(1)试模：(70.7mm×70.7mm×70.7mm)±1mm的钢制试模数个。

(2)贯入度试验器：见图F-1。试验荷载为515.0N±9.81N，调整贯入杆与试样的表面垂直，钢制贯入杆的直径为25.2mm，底面平整光滑。恒温水槽，贯入器上安装百分表用于测量贯入量。

(3)温度计：50℃和100℃的温度计各一支。

(4)拌和锅。

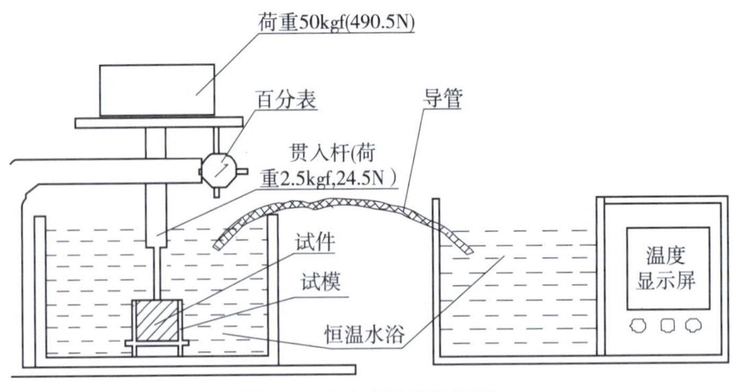

图F-1　贯入度试验装置图

4. 试验方法

室内拌和方法：按照流动性测试方法中介绍的拌和工艺进行室内拌和。

试件制作：混合料温度达到240℃左右并拌和均匀后，均匀地贯满试模；将试件在室温下自然冷却。

试验步骤：将试件脱模，以试样的侧面作为测试面，并约束其他几个面；将试模和试件一起放入预先设定温度的水浴中保温60min，再进行以下试验；贯入杆垂直放入试件的中央；初加荷载为2.5kgf(24.5N)(为贯入杆和承重平台的质量)，将该荷载下10min时的贯入量调整为0；在没有冲击力的情况下，将50kgf(490.5N)的荷重放在承重台上，记录1min，2min，3min，5min，10min，20min，30min和60min的贯入量。

5. 结果整理

30min 时的贯入量值为该试件的贯入度,60min 时的贯入量与 30min 时的贯入量之差为贯入度增量。贯入度测定的偏差不能超过 0. 2mm,贯入度增量测定的偏差不能超过 0. 1mm。

6. 报告

在报告中注明 1min、2min、3min、5min、10min、20min、30min 和 60min 的贯入量和贯入度增量。

附录G 浇注式沥青混合料动贯入度及动贯入度增量试验

1. 试验目的

测定高温工作环境和动态循环轴载条件下浇注式沥青混合料的变形情况，用以评价浇注式沥青混合料的高温稳定性。

2. 试验器具

(1)钢模：内径148mm±5mm，高度为70mm。

(2)试件灌注装置。

(3)带外径为146mm±5mm的圆柱形盘的钢板底座。

(4)250℃烘箱。

(5)温度计：0～300℃。

(6)磨平机。

(7)伺服动态试验系统及数据采集系统。

(8)试验压头，如图G-1所示。

3. 试验方法

(1)加载方式

试验加载波形如图G-2所示，其他试验条件见表G-1。

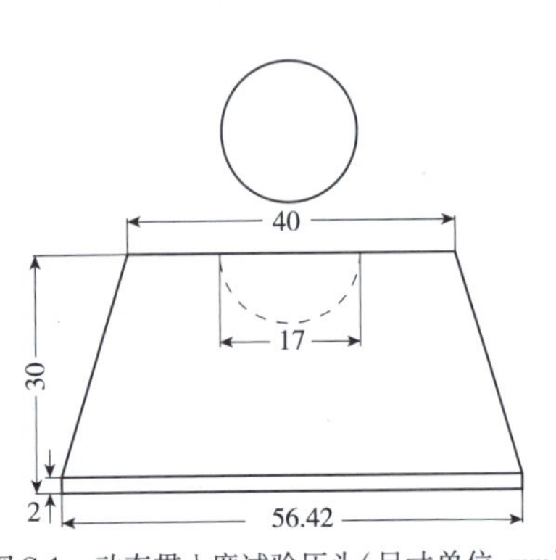

图G-1 动态贯入度试验压头(尺寸单位:mm)

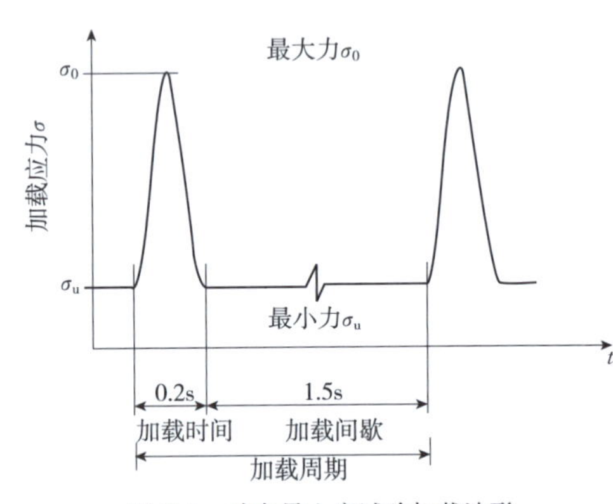

图G-2 动态贯入度试验加载波形

动态贯入度试验条件 表G-1

加载力	MPa	kN	时间(s)	温度(℃)
上限值	0.35	0.875	0.2(脉冲持续时间)	60±0.3
下限值	0.08	0.2	1.5(加载间隙时间)	

(2)试件制作

将钢模置于烘箱中加热至150℃左右,然后涂上隔离剂,再将钢模放置在圆柱形钢板盘上,将硅树脂纸放入其内,然后将拌匀的浇注式沥青混合料分两层捣实并将表面整平。待冷却后,试件脱模成型,用湿法在砂轮机上将试件上、下两面平行地磨至高度60mm ±1mm。

(3)试验方法

将制作好的试件在环境箱内放置两个半小时,温度为60℃ ±0.3℃,紧接着将其对中放于加载装置中。

计算加载循环次数并记录每个加载周期末加载压头(加载反应方向上的残余变形)的残余变形。

当加载脉冲达到5 000 次或者变形达到5mm 时结束度试验。

(4)取加载脉冲2 500 次时的贯入量值为该试件的动态贯入度,5 000 次时的贯入量与2 500次时的贯入量之差为动态贯入度增量。